학교를 변화시키는 마법

오찬숙

MAGIC

박영
story

책의 자료를 정리하다가 우연히 2010년 11월 장학사로서 업무를 끝내고 교감으로 나가기 전, 그냥 혼자서 작성해 본 「교육방법 혁신을 통한 공교육 살리기 프로젝트」라는 계획을 발견하였다. 그 주요 내용이 프로젝트 학습과 함께 공부하는 교사 공동체 운영인 것을 보고 깜짝 놀랐다. 10년 전 그 시절이 지금은 생각도 나지 않는데 나의 생각이 줄곧 하나로 흐르고 있었다는 것이 신기하기만 하다. 그때에도 내가 이런 것을 꿈꿨던가 하는 안쓰러운 생각이 든다. '융합교육과 교사학습공동체', 아무도 알아주지 않고 누구도 선뜻 하고 싶어하지 않는 것들인데, 왜 내가 이것을 놓지 못하고 공부하고 실행하고 지금 이 책을 쓰고 있는 것일까? 수업을 바꾸고 협업하는 학교 문화를 만드는 것이 공교육을 변화시킬 수 있으리라는 나의 막연한 생각이 교감, 교장으로 생활하면서 학교 현장에서 실제 이루어질 수 있다는 확신으로 발전했고, 이제 나는 이것을 더욱 넓게 퍼뜨려 모두 함께 하고 싶다는 마음을 갖고 있는 듯 하다. 혁신학교가 처음 도입되는 시기에 교감으로서 새로운 정책이 학교에 적용되는 과정을 겪었는데 그런 경험이 자연스레 어떻게 하면 정책이 보다 빠르고 효과적으로 실행될 수 있는가에 대한 궁금함으로 이어져 '개혁의 확산' 이론을 공부하게 되었으며, 지금은 한 학교를 넘어 하나의 지역에 적용하고자 노력하는 지점에 까지 이르게 된 것 같다.

돌이켜 보면 학교의 변화는 교장이나 교감이 한 것이 아니라 그 구성원들인 학생, 교직원, 학부모님들이 모두 함께 한 것인데 마치 내가 모두 한 것인 양 책으로 낸다는 것이 부끄럽기도 하고, 죄송하기도 하다. 자료 분석을 위해 몇 년 전부터 해 온 우리 선생님들과 학부모님들의 인터뷰 전사 자료를 읽고 또 읽으며, 학교는 성장했지만 그 과정에서 힘들게 함께 노력하셨던 많은 분들의 노고와 마음이 새롭게 느껴졌다. 나와 함께 했던 모든 분들께 진심으로 고맙고 감사하다는 말씀을 드리고 싶다.

2019년 겨울

차례

I. 들어가며

I. 들어가며

　나는 30년 경력의 교사이다. 교사 생활을 하는 동안 내내 우리의 교육은 문제이고 그래서 언제나 '교육이 변화해야 한다'는 말을 들어 왔다. 실제 학교에서 교육을 하고 있는 나로서는 그런 이야기를 들을 때마다 마치 무엇인가 큰 잘못을 하고 있는 것이 아닌가 하여 계속 바꾸려고 노력해 왔던 것 같다. 대부분이 범생이 출신인 다른 교사들 역시 아마 나와 마찬가지였을 것이다. 어떤 이들은 대도시 부촌에서 상대적 박탈감을 느끼며, 또 어떤 이들은 너무나 어려운 곳에서 자신의 박봉을 털어 아이들과 과자를 나누어 먹어 가며 교직을 천직으로 생각하고 생활하고 있지만 변화하지 않는 교육을 이야기할 때마다 '나는 열심히 하고 있는데 왜 알아주지 못하는 것일까?'라는 생각을 하게 된다.

　사실 우리의 학교는 많은 변화를 겪어 왔다. 학교 밖 사람들은 사회의 변화, 국가의 발전에 비해 과거 자신이 학교를 다니던 때와 별반 달라진 것이 없다고 냉소를 짓지만 경제적으로 우리는 한강의 기적에서 시작하여 반세기 만에 급격한 성장을 이루었으며, 문화·예술적으로도 전 세계적으로 유명한 영화를 제작했고, BTS와 같은 음악그룹이나 우수한 스포츠 선수들을 배출할 정도로 성장하였다. 교육 분야에서도 과거 1970년대 때 한 반에 70명 이상의 학생들이 1, 2부로 나누어 강의식 수업을 받던 것을 현재는 학급당 학생 수가 큰 폭으로 감소하여 한 반에 25명에서 30명의 학생들이 공부하고 있다. 또한 ICT(정보통신) 기술의 발전으로 선진적인 학습 기자재와 풍부한 교육 자료들이 갖추어진 상태에서 교육하고 있으니 과거 우리가 꿈꾸던 선진국 학교 모습이 되었다. 몇 년 전 오바마 전 대통령은 "한국의 뜨거운 교육열, 부럽다"라고 이야기했고, 2018년 국제학업성취도평가(PISA)에서 우리나라 학생들은 읽기·수학·과학에서 모두 상위 수준이었으며, 전 영역에서 OECD 평균보다 높은 평균 점수를 기록하였다. 이렇게 되기까지 현장의 교사들은 사회 변화, 국가 발전에 따른 학교 변화에 부단히 적응하며 열심히 학생들을 지도해 왔다.

그러나 기술의 획기적인 발전과 물질의 풍요로움 속에서 교육이 과거에 비해 가시적인 많은 변화를 했음에도 불구하고 우리 교육은 지금도 여전히 또 다른 변화의 요구를 받고 있다. "한국은 이미 선진국이지만 미래에 대한 준비가 소홀하다"라고 지적한 미래학자 앨빈 토플러는 "입시 위주의 주입식 교육은 미래사회에서 한국의 경쟁력을 떨어뜨릴 것"이라면서 "한국이 세계를 이끌기 위해서는 상상력과 창의력을 키워야 한다"(중앙일보, 2007.09.20.)고 조언했으며, 『무엇이 이 나라 학생들을 똑똑하게 만드는가』의 저자 아만다 리플리는 **한국을 24시간 학교가 절대 끝나지 않는 나라**로 표현해 늦은 시간까지 학업을 지속해야만 하는 우리의 실상을 꼬집었다. 이러한 현상에 대해 켄 로빈슨(2016:60) 또한 그의 저서인 『학교혁명(Creative Schools)』에서 다음과 같이 비판하였다.

"모든 PISA 프로그램에서 줄곧 5위권에 들었던 한국은 학생 1인당 약 8,200달러의 비용을 쓴다. 이 정도면 국내총생산의 8%가량으로 OECD 국가 중 두 번째로 높은 비율이다. 또한 한국의 학부모들은 방과 후 교육에 수천 달러를 쓰고 있기도 하다. 하지만 한국이 국제 테스트에서 높은 성적을 거두면서 치르고 있는 현실적 대가는 이보다 훨씬 값비싸다. 현재 OECD 산업국을 통틀어 한국의 자살률이 가장 높다."

실제로도 OECD에서 발표한 'Health at a Glance 2019' 보고서에 의하면 우리나라의 자살률은 24.6명으로 OECD 회원국 내에서 가장 높은 수준이며, 10대와 20대의 자살률 또한 일곱 번째(4.9명), 여섯 번째(16.4명)로 높은 수준임을 볼 수 있다(중앙자살예방센터, 2019). 자살의 원인으로는 우리 사회의 급격한 발전과 함께 나타난 가족 구조의 변화 및 개인주의적 경향, 경제적 어려움 등이 이야기되며, 특히 청소년들의 경우 학교성적이나 진학문제, 선후배나 또래와의 갈등 등이 높은 비율을 차지한다. 이러한 우리 교육에 대한 비판적 의견들은 급속한 경제성장과 함께 자라난 우리 아이들에게 입시위주의 주입식 교육에서 벗어나 미래 시대에 절실하게 필요한 **창의성 교육**을 해야만 하고, **자아자존감**을 갖고 **생명을 존중**하며 타인과 함께 **더불어 살아갈 수 있도록 인성교육**[1]이 필요하다는 것을 강조하는 것이다.

이에 우리 정부도 2015년 9월, 교육개혁의 일환으로 창의·융합형 인재 양성을 목표로 하는 「2015 개정 교육과정」을 발표하였다. 이는 '지식 위주의 암기식 교육'에서 '배움을 즐기는 행복교육'으로 패러다임을 전환하기 위한 것으로 핵심개념 및 원리를 중심으로 학습 내용을 적정화하여 학습 부담을 줄이고 배움의 즐거움을 느낄 수 있도록 변화를 꾀하였다. 또한 2016년 초 다보스 포럼을 계기로 전 세계인의 이목을 집중시킨 제4차 산업혁명에 대한 관심은 빠르게 변화하는 시대에 발맞추어 우리 교육도 많은 양의 지식을 오랜 시간 주입식으로 공부하는 경쟁을 위한 학습이 아니라, 창의성과 문제해결력 등을 기를 수 있는 방향으로 변화해야만 한다는 것에 깊이 공감하게 하였다. 하지만 현실은 미래교육을 지향해야 한다고 생각하면서도 대다수 학부모들은 여전히 학교에서 대학 입시를 위한 교육, 성적 위주의 교육을 지속해 주기를 원하고 있고, 사회적으로도 평준화 교육 대 수월성 교육, 절대평가 대 상대평가, 수시 대 정시, 지식중심 학습 대 경험중심 학습 등 교육에 대한 갑론을박이 이어지고 있다. 이러한 논쟁들은 그 어느 주장이 극단적으로 옳고 그른 것은 아니지만 미래교육으로 나아감에 있어 많은 지체와 혼란을 가중시키고 있다.

최근 전 세계적으로 많은 생명을 앗아간 코로나19 팬데믹(Pandemic)은 막연하게 언젠가는 우리에게 다가올 것으로 생각했던 미래를 한걸음에 바로 코앞으로 가져왔으며, 그 이전 어느 때보다도 더 빨리 변화해야 한다는 조급한 마음마저 들게 한다. 사상 초유의 코로나19를 겪으면서 사람들은 포스트코로나 시대를 준비해야 한다고 생각하며 교육에 대해서도 깊은 고민과 우려를 하고 있다. 제4차 산업혁명으로 인한 변화에 더하여 코로나19와 같은 팬데믹 상황은 더욱 창의적이고 문제해결력을 지닌 우수 인재를 길러 내는 교육을 요구한다. 이는 모든 것이 기계화되고 자동화되는 미래 시대에도 계속 살아남을 수 있는 일이 고도의 기술

---

[1] 인성교육의 정의는 자신의 내면을 바르고 건전하게 가꾸며 타인, 공동체, 자연과 더불어 사는 데 필요한 인간다운 성품과 역량을 기르는 것을 목적으로 하는 교육이다(인성교육진흥법, 2015).

과 창의력을 필요로 하는 직업이기 때문이다. 다시 다가올 수도 있는 팬데믹에서 우리의 생존을 위해 필요한 인재는 많은 인명을 구할 수 있는 의사, 치료제와 백신 개발자, 원격진료나 원격수업 등을 가능하게 하는 최첨단 IT 기술자, 비대면 상황에서 활용할 수 있는 로봇 제작가, 방역 전문가 등의 창의적이면서도 문제해결능력이 뛰어난 사람들인 것이다.

한편으로는 학생들에게 사회 공동체 안에서 더불어 살아가기 위해 필요한 **타인에 대한 이해와 공감**, 사람들과 관계 맺을 수 있는 **협업능력, 배려심** 등을 기르도록 하는 것이 필요하다. 세상이 디지털화되고 첨단 기술화됨에 따라 서로 얼굴을 맞대고 하는 면대면 대화는 온라인 비대면 대화에 밀려났고, 사람들은 더욱 고립되고 타인과 공감할 수 있는 사회적 능력이 떨어지고 있다(Schwab, 2016:162). 이에 더해 인간과 인간의 만남을 기피해야 하는 코로나19로 인해 함께 공부하고 함께 놀아야 하는 아이들이 서로를 불신하고 멀리하는 상황에서, 지금까지 교육의 본질로 여겼던 인성교육이 무의미해지는 느낌마저 든다.

이처럼 세계적으로 충격을 안겨 준 코로나19 팬데믹(Pandemic)은 창의성과 인성을 기를 수 있는 역량[2] 중심 교육으로의 변화가 시급하다는 확신을 갖게 한다. 더구나 우리나라 학생들이 높은 지식 수준을 보이고 있지만 그에 비해 창의성이 낮은 수준이라는 것이 지적되고 있으며, 개인주의적 경향으로 학생 자살률이 매우 높고 학생들 간의 협업능력이 떨어지는 **현재 우리의 상황에서 필요한 것은 학생의 인성과 창의성을 길러 주는 교육, 학생들이 미래를 살아갈 수 있도록 미래 역량을 길러 줄 수 있는 교육으로의 변화라고 생각**된다.

우리나라에서 교육의 변화는 역대 정부마다 새로운 개혁 방향을 제시하며 시도되었지만, 지금까지도 교육 변화나 개혁에 대한 논의가 끊이지 않는 것을 보면 진정한 의미의 개혁이 이루어졌는지에 대한 의문이 든다. 개혁이란 단지 최신 정책을 시행하는 것이 아니라 교실과 학교, 지역 등의 문화 전체를 바꾸는 작

---

2 2015 개정 교육과정에서는 창의융합형 인재가 갖추어야 할 핵심 역량으로 △자기관리 역량, △지식정보처리 역량, △창의적 사고 역량, △심미적 감성 역량, △의사소통 역량, △공동체 역량을 제시하였다(교육부, 2015).

업으로, 대부분의 사람이 알고 있는 것보다 훨씬 많은 것들이 다양하고 복잡하게 얽혀 있다. 개혁의 도입 의도와 사람들이 개혁을 받아들이는 것은 완전히 별개로, 개혁이 실패하는 주된 이유는 현장에서 사람들이 개혁을 어떻게 경험하고 받아들이는지에 대해 알지 못하고 개혁을 도입하기 때문이다(Fullan, 2017:32). 실제로 제7차 교육과정에서 도입된 수준별 교육과정과 특별보충과정, 2009 개정 교육과정에서 실시되었던 교과집중이수제 등의 정책들은 도입 취지는 좋았지만, 현장에서 제기되는 문제점에도 불구하고 무리하게 추진하다가 폐지된 정책들이다. 이러한 정책들은 시행되기 전 여러 차례의 공청회를 열고 현장의 의견을 수렴하였지만 학교의 상황을 제대로 이해하지 못했고, 현장에 안착될 수 없는 문제점을 토로했던 교사들의 의견에 귀 기울이지 않아 결국 많은 예산 손실과 함께 폐기될 수밖에 없었던 것이다. 그러므로 우리에게 필요한 것은 학교 현장에 대한 이해를 통해 만들어진 정책을 학교에 안착시켜 학교 문화를 변화시키는 개혁으로, **개혁의 성공을 위해 사람들이 개혁을 어떻게 경험하고 받아들이는지를 살펴보는 것이 도움이 될 수 있을 것이다.**

나는 영어교사와 장학사로 일했으며, 특히 혁신학교 교감으로 그리고 일반계 고등학교의 교장으로서 학교의 내적인 변화를 동료 교사들과 함께 이끌어 낸 경험을 갖고 있다. 예컨대, 창의성과 인성을 함께 기를 수 있는 다양한 교육과정을 운영하였고 학생들이 주도적으로 활동할 수 있는 환경을 조성했으며, 교사들의 전문적 역량을 기르고 협력을 이끌어 내기 위한 교사학습공동체를 운영하였다. 그러한 나의 경험은 대학원에서 교육행정학을 공부하는 학도로서 자연스레 개혁이나 혁신이 이루어지는 과정에 대한 관심을 갖게 하였고, 학교 변화 과정에 대한 궁금증을 로저스의 개혁확산 이론과 짤트만의 조직 변화 모형, 풀란과 하그리브스의 이론 등을 중심으로 공부하며 해결하고자 하였다. 그리고 '개혁확산'에 대한 주제로 박사학위를 취득한 후 교육대학원에서 '교육전문가의 리더십', '교장론', '정책론' 등을 가르치면서 학교 변화와 학교 혁신을 위해 학교장의 리더십과 교육정책적 뒷받침이 있어야 한다는 확신을 얻었다. 이러한 나의 경험과 공부는 학교의 성공적인 변화과정을 여러 이론들에 근거하여 심층적으로 살펴보는 것이 향후 교육 개혁을 하고자 하는 여러 사람들에게 보다 효과적이고도 성공적인 방법을 안내할 수 있을 것이라는 생각에 이르러 이 책을 구성하게 되었다.

이에 본 책에서는 우선적으로 개혁확산 단계와 개혁확산에 영향을 주는 요인에 대한 이론들을 알아보고, 개혁확산이 잘 이루어지기 위해 이러한 영향 요인들이 단계별로 어떻게 작용해야 하는지에 대해 제시하려고 한다. 이것은 이후 'III. 매직(Magic), 어떤 과정으로 변화하나요?'의 프레임이 되는 것으로 각 단계별로 개혁이 순조롭게 진행될 수 있는 방안에 대한 이야기라 할 수 있다. **개혁 이론에 실제 고등학교의 변화 사례를 매칭하여 개혁확산 과정을 살펴보는 것은 어렵게 느껴지는 개혁확산 이론에 대한 이해를 높일 수 있을 것으로 생각**된다. 학교 구성원들과의 면담 자료, 업무 일지, 메모 등의 자료는 학교 변화 과정에서 교사와 학생, 학부모가 어떤 생각을 하고 있으며, 어떤 단계를 거쳐 변화에 동참하게 되는가에 대한 보다 현실적인 이해를 가능하게 할 것이며, 이는 향후 개혁을 시도하고자 하는 많은 분들께 도움이 되리라 생각한다.

'IV. 학교 변화를 위한 매직(Magic)'에서는 **학교를 변화시키기 위해 어떤 영역에서의 개혁이 필요한가에 대한 이야기**를 하고자 한다. 이것은 개혁 대상이 되는 조직에서 핵심적으로 변화한 것이 무엇인지를 살펴보는 것으로, 개혁에 성공한 실제 고등학교의 변화된 영역에 대한 분석을 통해 학교 변화를 위해 어떤 부분을 어떤 방향으로 개혁해야 하는가에 대한 제시를 가능하게 할 것이다. 개혁을 바라볼 때 '**어떻게**(how to) **변화시켰는가**'와 더불어 '**무엇을**(what)**을 변화시켰는가**'에 대해 주목할 필요가 있다. 대부분의 개혁 관련 연구가 개혁확산 영향 요인과 이들 간의 메커니즘에 관심을 갖는 과정 연구에 집중되는 경향이 있지만(오찬숙, 2014:53), 개혁의 내용과 과정[3]은 상호 배타적인 것이 아니고 서로 밀접하게 연관되어 진행되기 때문에 개혁확산에 성공하고자 한다면 이 두 가지 관점 모두에서 개혁을 살펴보는 것이 필요하다.

---

3   대부분의 변화이론에서는 내용 변화와 과정 변화를 구분한다. 변화의 내용은 변화의 대상이 되는 조직의 운영에서 핵심적으로 변화한 것이 무엇인지를 의미하고, 과정 변화란 변화를 달성하는 데 필요한 동인, 메커니즘과 레버리지 포인트 등을 일컫는다(Hargreaves 외, 2015b:238).

최근 다양한 분야에서 교육활동의 우수성을 인정받은 고등학교 변화 사례는 학교의 현재 모습을 보여 줄 수 있으며, 또한 우리 교육이 앞으로 지향하고자 하는 방향을 알려 줄 수 있을 것이다. 따라서 우리 교육이 과거에 비해 하나도 변화하지 않았다고 생각하는 많은 분들에게 학교가 변화하고 있고 많은 교사들이 변화를 위해 노력하고 있다는 것을 다소나마 알려드릴 수 있을 것으로 생각한다. 그리고 대학입학시험 때문에 학생 경험중심, 활동중심의 교육이 고등학교에서 어렵다고 생각하는 많은 학교와 교사들에게 그런 방향으로 변화하는 것이 가능하며 오히려 학력과 입시에 도움이 된다는 것을 보여드릴 수 있을 것이다. 모쪼록, 이 글이 학교가 미래를 대비할 수 있도록 변화되기를 바라는 학교의 구성원들, 교육의 변화를 꿈꾸는 교육행정가들에게 참고가 되어 '오찬숙의 매직 모델(Magic Model)'이 확산될 수 있기를 기대해 본다.

⏱ 2016. 9. 내가 꿈꾸는 학교

무엇을 좋아하고 무엇을 잘하고 어떻게 살아야 하는가를 배울 수 있는 학교
그래서 다양한 경험과 체험을 할 수 있는 곳
진로 탐색을 통해 자신의 진로를 결정하고
보다 높은 수준의 지적 성장을 할 수 있는 곳
그런 학교가 내가 꿈꾸는 학교이다.

학교 변화 양상과 개혁이 시작되던 시점에 대한 이야기

> 학교 변화가 필요했던 이유는?

① 2015년 이전의 학교 상황

○○고는 경기도 △△시 외곽의 경제·문화적으로 소외된 지역에 위치하고 있는 개교 7년 차 인문계 고등학교로서, 기초생활수급자, 한부모가정, 저소득층 가정 자녀들이 상당 부분(1/3) 이상을 차지하고 있었다. 학생들의 학습 동기나 성취수준이 매우 낮아 자존감과 성취수준을 높일 수 있는 보다 다양하고 체계적인 교육활동이 필요한 상황이었다. 더구나 △△지역 중학교 3학년 학생 수의 급격한 감소로 인해 2016학년도 학급 감축이 예견되고 있는 상황으로 흡연이나 학교폭력 등이 빈번하여 학교에 대한 지역사회 내의 인식이 인식이 매우 좋지 않았다. 이에 대해 학부모와 학생들도 과거 학교의 너무나 어려웠던 상황을 생생히 기억하고 다음과 같이 이야기하고 있다. 그들의 이야기에서 당시 학생들에 대한 생활지도가 잘 이루어지지 않았고 학교 내에서조차 흡연하는 학교라는 지역사회의 부정적 평가를 받고 있음을 알 수 있다.

> 주변의 인식은 어우... 거기를 왜 보내냐. 거기는 정말 안 좋다는 식으로 굉장히 많이 말을 했어요. 그냥 졸업장을 따러 가는 학교다. 소위 말하면 '아이들이 불량스럽고 이런 아이들이 거의 졸업장을 따기 위해서 가는 학교다'라는 인식이 많았고... (A학부모)

> "
> 사실 처음에 들어올 때는 ○○고 학생들이 화장실에서 담배를 피우고 복도에서도 담배 냄새가 날 정도다. 이런 얘기가 많았어요... (B학생)
> "

2015년 이전부터 ○○고에 근무했던 교사들은 당시 학교에 대해 생활지도가 어려워 교사들이 근무하기를 기피했던 학교, 수업이나 진학 지도보다는 학생들에게 정서적 지원이나 생활지도가 더욱 시급했던 학교, 그래서 다른 행정적인 부분까지 돌볼 여력이 부족했던 학교로 회고한다. 특히, 교사와 학부모가 있음에도 학생들이 복도에서 흡연하는 모습을 볼 수 있었다는 것은 학생 생활지도가 거의 이루어지지 못하고 있음을 보여 주는 것으로 교사들이 생활지도에 대한 어려움으로 인해 학업지도에 대해서는 거의 신경을 쓸 수 없는 상황이었던 것으로 파악된다.

> "
> 제가 14년도 3월 1일에 왔는데... 서로 기피하는 학교였고 와 보니 전부 외부에서 온 선생님들이에요. 신규로 이제 임용된 사람도 있었고. 그 다음에 외지에서 관외 지역으로 첫 번째 꽂히는 학교였던 것 같아요. 그래서 어설프게 시작을 했는데 모든 게 초임지 같은 느낌이 들었어요. 정비가 안 되고, 아이들이 제일 힘들었던 것 같아요. ... 그리고 제일 심한 게 흡연율이 엄청 높아가지고, 교실 내외, 지역 주변에서 민원이 엄청 났어요. 화장실도 거의 못 갈 지경이었던 것 같아요. 세면대에 이렇게 맨날 쌓여가지고 여사님들이 맨날 하소연하는 게 일이었고 수업은 수업대로 잠자는 애 3분의 1, 떠드는 애 3분의 1... 3분의 1 데리고 겨우 끌고 갔던 것 같아요. 수업 면이나 생활지도 면이 진짜 힘들었어요. ... 외부에서도 '가지 말아야 할 곳' 이렇게 인식을 하고... (A교사)
> "

> "
> 지역에서 약간 좀 ○○고 하면 인식이 안 좋았어요. 학생 수도 좀 적었어요. 반은 10개 반인데 한 반 정원이 다 차지 못했어요. 학력도 굉장히 낮았죠. 선생님들도 되게 다 힘들어 했었던거 같아요. 애들 지도가 잘 안 되고. ... 흡연 문제가 제일 심했고. 저 이 학교 처음 왔을 때 복도에서 애들이 전자담배를 피고 있는 모습을 봤어요. 그것도 시험 기간에, 학부모님들 다 계신데... (B교사)
> "

> " 일단 2015년 이전의 학교는 체계가 없던 것 같아요. 행정실분만 아니라 교무실, 작은 서류 하나하나에도 양식이 제대로 없었고 체계가 제대로 없어서 우왕좌왕했던 거 같아요. (C교사) "

> " 인문계 고등학교이긴 하지만, 경제적으로 힘든 아이들, 정서적으로 힘든 아이들 그런 아이들이 있어서. 인문계 고등학교로서 진학지도도 해야 하겠지만 생활지도도 굉장히 중요한 그런 학교였습니다. 그래서 인문계 특성보다는 생활지도 특성이 좀 더 부각된 학교였죠. (D교사) "

❷ 2018년의 상황 / 학교 차원에서의 변화 내용

그 어느 학교보다 많은 문제점을 갖고 있던 ○○고등학교가 2015년 9월 이후부터 조금씩 바뀌기 시작했다. '함께 꿈꾸고 협업으로 성장하는 ○○교육공동체'라는 비전을 중심으로 전 교직원이 노력하여 학생중심의 다양한 교육과정을 운영하는 학교로 변화하였다. 학생의 진로와 선택을 존중하여 2017학년도부터 기존의 인문사회과정, 자연과학과정 외에 공학·예술과정, 융합과학과정, 과학·국제과정을 편성·운영하고 있으며, 주문형강좌와 교육과정 클러스터 등을 활용하여 학생들이 수강하기를 원하는 다수의 교과를 개설하여 운영하고 있다. 학생들에게 다양한 교육과정을 제공하려는 이러한 노력들로 인해 2018학년도 입학생들에게 자유수강제를 전면 실시할 수 있었고 이를 기반으로 2019학년도부터는 고교학점제 선도학교를 운영하고 있다.

이와 같은 학생중심의 교육과정 운영 성과를 인정받아 ○○고는 2017학년도 교육부가 주관하는 '제15회 전국 100대 교육과정 우수학교'와 '고교 교육력 제고 사업 우수프로그램 우수학교'로 선정되어 2개의 교육부장관 표창을 수상하였으며, 더 좋은 일반고 프로그램 우수교와 독서인문교양교육 우수교로 교육감 표창을 받았다. 그리고 학교도서관 활용수업, 창의적체험활동, 혁신교육지구, 중등교육과정, 스포츠클럽활동 분야에서도 그 노력을 인정받아 교육장 표창을 수상하였으며, 교사들 또한 교육활동 유공으로 7개 영역에서 표창을 받은 성과를 거두었다. 이러한 성장은 2018년에도 이어져 학력향상프로그램 우수교, 학교예술교육 우수교, 환경교육 우수교로 교육감 표창을 수상하였으며, 무엇보다도 학생들이 경기도학생과학탐구 동아리 활동 대회에서 교육감 표창을 2개 부문에서 수상하는 쾌거를 거두어 학교, 교사, 학생 모두가 성장하는 모습을 보여 주었다. 2019년에도 경남교육청과 충북교육청 등 전국 여러 지역에서 ○○고의 놀랄 만한 발전을 벤치마킹하고자 학교를 방문하였다.

이와 같이 ○○고는 학생, 교사, 학부모가 함께 노력한 덕분에 2017년부터 교육활동과 관련하여 교육부장관상을 비롯한 다수의 상을 수상했고, 그 결과 학부모와 지역사회에서의 학교에 대한 부정적 시각이 매우 긍정적 방향으로 변화하였으며 학교 구성원들의 자존감 또한 높아졌다. 학생 자신과 학교에 대한 자존감은 학생들이 학업에 열중하고 학생다운 생활을 하고자 하는 모습으로 이어져 학력이 실제로도 매우 향상되었으며 학생들의 진로 선택이나 대학 진학에 있어서도 좋은 결과들을 보여 주고 있다.

인문학 특강(16년 7월) -기호일보 보도-	마을교육공동체와 함께 하는 수주 Go! Film Festival, 수주 과학문화 한마당(17년 10월) -기호일보, 경인일보, kns 보도-
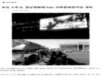	

➡ 2015년 2학기부터 진행되고 있는 창의융합 교육과정에 대한 **지역사회의 관심이 꾸준히 증가**하고 있으며 교육 프로그램 및 학생들의 변화된 모습에 대해 **지역공동체의 긍정적인 인식이 확산**되고 있음. 특히 올해 10월 15일~16일 이틀 간 진행된 수주 Go! Film Festival(16일)과 수주과학문화 한마당(17일)에서 학생들이 교육 활동의 결과물로 제출한 영상·영화, 학생 주도의 과학, 문화 부스 등을 시청·체험하며 **본교와 인근 초·중학교 및 지역주민과의 소통이 활발히 이루어짐**. 또한 이러한 소통 과정에서 받는 **지역교육공동체의 평가**가 본교 학생들의 SUJU 역량 신장의 또다른 밑거름이 되는 **궁정적 순환**이 이루어지고 있음.

출처: 2017 수주고등학교 교육과정 운영 보고서

　학교 변화에 대한 ○○고 구성원들의 다음 이야기들은 학교에 대한 인식이 매우 긍정적인 방향으로 변화하였음을 보여 준다. B학생은 학생들이 흡연 캠페인을 실시하는 등 변화를 위한 주도적인 노력을 했고 그런 영향으로 흡연을 하지 않는 분위기 되었다고 말하며, C학생은 고등학교 생활이 자아형성에 중요한데 선생님들에게서 많은 도움을 받았다고 이야기 한다. 그는 학교에서 가장 만족스러운 점이 교사와 학생의 관계라고 생각할 만큼 학교 분위기가 학생들에게 열려 있는 친근한 느낌이라고 생각하고 있다.

🗨 학생들의 이야기

　"
　학생들이 주도적으로 흡연 캠페인을 실시하면서 점점 흡연하는 학생을 보는 시선이 점점 더 부정적으로 변하면서 그 학생들이 흡연을 피하게 되는 그런 분위기가 만들어졌죠. (B학생)
"

　"
　항상 학생한테 문이 열려 있고, 거의 왔다 갔다도 편하게 하고 선생님들이랑도 되게 편하게 말 나누고 되게 친근해진 느낌이 많이 들어서. 고등학교 생활 자체가 자아형성에 중요하잖아요. 선생님들께 도움을 많이 받았었던 것 같아요. ... 학교에서 가장 만족스러운 점을 꼽자면, **선생님과 학생의 관계**라고 해야 되나. (C학생)
"

학교 변화 모습에 대해 B교사는 흡연 문제가 많이 사라졌고 학생들이 학교 프로그램에 계속적으로 참여하고 있는 것을 꼽았으며, E교사는 휴직하고 다시 학교에 왔을 때 과거와 달리 깜짝 놀랄 정도로 발표를 잘하는 학생들을 보았던 것을 이야기한다. F교사의 경우 전학이나 자퇴하는 학생들이 많았던 과거와 달리 지금은 정원이 모두 채워지고 전입을 오려고 하는 학생들이 있는 것과 이전에 2년 내로 학교를 떠나고자 했던 교사들이 학교에 대한 애착이 생겨 좀 더 근무하려고 하는 것이 변화된 것으로 생각하고 있다. 그는 교육과정도 바뀌고 교사와 사업이 안정된 상황에서 교사들이 미리 계획을 세워 교육활동이나 수업 준비를 하기 때문에 학생들의 만족도가 높아진 것이 더 큰 변화라고 말한다.

🗨 교사들의 이야기

> 일단 학교 안에서 **흡연 문제가 많이 사라진** 것 같구요. 담배 냄새가 많이 사라진 거 같고. 네, 전에는 진짜 화장실 앞에 연기가 뿌옇게 됐었는데 그거 사라졌고. 아이들이 뭔가를 학교에서 계속 하고 있는 것 같아요. 학교 프로그램이 많으니까, 끊임없이 **프로그램에 참여**하는 것 같아요. (B교사)

> 저는 휴직하고 온 후에 애들이 확 달라진 게 **발표를 잘하는 아이들**이 눈에 확 들어오게 된 건 있어요. 전문적으로 잘한다. 그리고 약간 어떻게 하면 잘할지에 대해서 스스로 너무 잘 알고 있고, 눈에 띄는 애들이 있어서 제가 깜짝 놀랐거든요. (E교사)

전에는 전학을 가거나 자퇴하는 학생이 많았는데 지금은 계속 오려고 하는 상태여서 정원이 차 있는 상태인데, 그것은 바로 **우리 학교 괜찮다**. 위장전입도 있을 정도로 오려고 하는 것은 ○○고의 1학년이 좋다는 것의 반증이 아닐까 합니다. 교육과정도 그렇고. **선생님들이 애착이 생긴 것 같아요**. 좀 더 근무하려고 하고. 학생도 중요하지만 교사도 중요하잖아요. 선생님들이 2년 내로 빨리 떠나자 하는 게 아니라 조금 더 해 보자. 선생님들도 안정되고 사업도 안정되었기 때문에 그런 상황에서 그리고 더 큰 변화는 뭐냐면 사업과 계획 같은 것을 미리 정하고 수업 준비를 하기 때문에 **아이들의 만족도가 높지 않나**... (F교사)

B학부모는 다양한 진로를 체험하고 경험할 수 있는 학교 프로그램이 많아졌고 학생들 간의 교우관계가 좋아져 싸우거나 폭력을 쓰는 일이 없어진 것을 변화된 것으로 생각하며 학교와 선생님들에게 너무나 만족하고 있다고 말한다. 그리고 A학부모는 ○○고에 대한 외부 인식이 변화되었다고 말하며, 그는 주변에 있는 중학교 학부모들이 ○○고 안에서 진학지도가 모두 해결되기 때문에 내 아이만 잘하면 대학을 갈 수 있다고 생각한다는 말을 전한다.

> 🗣️ 학부모들의 이야기

프로그램이 1학년 때보다 더 많아져서 진로를 경험할 수 있는 **학교 프로그램이 많아졌어요**. 아이들이 다양하게 접하고 체험해 볼 수 있었던 것... **학교에 너무나 만족하고 선생님들한테도 만족하고**. 친구들하고 교우관계도 너무 좋고. 요즘은 싸우는 애들이나 **폭력이 없잖아요**. 처음에는 그게 심했었거든요. (B학부모)

여기 주변에 중학교에서도 이제 ○○고 하면 이제 전이랑은 **달라졌어**. ○○고 안에서도 내 아이만 잘하면 **대학은 갈 수 있어**. 그 안에서 다 **해결이 된대**. 이렇게 부모님들이 인식을 하고 계시더라고요. (A학부모)

이와 같이 ○○고는 학생들의 학업과 진로를 위한 다양한 프로그램을 제공하고 학생들은 그러한 프로그램에 열심히 참여하면서 학생 문화를 주도적으로 변화시키려는 노력을 하고 있다. 교사들도 학교와 학생에 대한 애정을 갖고 수업과 교육활동에 대한 준비를 하고 있으며, 학생들은 자신들을 위해 준비된 수업과 친근하게 소통이 되는 선생님들과의 관계에서 만족감을 느끼고 있다. 과거 가장 심각했던 흡연이나 학교폭력과 같은 생활지도 문제들을 해결하고 교사와 학생들이 교육활동에 전념할 수 있게 되어 학생들의 진로지도와 학업향상을 위한 노력이 가능해진 것이다. 교사들은 자신들의 수업에 대한 자신감 더불어 학교에 더 오랫동안 근무하고 싶어하는 애정을 갖게 되었으며, 학부모들도 변화된 학교와 교사들에게 만족하고 신뢰하고 있음을 알 수 있다. **모두가 기피하던 학교에서 머물고 싶은 학교로의 변화**가 이루어진 것이다.

❸ ○○고의 문제점과 개혁의 모티브

주위에 좋은 사람들이 있고, 그들과 바람직한 상호작용과 관계를 가질 때, 개인은 자신감을 얻고 학습하며 피드백을 받는다. 능력이 있고(높은 인적 자본) 동시에 동료들과 유대감이 강한(높은 사회적 자본) 교사들이 학생들의 학업성취도를 가장 크게 향상시킬 수 있는 것이다(Fullan 외, 2014:31). 그러니까 좋은 학교는 교사들 간의 좋은 관계가 이루어져야 하는 것이다.

⏰ 2015. 9. 1. ○○고 발령받다

여러 연구물이나 책에서 일반계 고등학교 문제들과 입시위주 교육 문제들에 대해 많이 보아 왔다. 움직이지 않으려는 교사들, 입시 때문에 내팽개쳐진 활동 중심의 수업들, 와해된 조직문화 등등. 오늘 본 ○○고등학교는 우리 교육의 모든 문제점을 갖고 있는 학교인 듯하다. 마치 판도라의 상자처럼 뚜껑을 열면 문제들이 계속해서 튀어오른다. 하지만 여느 다른 학교와 마찬가지로 겉으로는 아무런 문제가 없다. 그 속에서 우리 학생들과 교사들은 나름대로의 소신을 갖고 열심히 노력하며 살아가고 있다.

문제점은 일단 12개로 나누어져 있는 교무실이다. 각각의 교사들은 사방팔방으로 흩어져 자신의 책상에 파묻혀 일 속에서 허덕이고 있다. 서로서로 이야기들은 하고 있는 것인지, 자신의 공간 속에 함께 생활하는 3~4명의 교사들과 교류할 뿐이다. 그 와중에 행정업무 경감이라는 미명하에 전체회의 시간은 한 달에 한 번뿐, 식사도 삼삼오오, 이야기도 삼삼오오. 그러니 소통될 리가 없다. 같은 교무실이 아니면 서로 인사도 나눠 보지 못하고 같은 학교에 근무하면서도 이름도 알지 못하는 경우가 비일비재할 것이다. 요즈음 젊은 교사들은 회식을 싫어하고 자신들의 개인 생활을 존중받기를 원한다던데. 과거처럼 회식으로 묶여질 수도 없다. 서로 인사를 나누고 이야기하고 아이들의 수업에 대해 논의해야 할 텐데. 걱정이다.

●--●

○○고의 경우를 보면, 인적 자본이 낮은 것은 아니었다. 단지 사회적 자본이 거의 없는 상황으로 동료들과의 유대감이 부족했던 것이다. 관리자 간, 교사와 관리자 간, 그리고 교사 간의 관계가 서로 좋지 않았고, 황폐화된 상황이랄까. 그런 황무지에서 어떻게 창의적인 생각과 교육에 대한 열정이 생길 수 있겠는가? 학교 변화를 위해 ○○고에 필요한 것은 동료들 간의 유대감과 신뢰감을 불러일으키는 것이었다.

나로서는 **개혁의 모티브**가 필요했다. 그런데 2015년 10월 초 도교육청에서 우리학교에 대한 맞춤형 장학을 하겠다는 연락을 받았다. 그 당시 학교는 총체적 난국이었으니 외부에서 보기에도 장학지도나 컨설팅, 그 어떤 조치라도 해야 할 상황이었다. 장학의 내용은 학교 변화를 위해, 도지원단(자료제작 7명, 수업나눔 7명), 지역단위 지원단(7명), 학교 TF팀(7명)이 모여, 전문적학습공동체, 수업공개, 교육과정계획, 교육과정 재구성 등의 내용을 공동으로 추진하고 그에 따른 예산지원을 한다는 계획이었다. 그런 방법으로 학교가 변화될 수만 있다면 다행일 텐데. 외부에서 지원하는 계획에 대해 학교 구성원들은 자신들의 노력이 인정받지 못했다는 실망감과 함께 많은 예산 투입에 따른 더 많은 업무가 자신들에게 오는 것으로 생각해 거센 반발감을 갖게 되었다.

부임한 지 한 달밖에 되지 않은 새 교장으로 학교의 상황을 진단해 보았을 때 외부의 지원도 효과가 있을 수 있겠지만, 우리 학교에 진정으로 필요한 것은 **스스로 변화하고자 하는 구성원들의 의지와 '함께하는 조직문화'로의 변화**였다. 수업이나 교육과정 구성에 대한 교사들의 역량은 발휘되지 않았을 뿐 충분하다고 판단되었고, 함께 노력해 볼 수 있는 시간만 내게 주어진다면 변화할 수 있을 것이라는 확신이 들었다. 그래서 도교육청에 6개월의 시간을 준다면 한번 스스로 바꾸어 보겠다는 의사를 전달하였다. 그리고 전체 회의에서 **<이대로 갈 것인가, 아니면 변화할 것인가?>**라는 내용의 이야기를 함으로써 **개혁의 불꽃**을 당겼다.

2015. 10. 6. 전체회의 <이대로 갈 것인가, 아니면 변화할 것인가?>

어제 도교육청에서 전화가 왔습니다. 맞춤장학을 해야 한다고 담당 장학사가 이야기해서 살펴보니, 비선호학교에 대한 컨설팅을 하는데 우리 학교가 대상이라고 합니다. 난 이미 ○○고의 일원이고 우리가 이렇게 열심히 하고 있는데, 아무것도 하지 않고 무능하게 있었다고 평가되는 것이 매우 안타깝습니다. 우리가 아무것도 하지 않았기에 변화해야 하는 것이 아니라, 열심히 하고 있었지만 보다 확실하고 체계적으로 하기 위해 변화해야 한다고 생각합니다. 그리고 변화는 구성원 스스로 하는 것이기에 외부에서의 지원이 과연 우리 학교의 변화를 일으킬 수 있을까 하는 의문도 듭니다. 그래서 어제 부장회의를 통해 상황을 전달했고, 교육청에 우리에게 시간을 달라는 부탁을 했습니다. 이제 변화는 목전에 와 있고 변화의 방법을 선택해야 할 것 같습니다. 저는 우리 스스로 충분히 변화의 능력이 있다고 봅니다. 저와 함께 변화할 것인지, 외부에 우리를 맡길 것인지 결정하셔야 합니다. 파악해 보니, 조금만 시스템적으로 바꾸면 힘들이지 않고도 할 수 있는 방법이 있습니다. 저를 믿고 함께 우리 스스로 해낼 수 있기를 바랍니다.

나는 구성원들에게 현재 상황의 책임이 그들에게 있다고 비난하지 않고 열심히 해 왔다는 것을 인정해 주면서 변화에 대한 당위성을 강조하였다. '우리 스스로 한번 해 보자'라는 제안과 함께 변화가 어렵지 않을 것이라는 확신을 주고자 했다. 그리고 학교 구성원들이 생각해 보고 선택하는 과정을 거쳐 변화에 동참하게 함으로써 교사들 스스로가 개혁의 주체라고 생각할 수 있도록 한 것이다.

⏰ 2015. 10. 8. 스스로 해 보고자 하는 마음

맞춤형 장학에 대한 소식을 듣고 우리 선생님들과 이야기를 나누고 밤새 생각해 보았습니다. 학교가 교장 개인의 소유물이 아니기에 더욱 이 말씀을 드리려고 합니다. 좋은 취지이고 훌륭한 계획이지만 혁신은 각각의 학교 실정에 맞게 시행될 때 더 효과가 있을 것이라 생각합니다. 제가 이제 온 지 한 달이니 이번에 하지 말고 조금 더 지켜보다가 그래도 변화되지 않으면 우리 스스로 신청하겠습니다. 학교장 책임경영제이니 제가 책임지고 한번 해 보겠습니다. 벼랑 끝에 선 심정으로 진심을 담아 이야기하면 들어 주실거라 생각합니다.

지금까지 대략적인 학교 변화 양상과 개혁이 시작되던 시점에 대한 이야기를 해 보았다. 나는 외부의 자극을 모티브로 개혁이 필요함을 강조하였고 교사들이 주체로서 참여할 수 있도록 판을 조직해 가고 있었다. 다음은 차근차근 개혁의 단계를 밟아 나갈 것이다.

II. 개혁의 확산 이론

* 개혁(혁신, innovation)의 개념
* 개혁의 확산(diffusion)은 무엇인가?
* 개혁확산에 관한 연구들은?
* 개혁확산 단계 이론
* 개혁확산에 영향을 주는 요인은?

II. 개혁의 확산 이론[4]

어느 시대나 어느 곳에서나 많은 정치가와 행정가 그리고 기업의 CEO 등은 개혁이나 혁신, 변화에 대해 관심을 가졌고, '어떻게 하면 개혁이 잘 이루어져서 기업이나 조직, 그리고 국가가 변화할 수 있는가'라든지 아니면 '어떻게 해야 자신들의 혁신적 제품을 많이 팔 수 있을까'와 같은 과제를 해결하기 위하여 개혁확산과 관련된 연구들을 지속적으로 해 오고 있다. 우리나라에서 개혁확산 연구의 분야로는 정보기술 분야 신기술 관련이 가장 많고 마케팅, 경영학 분야 그리고 언론학 분야 등에서 활발하게 이루어지고 있다. 반면 교육과 관련된 개혁확산 연구는 다른 분야에 비해 상대적으로 적은 수의 연구가 이루어진 것으로 보아 앞으로 교육 분야의 개혁확산에 대한 보다 더 많은 관심과 연구가 필요한 것으로 보인다.

지금까지 우리 교육은 여러 차례 개혁이 시도되어 발전되어 왔지만, 개혁에 대한 논의나 여러 정책들이 소기의 성과를 거두지 못한 경우도 많이 있었다. 이것의 가장 핵심적인 원인은 그러한 정책들, 비단 교육개혁뿐만 아니라 다른 어떤 좋은 교육제도나 시스템들이 단위 학교뿐만 아니라 전체 지역에 걸쳐 확산되지 못했기 때문일 것이다. 바람직한 교육정책이나 제도가 마련되었다 하더라도 일부 조직이나 일부 지역에서만 활성화된다면 그 효과가 미미할 수 있고, 그런 경우 시도된 정책은 대부분 유명무실하게 되어 버린다. 그러므로 바람직한 개혁방안을 구성하는 것도 중요하지만, 만들어진 개혁방안을 효과적으로 확산시키는 것이 더욱 중요할 수 있다. 이에 이번 장(章, Chapter)에서는 개혁확산 이론에 대해

---

4 II. 개혁의 확산 이론 부분은 '오찬숙(2014). 교사학습공동체의 개혁확산 과정에 관한 사례연구. 박사학위논문. 고려대학교'의 내용 중 일부를 수정·보완한 것이다.

살펴보고 개혁확산에 영향을 주는 요인을 파악하여 이후 제안하는 '교육을 변화시키는 마법'의 기초를 마련하고자 한다.

개혁(혁신, innovation)의 개념

일반적으로 '개혁(改革)'은 사회제도나 기구, 정치체제 등을 새롭게 뜯어고친다는 뜻으로 이와 유사한 용어로 '혁신(革新)'과 '변화(變化)'가 자주 사용되고 있다. 영어로 'innovation'으로 표현되는 개혁과 혁신은 낙후되고 정체되어 있는 분야에 대해 새롭게 고친다는 의미로 서로 구분되지 않고 혼용되는 경향이 있으며, 변화(change)는 보다 중립적이고 비의도성을 내포하는 용어로 기존의 어떤 상태에서 새로운 상태로 바뀌는 것으로, 절대적인 개념이 아닌 상대적인 개념이다. 이 책에서는 개혁과 혁신이 좀 더 바람직한 방향으로의 목적의식과 의도성을 지니고 정치체제나 사회제도, 조직, 관행 등을 새롭게 고치는 것을 의미하는 것으로 보고 이것을 대표하는 표현으로 개혁을 사용하고 있으며 정책과 상황에 따라 혁신도 함께 혼용하고 있다. 그리고 변화는 학교 변화나 교육 변화와 같이 개혁이나 혁신의 결과로 나타나는 다양한 교육과 관련된 변화를 아우르는 표현으로 사용하고자 한다.

이러한 개혁의 개념은 관련 연구에 있어서 연구자들의 관심과 초점에 따라 매우 다양하게 정의되어 왔다. Mansfield 외(1971)는 개혁을 발명과 창조와 같은 개념으로 **기존에 없었던 것을 새로 만들어 내는 것**이라 정의하였고, 행동과학적 연구로 개혁확산에 대한 연구를 체계화한 Rogers(2005)는 개혁을 개인 혹은 다른 채택 단위들이 **새롭다고 인식하는 아이디어, 관행 또는 사물** 등을 지칭한다고 하였다. 즉, 개혁은 완전히 새로운 것의 발명(invention)만을 의미하는 것이 아니라 타 지역이나 타 조직에서 시행하고 있거나 이미 시행 중이더라도 해당 조직이 **새로운 것으로 인식**(perception)**하여 도입하는 것**을 의미하는 것으로, 개인이 지각한 아이디어가 개인에게 새롭게 느껴진다면 그 아이디어를 개혁으로 볼 수 있다는 것이다. 이외에도 개혁이란 새로운 아이디어가 제시되었을 때 이를 채택하는 것 또는 이를 채택하고자 결정한 의사결정으로 정의되기도 하고, 또 다른 측면에서 새로운 아이디어가 실행되는 것을 개혁이라 정의하기도 한다. 이를테면 장치, 시스템, 프로세스, 정책, 프로그램이나 서비스 등을 포함하여 채택 시점에 조직에게 새로운 아이디어를 실행하는 것을 개혁으로 보는 것이다.

이와 같이 개혁(혁신)은 새롭다고 인식하는 사물이나 아이디어, 행동 등을 지칭하는 것으로, 이전에 존재하던 것을 새롭게 인식하거나, 예전에 존재하지 않았던 사물이나 아이디어를 새로이 채택·실행하는 것까지 포함하는 것이다. 예컨대, 그 이전에 있었거나 이루어져 오고 있던 일도 조직의 구성원들이 새로운 것으로 생각한다면 개혁이 될 수 있는 것이다.

개혁의 확산(diffusion)은 무엇인가?

확산의 사전적 의미는 **흩어져 퍼진다**는 것으로, 개혁은 시작하는 것도 중요하지만 이를 지속적으로 확산시키는 것은 더욱 중요하다. Rogers(2005:5)는 시간의 흐름과 더불어 특정 매체를 통하여 **사회 시스템 구성원 사이에 의사소통되는 과정**이 개혁의 확산이라고 정의하였고, Swan(1995:849)은 조직 상호 간의 네트워크를 통해 구성원들에게 개혁에 대한 학습과 공유의 기회를 확대해 나가는 과정이라고 하였다. 그리고 Berry 외(2010:77)는 개혁의 확산을 최초의 채택자가 새로운 기술이나 아이디어를 채택한 이후 다른 잠재적 채택자들도 그것들을 받아들여서 점차 개혁을 수용한 채택자들의 수가 늘어 가는 것을 의미한다고 하였다.

커뮤니케이션 학자인 Rogers(2005)는 확산을 새로운 아이디어가 메시지인 특별한 형태의 커뮤니케이션으로 보았다. 그에 따르면 확산(diffusion)이란 하나의 개혁이 사회체계의 구성원들 사이에서 시간의 경과에 따라 특정 채널을 통해 커뮤니케이션되는 과정이다. 이때 커뮤니케이션(communication)이란 참여자들이 상호 이해에 도달하기 위해 정보가 생산되고 공유되는 과정으로, 커뮤니케이션은 특정의 효과를 얻기 위해 한 개인이 다른 사람에게 메시지를 전달하고자 하는 선형적(linear) 행동으로서 쌍방향적 수렴의 과정이다(Rogers & Kincaid, 1981). 이와 같이 새로운 아이디어가 창안되고 확산되어, 채택되거나 혹은 거부되는 특정의 결과에 이르게 될 때, 사회변화가 일어나게 된다. 여기서 사회변화란 사회체계의 구조와 기능에 일어나는 변경의 과정으로 정의될 수 있다. 그러므로 새로운 아이디어가 확산되는 것은 일종의 사회 변화(social change)라고 볼 수 있다. 요컨대, 흩어져 퍼진다는 의미의 확산이란 구성원들 간에 의사소통 과정을 통해 어떤 새로운 메시지를 알게 되고 공유하게 되는 과정으로, 새로운 메시지가 퍼지게 됨으로써 일종의 사회 변화가 발생할 수도 있다. 이와 같이 볼 때, 개혁의 확산이란 개인이나 조직에게 새롭다고 느껴지는 사물이나 행동들이 특정 커뮤니케이션 과정을 통해 다수의 개인이나 조직에게 퍼져 나가는 과정이라고 정의할 수 있으며, 이러한 확산이 잘 이루어질 때 사회 변화가 가능할 수 있다.

 ## 개혁확산에 관한 연구들은?

개혁확산에 관한 연구는 '모방의 법칙(the law of imitation)'을 주장한 G. Tarde를 중심으로 유럽에서 시작되어, 1962년 Rogers가 『개혁의 확산(diffusion of innovation)』이라는 책을 출판하면서 더욱 많은 관심을 받게 되었다. 그 후 개혁확산에 대한 연구는 인류학, 사회학, 교육학, 의료, 커뮤니케이션학, 마케팅과 경영학 그리고 지리학 등 여러 부문에 걸쳐 이루어져 오고 있다(Rogers, 2005:44).

일반적으로 개혁확산 연구는 **한 개인이 개혁의 기술 또는 방법 등을 채택하는 내적 의사결정 과정**을 연구대상으로 하는 미시적 관점의 연구와 **개혁이 개인들의 집합인 사회 전체로 확산되어 가는 과정**을 연구대상으로 하는 거시적 관점의 연구로 구분될 수 있다. 예를 들어, 한 소비자가 신제품을 살 것인지 혹은 사지 않을 것인지를 결정할 때 거치는 개인 마음속의 과정은 미시적 관점이라 할 수 있고, 사회의 많은 구성원들 또는 집단들에게 새로운 신제품이나 제도 등이 퍼져 나가는 과정은 거시적 관점이라 할 수 있다.

표 1 개혁확산 연구 분류기준

구분	미시적 관점 연구	거시적 관점 연구
연구모형	채택 및 결정 모형	개혁확산 모형
연구대상	개인의 의사결정 과정	사회적 의사소통 과정
연구분야	경영학 소비자 행동연구	사회학, 커뮤니케이션학
연구방법	질적 연구	양적 연구
연구목적	개혁의 결정 단계 제시	확산의 영향 요인/요인 간 매커니즘 파악

다른 분야에서와 마찬가지로 새로운 정보기술이나 정책 도입을 위해 교육학 분야에서의 확산연구가 중요하지만 2004년부터 2013년까지 최근 10년간 국내에서 이루어진 개혁확산 관련 연구를 분석한 결과, 교육 분야에 있어서 개혁확산 연구가 매우 적으며, 특히 개혁확산 과정을 면밀하게 살핀 연구가 부족함을 알 수 있었다. Rogers(2005:61)도 교육학 분야에서의 확산연구가 중요하지만 개혁확산의 이론적 부분에 기여한 부분이 적고 그 저작물 수도 줄어들고 있다고 하였으며, 그 이유로 교육조직의 특성을 들고 있다. 왜냐하면 대부분의 채택자들, 즉 소비자들은 주로 본인들이 새로운 아이디어와 제품을 채택하는가를 결정하기 때문에 이들과 관련된 연구가 집중적으로 이루어지는 반면, **교사나 학교 종사자들은** 일반적으로 집합적인 수준에서 그리고 행정가들에 의한 개혁결정과 관련되어 왔기 때문에 이들이 **개혁을 채택할 것인지에 대해서는 상대적으로 주목받지 못해 왔다.** 즉, 교사는 학교 조직에서 일하는 한 부분으로 간주되었고, 조직구조가 교육적 개혁채택 결정에 있어 더 중요하게 생각되어 왔던 것이다.

그러나 **교육 분야 개혁확산 연구에서 분명히 필요한 것은 조직과 개인 둘 다에 대한 관심**이다. 실제로 조직차원에서 개혁을 채택하였을 경우, 그 조직 내의 개인이 개혁과 상관없이 생활할 수 없으며, 또한 역으로 다수의 개인들이 함께 개혁을 하고자 할 때 조직이 변화하지 않을 수도 없는 것이다. 이처럼 조직과 개인의 개혁결정 과정은 서로 분리되어 생각될 수 없는 것으로, 개혁의 시작부터 실행에 이르기까지 개인과 조직이 함께 개혁의 과정을 겪어 간다고 볼 수 있다. 특히, 교육개혁에 있어서의 현장의 참여, 교육구성원의 합의가 더욱 중요하게 여겨지는 현재 시점에서 교육 분야에 있어서의 개인차원의 개혁확산 과정을 포함한 조직차원의 개혁확산 연구는 앞으로 더욱 활발하게 이루어져야 할 것이다.

 개혁확산 단계 이론

❶ 개인차원 개혁확산 이론

개인차원의 개혁확산 이론은 개인의 의사결정 과정에 중점을 둔 것으로 마케팅 분야나 정보기술 분야에서 많이 선호되는 이론이다. 우선, 마케팅 분야에 있어서 의사결정 과정에 대해 연구한 Robertson(1971:75)은 채택과정 모형(adoption process model)을 문제 지각, 인식, 이해, 태도, 정당화, 시도, 채택, 부조화의 단계로 제시하였으며, 개인의 심리적 변화과정에 초점을 둔 Zaltman, Duncan 그리고 Holbek(1973:94)은 변화의 저항에 초점을 맞추어 개인저항 과정(individual resistance processes)을 제시하였다. 그들은 조직의 의사결정이 대규모의 개인 의사결정의 작용이라 생각하여 개혁상황하에서의 개인 의사결정 과정을 살펴보는 것이 유용하다고 하였다. 그의 모형은 인식, 동기화, 태도, 정당화, 시도, 평가, 채택 또는 거부 그리고 결정의 단계로 구성되어 있다.

다음으로 개혁확산 이론의 가장 일반적인 모형으로 많이 알려져 있는 Rogers(2005:169-191)의 모형은 개혁결정 및 실행 과정의 다양한 측면과 각 단계에 영향을 미치는 요인들을 잘 정리한 것으로 평가받고 있다. 그는 개인이 개혁을 받아들일 것인지 여부를 결정하는 과정을 개혁결정 과정이라 하였으며, 지식, 설득, 결정, 실행, 확인의 5단계로 제시하였다. 즉, 개인이 개혁을 최초로 인지하고 그에 대한 태도를 형성하며 궁극적으로 개혁을 채택 혹은 거부할 것인지를 결정하고 이행하는 것 그리고 자신의 결정에 대해 확신하게 되는 전체적인 과정이 개혁결정 과정(innovation decision process)이다. 특히 그는 확산 과정을 개인적 차원에서 접근하며 개인을 개혁채택 과정의 어느 단계에서나 이를 수용 또는 거부하는 존재로 간주하였다.

표 2	개인차원의 개혁확산 단계(미시적. 채택 및 결정 모형)
연구자	**단 계**
Robertson(1971)	문제 지각 ⇒ 인식 ⇒ 이해 ⇒ 태도 ⇒ 정당화 ⇒ 시도 ⇒ 채택 ⇒ 부조화
Zaltman 외(1973)	인식 ⇒ 동기화 ⇒ 태도 ⇒ 정당화 ⇒ 시도 ⇒ 평가 ⇒ 채택/거부 ⇒ 결정
Rogers(2003)	지식 ⇒ 설득 ⇒ 결정 ⇒ 실행 ⇒ 확인

이러한 내용을 종합해 보면, 대부분의 학자들은 개혁을 개인이 알게 되고 동기가 발생한 후 태도를 형성하게 되는 과정을 다양한 표현으로 제시하고 있으며, 개혁을 받아들여서 실행하는 과정을 자신들의 관점에 따라 여러 단계로 나누기도 하고 종합해서 몇 단계로 묶어서 나타내기도 하였다. 즉, 개혁확산의 첫 단계는 개혁을 알게 되는 인식단계로 시작하여 그 후 개혁을 채택해야겠다고 마음을 갖게 되는 동기화단계, 그리고 개혁에 대해 긍정적 또는 부정적 태도를 형성하는 태도형성단계로 진행된다는 것을 알 수 있다.

Rogers는 설득단계 중에 태도형성 과정과 동료의 의견이나 경험을 구하여 자신들의 생각을 조정하는 과정을 포함시켜 제시하였고, 다른 학자들은 태도 다음 단계인 정당화단계, 준비단계에서 개혁을 채택한 행동에 대해 강화를 받고 자신들의 생각을 조정하는 과정을 제시하고 있다. 이는 여러 가지 방법으로 개혁에 대한 자신들의 생각을 조정하는 것이 확산에 있어서 필요한 과정이라는 것을 나타내는 것으로, 본 연구에서는 설득단계, 정당화단계, 준비단계에 포함된 조정의 과정을 분리하여 하나의 단계로 강조하고자 한다. 왜냐하면 실제 개혁이 이루어지는 현장에서 조정단계는 반드시 거치게 되는 단계로, 개혁에 대한 생각의 조정은 개혁의 실행을 위해 매우 필요하기 때문이다. 그리고 수용과 거부의 결정단계 이후에 실행의 단계를 제시한다면 개혁의 결정 과정이 채택으로서 종결되는 것이 아니라 실행에까지 지속되는 과정임을 강조할 수 있을 것이다. 이에 본 연구에서는 개인차원의 개혁확산 단계를 [그림 1]과 같이 인식, 동기화, 태도형성, 조정, 결정 그리고 실행의 단계로 제시하고자 한다.

그림 1 개인차원 개혁확산 단계

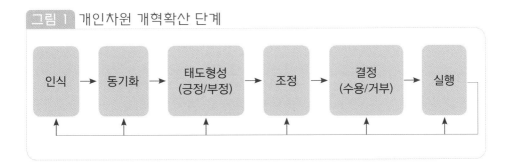

② 조직차원 개혁확산 이론

확산에 대한 연구는 개인적인 문제에 대한 연구로 시작되었으나 그 후 조직 자체의 개혁에 대한 일정한 성향, 즉 개혁성(innovativeness)을 측정하거나 비교할 수 있다는 것을 알게 되고 조직차원의 확산에 대해서도 연구가 이루어졌다. 조직차원의 개혁확산 이론은 사회적 의사소통 과정에 중점을 둔 것으로 언론학이나 사회학, 정책 분야 등에서 확산의 영향요인이나 요인 간의 메커니즘을 파악하기 위해 많이 활용되고 있다.

Zaltman과 그의 동료들은 『개혁과 조직(Innovations and Organization)』이라는 책에서 조직 개혁 연구의 전환점을 제공했는데 이것은 조직에서의 확산 연구의 주된 종속변수가 개혁을 사용하기로 결정하는 '채택'이 아니라 '실행', 즉 **개혁을 실제로 사용하는 것을 강조**한 것이다(Rogers, 2005:417). 그들은 모형을 시작과 실행 두 단계로 나누고 시작단계는 지식-인식, 태도형성과 의사결정의 하위단계로, 실행단계는 초기실행과 지속적 실행의 하위단계로 제시하였다.

한편 정보기술 혁신연구 분야에서 Cooper 와 Zmud(1990:124)는 착수, 채택, 적응, 수용, 일상화, 내부 확산의 단계로 이루어진 정보기술 채택의 6단계를 제시하였으며, 조직을 공동의 목표를 달성하기 위해 함께 일하는 개인들이 모인 체계로 본 Rogers(2005:420-430)는 조직의 개혁과정을 의제 설정, 일치화, 재정의/재구조화, 명료화, 일상화의 다섯 단계로 제시하였다. 그는 첫 두 단계는 시작단계, 이후의 세 단계는 본격적인 실행단계로 분류하였다.

표 3 조직차원의 개혁확산 단계(거시적. 확산 모형)

연구자	단 계				
Zaltman(1973)	시작 ⇒			실행 ⇒	
	지식/인식 ⇒ 태도형성 ⇒ 결정 ⇒ 초기 실행 ⇒ 지속적 실행				
Cooper 외(1990)	착수 ⇒ 채택 ⇒ 적응 ⇒ 수용 ⇒ 일상화 ⇒ 내부확산				
Rogers(2003)	시작 ⇒			실행 ⇒	
	의제결정 ⇒ 일치화 ⇒ 재정의 ⇒ 명료화 ⇒ 일상화				

조직차원의 개혁확산 단계 모형은 조직을 개혁의 대상으로 보고 개혁을 시행하는 입장에서 개혁확산 단계를 제시한 모형과 외부로부터 제시되는 개혁을 내부 구성원들이 받아들이는 과정, 즉 조직 구성원들의 변화에 초점을 둔 모형으로 나누어 볼 수 있다. Cooper와 Zmud의 모형이나 Rogers의 모형은 개혁을 시행하고자 하는 주체적 입장의 모형이라 볼 수 있는 반면, Zaltman의 모형은 개혁을 받아들이는 조직 구성원들의 변화에 초점을 맞춘 개혁을 받아들이는 입장의 모형이라 할 수 있다.

교육에 있어서 대부분의 조직들은 주체적으로 개혁을 시도한다기보다 외부 환경이나 상위 조직에서 요구하는 개혁을 받아들이는 경우가 많기 때문에 본 연구에서는 Zaltman의 모형에 중점을 두어 조직차원의 개혁확산 단계를 구성하고자 한다. 또한 조직에서의 개혁확산 단계 모형(stage model)이 어느 정도 개인의 개혁결정 단계와 유사하다고 주장한 Rogers(2005:407)나 대규모 개혁은 모두에게 공유된 의미에 관한 것으로 개인과 사회가 동시에 변해야 한다고 한 Fullan(2017:36)의 이론을 반영하여 본 연구의 조직차원 개혁확산 단계는 개인차원의 개혁확산 단계를 포함하는 단계로 구성하고자 한다.

실제 조직차원에서 개혁이 이루어질 때 처음 구성원들은 개혁에 대해 인식하게 되고, 태도형성단계나 일치화단계 등을 거치게 되는데 이러한 과정에서 구성원과 조직 또는 조직 내 구성원들 간에, 즉 개혁을 추진하고자 하는 그룹과 개혁에 대해 반대하는 그룹 간에 갈등이 생길 수도 있다. 그러나 위에서 살펴본 모형들에서는 조직에서의 개혁확산을 조직이 주도하여 시행하는 것으로 생각하여 내부 구성원들의 갈등을 중요하게 다루지 않고, 일치화단계나 적응단계, 태도형성

단계 등에 갈등단계를 포함시켜 구성한 것으로 보인다.

한편 Rogers(2005)는 일치화단계에서 조직의 정책결정자가 어떤 개혁이 조직의 문제와 일치하지 않는다고 결정하면 그 개혁은 이행단계에 이르지 못한다고 하였고, Zaltman은 결정단계에서 대표적인 의사결정자가 개혁에 대한 호의적인 태도를 형성하였을 때 다른 구성원들도 의사결정단계에서 호의적인 태도로 임하게 된다고 하여 조직 의사결정자의 의견을 중요하게 여겼다. 그러나 개혁이 보다 잘 실행되기 위해서는 갈등하던 구성원의 의견들이 조율되고 개혁의 재발명이 이루어지는 단계, 즉 Zalman의 초기 실행단계, Cooper의 수용단계 그리고 Rogers의 재정의/재구조화 단계에 해당되는 조정의 단계가 매우 중요하다. 이와 같이 볼 때 조직에서의 개혁확산 단계에 확산 과정에서 생길 수 있는 조직 구성원들 간의 갈등과 조정의 단계를 명시적으로 포함하여 구성하는 것이 필요하다고 할 수 있다.

그리고 위의 모형들에서는 조직 개혁확산의 마지막 단계를 일상화, 지속적 실행, 내부확산 등으로 제시하여 개혁이 일상적으로 지속 시행되는 상태를 이야기하였다. 그러나 변화 프로세스의 마지막 세 번째 단계에서 변화가 지속되거나 사라지는 것이 결정된다고 한 Fullan[5]이나 개혁이 일상화되었다고 해서 반드시 지속되는 것은 아니라고 한 Rogers의 말처럼, 개혁이 반드시 일상화를 넘어 최대한 사용되는 확산의 성공적 안착 상태인 내적확산 단계가 되는 것은 아니다. **실제에서는 실행의 단계에서 피드백이 다시 각 단계로 이루어져서 그 과정이 순환적으로 이루어지는 경우가 많다**고 할 수 있다.

이에 본 연구에서는 지금까지 살펴본 내용을 바탕으로 조직차원의 개혁확산 단계를 개인차원의 개혁확산 단계를 포함하는 인식, 갈등, 조정, 실행의 단계로 구성하여 다음 [그림 2]와 같이 제시하고자 한다. 위의 모형들에서 여러 단계에 포함되어 있는 갈등과 조정의 단계를 강조하여 제시하였으며, 실행 후 피드백이 각

---

5 Fullan은 개인이나 집단의 전통적인 변화 프로세스를 세 단계로 구분하고 마지막 단계를 변화가 시스템의 한 부분으로서 지속적으로 함께 돌아가는 것이 될지 아니면 중단하기로 한 결정에 의해 사라지거나 혹은 자연적으로 사라질지가 결정되는 단계(지속, 통합, 정착화·제도화 단계)로 제안하였다(Fullan, 2017:110).

이전 단계로 이루어지는 단계로 구성하였다.

그림 2 본 연구의 조직차원 개혁확산 단계

| 조직차원 | 인식 → | 갈등 | → 조정 → | 실행 |
| 개인차원 | 인식 → 동기화 → | 태도형성 (긍정/부정) | → 조정 → | 결정 (수용/거부) → 실행 |

개혁확산에 영향을 주는 요인은?

개혁의 확산이란 개혁을 채택하는 과정이 원활하고도 효과적으로 이루어져서 더욱 빠른 시간 안에, 더욱 많은 개인과 조직이 개혁을 채택하는 것이다. 이러한 개혁확산이 잘 이루어지도록 하기 위해 어떠한 요인들이 개혁확산 과정에 영향을 주는지를 살펴보는 것이 필요할 것이다. 학자들은 개혁확산의 영향 요인을 여러 가지로 제안하고 있으며 이를 크게 '개혁 특성', '커뮤니케이션 채널 특성', '환경맥락적 특성'으로 구분해 볼 수 있다.

우선, **개혁의 특성**에 관해 Rogers(2005:213)는 개혁이 채택되기 위해서는 개혁에 대한 인식이 좋아야 하는데 인식을 좋게 하기 위해 개혁이 '상대적 이점', '적합성', '단순성', '시도가능성', '관찰가능성'의 다섯 가지 특성을 가져야 한다고 주장하였다. 즉, 새로운 개혁이 상대적으로 기존의 것보다 이득이 있고 나에게 적합하며, 복잡하지 않아 쉽게 이용할 수 있고, 시도해 볼 수 있는 여지가 있어서 실패하더라도 크게 영향을 받지 않는 경우, 또한 개혁이 눈에 보일 수 있는 경우에 채택 및 확산의 정도가 높아지는 것이다.

정보기술 분야에서 가장 많이 주목받고 있는 Davis의 기술수용모형(Davis 외, 1989:333)에서는 '지각된 유용성'과 '지각된 용이성'이라는 두 개의 변수가 사용자가 행위를 채택하게 되는 근본적인 결정체라고 주장하였다. 지각된 유용성은 사용자가 특정 시스템의 사용이 그들의 업무수행을 향상시킨다고 믿는 정도이며 지각된 용이성은 사용자가 특정 시스템을 사용함에 있어 노력을 들이지 않고 사용할 수 있다고 생각하는 수준이다. 이 두 가지는 Rogers 확산 이론의 상대적 이점, 복잡성과 같은 개념으로 개혁에 대한 용이성, 즉 단순성을 강조하는 것이다.

Fullan(2007:87) 또한 개혁의 특성이 개혁의 실행에 영향을 준다고 보았으며, 개혁의 특성으로 '필요성', '명확성', '복잡성' 그리고 '질/실현가능성(quality/practicality)'을 언급하였다. Fullan이 제시한 개혁의 특성 중 필요성과 복잡성은 Rogers와 Davis의 상대적 이점, 용이성과 유사한 개념이며, 명확성과 실행가능성은 실행에 중점을 두어 제시한 특성이다. 그는 개혁이 처음 목표했던 방향으로 지속적으로 이루어지기 위해서는 명확성이 필요하다고 보았다.

지금까지 살펴본 바를 종합해 보면, 개혁이 확산되기 위하여 자신에게 필요하고 유용하여 상대적으로 이익이 있어야 하고, 자신에게 적합하며, 쉽게 느껴져야 한다. 또한 한번쯤 시도해 볼 만한 것으로 관찰할 수 있어야 하며 개혁의 목표 제시가 명확해야 한다. 이러한 개혁의 특성이 확산단계에 적절히 녹아 있을 때 개혁에 대한 저항이 줄어들어 개혁의 채택률을 높일 수 있고, 또한 개혁결정 기간을 줄일 수 있는 것이다. 이에 본 연구에서는 **개혁의 특성**을 상대적 이점, 적합성, 단순성, 시험가능성, 관찰가능성, 명확성으로 제안하고자 한다.

다음으로 **커뮤니케이션 채널 특성**에 대해 살펴보면, Rogers(2005:204-207)는 확산 과정의 본질을 정보교환이라고 보았고, 이러한 교환을 통해 사람들이 새로운 아이디어에 대해 의사소통한다고 하였다. 이와 같이 개혁 메시지를 한 개인이 다른 개인으로 전해 주는 수단인 커뮤니케이션 채널(communication channel)은 확산 과정에서 매우 중요하다. 그에 따르면 커뮤니케이션 채널은 대인 채널과 대중매체 채널, 지역 채널과 범지역적 채널로 나눌 수 있다. 대중매체 채널은 라디오, 텔레비전, 신문 등과 같이 개인이나 소수가 다수의 수용자에게 메시지를 전달하는 수단인 반면, 대인(interpersonal) 채널은 둘 이상의 개인들 간의 면대면 의사교환으로 새로운 아이디어를 받아들이도록 타인을 설득하는 데 효과적이다. 또한 그는 커뮤니케이션 채널에 대해 지식단계에서는 대중매체 채널과 범지역적 채널이 더 중요하고 설득단계에서는 대인 채널과 지역적 채널이 상대적으로 더 중요하다고 하였다. 이것은 다시 말해서, 개혁확산의 초기단계에서는 넓은 지역으로 대중매체를 통해 개혁의 중요함을 알리고, 그 다음 대인 매체와 지역적 매체로 활용하여 미시적으로 접근하는 방법으로 개혁을 확산시키는 방법을 써야 한다는 것을 의미한다. 이와 같이 개혁확산의 각 단계별로 커뮤니케이션이 원활하게 이루어질 수 있도록 다양한 방법을 구상하여 적용한다면 개혁의 확산이 더욱 빠르고도 넓게 이루어질 수 있는 것이다.

그림 3 확산단계별 정보전달 방법 (참고: OL은 opinion leader를 가리킴)

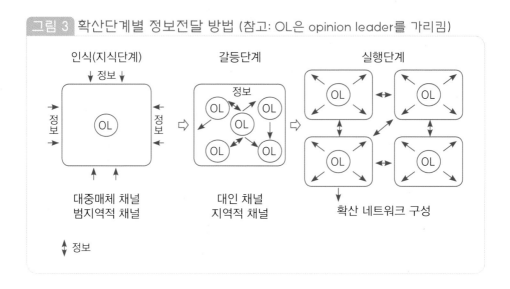

마지막으로 **환경맥락적 특성**을 살펴보자면, Hall과 Hord(2006)은 지원적 환경으로 조직정비와 관계를 향상시키는 물리적·인간적 역량을 이야기하였고, Fullan(2007:87)도 개혁실행에 영향을 미치는 요인으로 변화의 특성 외에 지역적 특성과 외부 요인을 제시하여 환경맥락적 요인이 중요함을 강조하였다. 우선 지역적 특징으로 학구(district), 지역사회(community), 교장, 교사를 제시하여 개혁실행에 있어 학구와 지역사회의 성격, 교장, 교사의 역할이 중요하다는 것을 강조하였다. 예컨대, 같은 개혁이라 할지라도 한 학교에서는 성공적으로 추진되는 반면 다른 학교에서는 실패할 수 있으며, 학교 단위가 아닌 지역사회 단위에서도 그 성격에 따라 개혁의 성공 여부가 달라질 수 있다. 이처럼 개혁의 실행에 지역적 특성이 영향을 미칠 수 있는 것이다. 그리고 외부 요소로 제시된 정부와 다른 기관들(government & other agencies)은 정부의 교육관련 부서나 비영리재단, 연구기관, 기타 외부 파트너들까지 다양한 주체들을 포함하는 것으로 교육개혁 실행에 있어서 이러한 내부단체와 외부단체의 소통은 매우 중요하다고 할 수 있다.

그리고 개혁확산에서 영향 요인의 하나로 환경특성(environment context)을 주장한 Zhu 외(2005:66)도 환경특성을 경쟁적 압력과 조정적 지원으로 구분하여 영향 요인을 분석하였다. 경쟁적 압력이란 회사가 경쟁사로부터 느끼는 압력의 정도를 말하는 것이며, 조정적 지원은 개혁확산에 영향을 주는 정부정책이나 지원적 법률 또는 인터넷 기반 조성과 같은 지원을 의미한다. 이것을 교육적 차원으로 바꾸어 본다면 **경쟁적 압력은 다른 학교나 다른 교육 조직으로부터 받는 경쟁적, 심리적 압박감**이라 볼 수 있으며, **조정적 지원은 교육관련 기관의 지원적 활동**으로 법률이나 제도적 지원, 물리적 지원 등이라 할 수 있을 것이다.

이와 같은 환경맥락적 특성에 대한 여러 연구들을 종합해 보면, 환경맥락적 특성은 조직 구성원의 관계, 업무 부담, 지역사회, 교육기관 및 타 기관에서 받는 경쟁적 압력, 학교나 교육청의 재정적 또는 시간적 지원, 리더십 등의 지원적 활동 등이라 볼 수 있으며, 성공적인 개혁실행을 위해 이러한 특성들이 개혁추진에 긍정적으로 작용할 수 있도록 해야 할 것이다.

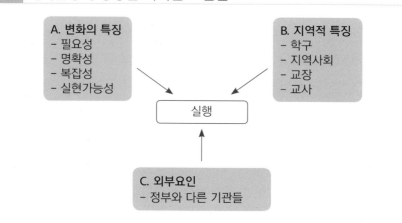

그림 4 개혁실행에 영향을 미치는 요인들

A. 변화의 특징
- 필요성
- 명확성
- 복잡성
- 실현가능성

B. 지역적 특징
- 학구
- 지역사회
- 교장
- 교사

실행

C. 외부요인
- 정부와 다른 기관들

출처: Fullan(2007). The New Meaning of Educational Change. New York: Teachers College Press. p.87.

지금까지의 논의를 종합해 보면, 개혁의 확산이 잘 이루어진다는 것은 개혁결정 기간이 줄어들고, 개혁에 대한 채택률이 높아진다는 것을 의미한다. 그리고 그렇게 되기 위해서는 개혁특성, 환경맥락적 특성, 커뮤니케이션 채널특성과 같은 개혁확산에 영향을 주는 요인들이 긍정적으로 작용해야 한다. 즉, 개혁확산 과정 중에 개혁에 대한 인식이 긍정적으로 될 수 있도록 개혁특성이 호의적으로 잘 인지될 수 있어야 하며, 확산단계별로 커뮤니케이션이 원활하게 이루어질 수 있는 적절한 방법으로 정보 교환이 이루어져야 한다. 그리고 개혁과 관련된 내부와 외부 요인 그리고 지역적 특성 등의 환경맥락적 특성이 개혁확산에 유리하게 작용해야 할 것이다.

다음 [그림 5]는 개혁의 확산단계에 따른 확산 영향 요인을 도식화한 것이다. 개혁확산이 잘 이루어지기 위해 **인식단계**에서는 개혁이 자신들에게 적합하고 상대적 이점이 있다는 것을 인식할 수 있도록 대중매체 채널을 통한 충분한 안내와 홍보가 필요하다. **갈등단계**에서는 개혁의 단순성과 관찰가능성이 대인채널을 통해 알려져야 하며, 소통의 기회를 마련하여 경험자 리더들을 벤치마킹하고 노하우를 얻을 수 있도록 해야 한다. 그리고 **조정단계**에서는 자신들이 관찰했던 것을 시도해 볼 수 있는 기회를 주고, 조정자로서의 리더십을 발휘하여 시간적·물리적 지원을 통해 생각의 조정, 운영 방법의 조정을 할 수 있게 해야 한다. 마지막 단계인 **실행단계**에서는 처음 가졌던 목표를 명확하게 제시하여 방향성을 갖고 실행될 수 있도록 해야 하며, 실행 후 실제적인 만남이나 네트워크를 통한 정보 공유기회를 만들어 실패와 성공의 경험을 나누고 그러한 경험들이 다른 교사, 다른 학교로 확산될 수 있게 해야 할 것이다.

그림 5 개혁의 확산단계 및 영향 요인

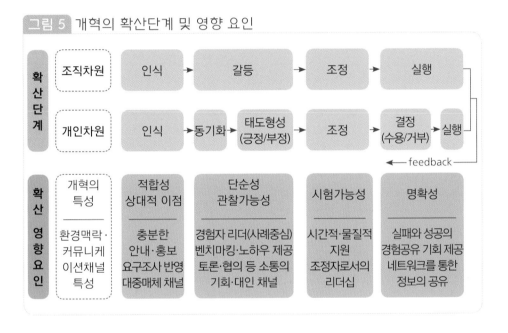

III. 매직(Magic), 어떤 과정으로 변화하나요?

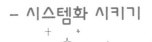

III. 매직(Magic), 어떤 과정으로 변화하나요?

개혁에 관한 관심은 과거부터 지속적으로 이어져 지금까지도 여러 학자들은 교육개혁에 대한 다양한 방안이나 강조점들을 제시하고 있다. 예컨대, 써지오바니(1992, 1994)는 교육의 진정한 변화는 학교 구성원 전체의 노력과 헌신이 있을 때 이루어지기 때문에 개혁은 구성원들이 마음 깊이 공유하고 있는 가치를 사려 깊게 파악하고 이에 기초하여 추진되어야 한다고 했으며, 풀란(2017:23)은 교육변화에 있어서 관계의 개선이 중요하며 교육변화의 성패는 교육자와 학생, 기타 학습자들이 지금 배우고 있는 내용과 학습방식에서 얼마나 개인적인 의미를 발견할 수 있는가에 달려 있다고 하였다.

이외에도 여러 주장들이 있겠지만, 이제 우리에게 필요한 것은 '실제로 그러한 원리들이 어떤 방식으로 현장에 적용되었고 그 과정에서 구성원들은 어떻게 자발성을 갖고 변화에 동참할 수 있었는가?'일 것이다. 다시 말해서, 개혁의 성공사례에 대해 많은 사람들이 가장 궁금해하는 것은 실제로 어떻게 변화가 이루어졌는가에 대한 것으로, 그 해답을 **개혁확산**(diffusion of innovation) **모델**에서 찾을 수 있다. 개혁확산 모델은 한 사회나 조직 내에 새로운 개혁이 어떻게 확산되어 가는가를 밝혀 주는 설득과정 모델로(Rogers, 2005), 이것은 교육변화를 이끌어 내기 위해 어떤 방식으로 진행해야 하는지에 대해 도움을 줄 수 있는 것이다.

이제 **학교 변화가 어떤 과정으로 이루어지는지를 알아보기 위해 실제 고등학교의 변화 사례를 개혁확산 이론에 근거하여 살펴보고자 한다.** 변화 사례인 ○○고는 비교적 짧은 기간에 학생들의 창의성과 인성을 높인 학교로 학교 변화, 즉 학교개혁(혁신)의 과정과 내용을 살펴볼 수 있는 학교라 할 수 있다. 2017년 1월부터 12월까지 기간 중 교사 16명, 학생 5명, 학부모 7명에게 학교 변화와 관련하여 어떤 생각과 어떤 경험을 했는지에 대해 개별 면담을 하였고 2018년 12월과 2019년 7월에 교사 4명과 학생 1명에게 추가로 면담을 실시하였다. 그들의 이야기[6]는 개혁확산 단계에 따라 업무일지, 메모, 사진 등의 자료와 함께 제시되어 있다. 이제 어떤 과정으로 변화했는지에 대한 궁금증을 풀기 위해 '매직의 과정'을 살펴보도록 하자.

매직의 과정 ❶

인식단계

개혁이 자신들에게 적합하고 상대적 이점이 있으며 필요한 활동으로 느끼게 하라.

개혁확산의 첫 단계인 인식단계는 개인이나 조직이 개혁(혁신)에 대해 알고 그 필요성을 인식하는 단계이다. 이 단계에서의 인식(awareness)은 단순히 개혁의 존재를 아는(knowledge) 것에서 그치는 것이 아니라, 꼭 내가 또는 우리 조직이 개혁을 받아들이지는 않더라도 그런 **개혁이 필요할 수도 있다는 것을 인정하는 수준**까지의 인식이다. 즉, 교사들이 개혁을 알고 필요할 수도 있다고 생각하는 단계로, 어떤 측면에서 보면 적극 참여자는 아니라 하더라도 관찰자로서의 인식 수준이라 할 수 있다. 아래 G와 B교사의 이야기에서 교사들은 개혁을 인식하고 있지만 아직 참여하지는 않은 상태로, 잦은 연수를 통해 변화해야겠다는 생각을 하고 있음을 볼 수 있다.

> 사실은 큰 변화는 잘 모르겠고요. 속으로는 조금씩 '아 이런 방향도 있네' 하면서 접해 보지 못했던 여러 가지 문화들을 보면서 내부적으로 변화의 움직임? (G교사)

---

6 교사들 면담 내용에 따르면 그들은 교사학습공동체 활동과 융합교육을 개혁으로 생각하고 있음을 알 수 있다. 교사학습공동체 활동은 이전에도 실시되고 있었으나 실질적 방식으로 시행됨으로써 새롭게 인식하고 있으며, 융합교육은 학교차원에서 새롭게 도입한 여러 교과가 함께 교육과정 재구성에 참여하여 구성하는 프로젝트 수업 방법이다.

교사들이 학교 변화의 시도, 즉 개혁을 처음 알게 되는 인식단계에서는 교사들에게 개혁이 적합성과 상대적 이점[7]이 있다는 것을 알려 주는 것이 개혁확산을 위해 필요하다. 즉, 학교에서 시도하고자 하는 변화가 보다 빨리 그리고 큰 저항 없이 진행되도록 하기 위해서는 교사들이 그러한 변화를 학생과 교육을 위해 또는 그들의 발전을 위해 **매우 필요하고도 유익한 것**이라고 느낄 수 있도록 제시해야 한다. ○○고에서는 전체 연수를 통해 교사들에게 시대적 트렌드나 교육과정, 교수학습 방법 등의 변화에 대한 **안내와 홍보**를 했으며, 그로 인해 교사들은 지금까지 알지 못했지만 변화가 필요하며 자신들과 **학생들에게 도움**이 될 것으로 느끼게 되었다. 또한 처음에는 다소 강요적인 것으로 느껴졌지만, 그것이 학생들에게 도움이 될 수 있다는 것을 알게 되면서 **변화에 대한 긍정적인 생각**과 더불어 **자발성**이 생기기 시작함을 볼 수 있다.

<전체 교사 연수 모습>

---

7 적합성은 개혁이 그들의 가치관이나 이전 경험에 비추어 필요하다고 생각하는 정도이며, 상대적 이점은 개혁이 본인에게 이롭다고 느끼는 정도이다.

> 처음에는 연수 막 많이 들으면 할 일 되게 많은데 연수 들어야 되나 너무 힘들다 이런 생각을 계속 했었는데 ... 융합도 하면서 계속 4차 산업혁명, 이런 이야기를 학교에서 처음 듣고, 이런 얘기를 언론에서 계속 나오고 이러니까 내가 하는 게 '지금 트렌드에 맞춰서 가는 건데 내가 학교에서 갇혀서 잘 몰랐구나.' ... '아, 이게 앞으로의 트렌드였구나' 이런 걸 그때 좀 많이 깨달았던 것 같아요. (B교사)

> 처음엔 그냥 해야 한다 이렇게 이야기를 해서 한건데 나중에는 '어 이렇게 하면 좋겠다.' '애들한테도 도움이 많이 되는구나.' 뭔가가 **애들한테 도움이 더 많이 될거 같은 느낌이 드니까 더 해 주고 싶고, 하고 싶고...** 그전에는 '이렇게 해야 해' 이러면 약간 강제성 이렇게 했지만, 지금은 약간 자발성으로... (B교사)

많은 개혁가나 정책가, 연구자 그리고 리더들은 어떤 정책이나 행정이 잘 운영되려면 무엇보다도 구성원들의 자발성이 필요하다고 말한다. 어떻게 하면 자발성을 이끌어 낼 수 있는가 그것이 모든 이들의 화두이다. 나는 이것의 해답 중 하나를 **Getzels와 Guba의 사회과정 모형**에서 찾을 수 있다고 본다. 그들에 따르면 인간의 행동은 조직의 목표달성과 개인의 욕구충족이라는 양차원의 복합적 관계 속에서 만들어지는 것으로, 조직이 개인에게 요구하는 역할이 사회적 가치와 일치할 때 합리성이 생기고, 개인의 욕구성향과 조직의 목표가 일치될 때 일체감과 소속감이 생겨서 사회적 행위가 일어난다고 보았다. 그러므로 학교의 교육활동이 잘 이루어지게 하려면 학교 구성원인 교사에게 요구하는 역할이 사회적 가치와 일치하여야 하고, 학교의 목표와 개인의 욕구가 일치되는 방향으로 운영되어야 하는 것이다(오찬숙, 2014:20).

Getzels와 Guba의 사회과정 모형을 학교조직에 적용하여 재구성한 다음 [그림 6]에서 볼 수 있듯이 학교의 목표와 개인의 욕구가 일치되는 방향으로 운영될 때 구성원들은 합리적이라고 생각하게 되고, 조직의 일원으로서 소속감이 높아져 결과적으로 자발적 교육활동을 하게 된다. 그러므로 교사들이 개혁을 위한 교육활동을 자발적으로 할 수 있도록 개혁을 위해 제안된 학교의 목표와 개인의 필요성을 적절히 조화시키는 것이 필요한 것이다.

그림 6 사회체제이론적 관점에서의 학교 모형

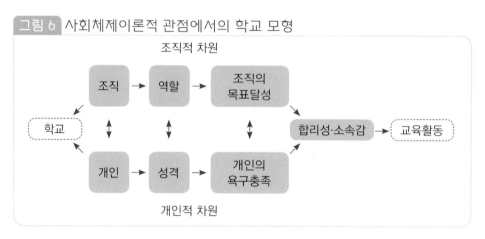

학교의 목표와 개인의 필요성을 조화시키기 위해서 목표설정 때부터 구성원들이나 교사들이 알 수 있도록 **전체적으로 충분히 홍보하고 정확하게 알려 주는 것이 필요**하다. 그리고 그들이 합리적이라고 생각할 수 있는 목표를 설정해서 구성원들이 조직의 목표가 자신들에게 **상대적 이점이 있다는 주관적 의미를 가질 수 있도록** 해야 한다. 구성원들은 그들과 관계없는 거창한 구호나 거시적이고 멋있는 말에는 합리적이라는 생각을 좀처럼 하지 않는다. 오히려 그러한 변화가 더욱 세밀하게 자신들에게 어떤 의미가 있고 어떤 이점이 있는가에 대해 주목한다.

일반적으로 사람들은 자신이 하는 일 자체에서 **내재적인 의미**를 느낄 때, 예컨대 자신의 성장을 위해 필요하거나, 그 일에서 보람이나 자신만이 할 수 있다는 자부심 등을 느끼게 되면 누구의 명령에 의해서가 아니라 자신 스스로 그 일을 해내는 **자발성**을 갖게 된다. 풀란(2017:50)은 변화의 의미가 처음부터 분명하게 이해되기는 어렵지만, 어떠한 혁신도 의미가 공유되지 않으면 공감을 이끌어 낼 수 없다고 하여 교육개혁에 있어서 개인이 갖는 의미가 매우 중요하다고 했으며, 써지오바니(1990:129)도 『도덕적 리더십』이라는 책에서 사람들을 결속시키는 광범위한 목적이나 가치와 관련하여 일치된 합의가 중요하며 구성원들에게 중요하고 의미 있는 일을 하고 있다는 생각을 가질 수 있도록 과업에 대한 깊은 관여와 높은 주체성을 갖도록 하는 리더십이 필요하다고 했다. 그러므로 구성원들이 교육개혁에 대해 합리적이라고 느낄 수 있도록 개혁이 자신들에게 유익하고 필요한 것이라는 **개인적 의미를 갖게 하는 것이 필요**하다. 이때 가장 중요한 것은 처음부터 명령이나 지시를 하는 것이 아니라 참여에 대한 결정을 스스로 할 수 있도록 기다리면서 그들에게 선택의 자율성을 부여해야 한다. 그리고 개혁이 어렵지만 필요하고 해야만 하는 유익한 것이라는 점을 개별적 접촉이 아닌 넓은 범위로 전체에게 알려 주는 것이 필요하다.

Tip !

— 개혁에 대해 전체적으로 충분히 안내하고 홍보할 것 —

짧은 기간에 개혁을 확산시키고자 한다면 수용자들이 개혁에 대하여 호의적인 태도를 갖게 하여 저항감을 줄이고, 정보원을 신뢰할 수 있도록 정확한 자료를 제공하여야 한다. 또한 확산의 초기단계에서는 개혁의 존재에 대해 다수의 사람들에게 전체로 알려 주는 것이 효과적이다(Rogers, 2005).

> 뭔가 하는 것에 있어서 그게 일이라고 느껴지면 안 되거든요. **자연스러운 변화여야 할 거 같아요.** 그러니까 변화가 필요하다고 해서 여기서부터 딱 변하래, 이렇게 하면은 그게 선생님들한테 되게 부담이 될 수 있고. … 그런 변화가 왜 필요한지, 그리고 전체적인 큰 그림 이런 식으로 1년이 운영이 되면서 **궁극의 목표는 이것이다.** 뭐 이런 것들이 나온다면은 더 조금 더 효과적일까. (H교사)

많은 관리자와 행정가들은 이론적으로 상향식 개혁을 해야 하고 자발적 참여가 중요하다고 이야기하지만, 그들의 대다수는 구성원들과는 유리된 자신들의 개혁 방향을 강요함으로써 처음부터 자발적 참여를 할 수 없는 상황으로 만든다.

너무나 많은 사람들이 질문하는 '자발성을 어떻게 이끌어 내는가'에 대해 개혁확산의 1단계인 인식단계에서 필요한 것은 바로 **적합하고 유익한 것으로 느끼도록 강조**하는 것이다. 개혁이 필요한 이유나 목표, 비전 등을 제시함으로써 그것이 강제에 의한 것이 아니라 우리의 목표를 달성하기 위해 적합한 방안이라는 것을 알 수 있도록 해야 한다. 로스 몰리나스 주민들이 캠페인을 문화적으로 부적절한 것으로 인식했기 때문에 개혁확산에 실패한 사례를 통해 알 수 있듯이, 개혁의 채택률과 관련된 중요한 요인 중 하나는 그 개혁과 사회체계에 속한 사람들의 가치, 신념, 과거 경험의 적합성(compatibility)이다(Rogers, 2005:4). 그러므로 교육변화를 일으키기 위해서는 목표설정 때부터 개혁에 대해 충분히 안내하고 홍보하여 교육변화의 방향이나 내용이 적합하고 유익하다는 생각을 할 수 있도록 하는 것이 필요하며, 구성원 스스로를 개혁의 주체로 생각할 수 있도록 하여 자발성을 갖게 하는 것이 중요할 것이다.

매직의 과정 **2**

갈등단계

개혁이 어렵지 않다는 것을 알게 하고, 그 방안을 실제 볼 수 있는 기회를 제공하라.

개혁확산의 두 번째 단계인 갈등단계는 개인이나 조직이 개혁(혁신)을 인식하고 난 후, 조직 내 구성원들에게 참여 동기가 발생하거나 긍정적 또는 부정적 태도의 변화가 생겨 개혁을 받아들이는 것에 대한 갈등을 겪게 되는 단계이다. 인식단계에서 주로 인지적인 변화가 있었다면 갈등단계에서는 주로 정서적, 감정적인 태도 변화가 일어난다. 이로 인해 조직 내 구성원 간의 또는 조직 간의 갈등이 있을 수 있으며, 이때 구성원들은 개혁에 대한 확신이 없기 때문에 **다른 사람들로부터 강화를 받고자 하며 다른 사람들도 자신들과 같은 의견인지를 알고 싶어 한다.**

2014년 ○○고에 부임하여 근무하고 있는 A교사의 이야기에 따르면, 처음 개혁방안에 대해 알게 되었을 때 변화에 대한 생각은 갖고 있었지만 제시된 개혁방안에 대해서는 반신반의했다고 한다. 그는 해 보지 않은 것에 대한 두려움과 과연 할 수 있을까에 대한 의문을 갖고 있었던 것이다. 그 후 연수를 통해 수업 면에서 이점이 있을 것으로 생각해 동기화는 되었지만, 개혁에 대한 부정적 태도를 지니고 있어 개혁을 시도하고자 하는 다른 구성원과 갈등관계가 형성되었음을 볼 수 있다. E교사 역시 개혁의 필요성을 인정하는 수준의 동기화는 되었지만 일이 많아지고 귀찮아지게 될 것으로 생각하여 바로 시행하는 것에 대해서는 부정적 태도를 갖고 있었다.

> 저희도 뭔가 변화해야겠다는 생각을 가지고 있었어요. 그런데 이제 반신반의하는 점이 있었죠. 융합이라는 것도 처음 들어 봤고 융합수업에 대해서 처음이고. 강사가 2월에 여러 번 오셨잖아요. 강의도 하고 처음에는 좀 생경스러웠는데 그렇게 하면 애들이 좀 참여하겠구나라는 생각을 수업 면에서 하게 됐어요. **수업만 바뀐다고 될까 그런 의문점,** 걱정이 있었던 것 같아요. 수업이 바뀔까? 안 해 본 것에 대한 두려움도 있고, 할 수 있을까도 조금 염려스러웠고... (A교사)

> (처음에는) 잘 모르고 그냥 흘러갔죠. 이런 게 있구나 정도라는 것을 알고, 저 하던 식대로 했던 것 같아요. ... 그때 제가 말씀을 깊이 있게 나누지는 못했고, 저는 저대로 해야 되겠다고 고집 피웠던 건가? ... 교장선생님은 워낙 방향이 이게 아닌가 보다라는 생각은 있으신 것 같았는데, 저희는 이미 계획된 거라 그냥 밀고 나갔던 것 같아요. (A교사)

> 자꾸 와서, 강사 초청해 와서 이런 것도 했다 하니까, 연수 들을 때마다 했어요. 심리가 하면 굉장히 귀찮을 것 같고 일이 많아질 것 같으니까. 그래 **그런 수업도 하면 좋긴 하지 그런 걸 바로 시행하기에는... 축적하고 있지만 바로 시행하기에는 좀 어렵죠.** (E교사)

다음 A교사의 이야기에 따르면, 여름방학 연수가 변화의 계기로 작용하여 부정적이었던 태도가 긍정적으로 변화하기 시작하였다. 그는 여름 연수 참여는 부담스러웠지만 외부 활동이나 모둠별 실습 등을 통해 **다른 수업 사례를 많이 볼 수 있었던 것**이 자신의 관심을 이끌어 냈으며 그로 인해 조금 더 해 보아야겠다는 생각을 하게 된 것이다. 그리고 이전의 연수에서는 수업 방법이 어렵고 힘들게만 느껴졌지만, 다음 학기 2월에 실시한 연수를 통해 교사 혼자서도 스스로 할 수 있을 정도의 내용을 접하고 난 후에는 새로운 수업 방법을 내면화시킬 수 있었다고 회고한다. F교사 역시 새로운 개혁방안의 단순성과 상대적 이점으로 인해 긍정적 태도를 갖게 되었음을 보여 주고 있다. 그는 새로운 수업 방법이 각 교과에서 동일한 내용을 다양한 측면에서 배우게 하고 그 결과를 평가하는 보다 손쉬운 방법으로, 학생들에게도 상대적인 이점이 있고 자신에게도 편리하기 때문에 실행하기 어렵지 않다는 생각을 하고 있다.

이와 같이 개혁방안을 실제로 볼 수 있는 기회를 제공하고 이를 통해 **어렵지 않고 쉽게 시도할 수 있는 것으로 느끼게 하는 것**이 자신도 할 수 있을 것 같다는 긍정적 태도를 갖게 함을 알 수 있다.

> (언제쯤 동참했나요?) 그 전 한 학기 동안에는 학년부에서 지도안 달라고 하면 주고 뭐 이런 식이었던 것 같은데, 여름방학 연수를 자의 반 타의 반 비슷하게... 연수 시간도 반영이 되고 하니까 들어 봤는데. 제가 참여하는 건 좀 부담스러웠지만 많은 도움이 되었던 것 같아요. 그때 외부활동도 했잖아요. 윤동주 생가도 보고. 그래서 여러모로 저희들의 관심을 끌었던 것 같아요. 프로그램이 좋았던 것 같아요. ... 그때 실습을 모둠별로 했었거든요, 다른 사람들 사례도 많이 보고, 조금 더 해 봐야겠다는 생각을 했죠. (A교사)

  2월 워크숍에서 안OO 선생님이 역사 융합하는 게 굉장히 구체적이었던 것 같아요. 그때 질문하고 얘기했던 것 같아요. 그전에 노OO 선생님이 미술했었을 때는 처음이었잖아요. 16년 2월이었는데, 상상하지 못했던 어렵고 몇 년을 해야 될 것 같은 그런 느낌이었는데. 안 선생님 것은 내 스스로 혼자 하면서 할 수 있었다라고 하니까. (쉬워 보여서) 그제서야 사람들이 내면화된 것 같아요. (A교사)

  이제 사실 대단한 건 아닌 거 같아요. 동아시아사 2학년에서 가르쳤는데, 국어나 한문이나 체육 조금씩 조금씩 하다 보니까. 국어시간에 배웠는데 그 내용을 설명하시고, 한문도 설명하시고 글쓰기에서도 그걸 쓰기 시작했거든요. 애들이 융합해요, 융합해? 하면서도 똑같은 내용을 다양한 측면에서 배우니까 그걸 좀 쓰는 거 같더라고요. 수업 평가 기록 같은 거, 수업하고 시험을 보고 생기부에 기록하는 게 있는데, 애들이 어떤 수업을 함이 아니라 소감문이 다 다르잖아요. 그걸 실제로 기록하니까 아이들이 쓴 걸 그대로 쓰면 되니까. (F교사)

<공개수업 참관 모습>

〈 2011년 수업 방법 변화를 위한 나의 설득 〉[8]

2011년 혁신학교의 도입과 함께 배움의 공동체라는 새로운 수업 방법에 대한 관심이 지대해졌다. 우리 학교에서도 이와 관련된 많은 연수를 진행했고 교사들은 자의 반, 타의 반 연수에 참여해서 학생들의 배움이 자연스럽게 일어나도록 하는 방법에 대한 고민을 했다. 처음엔 거센 반발과 함께 자신들의 수업을 절대 변화시킬 수 없다는 확고한 결심이 더욱 강해졌다. 일부 교사들은 빠르게 이러한 방법을 도입하고자 강행했지만, 난 서서히 자연스럽게 녹아들어 가는 방법을 제안했다. 협동학습은 배움의 공동체로 가는 중간 방법이고... 나도 10여 년 전 여러 가지 수업 관련 연구를 할 때 도입했던 방법이 바로 배움중심 수업과 같다고 설득했다. 하늘 아래 완전히 새로운 교수 방법은 없다... 단지 이전에 우리가 해 오던 방법에서 강조의 부분을 조금 바꾸었을 뿐이다. 이전의 교사들도 학생중심의 교육을 진행했었고 지금도 많은 교사들이 다양한 방법을 시도하고 있다. 처음 대하는 배움의 공동체 방식에서 친숙한 **학생중심 수업으로 강조점 shift**... 이러한 우리들의 노력은 드디어 2012년 결실을 보았다. 25명의 교사 중에서 수업 실기에 5명의 교사가 도전, 그리고 4명의 교사가 본선에 진출해 모두 우수 수업으로 인정받았다.

나의 이야기는 새로운 수업 방법이 '우리가 모르는 아주 새로운 것이 아니라 우리가 해 오던 것을 단지 조금 바꾸는 것이다'라고 강조한 것이다. 교사들이 친숙하게 알고 있는 협동학습을 중간단계로 제안함으로써 쉽게 다가갈 수 있게 했다. 새로운 것을 받아들이는 것에 대한 거부감을 이미 알고 있는 것과 접목시켜 쉽게 접근하게 한 것이다.

---

8 이 글은 2011년 필자가 △△중학교 교감으로 처음 부임했을 당시의 이야기로, △△중학교는 그 당시 혁신지구 내 학교이면서 혁신학교 예비지정교로 지정되어 교사들은 새로운 개혁을 받아들여야 하는 상황에 있었다.

교사들에게 개혁이 복잡한 것이 아니라 단순하고도 쉽게 느껴지도록 하기 위해서는 **경험자 리더가 사례를 보여 주면서 노하우**[9]**를 제공하고 벤치마킹할 수 있는 기회를 주는 것이 필요**하다. 개혁을 채택하기에 앞서 이러한 노하우를 적절히 갖고 있지 못할 경우 그 사람은 개혁에 대해 어렵다고 여겨 채택을 거부하거나, 더 이상 그 개혁을 사용하지 않게 되는 경우가 발생할 수 있다(Rogers, 2005:181). 풀란(2017:80)도 개혁에 대해 개인적 의미를 찾는 것이 동기부여를 촉진하고 노하우는 쌓여서 지속적으로 문제해결을 가능하게 한다고 하였다. 만약 변화를 이끄는 사람이 개혁을 받아들여야 하는 사람들에게 개혁에 관련된 노하우를 주는 데 주력한다면 개혁을 받아들이는 과정이 대폭 활성화될 수 있을 것이다.

이러한 내용은 아래 A와 E교사의 이야기에서도 나타나고 있다. A교사는 **같은 학교 선생님들의 경험 사례 발표**가 다른 교사들의 큰 공감을 얻었고 이것을 계기로 보다 많은 교사들이 동참하게 되었다고 했으며, E교사도 **동료 교사가 실제 해 보았던 방법**을 자신에게 제시해 주었을 때 **생각이 확장**되었다고 말한다. 그는 당시 학생 위주의 수업으로 변화해야 한다는 것은 인식하고 있었지만 구체적인 적용 방법에 대해서는 막연한 상태였던 것으로 보인다. 그런데 학교에서 진행하는 **전문적학습공동체 시간에 동료 교사들과 노하우 공유**가 이루어지면서 이런 방법들을 적용해야만 하는 때가 되었다는 생각을 하게 되었으며, 자신의 수업에도 변화가 생겨 도움이 된다는 긍정적 생각을 하고 있다. 이와 같이 교사들은 같은 학교 동료 교사의 사례를 보고 나누면서 긍정적인 방향으로 태도의 변화를 보이고 있다.

> "
>
> (소수가 연수를 들었는데 그러면 다른 사람들도 함께 동참하게 된 과정으로는 어떤 것이 있을까요?) 그러고 나서 2학기가 어떻게 지나갔고, 또다시 2월이 왔잖아요. 17년 2월에, 그때가 아마 그래도 제일 많은 사람들이 참여하게 된 계기가 아니었나. 왜냐하면, 우리 학교 선생님들이 경험한 것을 그때 발표했거든요. 그전에는 외부의 다른 학교 선생님들 것은, 아이디어는 있지만 빠져들지는 않았던 것 같아요. 선생님들이 '아, 저렇게 하는 방법도 있구나'라고 알게 된 것 같아요. (A교사)
>
> "

9 노하우(knowhow)는 개혁을 적절하게 사용하는 데 필요한 정보를 의미하는 것이다.

> **"**
>
> 2018년에 제가 복직하고 왔을 때 ○○샘이 이렇게 해 보자고 제시를 딱 해 주셨던 것 같고 그 상태에 대해서 감감하다가 확장되었던 것 같아요. 처음에는 바로바로 안 됐었는데... **적극적이라고 하기보다는 해야 한다고 생각을 해서,** 그걸 이제 수행평가에 활용이 되어야 한다고 생각을 하다 보니까, 어떠한 스타일로 해야 한다는 생각은 있었잖아요. 기존의 교사 위주의 독단적인 그런 게 아니라 학생 위주로 되어야 하고 흥미나 이런 것들을 고려해야 하는 수업이 되어야 하기 때문에, 전학공 시간에 나와야 하는 그런 것들을 고르다 보니까, 수업 내에서 추가가 되어야 하다 보니까, 조금 달라진 것 같아요. 전학공 시간에 약간 공유를 하면서 '이런 것들을 해야 하는 타이밍이 오고 있구나' 하는 생각이, 강제적으로 오고 있구나 하는 생각이 들면서... 그런 거가 도움이 되긴 하는 것 같아요. (E교사)
>
> **"**

특히 A교사의 이야기에서 나타나듯이 외부 강사의 연수는 아이디어는 좋지만 빠져들지 못한 반면 같은 학교 동료의 사례는 구체적인 방법을 깨닫게 함으로써 보다 강하게 개혁을 받아들이는 원동력으로 작용하고 있다. 로저스(2005)의 확산 연구에 따르면 **대부분의 사람들은 이미 개혁을 채택한, 그들과 유사한 사람들이 전해 주는 개혁에 대한 주관적 평가에 의존**한다. 왜냐면 개혁을 받아들이려는 개인은 보다 구체적인 정보를 알고 싶어 하기 때문에, 새로운 아이디어에 대해 타인이 내리는 주관적인 평가에 영향을 받을 가능성이 매우 크기 때문이다. 이와 같이 주변 동료집단의 경험과 평가에 의존한다는 것은 개혁을 이미 채택한 개인 네트워크에 속한 사람들에 대해 아직 채택하지 않은 사람들이 모델링이나 모방을 함으로써 개혁이 확산된다는 것을 의미하는 것이다. 이때 개혁에 대한 경험을 전해 주는 **모델링의 대상이 조직의 의견지도자**(opinion leader)로서 그들과 **면대면 대화**를 나눌 수 있게 한다면 그 과정이 더욱 효과적일 수 있다.

이처럼 개혁 경험에 대한 정보를 신뢰할 만한 동료집단으로부터 얻을 수 있을 때 개혁행동으로 연결될 확률이 높기 때문에 우선적으로 개혁을 받아들인 사람들이 주변 동료에게 이야기하고 그들이 따라서 모방할 수 있는 기회를 마련해야 한다. 예컨대, 경험자 리더들이 사례 중심으로 실패 경험을 이야기해 주거나 쉽게 할 수 있는 방법 등의 노하우를 알려 주고 보여 주는 방식이 효과적일 수 있다. 그러므로 **토론이나 협의회와 같이 개인과 개인이 소통할 수 있는 기회를 제공하는 것이 개혁을 확산하는 데 도움이 될 것이다.**

아래 G교사도 개혁을 위해 개인과 개인의 소통의 자리가 마련되어야 한다고 이야기하고 있다. 그는 같은 문제를 겪고 있는 교사들끼리 서로의 어려움을 이야기하고 변화해야 할 비전을 공유하는 것이 소통의 학교 문화를 만들 수 있으며, 그것이 학교를 변화시키는 데 중요한 것이라 강조하고 있다. 또한 그는 교육적 소신을 지니고 학생들에게 필요한 유의미한 교육활동을 하는 교사의 행동들이 자연스럽게 여러 다른 교사들에게 전해짐으로서 교사들의 행동에 변화가 생겼다고 말한다. 이것은 교사들이 교육적 소신을 바탕으로 학생들에게 유의미한 교육활동을 펼치는 교사를 오피니언 리더로 생각하고 있으며, **오피니언 리더의 행동이 다른 교사들에게 영향을 주어 변화가 생긴다**는 것을 보여 주는 것이다.

> 모여가지고 '난 이게 힘들고', '넌 이게 힘들고', '우리에겐 이게 필요하고 이런 방향으로 나아가자'라는 이런 이야기의 자리? 이야기의 자리를 통해서 힘든 것은 함께 나누고, 그 속에서 변화시켜 나가야 하는 비전 공유. 그런 자리를 통해서 교직 문화가 이야기하고 소통하고. 그것이 학교를 변화시키는 데 가장 중요한 것 같습니다. (G교사)

> 교육적 소신이 좀 있고, 교육적 소신을 바탕으로 교육활동을 하고. 또 교육활동이 너무 유의미하고. 아이들에게 필요한 것들이 무엇인지를 고민하다가 아이들에게 필요한 것들을 해 주고. 그런 어떤 교육적 소신으로부터 비롯된 여러 행위들이 자연스럽게 여러 선생님들한테 전해지고 그 행위들이 선생님들의 행동에 변화를 주지 않았나. (G교사)

개혁을 이끌어 가기 위한 오피니언 리더 발굴의 중요성

의견지도자(opinion leader)는 집단 내 지도자라기보다는 집단 간의 중재자로서 다른 사람들의 태도나 행동에 비공식적으로 영향을 줄 수 있는 사람이다. 의견지도자의 대인 네트워크는 그를 사회적 모델로 기능하게 하여 집단의 다른 구성원들이 의견지도자의 개혁적 행동을 모방하게 한다. 개혁을 잘 이끌어 가기 위해서는 적절한 의견지도자를 선택하는 것이 매우 중요하다. 과도하게 개혁적인 사람들보다는 그 집단의 규범을 잘 따르면서 다소 개혁적 성향을 갖고 있는 사람으로 선택하는 것이 성공적인 개혁을 이룰 수 있다.

위의 내용들을 종합해 보면, 교사들은 인식단계를 거치며 개혁에 대해 인지적 변화를 했지만 갈등단계로 진행되면서 개혁에 대한 동기가 형성되고 그에 따른 정서적, 감정적 태도 변화를 보이고 있다. 개인에 따라 개혁에 대한 긍정적 또는 부정적 태도를 갖게 되었으며 이 과정에서 개인 내 심적 갈등을 겪거나 다른 조직 구성원과도 갈등 관계를 가지고 있다. 풀란(2017:166)은 **갈등과 의견 불일치가 성공적인 변화에 불가피할 뿐만 아니라 반드시 필요하고 중요한 기본 요소**로, 어떤 집단적 변화 시도도 갈등을 포함할 수밖에 없다고 하였다. 이처럼 개혁 확산에 있어서 갈등단계는 반드시 거쳐야 하는 단계이지만, 교사들은 확산에 영향을 주는 여러 요인들에 의해 개혁에 대한 부정적 태도가 긍정적 태도로 바뀌면서 점진적으로 다음 단계로 나아가고 있다. 다양한 연수들과 전문적학습공동체 활동, 경험자 리더들의 사례 공유 등은 개혁의 단순성과 관찰가능성을 높였으며, 서로 유사한 상황에 있는 교사들 간의 토론이나 협의 등은 소통의 학교 문화를 만들어 내는 변화의 원동력이 되었다.

조정단계

실제 개혁을 시험해 볼 수 있는 기회를 제공하라!

조정단계는 갈등단계에서 나타났던 문제들을 조직이 조정하여 개혁적 활동이 원활하게 이루어질 수 있도록 하거나, 조직의 구성원들이 개혁적 활동에 참여해 보고 그 활동에 대한 자신들의 생각을 조정하는 단계이다. 즉, 실제 자신들이 참가해 보고 계속 진행할 것인가에 대해 고민하는 단계라고 볼 수 있다. 특히 조정단계에서 교사들은 개혁적 활동을 단순히 받아들이거나 거부하는 대신 **자신의 상황에 맞게 개혁적 활동을 바꾸어서 적용**하게 될 때, 그 활동에 대해 새로운 의미를 부여하게 되어 더욱 주체적으로 참여하게 된다.

아래 E교사는 과거 자신이 해 왔던 수업 방법이 새롭게 제시되고 있는 개혁 방법과 유사한 것으로 자신이 **다소 조정만 한다면 충분히 가능**한 것으로 생각하고, 조정을 위한 방법을 모색하였다. 그리고 F교사의 경우, 학교에서 새롭게 추진하는 개혁인 새로운 수업 방법에 대해 연수를 통해 많이 배우고, 어떻게 하는 것인지를 실제로 보고 실습하면서 '나도 저런 부분은 해 볼만 하고, 할 수 있겠구나'라는 생각을 하게 되어 실제로 실행하고 있다고 말한다. 또한 그는 다른 교사들과 함께 한두 번 시도해 보면서 수업을 계획하거나 진행할 때는 힘들었지만 그동안 수업에 참여하지 않던 학생들이 적극적으로 변화하는 모습을 보고 자신이 이런 부분을 놓치고 있었다는 것을 알게 되었고, 학생들도 충분히 수업에 적극적으로 참여할 의지가 있다는 것을 깨닫게 되었다.

이와 같이 경험자 리더의 수업을 실제로 보면서 개혁이 어렵지 않다고 생각하게 된 것이 실제로 자신의 수업에 새로운 방법을 시도해 보게 하였으며, 실제 개혁을 한두 번 시도한 경험에서 자신의 수업과 학생들 그리고 새로운 교육방법에 대해 **더욱 긍정적인 방향으로 생각을 조정**하고 있음을 볼 수 있다. 개혁에 대해 알고 있지만 아직 실행단계로까지 나아가지 않은 상태가 조정단계로 이 시기에는 교사들이 스스로 시도해 볼 수 있는 기회를 제공해서 생각의 조정을 거치도록 하는 것이 필요하다.

> 기존에도 영어과 같은 거는 수행평가가 세, 네 영역인데 하나의 영역은 사실 융합이나 마찬가지거든요. 영화나 같은 것들을 영어로 요약을 하고 그거에 관련된 것들을 카툰으로 만든다든지 영화 포스터로 만든다든지 하는 건 과거에도 했었어요. 그러니까 이런 스타일의 것을 요구하시는 거다, 스스로 어느 정도 다 알고 있었거든요. 그런 것들을 찾아보게 되고 다른 교과랑... 사실은 다 알고 있어요. 말만 만들면 다 연결이 되는 거라고 알고는 있어요. (E교사)

> 많이 배웠다는 거죠. 그런 연수 덕분에. 그리고 **실제로 봤어요. 어떻게 하시는지.** 실습 같은 것도 하고. 선생님들은 좀 힘드실 수도 있지만, 전체 공개 수업 때 그런 수업을 하는 것을 좀 봤거든요. 그래서 이런 생각을 하면 건방질 수 있지만, 어? 저런 부분은 나도 좀 해 볼 만한데? 저거 나도 할 수 있겠구나. 그런 생각을 하다 보니까 매일매일은 못하더라도 필요한 날은 하고 있습니다. (F교사)

> 다른 분들은 처음에는 나서지는 않으시다가, 한두 번 해 보다 보니까. 사실은 수업 계획할 때나 수업할 때나 좀 힘들거든요. 50분 수업하다 보면 애들이 참여를 안 하거나 졸거나 하는 거 보면 교사가 봤을 때는 자괴감이 들 때가 많거든요. 근데 사실은 이번에 (일본군) 위안부 편지 쓰기 활동을 했는데 영어과에서는 그걸 영어로 피켓 만들기를 하고 저도 했거든요. 그럴 때 학생들이 처음에 참여를 안 하는 학생들도 참여를 하는 걸 보면, 아! 내가 이런 부분에 신경을 못 썼구나. 이 학생들도 충분히 하는 학생들인데. (F교사)

〈성공에 대한 높은 기대와 새로운 시도〉

아주 가난한 학교의 교사들이 자신들의 학생들은 학습 능력이 없다고 믿고 있다면, 당신은 무엇을 하겠는가? **학생들이 할 수 있다는 것을 교사들에게 보여 주고** 교사들을 과제해결 과정에서 일정 부분의 역할을 할 수 있도록 포함시켜야 한다. 즉, 교사들로 하여금 가능하다고 생각하지 않았던 **성공을 실감하는 새로운 경험**을 하도록 하는 것이다(Fullan 외, 2012:114). 같은 학생에 대한 다른 교사의 수업을 보거나 다른 교사가 가르친 학생들의 수준이 자신의 수업에서 보았던 학생의 수준보다 훨씬 높았을 경우, 교사들은 자신의 수업을 반성하게 된다. 이렇게 그들의 생각을 바꾸려면 **서로의 수업을 보고 수업에서 새로운 시도를 해 보아야 한다.** '아이들 수준에 맞추지 말고 높은 수준으로 가르쳐 주세요. 아무리 공부를 못하는 아이들도 교사가 실력이 있는지 없는지는 안답니다.' 방과후학교 프로그램 계획과 관련하여 학생들의 성취수준에 대한 기대를 높여 달라고 선생님들께 이야기했던 것과 같은 맥락이다. 학생의 발전을 위해 성공에 대한 보다 높은 기대와 그것에 맞는 교수학습 전략들을 개발하는 것이 필요하다.

로저스(2005:185)는 개혁의 불확실성을 극복하기 위한 한 가지 방법으로 부분적으로나마 새로운 아이디어를 충분히 시험해 보는 것을 제안하였다. 개혁을 받아들여야 하는 대부분의 사람들은 **일련의 시험을 하지 않고는 개혁을 받아들이기를 꺼리는 경향**이 있다. 사회운동에 관한 연구를 했던 베이트 등(2005)도 사람들은 직접 시도해 보기 전에 사회운동에 동참하기를 어려워한다고 했으며, 풀란(2017:165) 역시 **의미와 가치가 형성되는 것은 경험해 보기 전이 아니라 직접 경험해 본 이후**라 하여 **구체적 경험의 중요성**을 강조하였다. 사람들은 실제 경험하면서 변화가 무엇인지를 이해해야 변화를 계획한 이들이 내린 가설이 중요하다는 것을 알게 되고, 이런 과정을 통해 실행 과정에서 마주할 현실에 대응할 것인지, 무시할 것인지를 결정하게 된다. 그러므로 시험이 가능한 개혁은 보다 빠르게 받아들여지며, 그러한 개혁을 통해 최소한 어느 정도 이득을 볼 수 있다고 판단되면 사람들은 실행의 단계로 가게 되는 것이다.

이러한 내용은 다음 B교사의 이야기에서 찾아볼 수 있다. 그는 처음 개혁에 대해 구체적으로 알지 못하고 막연했지만 실제 수업에서 시도하게 되면서 학생들의 관심을 끌 수 있는 좋은 방법인 것 같다는 생각을 하게 되고, 그 이후 스스로 자신의 상황에 맞추어 실행하고 있다. 즉, 시험해 보고 좋다는 것을 경험한 후 자신의 생각이 긍정적인 방향으로 조정되고, 개혁에 대한 새로운 의미와 가치가 만들어지게 된 것이다.

> "
>
> 이걸 뭐 수업에 어떻게 적용을 하라는 거지? 그랬었는데, 융합으로 막 이렇게 저렇게 교육과정도 재구성도 하면서 이게 실질적으로 수업 시간에 끌어들여서 하게 되면서 애들도 좀 관심 있어 하고 너무 좋은 것 같고 그 다음에 그런 생각들이 계속 있어 가지고, 시험 끝나고 난 다음에 학기 말에 애들한테 다른 교과랑 같이 융합할 수 있는 것들, 수학은 경제랑 그때 애들한테 뭐 어떠한 문제들을 제시하고 애들이 그걸 조사해서 발표하고. (B교사)
>
> "

아래 E교사, H교사 그리고 M교사의 이야기에서 교사들이 **개혁방안을 자신들의 상황에 맞게 조정하여 적용하였음**을 알 수 있다. H교사의 경우 다른 교과교사의 사례를 보고 똑같은 활동을 하는 것이 아니라 자신의 교과에 어떤 방법으로 적용할 수 있을까에 대해 생각하였으며, E교사는 자신이 작년부터 시도하고 있는 새로운 수업 방법에 대해 효과적이라고 느끼면서 작년에는 처음이라 적용하지 못했던 평가영역의 변화까지 적용 방법을 조정하여 시행하였다. 이처럼 교사들은 다른 교사의 사례를 보고 나의 것으로 받아들이기 위해 변형하거나 자신이 시도했던 경험을 통해 더 나은 방법으로 발전시키는 조정단계를 거쳐 나갔다.

> 근데 이게 과목이 똑같지 않기 때문에 그 똑같은 활동을 해 보는 건 아니지만, 만약에 학생중심 수업을 했다. 아 저런 식의 학생중심 수업도 있을 수 있겠구나. 그러면 나는 **어떤 식으로 한번 해 보면 좋을까?**라는 생각을 한번 해 봤던 것 같아요.
> (H교사)

> 2016년까지는 제 위주로 수업을 많이 진행을 했는데 작년에 와서는 내가 (진도) 나간 부분을 아이들 스스로 해서 수업 시연을 하게 했거든요. 그런데 그 반응이 작년에 일단 시작을 하였고 올해 정착이 되는 상황인데, 그게 정말 내가 했을 때보다 **효과적이구나를 느끼는 상황?**... 지금은 수행평가랑, 작년에는 수행평가를 안 했어요. 처음 하는 거니까. 그래서 어떻게 하면 되는지를 몰라서 일단 해 보고 그 했던 내용을 실어 주는 정도로 하자 해서... 그런데 올해는 작년에 그렇게 했더니 잘하긴 했는데 **조금 더 이제 의무감을 주면 좋겠다** 싶어서 수행평가의 일부로 넣었거든요. 그랬더니 굉장히 잘해요. (E교사)

한편, M교사는 교사들 간의 교육과정 협의 과정을 보면, 처음 개혁방안을 시도했을 때는 교사들이 부정적 생각과 태도를 가지고 있어 협의하기 어려웠던 상태였는데 지금은 많이 변화되었다고 이야기하고 있다. 교사들은 그동안 새로운 방법을 시도하면서 느꼈던 문제점들을 보완하여 자신들의 상황에 맞게 변형하여 계획하였다. 그들은 학생들에게 도움이 될 수 있도록 시기와 참여 교과, 과정별 특징 있는 구성 방법, 그리고 수업 방법 개선에 이르기까지 스스로 주체적으로 조정하였다. 새로운 방법으로 교육과정을 구성하는 것에 대해 각자 의견을 내고 협의하는 과정에서 서로에 대한 존중감이 생기고, 협의 결과에 대해서도 만족하고 좋아하는 모습을 보였다.

> 그 선생님이 처음에 협의를 할 때는 어... 융합도 모르고 이거 뭐야 이게 과연 뭉쳐지겠어? 1학기 때 시작도 비관적이었고 중간에 삐걱거리기도 했는데 이제 1학기를 총결산을 하잖아요. 이건 어쨌고 저쨌고 하는데, 투덜이로 끝나는 게 아니라 이거에 대한 **보완책을 마련하는** 거 같아요. 그러니까 선생님들은 똑똑한 거 같아요. ... 우선 **시기를 잘 정해야** 한다고 했고 그리고 너무 많은 과목이 섞이면 억지로 짜맞추기 식이고... 그리고 자연과정, 인문과정 구분을 해서 특징이 보이게 융합을 해야 훨씬 그 아이들의 성향에 맞는, 아이들에게 도움이 되는 결과가 나온다고 했어요. 그러니까 너무 의견들이 좋은 거예요. ... **선생님들도 좋아해요.** ... 진로랑도 연관시키고 수업 방법도 하면서. (M교사)

Tip !

개혁의 재발명을 허용하여 개혁의 주체로서 자발성을 갖도록 할 것

일반적으로 개혁을 추진하는 입장에서는 개혁이 계획된 의도 그대로 변형되지 않고 실행되기를 바라지만, 대부분의 경우 개혁은 불변의 것이 아니라 확산 과정에서 변화하고 진화한다. 이와 같이 개혁을 받아들여 실행하는 과정에서 사용자(user)에 의해 개혁이 변화되거나 수정되는 것을 재발명(re-invention)이라 하는데, 개혁학자들에 따르면 재발명의 정도가 높을수록 그 개혁의 채택률은 높아지고, 지속될 가능성이 높아진다(Roger, 2005).

학자들의 지적처럼 대부분의 개혁은 주어진 대로 해야만 한다고 했을 때 확산이 잘 이루어지지 않는 경향이 있다. 주어진 대로 해야만 한다는 것은 자신이 개혁의 주체라는 생각보다는 하향식 지시에 의해 타율적으로 참여하고 있다고 생각하게 함으로써 자발성을 떨어뜨리는 결과를 가져온다(오찬숙, 2014:243). 재발명은 개혁요구를 따라야 하는 사람들이 지시에 의해 피동적으로 참여하는 것이 아니라, 자신 스스로 개혁을 선택하여 자신의 상황에 맞게 실행하는 주체성과 관련이 있다. 예컨대, 개혁안을 직접 만들지도 않았고 상황에 맞게 개혁을 수정할 기회도 가져보지 못한 구성원들에게 이러한 개혁은 단지 외부로부터의 지시사항에 불과하다. 강요에 의해 받아들여야 하는 개혁일지라도 자신에게 맞게 변형해서 적용할 수 있다면 구성원들은 그것을 자신의 개혁안으로 생각하게 될 것이다. 그러므로 조정단계에서 **교사들이 개혁적 활동을 상황에 맞게 변형하거나 조정할 수 있도록 하여 자신들이 개혁의 주체로서 자발성을 갖도록 하는 것이 필요**하다.

> 교사가 고충이나 이런 것을 말했을 때, 그러한 부분에 대해서 그 사람에 대해서 최대한 생각을 하시고 **들어 주시려고 하는 것**까지 정말 좋았고요. 저도 하고자 하는 것들이 있을 때 흔쾌히 시도해 보라고 하셨을 때, 도전할 수 있는 그 모습들이 정말 좋았어요. 그전에는 그러한 생각을 아예 안 했어요. 내가 더 해 보고 싶다라는 생각을 안 했는데 지금은 뭔가 더 해 볼 수 있을까라는 생각을 더 하는 것 같아요. (C교사)

> (할 수 있도록) 계기를 주는 게 필요하죠. **어떤 제안을 해 주실 수도 있고, 모여서 할 수 있게끔 시간적 배경,** 그리고 교육과정 쪽에 여러 활동들이 녹여질 수 있도록 병행해 갈 수 있도록 해 주시는 게 (좋았어요). (D교사)

> 일과 내 그 시간을 마련하고 공감대가 있고, 시간을 들이고 **충분히 생각할 수 있는 기회**가 되니까. 그때 이제 충분히 시간을 갖고, 얘기를 하다 보니 많은 아이디어들이 쏟아져 나오고. 그중에 선별해서 하나의 계획안으로 짤 수 있는 것 같아요. 그런 **시간과 기회**? (K교사)

<교사들 간의 교육과정 협의모습>

　조정단계에서 조직 구성원들이 개혁적 활동을 시도함으로써 자신들의 생각을 조정하기도 하지만 조직, 즉 조직의 리더도 구성원들이 개혁적 활동을 원활하게 할 수 있도록 고충이나 어려운 점을 듣고 그 부분을 조정해 주려는 노력을 해야 한다. C교사는 리더가 자신의 고충을 듣고 최대한 해결해 주고자 노력했던 것과 하고자 하는 것을 흔쾌히 시도하고 도전할 수 있도록 격려해 주었던 것이 무엇인가 더 해 보고 싶다는 생각을 갖게 했다고 한다. D교사도 리더가 교사들에게 어떤 제안을 해 주거나 모여서 할 수 있는 시간을 마련한 것 그리고 교육과정과 연계될 수 있도록 한 것들이 좋았다고 회고한다. K교사 또한 시간과 기회를 제공한 것이 중요하다고 생각했다. 그는 일과 내 시간을 마련해서 충분히 이야기한 것이 많은 아이디어를 나오게 했고 그 결과 계획안을 만들 수 있었다고 한다. 이와 같이 조정단계에서 시간적, 물질적으로 지원해 주고 교사들의 문제를 해결하거나 조정해 주려고 노력하는 조정자로서의 리더십과 개혁적 활동을 시도해 볼 수 있도록 격려하는 리더십이 필요하다.

실행단계

처음 목표했던 방향으로 지속적 실행이 될 수 있도록 개혁의 명확성을 높여라.

개혁확산의 마지막 단계인 실행단계는 개인이나 조직이 개혁을 실제 채택하여 지속적으로 실행하는 단계이다. 이 단계에서 개인이나 조직은 이전 단계에서 개혁적 활동에 시험적으로 참여해 보고 얻은 경험을 바탕으로, 보다 적극적으로 개혁을 받아들여야겠다는 결정을 내리고 **지속적 개혁활동**을 하게 된다. 개혁이 실행되었다고 해서 개혁확산의 단계가 끝난 것이 아니라, 실행 후 얻게 되는 경험은 다시 확산의 각 단계로 **피드백**(feedback)**되어 확산의 과정이 순환적으로** 이루어지는 경우가 많다고 할 수 있다.

F교사에 따르면 많은 교사들이 협의를 통해 본인이 할 수 있는 부분을 찾아 개혁적 활동(융합교육 활동)에 참여하고 있으며, 자신의 경우에도 공감을 주제로 한 융합교육 활동에 영어와 함께 일본군 위안부 문제를 가르쳤는데 역사 교사로서 좋은 것 같다는 생각을 했다고 한다. 그는 개혁적 활동에 참여했던 경험에서 **긍정적 피드백을 얻고 개혁을 지속적으로 실행**하고자 판단한 것으로 보인다. H교사도 개혁실행으로 인해 개혁에 대한 **거부감이 없어졌고**, 실행 경험에서 얻은 **노하우로 실행의 폭이 확장**되었다고 말한다. 그는 개혁적 활동 이전에는 교과서에만 매몰됐는데 개혁실행으로 인해 교육과정 재구성에 대한 거부감이 없어지고, 교과 학습 목표에 맞추어 교과서뿐만 아니라 다른 자료까지도 포함하여 수업을 재구성하는 교육과정 구성력이 생겼다고 생각하고 있다. 이와 같이 개혁에 대한 긍정적인 피드백은 보다 적극적으로 개혁에 참여해야겠다는 결정을 내리게 하여 **지속적 실행에 대한 의지**를 갖게 하는 것이다.

학교에서 많이 하는 분위기 같아요. 협의를 할 때 본인이 할 수 있는 거 있잖아요. 무조건적으로 때려 맞추는 게 아니라 **본인이 할 수 있는 거** 있잖아요. 조금이라도 있거든요. 저희 주제가 공감인데 반드시 배워야 할 문제라고 생각해요. 역사 교사로서, (일본군) 위안부 문제 같은 거. 그런 것도 저는 역사 교사로서 가르치고 그분들은 영어 표현 있잖아요. **좋은 거 같더라고요.** (F교사)

이전에는 생각하기를 교과서만 이렇게 생각을 했었는데, 교과서에서 이루고자 하는 성취가 있으면 그거를 다른 거를 끌어와서도 할 수 있는 거잖아요. 그런 것들을 끌어오는 것에 대한 **거부감이 없어졌다랄까요.** 우리 이번에 2학년은 할 때 여기에 교과서 더미도 있었지만 **다른 책 더미도** 있었거든요. 이번에 2학년 애들 꿈끼 때 앤서니 브라운, 그 책을 갖다 놓고 여기서 찾을 수 있는 아이들의 학습할 만한 주제가 뭐가 있을까? 이런 것들까지 확장이 된 걸 보면 교과서에서만 할 수 있는 것은 아니구나. 애들이 해야 할 학습 목표가 있다면 그거에 맞춘 다른 어떤 거든지 수업에 끌어올 수 있구나라는 것에 대해서, **폭이 넓어진 것 같아요.** (H교사)

다음 A교사와 H교사는 여러 해에 걸쳐 개혁이 확산되어 온 과정에 대해 이야기하고 있다. 2017년 9월 면담한 A교사에 따르면 융합교육(개혁)이 2016년에는 본격적으로는 아니지만 부분적으로 2학년에서만 시행되었고 2017년에는 학년부장들의 노력으로 전학년 수업에 도입된 것으로 보인다. 그는 아직까지는 강제성이 있고 바라는 수준에 미치지 못하지만 교사들이 실행 결과에서 유익하다는 생각과 함께 보람을 느껴 3학년까지 확대되어 긍정적 태도로 실행되고 있다고 말한다. 한편, 융합교육이라는 개혁이 도입된 첫해부터 3년간 교육과정 담당자로서 교육과정 재구성 업무를 진행해 온 H교사는 2018년 12월 면담에서 자신이 느끼는 융합교육 실행의 3년 과정을 '다가가기 힘든 단계 – 인식단계', '어렴풋이 알아가는 단계 – 갈등단계', '시행착오와 개선단계 – 조정단계' 그리고 '너무 쉽게 진행되는 단계 – 실행단계'로 표현하고 있다. 그는 융합교육이 처음 도입될 때 교사들이 받아들이기 어려워하고 부정적 태도로 인해 갈등을 겪었던 상황과는 달리 3년 차 협의에서는 어떤 문제 상황 없이 교사들이 스스로 생각해 왔던 것을 반영하여 교육과정안이 구성되는 것에 대해 매우 놀라워하고 있다.

이 두 교사의 이야기를 종합해 보면 개혁이 도입되던 첫해(2016년)는 시행은 되었지만 인식 수준이었다고 한다면, 시행된 두 번째 해인 2017년에는 갈등과 조정의 단계를 거치면서 교사들이 보람을 느끼게 되고 그래서 보다 긍정적 태도로 실행되었다. 그리고 세 번째 해(2018년)에는 실패와 성공의 경험을 통해 교사들이 갖게 된 생각들을 협의 과정을 통해 공유하면서 개혁에 대한 거부감 없이, 보다 발전된 형태로 지속적 실행이 되고 있음을 볼 수 있다. 이와 같이 여러 해에 걸쳐 지속적으로 실행된 개혁은 해마다 피드백이 이루어지고 노하우가 쌓여 시간이 지나면서 실행의 수준이 높아지게 되는 것이다.

> "
> 아직은 뭐 저희가 바라는 거에 미치지 못하지만 그래도 수업에 도입을 했고, 16년도부터는 이 사업을 본격적으로 한 것 같지는 않아요. 2학년만 했어요 사실은. 올해 들어와서 학년부장 노력이 컸죠. **아직까지는 좀 강제성이 있는 것 같아요.** 어쨌든 결과물이 나오니까 다들 보람을 느끼고, 애들도 융합이라는 개념을 이제야... 겉으로는 싫어하면서도 일단은 생기부에 융합이 들어가니까 3학년들조차도 차별화되는 것 같으니까 재밌게 좀 따라간다고... (A교사, 2017.9.)
> "

> "
> 첫해는 다가기가 힘들었고 두번째 해는 어렴풋이 알아가면서, '이제 이렇게 하면 되겠구나' 하면서 시행착오 정도? 그러다 보니까 '아, 이런 것보다는 요롷게 하는게 더 좋겠어'라는 생각이 들면서 올해 꺼가(세 번째 해) 만들어지는 거 같아요. ... 또 내년이 되면 만족하지 못할 수도 있지만, 너무 쉽게 진행이 되서 깜짝 놀랐어요. 정말 너무 일찍 끝났어요. 다들 머릿속에 있었던 거를 갖다 붙인 거니까, 그전에는 '뭐 어떻게 하는 거야', 막 책 뒤지는 데 한참 걸리고 이랬잖아요, 그건 없더라구요. (H교사, 2018.12.)
> "

풀란(2017:112)도 개혁에서 실행단계가 보통 2년 또는 그 이상이 걸린다고 했으며, 그 정도의 기간이 되어야 변화가 제대로 실행된 것인지 가늠할 수 있다고 하였다. 이른바 개혁도입을 결정할 때 사람들은 대부분 어떤 상황으로 접어드는지 모른다고 봐도 무방하다. 일례로 어떤 학교의 교사들이 통합적 학교개혁 모델 등의 특정 혁신을 도입하기로 결정한다면 그들은 자신이 무엇을 모르는지 모를 수 있다. 마찬가지로, 교사들이 주저하는 상황에서 관리자가 개혁을 밀어붙이면 실행단계에 이르러서야 교사들의 헌신이 나올 수도 있다. 변화는 일회성 행사가 아니라 과정이기 때문에, 개혁의 지식을 보다 잘 활용하면 성공적으로 도입해서 실행의 기간을 줄일 수 있을 것이다.

이러한 개혁확산 성향에 대해 확신을 갖고 있었던 필자는 확산단계에 맞추어 구성원들을 이끌어 가기 위해 고민하고, 학교 내에서 개혁을 주도하는 교사들(개혁주도자[10])을 격려하고자 노력했다. 갈등이 가장 심했던 2017년 말 **개혁실행의 어려움을 토로하고 의기소침해 하는 교사에게 개혁성공에 대한 확신을 가지고 다음 대화와 같이 설득**하였다. 필자는 대화에서 개혁을 이끌고 나가는 사람이 개혁실행을 주도하면서 겪게 되는 동료 교사들과의 갈등 상황이나 어려움들은 개혁을 확산하는 과정에서 당연히 발생되는 것이니 너무 실망하지 말고 지속적으로 실행해야 하며, 구성원들이 갖고 있는 노하우를 공유하고 실행의 피드백을 반영하여 개혁안을 조정함으로써 보다 쉽게 그리고 부담 없이 개혁을 진행할 수 있도록 노력해야 하는 것이다. 그리고 교육과정을 재구성할 때 다른 교과 교사와 협의하지도 않고 단원의 순서도 조정하지 않은 채 융합수업을 진행했던 사례에 대해 언급하며, 구성원들이 **새로운 실행의 피상적인 면만 흉내 내지 않도록 바로잡아 가며 실행**해야 한다고 강조하였다.

스티글러와 히버트(1999)는 『수업격차』에서 **교사들이 개혁을 잘못 이해하고 표면적인 특징만 바꾸어 개혁에 실패**한다고 했으며 옥스 등(1999)도 중학교 혁신을 위한 연구보고서에서 교육자들은 흔히 새로운 구조적 전략이 요구될 때 그것의

---

10 개혁주도자는 개혁을 주도하는 조직이 바람직하다고 생각하는 방향으로 개혁대상자가 개혁을 수용하는 결정을 하도록 영향을 주는 사람이며, 개혁후원자는 개혁을 조직이라는 특정한 맥락에서 최적화하기 위해 개혁을 중재하고 정리하는 조직의 의견지도자와 같은 역할을 수행한다(Rogers, 2005:390, 443).

의미에 대해서는 깊이 생각해 보지 않고 서둘러 도입하려 하고, 어떤 이들은 **구조만 바꾸면 변화가 일어난다고 생각하는 것이 문제점**이라고 지적하였다(Fullan, 2017:58) 이러한 '표면적인 변화'는 우리 주변에서 흔히 볼 수 있는 것으로, 개혁대상자들이 개혁의 의미를 깨닫지 못하고 개혁을 위해 요구되는 실제적 절차나 과정을 거치지 않고 손쉽게 개혁을 수용한 것처럼 하고자 할 때 나타나는 것이다. 그러므로 실행단계에서 교사 스스로 의미를 발견하고 긍정적 감정을 지니고 실행할 수 있도록 다시 한 번 개혁의 처음 목표를 명확하게 하고, 표면적인 변화가 아니라 개혁 본래의 목적을 이룰 수 있는 진정한 의미의 변화가 이루어지도록 하는 것이 필요하다.

> 작년에는 그냥 받아들인 입장이었고 올해 처음 실행을 하는 갈등단계란 말이죠. 그 다음 단계가 뭐냐면 조정의 단계인데, 그것이 내년인데 그때는 **시행착오했던 것에서 노하우를 얻은 사람들이 자율적으로 편성하는 시기가 오고.** ... 새로운 걸 만드는 게 아니라 좋았던 걸 발전시키는 방향으로 가면... ○○중의 수리산 프로젝트가 그 학교에서 3년, 4년을 했던 것처럼 여기도 똑같이 고사리 프로젝트가 해를 거듭해 가면 훨씬 더 발전된 형태가 되고 부담이 덜 되겠죠. 처음에 만들어 내는 게 힘들지 시행한 다음 해와 그다음 해가 되면 훨씬 더 편안해지는데. 아직 우리 학교는 그 단계까지 못 갔기 때문에 개혁의 단계 중에서 처음에 받아들이는 인식 그 다음 단계. **이제 갈등단계란 말이에요.** 내년이 되면은 조정단계가 오고 그다음에 완성의 형태가 된다. 그러니까 **지금 갈등을 느끼고 컴플레인을 하는 것은 당연한 수순**이라는 거예요. 개혁을 받아들이는 당연한 수순이고 내년이 되면 그것에서 적응된 단계가 되기 때문에 훨씬 더 편안해지게 될 거예요.
>
> ○○ 선생님은 뭐냐면 재구성할 때 순서를 바꾸지 않았단 말이죠. 순서를 바꾸지 않고 융합을 하려고 하니까 너무나 힘이 드는 거지요. 왜냐하면, 억지로 갖다 붙인다는 말이 거기서 나오는 거예요. 뒤에 있는 걸 앞에 오게 하고 앞에 있는 걸 뒤에 오게 해야 하는데, 자기가 나중에 그걸 만들었기 때문에 아이들이나 선생님들이나 억지로 된 융합이라는 말을 하고 부자연스럽다는 말을 하는 거죠. 2월 달에 교육과정 순서를 아예 바꾸는 걸 열심히, 두 번 정도 해서 교육과정 순서 자체를 바꿔 버리면 훨씬 편안하게 갈 텐데, (현재는) 그것이 누락된 상태란 말이죠. 그러니까 요번에 마지막 재구성 시간에 이 부분을 바로잡아 줘야 할 것 같아요. (Q교장/필자)

개혁이 처음 목표했던 방향으로 지속적으로 실행되기 위해서는 **명확성이 필요**하다. 명확성이란 **개혁의 목적과 수단이 명백하고 확실한 정도**를 나타내는 것으로, 실행단계에서 명확성의 부재는 실행의 수단 및 방법에 대한 초점을 분산시켜 실행이 어떤 의미가 있는지조차 불투명하게 생각하게 된다. 그로스(1971), 휴버먼과 마일즈(1984)의 연구를 보면 교사들은 추상적인 목표와 지시사항 때문에 혼란을 겪고 불안해하고 짜증이 나고 결국엔 노력을 포기하게 된다고 한다. **가짜 명확성**은 이처럼 사람들이 스스로 변화를 수용했다고 생각하면서도 새로운 실행의 **피상적인 면만 흉내 낼 때 발생**하는데, 각 개인이 변화를 받아들이는 주관적 의미가 탄탄하게 형성되지 않은 상황에서 불확실한 개혁이 시도되면 이때 겪는 불확실성은 몹시 고통스럽다(Fullan, 2017:62). 교사들은 그들의 목적이 분명하고 초점이 명확하며 성취가능한 것일 때, 그리고 그 목적이 그들로부터 나온 것일 때 긍정적인 감정을 갖는다. 반면 목적이 불분명하고 산만하며 비현실적이고 끊임없이 변화하고 게다가 그것이 타인이 부과한 목적이라면 교사들은 불행하다고 느낀다(Hargreaves 외, 2015a:177). 그러므로 구성원들이 어떤 방식으로 어떤 개혁을 실행하는가에 대해 명확하게 인지할 수 있도록 해야 한다.

명료화(clarifying)의 과정에서 **개혁에 대한 의미는 구성원 간의 사회적 상호작용 과정을 통해 만들어진다.** 개혁이 조직에서 더욱 폭넓게 실행됨에 따라 조직 구성원들은 더욱 빈번하게 개혁에 관해 이야기하고 점차로 공통적인 이해에 도달하여 개혁의 의미도 구성원들에게 명확해지게 되는 것이다(Rogers, 2005: 455-456). 풀란(2017:46)도 구성원 사이에서 **'공유된 의미'가 변화의 열쇠**이며, 이상적으로 실행의 과정에는 최소한 참여자들 간에 이해의 공유가 필요하다고 하였다. 그러므로 실행에 있어서 공유된 의미가 생길 수 있도록 정보의 공유, 피드백의 공유, 성공과 실패의 경험 공유 등이 이루어져야 하며, 소통을 통한 공유의 기회가 마련되어야 한다.

─ 실패와 성공의 피드백이 공유될 수 있도록 소통의 기회를 마련하라! ─

개혁의 의미가 구성원들에게 명확해질 수 있도록 이야기 나누고 상호작용할 수 있는 소통의 기회를 주는 것이 개혁확산을 위해 매우 필요하다. 구성원 간의 실패와 성공 경험 공유는 구성원들이 어떤 방식으로 어떤 개혁을 실행해야 하는지에 대해 명확하게 인지할 수 있게 한다. 네트워크를 통한 정보의 공유로 긍정적 피드백이 이루어지게 하는 것은 개혁을 지속적으로 실행하게 하는 데 도움이 된다.

○○고의 경우 전문적학습공동체 시간을 활용하여 교사들 간의 소통을 통한 공유의 기회를 제공하고 있다. B교사는 월드카페 형식으로 진행되었던 공개토론회 및 반성회가 처음에는 새로운 방법이라 이상하게 생각되었지만 모든 구성원들이 **서로 이야기할 기회를 가졌던 것이** 좋았다고 이야기한다. 한 해 동안 학년별로 진행되어 왔던 내용들을 잘 알지 못했는데 돌아가며 서로 대화하는 중에 더 많이 알게 되었고, 강의 들었던 것보다 **소통했던 것이 더 의미 있었다고 생각**하고 있다. 한편, H교사는 전문적학습공동체 활동 중 차년도 교육과정 재구성을 위해 협의했던 경험에 대해 이야기하고 있다. 그는 융합교육 도입 첫해에는 서로 우왕좌왕하면서 협의 시간이 끝날 때가 되어서야 계획안이 구성되었지만, 실행한 지 3년 째가 되는 이번 협의에서는 교사들이 협의를 시작하자마자 어떤 주제로 해 보자는 제안과 함께 빠른 속도로 진행되었다고 말한다. 이런 변화는 교사들이 어떻게 해야 하는지도 알고 아이디어도 있었기 때문으로 평소 융합교육을 실행하면서 다음에는 어떻게 발전시켜야 하는지에 대해 생각해 왔던 것으로 보인다. 이와 같이 교사들은 모두 함께 모여 협의하는 자리에서 성공과 실패 경험을 나누고 피드백을 공유하면서 함께 발전하고 있는 것이다. 그리고 B교사의 이야기에서 볼 수 있듯이, 협의를 통해 문제를 해결해 온 교사들은 자신의 부족한 부분에 대해서도 정보를 공유해서 해결해야 한다고 생각하고 있다. 그는 자신의 실행 경험을 통해 개혁에 대한 긍정적 피드백을 가지고 있지만, 평가 부분에 대해

서는 어렵고 힘들었던 아직 해결되지 못한 과제라는 생각을 하고 있어 이것에 대한 협의, 즉 **동료들과의 협업이 필요하다고 생각**하고 있다.

> 서로 다 돌아가면서 이야기하는 게, 처음에는 돌아가면서? 이렇게 생각했는데 얘기하고 나니까 너무 좋은 거예요. 그리고 이게 학년별로는 뭔가가 잘 서로 알기도 하는데, 제가 2학년 것도 잘 모르고 3학년 것도 잘 모르는 것처럼. 이렇게 돌아가면서 뭔가를 하고 있으니까 선생님들이 설명도 많이 잘해 주시고. 강사 강의 듣는 것보다 서로 선생님들끼리 얘기할 수 있는, 그게 더 좋은 거 같아요. (B교사)

> 사실 처음에는 융합에 대해서 선생님들이 별로 친근하지 않은 분야였잖아요. '뭘 어떻게 해야 해?' 하면서 우왕좌왕하면서 시간이 굉장히 많이 흐르고, 그 재구성하는 시간이 끝쯤 되가지곤 '뭐라도 해야 돼' 하니깐 막 맞춰진 것들, 그런 것들이 좀 있었는데. 이번에는 정말 딱 시작하자, 뭐 만들어 보자는 얘기가 나오면서, 바로 진행이 되더라구요. 어떻게 해야 하는지도 알고 우선 **아이디어가 다들 머릿속에 있는 거죠.** 그러니까 뭐할까요?라고 얘기했을 때 각 과목에서 굉장히 (아이디어가) 나오는 속도가 빨랐어요. 올해 하면서 생각됐던 것들이 굉장히 많이 있으셨던 것 같아요. (H교사, 2018.2.)

> (평가 부분이 어렵고 힘들었는데) 좀 더 많이 고민하고 그거에 대해서 생각하고, 그거에 대해서 많이 협의를 해야 할 것 같아요. 이런 것도 이렇게 할 수 있구나. 그리고 제가 요즘에 좀 느끼는 게 제가 강의식으로 수업한다고 애들이 뭔가를 많이 얻어 간다는 것보다 본인들이 뭔가를 계속 움직여야지 느끼는 게 더 많아지는 거 같아요. (B교사)

많은 교사들은 학교에서 마련한 공유의 기회에서 동료와의 대화를 통해 진행되고 있는 개혁을 수용할 것인지, 변화시켜 받아들일 것인지, 아니면 거부할 것인지를 알 수 있게 된다. 자신이 스스로 협의를 통해 구성한 목적은 긍정적 감정을 갖게 하여 개혁에 동참하고자 하는 변화가 시작된다. 이러한 **계획적인 소통은 꾸준한 발전에 필수적** 요소로, 지난 20년간의 연구에서도 변화에 성공한 학교에서 계획적인 소통이 이루어지며 이러한 소통을 통해 협력적으로 일을 처리하는 문화가 형성되었음을 볼 수 있다(Hargreaves 외, 2015b). 이러한 소통의 기회는 학교 내부의 개혁안뿐만 아니라 외부에서 제공되는 개혁안에 대해서도 주어져야 한다.

〈민주적 조직관리는 민주적 의사결정 과정을 기반으로!〉

2015년 9월 ○○고 부임 당시 각종 회의나 협의회가 함께 의견을 나누고 논의하는 방식이 아닌 업무 지시 위주로, 잘못된 점을 지적하는 방식으로 진행되었다. 교직원들은 스스로를 학교의 주인으로 인식하지 못하고 서로 반목하고 있어 매우 부정적 학교 문화를 갖고 있었다. 교직원과의 대화를 통해 그 원인이 구성원 간의 의사소통이 원활하지 않고 그간 비민주적으로 진행된 의사결정에 있다는 것을 알게 되었다. 민주적 조직관리는 원활한 의사소통과 민주적 의사결정 과정을 기반으로 이루어지기 때문에, 우선적으로 **의사소통이 활발해지도록 협의하고 토론하는 기회를 마련**하였다.

주 1회 동학년 협의 시간을 공식적으로 확보하고 학교장과의 간담회 및 대토론회를 개최하였으며, 동학년, 동교과 교사중심의 동아리 활동을 지원하였다. 또한 민주적 의사결정을 위해 부장협의회 및 교직원회의가 학교 구성원이 의사결정에 참여하여 의견을 반영하는 협의의 장이 되도록 **회의문화를 개선**하였다. 학생자치회 및 학부모회에서 나온 의견들과 교사들의 각종 행사에 대한 한 줄 평가, 시행하고자 하는 사업에 대한 찬반 의견, 연수 프로그램 등에 대한 **의견들을 다양한 방식으로 수렴하여 학교 운영에 적극 반영**하였다. 이를 통해 구성원들은 자신이 학교의 주인이라는 생각으로 다양한 교육 활동에 적극적으로 참여하였고 학교 변화를 위한 주도적 역할을 하였다.

실행을 위한 넛지 – 시스템화 시키기

　지금까지 개혁의 확산단계와 각 단계에 영향을 주는 요인들을 살펴보았다. 일반적으로 개혁의 확산은 인식, 갈등, 조정 그리고 실행 단계로 진행되지만, 모든 개혁이 반드시 성공적으로 실행되는 것은 아니다. 개혁을 추진하는 측에서는 여러 가지 방법을 사용해서 개혁을 실행시키려고 하지만 대부분의 사람들은 변화하지 않고 기존 상태 그대로 유지하는 것을 더욱 선호한다. 어떤 사람들은 개혁으로 인해 자신이 더 많은 일을 하게 될까 봐 의도적으로 거부하고 또 다른 사람들은 더 중요한 다른 일들이 있어 개혁에 집중하지 못한다. 아이러니하게도 **개혁은 그것을 가장 필요로 하는 사람에게 가장 나중에 전달되고 채택되는 경향**이 있고, 개혁의 성공적인 목표 수행을 위해서는 개혁성 – 필요 패러독스(the innovativeness/ needs paradox)를 막아야 할 필요가 있다(Rogers, 2005:314). 그러므로 그 어떤 상황이라 하더라도 개혁추진자는 변화에 적극적인 사람들뿐만 아니라 변화에 미온적이거나 변화를 거부하는 사람들까지도 보다 빠르게 **개혁의 의미를 발견하고 진정성 있게 변화에 동참하도록** 해야 한다. 하지만 앞에서 살펴본 바와 같이 개인이나 조직이 개혁을 받아들이는 데는 단계가 있고, 그 과정에서 어느 조직이나 갈등단계를 거치게 된다. 서로 갈등하는 상황을 잘 헤쳐 나가지 못한다면 아무리 좋고 바람직한 개혁안도 실패로 끝날 수밖에 없는 것이다.

　갈등단계에서 개혁확산이 잘 되려면 개인들이 동기화되고 긍정적 태도를 갖도록 하는 것이 필요하다. 구성원들의 동기와 자발성을 불러일으키기 위해 개혁이나 정책들이 명령이나 지시의 형태로 전달되는 하향식 접근(top-down approach)이 아니라 구성원들의 자발적 참여와 합의를 통해 추진되는 상향식 접근(bottom-up approach)을 해야 한다는 이야기를 많이 듣는다. 일반적으로 하향식 개혁이 성공하지 못하는 것은 상부 기관이나 관리자가 시달하는 개혁안이 민의가 반영되지 않은 권위적인 것으로 생각되어, 지시사항을 전달받는 이들이 변화의 주체라는 생각을 갖지 못하고 개혁의 진정한 의미와 성격을 명확히 파악하지 못하기 때문일 것이다.

그러나 **현장의 견해를 반영하고 합의에 의해 추진하는 상향식 개혁도 그 규모와 상관없이 성공하기 어려운 것은 마찬가지**이다. 예컨대, 갈등단계에서 구성원들의 선택에 따라 개혁을 추진한다면 누구라도 선뜻 먼저 시작하려 하지 않을 것이다. 개혁이 바람직한 것이라 할지라도 새로운 것을 한다는 것은 불편한 일이고, 많은 사람들이 거부하는 개혁을 먼저 받아들임으로써 자신이 받게 될 타인들의 비난을 견뎌 내는 것도 쉬운 일은 아니다. 그래서 대다수 사람들의 합의와 자발적 참여를 통해 진행하는 상향식 접근은 하향식 접근에 비해 많은 시간이 소요될 수 있으며, 스스로의 선택에 맡기기 때문에 많은 사람들이 개혁이 어떤 것인가를 경험해 볼 수조차 없는 단점이 있다.

풀란(2017:227)은 시카고 개혁사례를 통해 성장한 학교들의 유능한 교장들이 포용적이며 효율적인 학교 경영을 했지만 적절한 압력과 지원을 함께 했다는 사실에서 개혁에 성공하려면 하향식과 상향식의 조화와 절충을 추구하는 전략과 더불어 압력도 필요할 수 있다고 주장하였다. 다만, 사람들에게 반발을 허용하고 다른 실행자들과 상호작용할 수 있게 하고, 새로운 역량을 쌓을 수 있도록 허용하는 조건일 경우이다. 그러므로 개혁의 확산은 완전한 자발성에만 의존하는 것이 아니면서 그리고 무조건 강요하고 지시하고 시달하는 방식도 아닌, 상황에 따라 적절한 방법을 활용해야 하는 '예술'과도 같은 것이다. **개혁은 어느 정도 시도해서 개혁의 의미를 찾을 수 있고, 그것이 자신에게 주는 보람이나 어떤 긍정적인 결과를 가져올 수 있다는 것을 맛볼 수 있을 정도까지는 지속되어야 한다.**

○○고에서는 개혁을 시도했던 초기단계에, 부담스럽고 다소 자발성을 떨어뜨릴 수 있지만 그럼에도 불구하고 수업 변화를 위해 교사들이 해야만 하는 몇 가지의 사항을 제시하여 모두가 시도해 볼 수 있도록 강요한 면이 있다. 아래 B교사는 이러한 강요에 대해 긍정적인 면이 있다는 자신의 생각을 피력하고 있다. 그는 개혁적 활동의 시작을 '해 보세요'와 같이 교사들의 자발적 참여에 맡기면 본인의 경우에는 하지 않아도 되는 것으로 생각하겠지만, 다 같이 해야만

하는 것으로 약간의 강제성을 둔다면 개혁적 활동을 할 것이고 그리고 처음에는 강요해서 했지만 실행하면서 좋다는 것을 느낄 수 있을 것이라고 말한다. A교사 역시 교장의 강한 요구로 결과물이 나오게 되었으며, 학년별로 융합교육 과정안을 만들어 내는 과정에서 교사들은 힘들어 했지만 선두 그룹이 구성되었고 그 후 교사들이 수업에 대해 많은 노력을 하여 결과적으로 수업이 변화될 수 있었다고 말한다.

> 그니까는 처음에 그 시작을 '해 봐라', '해 보세요' 하면, 좀 선생님들이 약간 뭐라고 해야 할까. 저 같아도 좀 '안 해도 되는 걸까?' 그런 생각을 할 거 같긴 한데. 이거를 '다 같이 해야 해', 뭐 이렇게 하고 처음에 약간 그렇게 하면, 이거를(좋다는 것을) 하면서 느낄 것 같아요. (B교사)

> 수업이 바뀌게 된 것은 학년 융합하면서, 올해 2월에 한 번 하고 중간에 또 한 번 했잖아요. 교장선생님이 강하게 푸쉬하셔서 가지고, 학년에 몇 개 내놔라 하니까… (웃음) (교장이 강하게 푸쉬하는 것도 효력이 있나요?) 아무래도 안 하는 것보다는… 안 하는 건 결과물이 안 나오니까. (선생님들이) 힘들어했죠. 힘들어했는데, 그중에 한두 명만이라도 하면 따라오니까. (이렇게 한 것이 학교 변화하고 어떤 관계가 있나요?) 수업에 아무래도 많이 투입을 했죠, 저 같은 경우에는. (A교사)

여러 학자들도 그들의 저서에서 이러한 딜레마에 대해 이야기하고 있다. 「교육개혁을 위한 대부분의 노력은 실패한다. "위에서 아래로" 방식의 개혁이나 "아래에서 위로" 방식의 개혁이나 제대로 효과를 발휘하지 못한다(Fullan, 2006:22).」 「최상부에서 학구를 거쳐 학교로 전달되는 하향식 개혁은 변화무쌍한 환경에 적응할 수 없고, 의도가 아무리 좋다 하더라도 세세한 부분까지 통제하는 전제적인 중앙집권 방식으로는 혁신적 행위와 혁신적인 성과가 나올 수 없다. 또한 열린 마음으로 신기술을 수용해 적극적으로 활용할 필요가 있는 학교가 다수인 경우에 혁신을 전적으로 학교의 자발성에만 맡기는 것도 최선의 방법은 아니다. 그렇다면 자율성과 통제의 균형은 어떻게 유지해야 하는가?(Hargreaves 외, 2015b:177)」

하그리브스는 싱가포르 사례의 '반란의 구조화' 전략을 대안으로 제시했다. **'반란의 구조화' 전략**이란 계획적으로 변화의 씨앗을 심어 놓고 그 변혁 사례가 네트워크와 상호작용의 힘을 통해 또 다른 변혁의 씨앗들을 싹트게 하는 것이다. 교사들은 변화의 씨앗인 작은 시도들을 통해 성공을 경험하기 시작하고 그러면 성공이 성공을 잇달아 낳기 시작하는 것이다. 이것은 국민의 의지에 반하는 변화를 큰 힘으로 밀어붙이거나 타인이 결정한 정책을 그대로 실행하게 하는 것이 아니다. 그렇다고 국민들이 완전히 자유롭게 선택할 수 있게 하는 것도 아니다.

계획적으로 변화의 씨앗을 심는다는 것을 나는 '일종의 시스템을 걸어 주는 것'으로 표현하는데, 이것은 **개혁적 활동을 시스템화시키는 것**을 말한다. 말하자면, 개혁의 시작이 될 수 있는 활동들을 해야만 하는 것으로 강제하되 교사들이 스스로 선택하게 하거나 또는 그러한 활동들을 교사 스스로 계획하여 운영하게 함으로써 그들이 주체성을 가지고 스스로 선택하여 활동한다는 생각을 갖게 하는 것이다. 이러한 자율과 통제가 혼합된 방식의 운영은 구성원들이 하향식 통제에서 느끼는 거부감을 줄여 줄 수 있으며 운영의 자율성으로 자발적 참여를 가능하게 할 수 있다. 이러한 **시스템화된 활동은 구성원들이 실행 후 피드백을 갖게 되는 시점까지 지속되어 많은 사람들이 개혁의 맛**(보람, 성취감, 이점, 필요성 등)**을 느낄 수 있어야** 한다. 그러면 모든 구성원이 참여하는 과정 중에 일부 사람들이 우선적으로 개혁의 의미를 알게 되고, 그리고 그들이 경험자 리더로 활동함으로써 개혁확산의 중요한 역할을 하게 되는 것이다. 이러한 방식은 **자율과 통제가 혼합된 것**으로 하그리브스가 은유한 **'넛지**(nudge)**'**일 수 있다.

Tip !

개혁확산을 위한 장치, 넛지(nudge) 시행

넛지(Nudge)는 '(특히 팔꿈치로) 슬쩍 옆구리 찌르기'라는 뜻으로, 자유주의적 개입주의 (libertarian paternalism) 관점에서의 간섭을 의미한다. 자유주의적 개입주의는 비강제적인 유형의 개입으로 모순적인 개념처럼 보인다. 사람들의 삶에 이로움이 더해지는 방향으로 (넛지 형태의) 간섭을 하면서 선택은 사람들이 하게 하는 것이다(Thaler 외, 2009:20).

○○고에는 **학교 변화를 위한 두 개의 통제상황**이 있었다. 모든 교사들은 전문적학습공동체 활동에 참가해서 학점 이수를 해야 했으며, 자기계발 시기에 실시되는 학년별 교과 융합교육 프로젝트에 참가해야 하는 것이었다. 이 두 가지는 ○○고에서 그 당시까지 실행되지 않았던 새롭게 시도되는 개혁으로, **수업 변화와 교사 역량을 높이기 위한 대규모의 넛지로 활용**된 것이다. 예를 들면, 교사들은 학사일정에 의해 학교 일과 중에 실시되는 전문적학습공동체 활동에 참여하는 것은 의무사항이었지만, 전문적학습공동체 프로그램 구성과 그 속에서의 활동 방법과 내용 등은 교사 자율에 맡겨졌다. 교사들은 함께 모여 학습하는 기회를 가졌고, 수업 공개를 통해 서로의 수업을 나누었으며, 교육과정에 대한 협의를 통해 학생 교육활동에 대한 계획을 함께 만들었다. 이러한 과정은 누구의 간섭이나 지시에 의한 것이 아니라 교사들 스스로 동료들과 함께 논의하고 협의하는 자율적인 과정으로 진행되었기에 교사들은 동료들과 함께하는 활동 속에서 스스로 성장하는 경험을 가질 수 있었다. 즉, 자율성과 통제의 균형 속에서 변화가 일어나도록 실행을 위한 넛지-시스템화 시키기를 한 것이라 볼 수 있다.

아래 H교사의 이야기에 따르면 그는 전 교과가 함께 참여하는 융합교육 프로젝트보다 소수의 교과가 참여하는 융합수업을 더 선호하지만, 학교 차원에서 진행하는 융합교육 프로젝트가 모두 참여해야 하는 것으로 시스템화되어 있었기 때문에 시작이 가능할 수 있었다고 생각한다. 그는 모두 참여해야 한다는 의무사항 때문에 다소 억지스러운 융합이 된다는 아쉬움도 있지만, 개혁을 주도하는 사람이 나타나게 되고 그 사람이 이끌어 주기 때문에 주변에 있던 사람들이 같이 다가가기가 수월해진다고 말한다. 모든 교과가 참여해야 한다는 넛지는 개혁에 부정적인 태도를 지닌 사람들이나 주도적으로 개혁을 받아들이기에 조심스러워 하는 사람들도 '강제'를 구실로 참여할 수 있게 하였고, 이러한 참여의 경험은 또 다른 개혁적 시도를 하고 싶다는 생각을 갖게 한 것으로 보인다.

> 저는 개인적으로 좀 이렇게 소소하게 모여서 하는 융합 수업이 좀 더 개인적으로는 좋거든요. 지금 약간 형태가 수학여행, 연애시대 이 주제를 가지고 모든 교과가 모이게 되잖아요, 이렇게 하다 보니까, 가끔 억지스럽게 되는 과목도 생기게 되는 것 같더라구요... 근데 좋긴 좋았어요. 전체적으로 누군가 주도해 주는 사람이 생기는 거잖아요. 뭐 학년부가 됐든, '이 주제로 모여 보자'라는 주도자가 생기니까. 좀 이렇게 주변에 있던 사람들도 같이 다가가기가 수월해지는 거는 있는 거 같아요. 그러니까 이렇게 좀 다가갔기 때문에 내 과목에서도 소소한 융합도 해보고 싶어라는 생각도 생길 수 있는 거 같아요. (H교사)

아래 B교사 역시 '변화할 수 있도록 어떠한 제시를 해 주는 것'이 필요하다고 하여 **실행을 위한 넛지-시스템화 시키기**에 대한 언급을 하고 있다. 그는 자발적으로 할 수도 있지만 모두 변화를 두려워하고 싫어하고, 변화의 처음 시도가 제일 중요하지만 시도하기가 힘이 들고 어렵기 때문에 변할 수 있도록 어떠한 제시를 해 줄 수 있는 것, 즉 **변화할 수 있는 기회를 만들어 주는 것이 효과적**이라고 말한다. 그러므로 처음에 개혁적 활동을 최소한으로 해 볼 수 있도록 제도적으로 도입하는 것은 변화가 필요하고 좋다는 것은 알고 있지만, 힘이 들까 봐 스스로 실행하는 것을 회피하는 사람들에게 변화할 수 있는 기회를 만들어 줄 수 있을 것이다.

> (선생님들이 변화하려면) 일단은 제가 봤을 때는 **변화할 수 있는 기회를 만들어** 주는 게 제일 좋다고 생각해요. 근데 다들 변화를 두려워하고 싫어하니까. 그 처음 **시도가 제일 중요하다고 생각해요.** 그렇게 **변할 수 있게 어떠한 제시를 해 줄 수 있는 것.** 뭐 자발적으로 할 수도 있지만 그렇게 하기에는 힘이 드니까. (B교사)

필자는 갈등단계에서 어려움을 토로하는 익견지도자 교사들에게 '실행을 위한 넛지-시스템화 시키기'에 대한 이해를 아래와 같이 구했다. 새롭게 배우고 참여를 해야 재미를 느낀다든지 수업에 적용할 여지가 생기는데, 하고 싶은 사람만 하게 하는 것은 교사들이 참여 시도 자체를 하지 않게 할 수 있기 때문에 억지로라고 해 보도록 하는 방법을 사용하는 것이다. 이런 **시스템화된 실행은 일종의 모티베이터**(motivator) **역할을 하는 것**으로, 갈등단계에서 시도해 볼 수 있도록 시스템화하는 것이 필요한 것이다. (아래 글은 2017년 12월 교육과정재구성을 위한 전학공이 끝나고 그것을 진행했던 교사가 다른 교사들의 호의적이지 않고 공격적인 태도에 상심하고 찾아왔을 때 나눈 대화이다.)

> 새롭게 배운다거나 참여를 해 봐야지 그 맛을 아는데, 하고 싶은 사람만 하게 되면 아예 참여를 안 하니까. 아예 시도 자체를 안 하게 된다는 거죠. 어떻게 보면 모티베이터의 역할을 하는 거예요. 거기서 인제 뭐 억지로라도 뭐 이렇게 해 봤는데, 거기서 재미를 느끼면 그것을 다른 내 수업에도 적용할 여력이 생기는 게 아니냐, 이렇게 보고 시도하는 거죠. (Q교장/필자)

> 융합교육도 하나의 개혁 사항이라고 보면, 개혁을 받아들이는 사람들의 반응, 리액션의 형태가 그렇게 발전되어 간다는 걸 모르기 때문에 (힘든거죠). 융합교육도 그 확산의 영역에 비춰 보면 처음부터 자발성이 생기는 것은 아니고, 처음에 **자발성이 생기지 않을 때 시스템화 시키는 것이 필요하고**, 그런 상태에서 사람들은 그것을 부담으로 느낄 수 있습니다. 하지만 그것을 한번 해 보고 익숙해지면. 문제는 선생님들이 부담을 느끼는 것은 한 번도 해 보지 않았을 때 부담을 느끼는 거고. ... 지금 우리학교의 단계는 2년 차이기 때문에 아직 완숙한 형태의 융합교육이 만들어지는 단계가 아니라서 사람들이 거기에 대한 컴플레인을 많이 하고 부담스럽게 생각하는 거라고 봐요. ... 갈등의 단계에서 시스템화하지 않으면 절대로 할 수 없다는 겁니다. 왜냐면 푸시가 들어가지 않으면 안 하기 때문에 시도조차 못 하는 거죠. 그래서 약간의 시스템을 거는 의무적 입장을 2년 차에 두는 게 맞다. 근데 사람들이 그걸 모른다는 거죠. 그니까 뭐랄까 업무라고 생각할 수 있죠. 부담스럽고 힘드니까. **왜냐하면 새로운 거는 부담이거든요. 지금 부담을 표현하는 거라고 봐요.** (Q교장/필자)

한편, 개혁확산을 위한 넛지로 '시스템화 시키기'를 하는 것이 개혁이 지속적으로 실행되는 것에 효과를 지닐 수 있다. 일반적으로 개혁을 도입하고 실행시키는 것도 어려움이 크지만, 그것을 지속적으로 실행하는 것은 더욱더 어려운 것이다. 몇몇 열성적인 교사나 관리자가 추진한 교육활동이 그들이 다른 학교로 이동했을 때 그것을 지속적으로 실행할 대체자가 없어 중단되는 사례를 흔히 볼 수 있다. 그러나 시스템화되어 많이 교사들이 함께 해야만 하는 개혁적 활동은 일부 교사나 관리자가 교체되었다 해서 중단되지 않는다.

○○고의 개혁활동을 도입했던 필자는 2019년 9월 다른 곳으로 전근을 갔고 M교사는 그 이후 상황에 대해 다음과 같이 이야기한다. 그는 차년도 교육활동 계획을 위한 교육과정 재구성 협의에서 교사들이 너무나 빠른 속도로 재구성을 진행하였으며, 재구성의 내용도 이전과는 다른 새로운 것으로 변화되고 내용도 다양해졌음에 놀라워하고 있다. 그리고 2학기 실행에 있어서는 겉으로는 약해진 것처럼 보이지만 실제로는 교사들이 학생들에게 실질적으로 도움이 되는 것

은 실행하였고 효과가 없다고 생각되는 것은 하지 않는 방향으로 실행을 정제하고 있음을 알 수 있다. 이러한 내용은 3년 이상 다수의 교사가 참여하여 실행되고 있는 개혁적 활동이 특정 구성원이 있고 없고에 영향을 받는 것이 아니라 교사들 스스로 자발적으로 발전시키고 있음을 보여 준다.

> 놀랐던 게 재구성하는 속도가 너무 빨라졌어요. 척척척 알아서 갖다가 착착착 붙이는데. 그게 하기 싫어서 빨리 끝내는 모습일 수도 있잖아요. 근데 내용을 들어 보면 전혀 터무니없이 빨리 끝내려고 성의 없이 붙이는 것이 아닌 거예요. 내용이 조금씩 바뀌고 선생님들도 하던 것을 또 하기 싫어서인지 아님 뭔가 새로운 것을 그냥 자발적으로 찾고 싶어서인지. 뭔가 예전 거 아닌 것들을 찾으시더라구요. 내용이 다양해졌어요. (M교사)

> 올해 2학기 실행은 약간 약해진 거 같아요. 한데 그동안 했던 거에서 이것은 좋다 안좋다 해서 버리는 것도 있고. 전처럼 가짓수가 많거나 다양하지는 않지만, 선생님들이 한두 번 정도 해봤기 때문에 실질적으로 학생들에게 도움이 된다고 생각되는 것은 살려서 계속 하고. 그 다음에 그냥 겉핥고 지나가는 거 같다고 판단되면 그건 그냥 과감하게 하지 않으시더라구요. 저는 또 할거죠. (M교사)

조직에서 개혁의 지속 여부를 설명하는 중요한 요인 중 하나는 조직 구성원이 개혁과정에 직접 참여하는지의 여부, **즉 참여**(participation)**의 정도**이다(Green, 1986). 만약 조직 구성원 다수가 개혁의 설계, 토의, 이행에 참여한다면 그 개혁의 지속성은 매우 높을 것이다. 그에 비해 소수의 힘 있는 사람들이 개혁의 과정에 참여하고 개혁 결정이 권위적으로 이루어진다면 이러한 권위가 조직에서 사라질 때 개혁 또한 중지될 위험이 있다. 조직 구성원들이 개혁결정에 폭 넓게 참여할수록 소수의 권위자에 의해 개혁이 진행될 때보다 추후 지속될 확률이 더 높다(Rogers, 2005:457). ○○고의 개혁사례인 교사학습공동체와 융합교육은 일부 교사나 관리자가 만드는 것이 아니라 조직 구성원이 직접 참여해서 구성하는 것이다. 물론 자발적 참여가 처음부터 이루어지는 것이 보다 바람직하겠지만, 학교 차원의 프로젝트로 구성되어 학년별로 모든 교과, 전체 교사가 참여하도록 시스템화된 것이 개혁을 지속시키는 기제일 수 있다. 실제 첫 번째 해에 프로젝트에 참가한 교사는 그다음 해에도 주도적으로 참여하고, 참여에 소극적이었던 교사는 보다 적극적 참여를 할 수 있는 방안을 스스로 강구한다. 개혁의 필요성과 유익함을 이미 실행으로 알고 있는 교사들이 퍼져 있기 때문에 개혁은 지속될 수 있는 것이다.

IV. 학교 변화를 위한 매직 (Magic) – 무엇이 바뀌었나요?

Ⅳ. 학교 변화를 위한 매직(Magic) - 무엇이 바뀌었나요?

지금까지 개혁확산 이론과 그 이론에 근거하여 학교를 변화시키는 과정에 대해 살펴보았다. 개혁확산 단계별로 어떻게 해야 하는가에 대한 이야기는 학교에 요구되는 많은 변화를 효과적으로 이끌어 내는 데 조금이나마 도움이 될 것으로 생각한다. 하그리브스(2015b:63)가 '변화를 어떻게 이루어 낼 것인지'를 생각하기에 앞서 '무엇을 바꾸어야 하는지'를 알아야 한다고 강조한 것처럼, 학교 변화를 이끌어 내는 방법만큼이나 어떤 부분에서 무엇을 변화시켜야 하는가에 대해서도 매우 신중하게 살펴볼 필요가 있다.

학교에는 여러 영역이 있는데 학교를 바람직한 방향으로 변화시키려고 한다면 어떤 부분을 바꾸어야 하는 것일까? 그리고 어떤 방향으로 바꾸어야 할까? 이 부분에 대해 하그리브스(2015a:41)는 교육변화의 성공 여부가 다른 개혁들과 마찬가지로 **효과적인 리더십, 질 높은 교사 교육, 변화에 대한 학생 참여** 등의 요인에 의해 좌우된다고 하였으며, 풀란 외(2006:68)는 신규 또는 개선된 자료(교육과정, 성취목표, 기술의 사용, 지도용 자료 등)의 활용과 수업지도에 대한 새로운 접근법(새로운 교수법, 특히 학생들과의 학습 파트너십 구축 등) 도입, 신념(신규 정책 및 프로그램을 뒷받침하는 교수지도 원리에 관한 가설과 이론 등)의 변화가능성을 거론했으며, **교육과정, 수업, 신념**이라는 이 세 가지 요소에 변화가 없다면 개혁이 무의미하다고 하였다.

이러한 것들은 ○○고 구성원과의 면담에서도 유사한 내용으로 나타났다. 학교 변화에 관한 생각을 묻는 질문에 구성원들은 자유롭게 답하였고, 그 내용을 분석해 보니 크게 8가지 카테고리, 교육과정, 수업, 학생, 교사, 교장 리더십, 학교문화, 교사의 헌신, 교육공동체로 묶을 수 있었다. 수업의 변화, 공부하는 교사, 학생을 위한 노력, 협력하는 문화 등은 교육이 가야 할 본질적인 방향으로, 학교 구성원들은 이러한 영역의 변화를 바람직한 것으로 생각하고 있는 것이다.

대부분의 사람들은 자신이 다녔고, 자신들의 자녀가 다니고 있는 학교에 대해, 마치 부조리한 군대 이야기하듯, 좋았던 기억보다는 좋지 않았던 기억을 이야기하는 경향이 있다. 그러고는 사회가 이렇게 변화했는데 학교는 지금도 과거와 전혀 바뀌지 않았다고 아주 쉽게 이야기한다. 최근 코로나19로 인해 비대면 원격수업으로 급격하게 변화된 모습을 볼 수 있었지만, 일반적으로 학생들이 매일 학교에 가고 선생님들이 수업 시간에 수업하는 학교의 모습은 언제나 똑같은 것처럼 보일 것이다. 그러나 그 내부를 들여다보면 많은 변화가 진행 중임을 알 수 있다. 이제 변화하는 학교 모습을 살펴보고 학교 변화를 위해 무엇이 바뀌어야 하는지에 대해 이야기해 보도록 하자.

매직 1: 다양한 교육과정
– 학생중심의 다양한 교육과정을 구성하라

우리 사회가 교육에 갖는 관심은 매우 크다. 아니 더 정확하게 말하면 대학 입시에 대한 관심이 매우 높다. 교육을 바라보는 관점에 따라 입시제도가 변화해 왔고 현재도 수시 선발과 정시 선발 비율이나 전형방식 등에 대한 논란이 지속되고 있지만, 대다수 사람들은 제도와 관계없이 어느 대학을 얼마나 보냈는가로 학교를 평가하는 경향이 있다. 반면 우리 사회는 첨단기술의 발달로 인해 우리에게 한층 가깝게 다가온 미래 시대를 대비하기 위해, 기존의 입시를 위한 문제 풀이식 수업 방법에서 보다 창의적이고 미래지향적인 교육으로 변화해야 한다는 요구를 하고 있다. 어떤 **새로운 교육적 시도를 하고자 해도 결국에는 대학 입시에 도움이 되는가로 평가받는 이러한 상황에서 우리는 학교에서 무엇을 목표로 교육해야 하는가**에 대해 깊이 고민하게 된다.

우리나라 교육 목표[11]는 1960년대에 교육과정이 만들어진 때부터 지금까지 국가교육과정에 명시되어 지향되고 있으며, 최근 2015 개정 교육과정에서는 우리나라 교육과정이 추구해 온 교육 이념과 인간상을 바탕으로 미래사회가 요구하는 핵심 역량을 함양하여 바른 인성을 갖춘 창의융합형 인재 양성을 목표로 제시하였다. 이는 기존의 교육 목표에 더하여 미래사회를 살아가야 할 학생들에게 융·복합적 사고와 창의성, 협업 등의 역량을 키우도록 교육이 변화해야 한다는 것을 강조한 것이다. 이러한 변화는 대입 제도에도 영향을 주어 **학력과 더불어 역량**에 대한 평가를 반영하는 학생부종합전형(학종)의 비율이 점진적으로 높아져 왔고, 대학은 우수한 학생 선발을 위하여 고등학교 교육에 대해 더 큰 관심을 갖게 되었다. 이제 학교는 사회의 요구뿐만 아니라, 성적은 물론 학생의 발전 가능성, 즉 역량을 평가하여 선발하고자 하는 대학들의 요구에도 부합할 수 있도록 변화해야 한다는 압박을 받고 있다.

그렇다면 이러한 요구에 부합하는 교육은 어떠해야 하며, 또한 그렇게 되기 위해 어떤 교육적 변화가 필요한 것일까? 학교는 교육 목표에 따라 학생을 교육하는 곳으로, 교사들은 학생들의 학력이나 인성이 그 이전보다 좋아지는 것을 보람으로 여기며 더 나아가 적성에 맞는 진로를 찾아 성장할 수 있기를 바란다. 이것은 비단 교사들만의 바람이 아니라 각 가정의 부모님들, 사회의 모든 구성원들의 바람일 것이다. 따라서 우리는 교육을 바라보는 다양한 관점에도 불구하고 **학생들의 학력과 인성이 향상되도록 가르치고 그리고 자신들의 적성에 따른 진로를 찾아 우리 사회의 구성원으로 살아갈 수 있도록 교육**해 왔다. 이제 우리는 **그것에 더해 학생들의 미래 역량**[12]**을 교육해야 할 시점**에 있다.

2015 개정 교육과정에서 핵심 역량으로 '자기관리 역량', '지식정보처리 역량', '창의적 사고 역량', '심미적 감성 역량', '의사소통 역량', '공동체적 역량'을

---

11 우리나라의 교육은 홍익인간의 이념 아래 모든 국민으로 하여금 인격을 도야하고, 자주적 생활 능력과 민주 시민으로서 필요한 자질을 갖추게 함으로써 인간다운 삶을 영위하게 하고, 민주 국가의 발전과 인류 공영의 이상을 실현하는 데에 이바지하게 함을 목적으로 하고 있다(교육과정 총론 5차 ~ 2015 개정시기).

12 역량이란 특정 상황에서의 문제를 스스로 해결할 수 있는 능력으로, 자신이 갖고 있는 지식이나 기능, 사고 방식 등의 내재적 특성이다.

제시하고 이러한 **핵심 역량이 길러질 수 있도록** 교과 특성에 맞는 **다양한 학생 참여형 수업을 활성화하도록** 권장하고 있다(교육부, 2015). 일반적으로 학생 참여형 수업은 협동학습, 모둠 토론 및 발표, 탐구활동, 토의·토론 수업, 창작이나 체험 활동 등으로 이루어질 수 있으며, 여러 학생들이 함께 어떤 학습 주제에 대해 조사하고 탐구해서 문제를 해결하는 프로젝트 학습 형태도 효과적일 수 있다. 이와 같은 역량을 키우는 학생 참여형 수업은 학생들이 스스로 다양한 경험을 할 수 있게 하는 방법으로 수능 준비를 위한 강의식 수업 방법과는 상반된 것으로 이해되는 경우가 많다. **학력을 올리기 위한 교육과 역량을 키우는 교육**은 마치 수시와 정시, 상대평가와 절대평가와 같이 서로 상반된 개념으로 생각될 수 있지만, 이 두 가지(학력과 역량)는 **학교에서 수업 방법의 변화를 통해 함께 교육될 수 있는 것**이다.

교사주도의 혁신이 핵심인 '개혁'과 국가차원에서 시행되는 학업성취도 평가 성적의 '개선' 모두를 목표로 한 개혁이 성공을 거둔 캐나다 앨버타주의 사례[13]에서 볼 수 있는 것처럼, 외견상 모순처럼 보이는 것들이 잘 공존하면 긍정적 효과를 발휘하여 성공 요인으로 작용하는 역설적 상황이 벌어질 수 있다. 교육계에는 직접교수법 대 집단학습, 결과 대 과정, 상대평가 대 절대평가, 수시 대 정시와 같이 대립적인 이슈들이 있고, 교육 변화에 대한 이론도 너무나 다양하기에 각 견해의 장점을 통합적으로 바라보는 태도가 실용적이고 교육 발전에 유의미한 태도로, 학생들에게 끼친 성과와 결과에 따라 판단되어야 한다. **특히 하그리브스는 그의 저서『제4의 길』에서 일반적으로 개혁과 성적 향상은 별개라고 생각하지만 개혁은 성취도 향상이라는 토대 위에서 가능한 것으로** 개혁과 성적 향상은 조화를 이루면서 진행될 수 있다고 **강조**했다. 성취도 향상에 초점을 맞춘다는 것은 모든 학생들이 학습을 한다는 것이고, 교사는 학생들의 수준을 현재 수준에서 한 단계 높이는 데에 집중한다는 것이다(Hargreaves 외, 2012b:220, 379).

---

13   앨버타주의 개혁은 교사로 하여금 자신의 수업을 돌아보고 개선할 수 있도록 한 상향식 개혁인 학교개선 계획(AISI)과 함께 각종 평가에서 그들이 거뒀던 기록이 상향 유지되기를 열망하는 전통적인 의미의 개선이 함께 이루어진 사례이다(Hargreaves 외, 2015b:220-221).

우선적으로 하그리브스가 이야기하는 성적의 개념이 우리가 생각하는 단순한 정답 맞추기식 시험의 결과가 아니라는 점을 상기하면서, 개혁과 성적 향상이 함께 조화를 이루면서 진행되어야 한다는 것은 우리 교육개혁 사례에도 적용되어야 한다. 일례로 최근 시도되고 있는 교육 개혁인 혁신학교나 자유학년제를 반대하는 사람들은 혁신학교에 가면 다른 학교에 비해 성적이 떨어지고, 중학교 때 자유학년제를 하면 시험을 치르지 않아 학력이 저하될 것이라고 이야기한다. 이들은 교수학습 방법의 변화가 필요하다는 것을 모두 공감하지만 학생들의 성적이 떨어지는 것을 원하지 않기 때문에 부정적 견해를 갖게 되는 것이다. 더 정확하게 말하면, 오지선다형 시험으로 치러지는 대학입학시험에서 불리할 것이라 생각하기 때문이다.

그러나 **미래를 대비하기 위해 필요한 것은 학생들의 사고력이나 창의력, 문제해결력과 같은 역량을 기르는 교육으로 성적의 개념이 단순 지식에서 역량을 평가하는 것으로 전환되는 것이 필요**하다. 실제 학교에서 학생활동 중심의 교육을 한다고 해서 교과 지식에 대한 교육 없이 활동만 하는 수업은 거의 없으며, 과정중심 수행평가로 학생의 성취도를 평가하고 있다. 그리고 대학입학시험에서도 학생부 전형이나 대학별 전형과 같은 수시 선발로 역량을 평가하는 경우가 많이 있기 때문에 **학력과 역량이 별개의 것이며 대학 입시에 불리할 것이라는 생각은 잘못된 것**이다. 그러므로 교육 변화를 위한 혁신교육이나 진로교육 등이 대다수의 공감을 얻으려면 그러한 변화를 통해 지식과 역량을 함께 기를 수 있다는 것을 강조해야 할 것이다. 개혁은 성적과 무관한 형태로 가면 안 되는 것으로, 그 어떤 개혁적 방안이라 하더라도 학생들의 학업성취도를 높이는 방향이어야 한다.

이와 같이 시대적 변화에 따라 교육의 변화가 필요하다는 것을 학부모나 교사 모두가 알고 있음에도 대학입시 결과에서 벗어날 수 없는 우리의 상황 때문에 변화가 지체되고 있는 것이 현실이다. 고 1, 2학년에서 학생중심 수업으로 변화를 요구하면 수능(정시)을 위한 수업을 해야 하기 때문에 할 수 없다고 하고, 고 3학년에서는 학생들이 수능(정시)을 치지 않기 때문에 수업이 이루어지지 않는다고 말한다. 이제 그런 다람쥐 쳇바퀴 도는 이야기에서 벗어나야 한다. 어느 국가든, 아이들은 다양하고 복합적이며 깊이 있고 도전의식을 불러일으키는 교육과정으로 교육받을 권리가 있다(Hargreaves 외, 2015a:185). 풀란(2017:68)도 현존하는 대부분의 교육혁신 사례가 교육과정, 실행(수업행위), 신념이라는 3가지 요소에 상당한 변화를 수반하고 있으며, 사실 이러한 차원에서의 변화를 수반하지 않는다면 혁신은 의미가 없는 것이나 마찬가지라고 하며 교육과정과 수업의 중요함을 강조하였다. 그러므로 의미 있는 교육 변화가 이루어지기 위해서는 다양하고 복합적이며 도전의식을 불러일으키는 **학생 경험중심 교육과정**을 구성하고, 학생들의 **역량을 키워줄 수 있는 교수학습 방법**을 적용하고 실행해야 한다. 그리고 학업성취와 경험적 활동 모두를 할 수 있는 교육 방법이 학생들에게 유용하고 필요하다는 신념을 가지고 교육을 지속해야 할 것이다.

○○고에서는 학생 선택권이 강화된 학생중심 교육과정을 운영하기 위하여 정규교육과정으로 공학·예술 교과중점과정과 융합과학 교과중점과정을 구성하였으며, 교육과정 클러스터로 과제연구, 중국문화, 정보과학, 비교문화 과정을 개설하였다. 그리고 3학년 학생들의 수요를 반영하여 물리실험과 체육전공실기 과정도 운영하고 있으며, 학생 활동중심의 학년별 융합교육 프로젝트를 운영하여 교과지식과 함께 문제해결력, 토론, 글쓰기, 매체 활용능력을 높이는 수업을 제공하고 있다. 또한 성장단계를 고려한 학년별 진로특색프로그램을 비롯하여 다양한 진로 교육과정을 운영하고 있다. 자신의 진로와 연계하여 교과지도와 동아리 활동, 방과후학교, 진로독서활동을 하도록 지도하여 대학 진학을 위한 준비를 1학년 때부터 할 수 있도록 지도하고 있다.

자료 1 2017 ○○고등학교 교육과정 특성화 운영 현황

특성화 교육과정		교육과정 클러스터	주문형 강좌
공학·예술, 융합과학 과정을 통해 학생들에게 다양하고 풍부한 학습 경험을 제공하고 구체적 진로 설계 지원		2학년 대상으로 ○○고(과제연구(과학), 중국문화)와 △△고(정보과학, 비교문화) 과정을 이수함으로써 다양한 학습 경험제공	3학년 대상으로 학생들의 수요를 반영하여 물리실험, 체육전공실기 과정 운영
공학예술	공학기술과 영상·영화 예술을 교과-창체-자율 동아리로 융합하여 운영 · 공학기술(4단위) · 영상미술(4단위) · 영화 창작과 표현(4단위)	**과제연구(과학)** ○○고, △△고 2학년 자연과학계열 학생 과학 분야 심화 학습 및 각종 캠프 참가, 부스 운영 등을 통한 진로 체험	**물리실험** 3학년 자연과학계열 중 희망 학생(13명) 물리학 관련 학과 진학 희망 학생의 수요를 반영한 교육과정 운영
융합과학	물리, 화학, 생물, 수학을 교과-창체 동아리-자율 동아리로 융합하여 운영 · 생명 과학 실험(2단위) · 환경과 녹색성장(2단위) · 정보 과학(4단위)	**중국문화** ○○고, △△고 2학년 중국어 회화 및 중국 문화 심화 학습 및 캠프 참가, 캠페인 활동을 통한 진로 체험	**체육전공실기** 3학년 체육계열 진로 희망 학생(9명) 체육학과, 체육교육과 진학 희망 학생의 수요를 반영한 교육과정 운영

출처: 2017 수주고등학교 소개 자료

<창의 메이커 교육>

<애니메이션 특강>

〈○○고 교육과정 개요〉

■ 즐거운 배움을 위한 다양한 마중물 프로그램 운영

- 사제동행 문화 프로그램 및 스포츠 체험활동을 통한 인성교육 프로그램 운영

- 수준별 학력향상 프로그램 운영(기초학력향상, 심화학습프로그램)

- 교사 전문성 신장 프로그램 운영(학년 공동체 모임, 학교안 전문적학습공동체)

■ 학생 선택권이 강화된 학생중심 교육과정 운영

- 진로집중(교과중점)교육과정(2개): 공학·예술과정, 융합과학과정

- 교육과정 클러스터(4개): 중국문화, 과제연구 / 정보과학, 비교문화

- 주문형 강좌(2개): 물리실험, 체육전공실기

■ 학습자 활동중심의 학년별 교과융합프로젝트 운영

- 동학년 지도 교사가 협력하여 학년별 학기당 2개 이상의 융합교육프로그램 운영
  (교육과정-수업-평가-기록의 일체화 과정)

- 꿈·끼탐색 주간을 이용하여 학년별 교과융합프로젝트 과정 운영(교과세부능력특기사항
  기록)

- 교과 지식 + 문제해결력, 토론 능력, 글쓰기 능력, 매체 활용 능력을 높이는 학생 참여형
  수업 운영

■ 성장 스토리가 있는 진로 교육과정 운영[성장 포트폴리오 제작]

- 성장단계를 고려한 학년별 진로특색프로그램: 미래소양교육(1)-진로연계글쓰기교육(2)-
  자기표현교육(3)

- [교과~창체동아리 활동~방과후학교~진로독서활동]의 연계 강화로 지속적인 진로지도

- 진로 거점학교 운영: 히어로 프로젝트(기업가정신), 직업인 초청 강연회

- 진로 맞춤형 동아리 활동: 진로 연계 자율동아리, 진학 연계 프로젝트 동아리 운영

출처: 2017 수주고등학교 소개 자료

2017학년도 공학·예술 중점과정 입학생 교육과정

공학·예술	과정 내용	영상미술, 공학기술 관련 심화 과정, 실습·체험 중심의 교과교육과정 편성·운영으로 공학 및 예술 관련 학과를 지망하는 학생들에게 다양하고 풍부한 학습 경험 제공, 구체적 진로설계 기회 제공
	1학년	• 공학기술과 영상·영화 예술을 교과-창체-자율 동아리로 융합하여 운영 <창체 동아리>: 영상(방송반), 일러스트(BOA), 예술·공학(공학반) <자율 동아리>: 영상(film), 애니메이션(A-A), 예술·공학(다빈치)
	2학년	• 공학기술 (4단위) • 영상미술 (4단위)
	3학년	• 영화 창작과 표현(4단위)

출처: 2017 수주고등학교 소개 자료

2018학년도 공학·예술 중점과정 입학생 교육과정

교과군	2학년(10단위)		3학년(4단위)	
	1학기(5)	2학기(5)	1학기(2)	2학기(2)
예술 및 공학	시각디자인(2단위) 프로그래밍(3단위)	시각디자인(2단위) 프로그래밍(3단위)	매체 미술(2단위)	영상제작의 이해 (2단위)

출처: 2018 수주고등학교 교과중점학교 운영계획서 내용 재구성

2017학년도 융합과학 중점과정 입학생 교육과정

융합과학	과정 내용	환경과 녹색성장, 정보과학을 중점 과목으로 체험 중심의 교과교육과정 편성·운영함으로써 학과를 지망하는 학생들에게는 다양하고 풍부한 학습 경험을 제공하고 구체적 진로 설계 지원
	1학년	• 물리, 화학, 생물, 수학을 교과-창체 동아리-자율 동아리로 융합하여 운영 <창체 종아리>: TOP(물리), EOS(화학, 생명), 야생화(환경), 우공이산(수학) <자율 동아리>: 결정콘(신소재) 등
	2학년	• 생명 과학 실험 (2단위) • 환경과 녹색성장 (2단위)
	3학년	• 정보 과학 (4단위)

출처: 2017 수주고등학교 소개 자료

　　위에서 살펴본 바와 같이, 학교에서 다양한 교육과정을 운영하고 학생들에게 진로교육을 실시하고 있으나, 많은 학생들은 끊임없이 지속되는 사교육으로 인해 너무나 많은 시간 학습하고 있다. 그러나 그것이 진정한 학생 성장을 위한 학습인가는 재고해 보아야 한다. 많은 학부모들은 마치 사교육이 없이는 학생이 공

부하지 않을 것으로 생각하지만, 냉정히 생각해 볼 때 아이를 돌보는 시간을 사교육 기관에 맡기는 것은 아닌지 돌아보아야 한다. 물론 직업을 갖고 있는 부모가 아이들을 다른 기관에서 학습하게 하는 것은 미국이나 영국, 핀란드 등 다른 나라에서도 마찬가지지만, 많은 경우 아이의 적성을 살려 교육하는 것으로 지방자치단체에서 운영하는 방과후 프로그램에 짧은 시간 참여한다. 우리의 경우, 주로 영어·수학 중심의 주입식 교육을 하고 있고 대부분 학교에서의 학습을 따라가기 위한 보습 학원적 성격이 강하거나 대학 입시를 준비하는 학원이다. 즉, 아이 돌봄과 학교 교육 보충용 학습이다. 이와 같이 볼 때, **정규 교과 학습과 더불어 미래사회를 살아가기 위해 익혀야 하는 창의성이나 문제해결력, 협업능력 등을 기를 수 있는 곳은 바로 다름 아닌 학교인 것이다.**

만약 학교에서의 수업이 단순 암기형 교육에서 벗어나 미래지향적 수업으로 바뀐다면 사교육 기관에서도 지금까지 해 오던 단순 암기식, 주입식의 학교 수업 보충용 학원을 운영하기가 어려울 것이다. 일례로 ○○고에서 수업이 융합교육 프로젝트 형태로 바뀌고 그 과정에서 수행했던 활동에 관한 문제가 지필고사에 출제되었다. 몇 년간에 걸친 지필고사 문제를 확보하여 지필고사 대비 수업을 해 오던 근처 보습학원에서 ○○고의 문제를 예측할 수 없게 되었을 뿐만 아니라 학교에서 출제한 문제의 정확한 답조차도 바로 제시하기가 어려웠다고 한다. 인근 여러 학교의 문제를 비교 검토하고 학원생들에게 학습시켰던 학원에서 논술형으로 사고 과정을 쓰게 한 ○○고의 문제를 무척 어려운 수준 높은 문제로 생각하고, 이러한 시험문제를 출제한 학교의 수준을 매우 높이 평가하게 되었다.

우리에게 사교육비 경감 대책이라는 용어가 낯설지 않다. 사교육비 지출을 하지 않는 가정이 없을 만큼 이미 사교육 시장은 우리나라 산업 분야의 하나로 자리 잡고 있어, 한번에 없애거나 그 수를 감소시키는 정책을 실행하기는 매우 어려울 것이다. 하지만 **많은 학교의 수업이 미래지향적인 방향으로 바뀐다면** 적어도 학교 시험문제를 찍어 주기 위해 운영되고 있는 기관은 설 곳이 없을 것이고 다른 방향으로 전환될 것이라 조심스레 생각해 본다. **수업의 변화는 사교육비 경감과 더불어 학생들의 미래역량을 기르는 교육으로 변화하는 첫걸음**이라 할 것이다.

■ **미래 역량을 키우는 문·이과 통합형 교육과정 : 공학·예술과정**

∘ 공학·예술과정 교육과정 편제

교과 (군)	1학년		2학년		3학년		활동 사진
	1학기	2학기	1학기	2학기	1학기	2학기	
예술	음악과생활(1)/ 미술창작(1)	음악과생활(1)/ 미술창작(1)	영상미술(2) 미술문화(2)/ 음악과진로(2)	영상미술(2) 미술문화(2)/ 음악과진로(2)	영화창작과 표현(2)	영화창작과 표현(2)	
기술가정	기술·가정(2)	기술·가정(2)	공학기술(2)	공학기술(2)	·	·	
자율	수주Go! Film Festival, 선행연구탐구대회, 과제연구, 픽토그램 대회 등						
동아리	창체	BOA(일러스트, 파인아트), 공학반(공학), SHBS(방송)					
	자율	아트어도러블(애니메이션), 다빈치(공학), The Film(영상영화), 아두이노(IoT 개발)					
봉사	창의체험교실(1:1 멘토링), 과학문화한마당(VR체험 부스), 체육대회 부스(페이스페인팅)						
진로	진로포트폴리오 작성, 교과-동아리활동-방과후학교 연계 프로그램						
방과후학교	동아리와 연계하여 운영 : 공학반, 영화반, 아두이노(IoT 개발)						
체험 교실	메이커버스와 함께 하는 창의체험교실 참가, 3D 프린팅 교육 참가, 다빈치 코덱스전 관람 및 체험, 픽사 애니메이션 특별전 관람 및 체험						

➡ 공학·예술 과정 수업 운영 사례 : e-book 제작(문학+영상미술+공학기술)

차시	과목	단원 / 성취기준	수업	기록	활동 사진
1~3 〈스토리 창작〉	문학	Ⅰ. 문학의 수용과 생산 31052-3. 문학의 장르 지식을 활용 … 창작할 수 있다.	이야기의 주제를 선정한 후, 소설의 구성에 대한 이해를 바탕으로 '갈등'의 해소 과정이 드러나는 스토리보드 제작	e-book 제작을 위한 스토리보드 구상에서 구성 단계에 따른 갈등의 변화 …	
4~7 〈e-book 표현〉	영상 미술	Ⅱ. 표현 영미223. 독창적인 북아트를 구상하여 e-book으로 제작 할 수 있다.	[펜화]스토리를 e-book용 칸 만화로 표현. [e-book] 그래픽프로그램을 이용하여 표지, 만화를 디지털화	e-book 제작에서 조별 작품 'AMAN' 시나리오를 … 포토샵을 활용하여 … 표현하는 능력이 돋보임.	
8~10 〈캐릭터 출력〉	공학 기술	2-3. 창의적 문제 해결 능력 12공학02-05. …창의적으로 설계한다./12공학02-07.정보 통신공학의 … 체험한다.	틴커캐드 프로그램을 활용하여 e-book 칸 만화의 주인공 캐릭터를 3D 모델링으로 표현하고, 3D 프린터로 출력	틴커캐드 프로그램을 활용하여 e-book의 캐릭터를 입체적으로 표현한다. 모델링 과정에서 …	
지역 연계		수주 Go! Film Festival 출품 부천 아트밸리 연계 만화 박물관 e-book 전시			

출처: 2017 수주고등학교 교육과정 운영 보고서

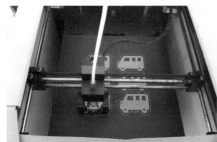

<3D 프린터 사출과정-결과물>

<팅거캐드 활용 수업>

자료 7 융합과학 중점과정 편제와 운영사례

■ 미래 역량을 키우는 융합형 교육과정 : 융합과학과정

∘ 융합과학과정 교육과정 편제

교과 (군)	1학년		2학년		3학년		활동 사진
	1학기	2학기	1학기	2학기	1학기	2학기	
과학	과학(4)	과학(4)	생명과학실험(1) 생명과학 I (3) 화학 I (3), 물리 I (3)	생명과학실험(1) 생명과학 I (3) 화학 I (3), 물리 I (3)	정보과학(2) 지구과학 I (3) 생명과학 II (3)/ 화학 II (3)/ 물리 II (3)	정보과학(2) 지구과학 I (3) 생명과학 II (3)/ 화학 II (3)/ 물리 II (3)	
	IP 스쿨 (발명 e러닝 수강)						
기술가정 ·교양	기술·가정 (2)	기술·가정 (2)	환경과 녹색성장(2)	환경과 녹색성장(2)	·	·	
클러스터, 주문형	·	·	과제연구(3)	과제연구(3)	물리실험(3)	·	
자율(체험)	과학골든벨, 선행연구탐구, 과제연구, 인포그래픽, 창의성 경진 페임랩 등						
동아리	창체	TOP(물리), EOS(화학, 생명), 야생화(환경), 우공이산(수학)					
	자율	결정론(나노과학)					
봉사	창의체험교실(지역 중1 대상 과학 1:1 멘토링), 대한민국 과학창의축전 부스 운영, 수주과학문화한마당(지역 주민 대상 과학 체험 부스 운영), 환경 관련 캠페인 활동 (지구를 위한 한 시간, 세계 물의 날 등)						
진로	진로포트폴리오 작성, 개인 탐구 활동과 교내 대회를 연계하여 지속적인 탐구 활동 및 진로 소양 신장이 가능하도록 지도						
방과후학교	로봇기초 교실, 전자과학실험						
특강	과우회 특강, 방사선 안전 교육, 비주얼 씽킹 특강, 체험환경교육						

➡ 학년별 융합과학과정 운영

학년	영역	수업	방법
1	창체	국립과천과학관 체험 : 창의 체험 프로그램 참가 지역 연계 로봇파크 체험	희망 프로그램 선택 체험
	교과 (과학)	**팀별 프로젝트 수업 : '내 일상의 문제를 해결하라'** 선행연구탐구 → 주제 선정 → 1차 탐구 설계 및 수행 → 수정·보완 → 탐구 실험 수행 및 결과 보고서 작성 →발표(과제 연구 포스터)	· **학급별 밴드 구성** · **학생 중심 활동 수업** : 팀 프로젝트, 2수주 10대 도서 연계 독서토론 수업, 모둠 내 멘토링 활동 등 · **교과교실제 연계 협력 강사 수업** : 방사선안전체험, 비주얼씽킹, 지속가능발전 등
2	교과	· 과학 기초 다지기 : 물리Ⅰ, 화학Ⅰ, 생명과학Ⅰ · 관찰, 탐구 능력 심화 학습하기 : 생명과학실험 · 지속가능한 발전, 적정기술 탐구 : 환경과 녹색성장	
3	교과	· 진로 관련 심화 학습 : 지구과학Ⅰ, 과학 탐구Ⅱ 선택 · 정보기술과 컴퓨팅 기술을 활용하여 창의적 문제 해결력 키우기 : 정보과학	
성과 공유		· 판타지아 부천과학페스티벌 참가 - 3개 체험 부스 운영 · 대한민국 과학창의축전 참가 : '융합과학관-빛으로 그리는 나만의 그림' 부스 운영 · 수주과학문화 한마당 참가 - 13개 부스 운영	

국립과천과학관 체험	로봇파크 견학	팀별 프로젝트 수업	협력교사 활용 수업	대한민국과학창의축전

출처: 2017 수주고등학교 교육과정 운영 보고서

자료 8 교육과정 클러스터와 주문형 강좌

■ **진로와 적성에 맞는 과목 선택 지원 : 교육과정 클러스터, 주문형 강좌, 성장 배려 프로그램**
  ◦ 교육과정 클러스터 : 지역사회 협력체제 구축을 통한 심화·체험 학습 기회 제공

과목 편성 (단위)	주제	수업 사례	평가	체험 활동
중국문화 (3)	중국 문화, 중국어 회화	· 문화 주제와 회화 주제를 병행하여 수업 · 문화 주제 : 중국 고전 - 왕유의 시 〈相思〉 를 이해하고 감상 발표, 중국에 소개하고 싶 은 우리나라 시 번역, 시가 있는 합죽선 제작 · 회화 주제 : 중국 고전 시간에 배운 시 낭송	지필평가20% 수행평가80% (논술, 연구·발표, 포트폴리오)	주제별 중국 체험 부스 : 퀴즈를 통해 중국 문화를 소개하는 부스 운영 다도 체험, 음식 만들기 대학 연계 중국어 연극 관람
과제연구 -과학(3)	생물자원, 생명공학, 건강	· 강의 및 소그룹 실험을 통한 개인별 보고서 작성 및 실험 결과 발표 : 세포의 구조와 염 색 원리 이해, 제한 효소의 반응 원리 및 절단 된 DNA 크기 측정, 전기영동 탐구 및 촬영 등 · 실생활 개선 프로젝트 : 생활 속 문제를 발 견하고 과학 원리를 탐구하여 개선 방안 제시	지필평가40% 수행평가60% (논술, 서술, 말하기)	수주 바이오현미경사진전 :현미경 촬영-생명존중사진전 직업체험 : 생명공학, 생물 자원, 건강 분야 직업 체험 대학 연계 심화 실험 식의약품 안전 홍보 캠페인

◦ **주문형강좌** : 소인수 학생의 과목 선택권 보장

과목 편성 (단위)	활동 내용	평가	수업 연계 활동 사례
물리실험 (3)	물체의 운동, 에너지, 파동, 빛 등의 물리적 원리를 실험을 통해 체험하고 보고서 작성, 발표 등의 활동으로 탐구능력 신장	지필평가20% 수행평가80% (논술, 탐구실험)	대한민국 과학창의축전에서 '빛으로 그리는 나만의 그림' 부스 운영
체육 전공실기 (3)	매 시간 유연성 강화, 근력 운동 등으로 기초 능력을 강화시키고 윗몸 일으키기, 왕복 달리기 등 전공 실기 기능을 1~4차 측정하고 각 차시별로 기록에 따른 적절한 운동법 제시	수행평가 100% (활동일지, 육상, 기초체력 등)	스포츠 문화 동아리 활동

| 클러스터(중국문화) | 클러스터(과제연구) | 클러스터 직업 체험 | 주문형강좌(물리실험) | 주문형강좌(체육전공실기) |

출처: 2017 수주고등학교 교육과정 운영 보고서

<클러스터 수업 장면>

<마을교육공동체와 함께하는 과학문화한마당>

<융합과학중점과정 활동 모습>

📖 다양한 교육과정 제공으로 진로를 찾도록 해 주는 학교

다음은 ○○고에서 무엇이 변화되었는가에 대한 교사, 학생, 학부모들의 이야기이다. D교사는 학교 변화의 핵심을 교육과정이라 단언한다. 그는 변화의 흐름을 도입할 수 있도록 교육과정을 구성했으며 그로 인해 수업 변화와 다양한 교육활동이 전개되었다고 말한다. 본인이 부장교사로서 수업의 변화를 꾀하기 위해 관련 강의를 마련하는 등의 노력을 했으나 벽에 부딪히는 느낌처럼 실행되기가 어려웠고, 교장이 교사들의 마음을 얻어 교육과정 재구성을 추진하고 학년별 특색사업이나 문학 수업 관련 프로그램 등을 교육과정 안에서 진행함으로써 변화가 이루어질 수 있었다고 회고한다.

> 변화에 가장 핵심적인 것은 교육과정이죠. 그게 아니면 어렵죠. 제가 해 보려고 했는데, 그때 벽에 부딪히는 느낌이었거든요. 그런데 교장선생님이 오셔서 교육과정 안에 잘 이렇게 해 주시니까. (D교사)

> 그전에는 강의로만 했었고, (변화 트렌드가) 교육과정 안으로 들어오기에는 어려움이 있었죠. 그거는 제가 할 수 있는 게 아니었죠. … 그 방법이 교장선생님께서 교육과정 재구성, 문학 수업, 학년별 특색사업 등을 했으면 좋겠다고 강압적으로 하지 않으시고 선생님들의 마음을 얻으셔서 진행할 수 있게끔 해 주셨던 게 가장 큰 도움이 되었던 것 같아요. (D교사)

학생들도 특화되고 다양화된 학교 교육과정의 변화를 이야기하고 있다. D학생이나 B학생 모두 공학예술 중점과정과 같은 특화된 교육과정으로 인해 학생들이 활동할 수 있는 프로그램이나 자율동아리가 많이 생기게 되고 그로 인해 자신들의 진로와 연계된 활동을 많이 할 수 있었다고 한다. 특히 B학생은 공부만 하는 것이 아니라 다양한 교육과정과 프로그램을 통해 자신의 진로를 찾아가며 활동한 것이 학교를 더 좋게 변화시켰다고 생각하고 있다. 이처럼 학교 **교육과정의 변화는 학생들이 진로에 맞는 다양한 활동을 가능**하게 한다.

> 공학예술 중점과정이 생기고. 자율동아리도 되게 많이 생기고. 그래서 애들이 진짜 자기 진로에 대해서 구체적인 활동을 많이 할 수 있게 된 것 같아요. 변화된 게 이유... 선배들도 선생님들한테 의견도 많이 내고 있고, 학교도 다 수용해서... (D학생)

> 저희 학교가 분야를 특화시켜 준다 해야 하나 이런 프로그램이 많이 되어 있기 때문에 각자 자기의 진로를 찾아서 나아갈 수 있었던 거 같아요, 그래서 다 같이 공부만 막 이렇게 하는게 아니라 자기가 나아갈 수 있는 길을 찾으면서 이제 진로활동도 하고 할 수 있으니까 분위기가 더 좋아지죠. (B학생)

<2017.10.16. 기호일보>

<학생 제작 영상 상영>

<학생 제작 영상 상영>

<영상제 식전 공연>

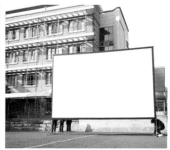

<대형 스크린 설치>

    G교사 역시 다양한 교육 프로그램을 제공하는 것이 학생 자신들에게 맞는 활동을 할 수 있는 기회를 마련해 줄 수 있었으며 그러한 변화가 **학부모들의 만족도를 높이고 학교에 대한 외부의 평가를 긍정적으로** 바꿀 수 있었다고 생각하고 있다. 그리고 ○○고에서 두 아이를 교육시켰던 A학부모는 과거 첫째 아이가 학교에 다녔을 때와 비교하여 많은 교육 프로그램이 생겨 학생들에게 큰 도움이 된다고 말한다. 과거에는 학생들이 활동할 수 있는 동아리나 프로그램들이 없어 학교에서 활동할 수 있는 여건이 마련되지 못했으나 지금은 교육 프로그램들이 다양하게 있어서 학생들이 흥미를 갖고 해 보고자 하는 의욕이 생겼으며, 문제 학생이라고 생각되는 아이들도 대학을 진학하고자 하는 것을 보면 교사들의 열정과 학교의 변화를 느낄 수 있다고 이야기한다.

> " 학교차원에서는 변화의 내용들이 여러 가지가 있었잖아요. 첫 번째 제가 느끼는 변화는, 학부모님의 만족도가 올라가지 않았을까. 아이들에게 수업도 수업이지만, 다양한 교육 프로그램을 제공함으로 인해서 다양한 아이들이 자기에게 맞는 프로그램을 할 수 있는 여러 가지 기회들을 마련해 줬기 때문에. … 작년에는 미달이었는데, 올해는 정원을 넘어선 좋은 현황을 보면 학교차원에서 변화했죠. (G교사) "

> " 첫째 애 때는 학교에서 뭔가를 할 수 있을 만큼의 여건도 있지 않았어요. 댄스 동아리라던가, 동아리가 몇 개 없어서 아이들이 참가할 수 있는 게 몇 개 없었어요. 그런데 지금은 학교에 많은 프로그램들이 생겨서 아이들이 지금은 나도 뭔가 많이 해 볼까? 하는 흥미도 많이 생긴 거 같아요. (A학부모) "

> " 문제 아이들도 대학을 간다고 수능을 보는 것도 선생님들이 너무 열정적이시고 학교의 놀라운 변화고 이런 프로그램들이 없었다면 아이들이 과연 여기에 섞여서 내가 무언가를 해서 정말 대학을 갈 수 있을까 하는 꿈을 실현했을 수 있을까 해요. (A학부모) "

📖 수업의 변화를 가져오는 교육과정 구성

아래 E교사와 D교사에 이야기에 따르면, 이러한 학생중심 교육과정으로의 변화가 학생들의 변화뿐만 아니라 교사들의 생각 변화를 가져오게 되고 그로 인해 수업방식의 변화가 시작된 것으로 보인다. 특히 D교사는 수업 방법 개선을 할 수 있도록 교육과정을 구성한 것이 변화하도록 방향을 잡아 준 가장 큰 힘이라고 생각하고 있다. 이처럼 학생 참여형 수업 방법으로의 변화가 필요하다는 것을 인식하고 있던 교사들은 학교 교육과정에 따라 보다 방향성 있게 변화하게 된 것이다. 그러므로 **수업의 변화를 가져오도록 교육과정을 구성하는 것은 매우 중요한 것**이라 할 수 있다.

> "
> 단적으로 말하면 학생중심 교육. 아직도 변화가 미비하기는 한데, 교사가 일방적으로 독단적으로 했던 수업을 했을 때 안 먹힌다는 걸 교사도 어느 정도 느끼면서 시작을 하였고 어떻게 보면 이제 '학생을 끌어내서 수업을 해야 할까'를 생각한 것 같아요. (E교사)
> "

> "
> 교사들도 이 수업 방향이 맞다라는 것을 인식했던 거고, (학교가 변화되는 게) 수업 방법 개선이 큰데, 수업 방법 개선을 할 수 있게끔 교육과정을 짜 준 게 굉장히 컸죠. 왜냐하면 교육과정은 지도잖아요. map이니까. 그래서 그렇게 새롭게 교육과정을 심혈을 기울여서 짤 수 있게끔 방향을 잡아 준 것이 가장 커다란 힘이었던 것 같아요. (D교사)
> "

○○고는 지역의 기피학교라는 인식에서 벗어나 발전되고 선호하는 학교로 변화해야 한다는 요구에 따라 인근학교와 차별화될 수 있는 다양하고 특성화된 교육과정 편성이 필요했다. 학생들의 진로적성 검사 결과와 1학년을 대상으로 수요 조사한 내용을 바탕으로 ○○고 학생들에게 적합한 새로운 교육과정을 계

획하였다. 우선적으로 2016년 6월 미래사회 인재에게 필요한 창의성과 예술성, 정보·미디어 활용능력 등을 길러 줄 수 있는 공학·예술 중점과정을 계획했으며, 그해 9월 미래시대를 대비하여 더욱 중요함이 강조되고 있는 환경과 정보교과를 과학과 융합한 융합과학 중점과정으로 구성하였다. 이러한 중점과정은 지역 내 영상문화단지, 한국만화박물관, 자연생태공원과 로봇박물관 등의 지역사회 기관과 연계 운영하여, 학생들에게 교과와 연관된 체험활동을 통해 지식을 심화할 수 있는 교육활동을 전개하였다.

2016. 5. 16. 교육과정 발전안에 대한 고민

(OO시 교육경비 사업 수요조사에 관한 회의 참석 후)

내년에 15학급 감축 예정이란다. 그냥 그대로 있으면 퇴보인데. 다른 고등학교에서도 모두 추진하려고 하고 있다. 일을 벌였다고 비난받는 것보다 추후 그때 그것을 하지 않았다고 비난받는 것이 더 두려운 것이다. 기회가 있을 때 시도해야 한다. 우리 학교는 과학중점학교도 신청하지 않았는데, 또다시 교육과정 중점학교를 신청하지 않으면 그나마 소수의 아이들도 오지 않을 것이다. 학교 특성상 수학이나 과학 중점은 어렵고, 예술중점을 하면 학력이 낮아질 수 있다고 일부 교사들이 반대를 하니.

우리는 어학실과 일본어, 중국어 교사가 있으므로 외국어 중점이 가능하고, 과학은 클러스터로 하고 있어서 우선적으로 문과 학생을 위한 프로그램이 필요하다. 클러스터로 과제연구와 비교문화/로봇기초를 하고 있으니까 우리가 하고 있는 영상미디어를 특화시킬 수 있을 것이다. 인근 OO대학의 경우 영상&게임 콘텐츠학과, 산업디자인학과가 있으니 연계도 가능할 것이다. 그렇게 되면 과학-언어-예술 학과로의 진학이 가능하다. 과거 학생들의 진학 결과는 과거 OO고 교육과정에 따라 만들어진 것이고 새로운 교육과정을 도입하면 새로운 학과로 진학이 가능할 것이다. 수구적으로 가지 말고 진취적으로 나아가야 한다. 변화를 두려워하고 귀찮아하면 퇴보하니까. 지금 우리가 내딛는 한 걸음이 변화를 가져오고 그것이 우리 아이들의 미래를 바꿀 것이다. 왜냐하면 앞으로의 시대는 창의성이 중요한 시기로 우리는 기계가 대신할 수 없는 것으로 승부해야 한다.

●---●

　다음 J교사는 처음 융합과학 중점과정을 구성하게 된 상황에 대해 이야기하고 있다. ○○고의 교육과정이 학생들에게 다양한 선택을 할 수 없도록 편성되어 있어 선택의 폭을 넓히기 위해 개설 교과를 늘였으며, 교과중점을 하게 되면 담당교사로서 일이 많아질 것이라 안할 수도 있었지만, 과학에 관심 있는 학생들에게 가까운 학교에서 과학교과에 대해 심도 있게 배울 수 있는 기회를 주기 위해 구성하였다고 한다. F교사 역시 공학예술이나 융합과학과 같은 특성화된 교육과정 운영의 장점에 대해 이야기하고 있다. 그는 다른 학교에 비해 학생들이 선택할 수 있는 폭이 넓다는 것과 그러한 교육과정 운영의 일환으로 실시되는 지역사회와 함께하는 영상제라든지 연주회와 같은 문화체험의 기회 등이 지역사회에 좋은 이미지를 줄 수 있다고 생각한다.

> "
> 　와서 보니까, 교육과정이 너무 인문 위주로 되어 있어서, 그거는 처음에는 되게 힘들었죠. 이과 애들이 과학을 원 과목도 2개밖에 안 하고, 애들 선택의 폭이 되게 좁게 되어 있었던 거죠. 그거를 이제 16년부터 바꾸기 위해서 3과목으로 늘리고, 2학년에서 과목 수 늘리고... (J교사)
> "

> "
> 　인근의 △△고등학교가 경기도과학중점 학교고, 근데 우리학교는 그렇게 과학중점하기에는 교육과정을 많이 개편해야 하는데 그러면 여러가지 TO문제라든지, 이런 것들에 대해서 선생님들이 별로 수용적이지 않았었거든요. 그래서 별로 얘기도 못꺼냈고. ... 솔직한 마음으로는 안 할 수도 있었지만, 좀 과학에 관심 있고 똑똑한 애들이 많잖아요? 가까이 그냥 우리 학교에서도 좀 할 수 있을 것 같고... (J교사)
> "

교육과정 변화로 살아나는 교실

교육과정 특성화가 진행된 첫해 면담을 했던 A교사는 과거에는 생활지도, 흡연지도와 같이 학생들과 실갱이 하는 것으로 바빴지만, 융합과학, 공학예술 중점과정과 클러스터 등으로 교육과정 다양화가 이루어지고 난 후에는 교사들이 교육과정 때문에 바빴다고 말한다. 그리고 두 해에 걸쳐 공학예술 중점반을 가르쳤던 E교사는 공학예술 중점과정이 만들어진 첫해 학생들에 비해, 그다음 해 과정에 대해 관심 있는 학생들로 구성된 학급 분위기가 많이 좋아졌다고 이야기한다. 이처럼 학교가 다양한 교육과정을 운영하는 것으로 변화하면 학생들은 수업에 관심을 갖고 참여하게 되고 교사들은 생활지도로 바빴던 것에서 교육활동으로 바빠지게 된다. 이는 일반계 고등학교에서 수업을 포기한 학생들로 인해 정상적인 수업이 어려운 곳이 많이 있지만, **교육과정을 다양화하여 자신들의 적성이나 진로에 따라 학급 구성이나 교과 선택을 하게 한다면 학생들이 수업에 참여하게 되어 교실의 변화를 이끌 수 있다는 것을 보여 주는 것이다.**

> 교직문화는 선생님들이 바빠진 것 같은데. (웃음) (옛날에는) 애들이랑 담임선생님 사이에서 실갱이가 그렇게 많았어요. 지금은 없던 게 두 개 생겼죠. 클러스터는 하나 하던 걸 지금 두 개 하죠. 융합 중점과정이 늘었고, 하나가 아니라 융합과학도 그렇고 공학·예술도 그렇고, 교육과정으로 인해 바빠졌는데. 과거에는 생활지도, 흡연 문제 때문에 맨날 흡연 측정기 가지고 재는 게 맨날 일이었어요. (A교사/2017.9.)

> **"**
> 그러니까 작년 3학년 6반은(공학예술 중점과정) 진짜 안타까움에... 그 반은 진짜 수업 들어갔었거든요. 거기는 공부하는 애들이 한 명밖에 없었어요. 처절했었는데. 지금은 제가 수업을 들어가는데 27명 중에 딱 이게 완전 포기한 애들은 6~7명이 있어요. 나머지 애들은 다 열심히 하려고 해서 되게 예뻐요. 분위기가 참 좋아요. (E교사/2019.7.)
> **"**

 나의 업무 일지

2015. 9. 4.
- 시간표 조정하여 교사 연수시간 확보, 회의 시간 확보할 것을 제시함.
- 담임들에게 중식비 미납자에 대한 교육과 더불어 **자신이 한 행동에 대해 책임지는 자세의 중요함**을 학생들에게 지도할 것을 부탁함. 특히 3학년부에게 민주시민교육, 책임지는 삶에 대한 교육 부탁

2015. 9. 11. 꿈끼 주간을 **지역사회 문화시설과 연계**하여 **project 수업**으로 운영할 수 있음을 제안. 예를 들면 옹기박물관이나 고인돌(선사유적지). 각종 행사나 발표회 등을 수업과 연계하여 계획하도록 부탁

2015. 9. 16.–23. 기간 중 협의 및 구상 내용
- 10월 6일 연수 계획. 연수 시작 전 **학교 발전을 위한 의견수렴**. 단, 개인적인 요구사항이 아니라 학생지도와 관련된 것으로 각 부서별로 취합 제출할 것. 예산 관련된 것은 즉시 할 수 없는 것임을 양지할 것.
- 컴퓨터실 정비와 방송 프로젝션 TV 설치
- 전문대 연계하여 방과후 실시 방안
- (수시특화) 고3 담임 특화. 반별 특성화된 면담
   만화 애니메이션(미술 수업), **디자인, 연극**(국어 수업), **사진, 영화**(국어 수업) 등

2015. 10. 6. 수준별 수업을 진행하고 있음을 알았음. 교사 협의가 필요함.

2015. 10. 19. **도서관 프로그램 구성**할 것. **인성교육**은 학년 말과 학년 초에 전체 그리고 개별로 할 것. 각종 포스터 그리기 대회 통합운영할 것. 마지막이라도 시간 잡아서 **실제로 할 것.** 영어행사 합쳐서 하기.

2015. 10. 22. 수업코칭 예산 확보. 클러스터(과제연구) → 소논문, TED로 한다면?

2015. 10. 26. **교과연계 동아리 필요 → 소통이 필요함.**

○○고에서는 학생들의 동아리 활동을 교육과정과 연계하여 체계적으로 지원하고 있다. 우선적으로 동아리 구성을 학생들의 진로적성 및 다중지능 검사 결과와 연계하여, 예를 들면 신체운동지능, 음악지능, 공간지능, 자기성찰지능 등으로 유목화시키고 교육과정 내 운영되는 창체동아리와 학생들이 자율적으로 활동하는 자율동아리를 연결하여 구성하였다(자료 6 참고). 자신들의 진로를 중심으로 희망에 따라 구성된 동아리는 대학 학과와 연계되어 운영될 수 있도록 관련 교과 교사가 담당을 맡아 학생들이 자율적으로 활동할 수 있도록 지원하였다. 또한 동아리별로 1년간 활동한 내용을 발표하거나 전시하는 공유의 기회를 마련하여 학생들의 진로진학 관련 경험의 폭을 넓힐 수 있게 하였다.

아래 D학생은 영상제작 자율동아리 활동을 하고 있는 학생으로 학교에서 동아리 활동을 지원해 준 것에 대해 감사함을 표현하고 있다. ○○고에서는 공학예술과정의 교과활동이나 학생동아리 활동 그리고 일반교과에서 학생들이 학습하고 경험했던 내용들을 영상물로 발표하는 <○○고 필름 페스티벌>이라는 영화영상제를 개최하여, 학생, 학부모, 교사 그리고 지역사회의 많은 사람들과 함께 1년간의 학생 성장 결과를 나누고 있다. 동아리 활동을 통해 영상제에 영화를 출품했던 D학생은 아이디어를 내고 제작하는 과정이 어려웠지만, 그런 과정이 자신이 하고 싶은 일에 대해 생각해 볼 수 있는 기회가 되었고, 대학 진학에도 많은 도움이 되었다고 이야기하고 있다.

<동아리 회원 모집 포스터>

"

    저는 영상제작 자율동아리에서 영화 제작을 하면서 외부에서 일하시는 감독분이 직접 오셔서 가르쳐 주신 것들이 되게 쓸 만한 것들이 많았고, 저에게 도움이 되었고. 그리고 전 과정 자체가 입시에서 면접이나 자기소개서에 정말 많은 내용을 쓸 수 있게 해 주었어요. 처음에 그냥 애들끼리 아이디어를 낼 때, 장난식으로 던졌던 게 이걸 진지하게 다루어 보자 싶어가지고. 처음에는 연애물이랑 동성애랑 섞어가지고 만들게 되었어요. … 자율동아리 내에서 **영화 페스티벌에 참가**했는데, 거기서 수국이요. (D학생)

"

"

    제가 이번에 필름 페스티벌 하면서 이게 교장선생님께서 되게 열정적으로 주최하셨잖아요. 사실 저도 처음에는 되게 힘들었고, 물론 제가 하고 싶어 하는 일이지만, 어색한 2학년 애들이랑 하다 보니까 하기 싫고 소극적으로 하고 그랬는데, 영화 다 만들 때쯤에는 정말 감사했어요. 왜냐하면 저한테 이 활동이 **진짜 도움이 많이되었거든요**. 제가 하고 싶은 일에 대해서 다시 생각하게 되고, 좀 더 깊이 있게 생각하게 되어서 진짜, 진짜 이건 입에 발린 말이 아니라, 진짜 감사하다고 말씀드리고 싶었어요. 저 한 번도 본 적 없었는데 이번에 하는 거 되게 재밌고 좋았어요. **진짜 좋아했어요. 애들이.** (D학생)

"

<영화제작 동아리 활동 모습>

다중지능	연번	창체동아리부서	동아리특징	관련학과	담당교사	교과	연계된 자율동아리	지도교사	회원수
							창체동아리		
								자율동아리	
신체운동지능	1	Ambition	댄스	실용무용학과		특수	×		
	2	모형항공기반	모형항공기제작	조립기계학과		특수	×		
	3	드림 액터스	연극	연극학과		영어	레디액션(연극)		8
	4	종합스포츠	종합스포츠(2,3)	체육학과		한문윤리	×		
	5	INBODY	웨이트트레이닝	체육관련학과		체육	쾌걸 근육맨(운동)		10
음악	6	기타(아드밸리관련)	기타	실용음악과		음악	버스킹(음악)		7
자연지능	7	야생화	과학	화학과, 생명공학과		생물수학	BENURSE(간호,보건)		8
							나이팅게일(간호,봉사)		7
							S.O.S.(간호 보건)		6
언어지능	8	늘예솔	신문제작	신문방송학과		국어	4+3=7공주(학과, 면접)		7
	9	수주문학	문학탐독	국어국문학과		국어	×		
	10	한국현대소설 감상반	현대소설감상	국어과 인문관련학과		국어	×		
	11	문학 작품 감상반	문학영상감상	인문관련학과		국어	×		
	12	S.K.I.T.	영어연극	영어/연기학과		영어	×		
	13	Dream Writers	영어소논문제작	영어관련학과		영어	Dream Writers (영어소논문)		6
	14	영자신문반	영자신문	영어/언론학과		영어	×		
	15	ERC (English reading and Cartoon)	영어카툰제작	영어관련학과		영어	SES(영어스터디)		11
	16	Glee	미드감상	영어영문학과		영어	A.C.E.(실용영어)		6
	17	C·J 북클럽	중국어+일본어	중국어학과 일본어학과		중국어 일본어	×		
	18	SUJU F.T	도서(도서관운영)	문헌정보학과		사서	×		
공간지능	19	공학반	프로젝트	공학계열		기술	Pod Cast (문화콘텐츠제작)		9
							다빈치(틴커캐드)		20
	20	E공	공학분야탐구	공과대학		수학	Information produce(비주얼 베이직프로그래밍)		10
							STEAM(공학과 융합)		9
							TEDA(4차산업혁명 대비융합)		5
	21	BOA (beginning of art)	순수미술과 일러스트	미술학과		미술	아트 어도러블 (일러스트)		5
							노메이크업(미용)		5
	22	우리땅 우리역사	지리와 역사의 융합	지리 역사학과		지리 역사	×		

인간친화지능(대인지능)	23	봉사랑A(1) 봉사랑B(2)(3)	봉사활동	사회복지학과	수학 국어	예승모(승무원)	5
	24	카오스	시사이슈토론	사회과학부	사회	세미콜론(시사토론)	7
						VSP(사회현상연구)	5
						복지라이트	5
	25	별바다	교육사회	교육사회학과	사회	선그대(교육)	10
						ET(창의적 경제)	6
						EnActUS J (사회변화)	7
	26	폴라리스	수주고 경찰반	경찰학과	체육	×	
	27	PAUSE (Police active unify socity education)	경찰행정탐구	법정계열 경찰행정	수학	저스티스(경찰)	6
	28	SHBS	수주방송반	방송학과	미술	필름(영상영화)	17
	29	라온하제	대학탐방	교육학과 직업상담학과	역사	×	
	30	꼬망세	유아교육	유아교육학과	특수	도담(유아교육)	7
						W.B.T.(참교사)	6
	31	역동	사회역사UCC 제작	역사 신문방송학과	역사	×	
논리수학지능	32	우공이산	수학학습 오락수학	수학관련학과	수학	수주아치(건축)	11
	33	문제적Math	문제상황토론	이공계	수학	Closer(심화과학)	9
	34	TOP (Top Of Physics)	물리실험 및 탐구프로젝트	이공계 자연과학부	물리	결정콘(나노과학)	4
	35	EOS (Everything Of Science)	과학창의 체험교실운영	이공계 자연과학부	지구과학/ 생물	SOS(과학독서)	13
자기성찰지능	36	트릿트	심리치료	교육학과 상담학과	국어	P.O.P.(심리)	5
						플라시보(심리)	5
	37	또래상담반	또래상담활동	상담학과	상담	×	
	38	음악치료	음악심리치료	상담학과	특수	×	
계		38개 부서			46명	34개 부서	267

출처: 2017 ○○고 학생 동아리 활동 운영 계획

자료 10 동아리 운영 방안

○ 교육과정 연계 동아리를 해당 과정 미이수 학생에게도 개방하여 대상의 융합 실현
○ 학생이 자신의 진로에 맞는 활동을 할 수 있도록 학생 중심의 동아리, 봉사 활동 운영

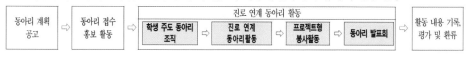

출처: 2017 수주고등학교 교육과정 운영 보고서

교육과정 연계 동아리 활동 내용

◦ **교육과정 연계 동아리활동 및 봉사활동으로 진로 구체화하기**

연계 과정	과목	동아리	주요 활동	연계 자율동아리	프로젝트형 봉사활동

교과중점
(융합과학),
주문형강좌
(물리실험)
클러스터
(과제연구-과학)
	생물	야생화	생태 신문 제작·발행	BENURSE(보건)
				수주아치(건축)
				결정콘(나노과학)
				S.O.S(과학독서)
				과제연구
				클러스터 동아리
					· [창의체험교실]: 지역 중학생 대상
					  1:1 멘토링 활동
					· [수주과학문화한마당]: 지역 주민 대상
					  과학 체험 부스 운영
					· [대한민국 창의과학 축전]: '빛으로
					  그리는 나만의 그림' 부스 운영

	수학	우공이산	수학학습		
	물리	T.O.P	물리실험 및 탐구		
	융합	E.O.S	과학 탐구 프로젝트		

교과중점
(공학예술)
	예술	BOA	일러스트, 파인아트	아트어도러블
				(애니메이션)
				다빈치(틴커캐드)
				필름(영상영화)
					· [창의체험교실]: 지역 중학생 멘토링
					· [수주과학문화한마당]: 지역 주민 대상
					  영상 예술, 공학 기술 체험 부스 운영
					· [수주GO! Film Fastival 지원]: 지역
					  주민과 함께 하는 영상영화제 운영

	공학	공학반	SW 활용 프로젝트		
	융합	SHBS	수주방송반		
클러스터 (중국문화)	중국 문화	CJ 북클럽	중국, 일본 도서 독서·토론 활동	중국문화 클러스터 동아리	· [캠프 지원]: 중국어 캠프 운영 지원 · [수주과학문화한마당]: 지역 주민 대상 중국 문화 체험 부스 운영

◦ **교과-창체 동아리-자율 동아리-봉사-진로 연계로 맞춤형 끼 살리기**

교과	창체 동아리 (38개)	활동 내용	연계 자율동아리 (34개)	연계 봉사/자율활동	지원 학과
융합	드림 액터스	연극 대본 작성 및 공연	레디액션(연극)	재능 기부(공연) 지역 연계	연극학과
음악	기타반 (아트밸리)	전문강사에게 기타 연주 배우기 및 공연	버스킹(음악)	재능 기부(공연) 지역 연계	실용음악과
상담	또래상담반	또래상담활동, 친구사랑의 날 운영	플라시보(심리)	프로젝트형 봉사	상담학과

생태신문(야생화)	과학 탐구(과제연구)	영화 제작(SHBS)	공연(버스킹)	캠페인(또래상담)

출처: 2017 수주고등학교 교육과정 운영 보고서

<연극 동아리 공연>

<아트밸리 기타반 연주>

<제8회 예술제 창체동아리 전시 부스-운영>

자료 12 2018 제2회 OO고 필름 페스티벌 프로그램 순서

2018 제2회 수주Go! Film Festival 프로그램 순서(9.14.)

시간	구분	영상번호	제 목	상영시간	제작그룹명	제작자명
18:40~19:00	관객입장	01	학교홍보영상	7:44	수주고	사회자 마이크2개
19:00~19:10	식전공연	·	사랑을 했다(통기타반동아리)	·	창체동아리기타반	스탠드마이크6개 - 통기타반
		·	Just a feeling (버스킹동아리)	·	홈베이스버스킹	마이크3개- 고석우, 송기현, 김다은
19:10~19:20	개막식	·	개막식(폭죽)	·	학교장	
경쟁부문 관객투표 대상	1부(40분) 19:20~20:00	애니메이션	02	그것은 항상 너의 주변에 있다	3:40	이번이마지막이조	이유림(2-7)외 4인
		영화	03	무죄살인	1:18	장선우	장선우(3-6)
		영화	04	거짓말	12:58	vacation	채송화(2-6)외 8인
		UCC	05	야생화 내고향	8:27	야생화	송예진(2-7)외 9인
		제작자와 만남		02,03,04,05 작품설명 및 질의응답	·		깜짝퀴즈3개와 상품
	2부(50분) 20:00~20:50	UCC	06	전설의 도서부	2:15	SUJU F.T	고지원(1-7)외 9인
		영화	07	시를 사랑하는 그대에게	16:30	사랑애	김하영(2-6)외 6인
		영화	08	수주고	3:20	가지가지조	전가연(2-7)외 3인
		영화	09	연애시대	14:09	황송하옵니다	황민주(1-4)외 9인
		제작자와 만남		06,07,08,09 작품설명 및 질의응답	·		깜짝퀴즈3개와 상품
비경쟁부문	3부(30분) 20:50~21:20	관객투표 및 관객점수집계	10	2017 제1회 수상작(落落(낙락))	10:49	육룡이나르샤	고효정 외 5인
			11	연애시대(戀愛時代)	5:13	수주고	
			12	통일역사UCC대회 수상작-거상 김만덕	2:40	1-5	홍미소,박지우,임지아
			13	국어과 UCC - 고살이	0:58	1-2	권세빈,이경진,곽다인,김승아
			14	3-6 영화창작과 표현 수업결과물	5:30	3-6	
			15	2-6 영상미술 수업결과물	3:33	2-6	
				사회자 멘트			
			16	뮤직비디오(그중에 그대를 만나)	4:42	이선희	
			·	관객상 시상 및 관객번호추첨	·		관객번호추첨(2등 3명, 1등 1명)
	21:20~	The END	17	엔딩영상 및 음악(라라랜드)	·	방송반	

출처: 2017 수주고등학교 교육과정 운영 보고서

C교사는 영화제작 동아리 활동에서 가장 좋았던 것이 학생들 스스로 시나리오 작업을 하고 그 안에 자신들의 이야기와 생각을 담고 표현했다는 것으로, 그

런 활동들이 대학 진학에 도움이 되었고 협업과 공동체 의식을 기를 수 있었다고 말한다. 또한 학생들이 자신들의 표현에 대해 다른 사람들이 호응하는 것을 느꼈을 때 감동했으며, 특히 3학년들은 영화제작 경험이 진학에 많은 도움이 되었다고 생각하고 있다. 이것은 동아리 학생들끼리 영화를 제작하고 발표하는 과정에서 학생들은 2015 개정 교육과정에서 제시한 핵심 역량인 자기관리, 지식 정보처리, 창의적 사고, 심미적 감성, 의사소통, 공동체적 역량을 기를 수 있었다는 것을 보여 준다.

> 가장 좋았던 거는 아이들이 스스로 시나리오 작업을 해서 그 시나리오 안에 자신들의 이야기를 담고 자신들의 **생각을 담고** 해서 그 표현을 했다는 것이 가장 좋았던 거 같았거든요? 그걸 표현하면서 사람들이 **호응이 느껴졌을 때** 거기에서 오는 감동? 그런 이야기를 하더라고요. 너무 좋았다고, 너무 도움이 많이 되었다고 하더라고요. 특히 3학년 아이는 그것과 **관련된 과**를 가야 했기 때문에 **연출을** 했거든요. 신방과를 희망하고 있었는데 딱 그 시기가 맞아 떨어졌어요. 3학년인데. 너무 좋았다고. … 이게 팀워크가 굉장히 중요해요. 한 사람이 빠지면 그거를 감당하기가 힘들어지고, 시간이 늦어지면 촬영이 늦어지기 때문에 협업이 중요하거든요. **공동체 의식을** 기르는 데는 정말 좋을 거 같고요. (C교사)

<영상제 현수막 홍보>

<영화 상연 모습>

<포토존>   <관객들 모습>

    ○○고에서는 교육과정 연계 독서교육과 학생 성장단계에 맞춘 진로교육을 하기 위하여 창의적 체험활동 시간 중 1시간을 독서활동과 학교특색활동 시간으로 구성하여 운영하였다. 각 교과에서 추천한 여러 도서 중에 '○○ 10대 도서'를 선정하고 교과 및 각종 교내 대회 참고 도서로 활용하도록 했으며, 특히 학교 전체 프로그램으로 운영하는 독서 시간에 10대 도서를 접할 수 있는 기회를 마련하였다. ○○대 창의인재 개발학과 진학한 C학생은 학교에서 10대 도서를 중심으로 운영했던 여러 독서활동이 대학 진학 면접에서 유익했다고 생각하고 있으며, B학생도 학교에서 독서시간을 운영했던 것과 학교특색활동 시간에 진행된 자소서 특강이 진학에 많은 도움이 되었다고 말한다. 또한 A학생은 글쓰기 교육이 자소서를 작성할 때 큰 도움이 되었으며, 이러한 활동을 입시가 임박해서가 아니라 미리 진행함으로써 자신의 생기부를 돌아보고 스스로 자신의 진로와 입시에 대해 생각해 볼 수 있었다고 말한다.

> 4차 산업혁명 관련해서 스토리텔링 대회에서 각종 책들을 읽어 볼 수 있었던 경험이 있었는데 그게 굉장히 도움이 됐던 것 같습니다. ... 4차 산업혁명을 주제로 이제 미래사회에서 저희 조 같은 경우는 주요한 능력을 주로 봤는데 그게 이제 HRD 면접에서 좀 크게 도움이 됐던 것 같아요. (C학생)

> "
> 독서는 3학년 때는 잘 안하게 돼서. 근데 어... 할 시간이 없는데 따로 할 시간이 있어서 학교에서 주어진 시간이 있어서 그런 건 굉장히 좋았어요. 자소서 특강도 저희가 선생님과 이렇게 조를 만들어서도 준비를 같이 했었고, 그런 부분도 저희가 세세하게 선생님께 피드백을 받을 수 있으니까 좋았던 거 같아요. (B학생)
> "

> "
> 처음에 자소서 쓸 때 큰 도움이 되었던 거 같아요. 저는 거기서 알려 주신 소제목 적기라는 걸 활용했거든요, 자소서에. 그랬더니 선생님들도 좀 더 한눈에 보기 쉽고 흥미를 땡긴다는 말씀을 하셨어요. 또한 그런 특강을 받고 저의 생기부를 돌이켜 보면서 제가 해 왔던 활동이나 이런 활동을 했을 때 느낀점 등을 우선적으로 고려해 본 것 같아요. 자소서를 쓰기 전에. (A학생)
> "

자료 13 교과시간을 활용한 독서

학년	교과	도서명	활동내용	활용방안
1	국어 I	빅데이터 빅브러더가 아닐까 1984년	'1984 빅브러더'와 '2017빅브러더' 찬반토론하고 논술하기	학교행사
	과학	'2017 수주 도서' 중 자연과학 관련 책	비주얼 씽킹하기	수행평가 학교행사
	기술 가정	2035 미래기술 미래사회 가족에게 권하는 인문학 4차 산업혁명 세상을 바꾸는 14가지 미래 기술	책을 읽고 가정의 중요성에 대해 논술하기	수행평가
	생활과 윤리	- 4차 산업혁명 세상을 바꾸는 14가지 미래 기술 - 2035 미래기술 미래사회 - 사피엔스의 미래 등	미래 관련 도서를 읽고 과학기술시대에 행복한 삶을 위한 윤리의 역할 탐구하기 - 모둠별 프로젝트 과제	수행평가
		국가론 외 서울대 선정 인문고전 100선 또는 만화 50선	인문고전 책을 읽고 독후감 제출	학교생활기록부 과목별 독서활동 기록
2	문학	빅데이터 빅브러더가 아닐까 1984년	'1984 빅브러더'와 '2017빅브러더' 찬반토론하고 논술하기	학교행사
	동아시 아사	동아시아사 관련 도서 추천목록 중 1~2권 자율 선택	교과 시간 활용한 독서, 다양한 방식으로 독서 노트 작성하여 포트폴리오로 제작	수행평가

3	독서와 문법	빅데이터 빅브러더가 아닐까 1984년	'1984년 빅브러더'와 '2017빅브러더' 찬반토론하고 논술하기	학교행사
	고전	빅데이터 빅브러더가 아닐까 1984년	'1984년 빅브러더'와 '2017빅브러더' 찬반토론하고 논술하기	수행평가 학교행사
		세계적 고전 작품	세계적 고전 작품을 읽고 재해석하여 자신에게 적용하는 글쓰기	수행평가 학교행사
		2017 수주 도서	4차 산업혁명과 인문학 관련 책을 읽고 인문학의 중요성에 대해 논술하고 발표하기	학교행사

출처: 2017 수주고등학교 독서인문교양교육 계획

<10대 도서 홍보(게시물)>

<10대 도서 홍보(프로젝션 TV)>

자료 14 교과 연계 독서 활동

과목	도서	세부 활동	평가
기술가정	2035 미래기술 미래사회, 가족에게 권하는 인문학 4차 산업혁명 세상을 바꾸는 14가지 미래 기술	책을 읽고 가정의 중요성에 대해 논술	수행평가
생활과윤리	서울대 선정 인문 고전 100선 또는 만화 50선	인문 고전 읽고 독서기록장 제출	과정평가
동아시아사	동아시아사 관련 도서 추천목록 중 1-2권 선택	독서 노트 작성하여 포트폴리오로 제작	수행평가
고전	학생 희망 고전 도서, 2017 수주 10대 도서	책을 재해석하여 자신에게 적용하는 글쓰기	수행평가
과학 교과	2017 수주 10대 도서 중 자연 과학 관련 도서	비주얼씽킹하기	과정 평가
국어 교과	빅데이터 빅브러더가 아닐까, 1984 및 희망 도서	주당 한 시간 독서 시간 확보	수행평가

출처: 2017 수주고등학교 교육과정 운영 보고서

■ 독서 관련 활동

구분	프로그램	세부 활동
독서 동아리	독서 관련 창체 동아리	· 수주문학반, 한국 현대소설 감상반, 문학 작품 감상반, 영자신문반(영어 독서반), CJ 북클럽(중국어, 일본어 원서 읽기반) · 수주 F.T : 교내 도서관 동아리로 학생 사서 활동, 독서 관련 캠페인 등 활동
도서관 활용 교육	도서관 활용 수업	도서관 활용 독서·토론 활동, 정보 검색 활동, 대회 운영 등
	세계 책과 저작권의 날	드라이-플라워와 북아트를 접목하여 나만의 엽서 만들기, 책의 내용을 캘리그라 피로 표현하여 학교 친구 및 선생님에게 마음 전하기
	별밤 토론	토론 전문 강사를 초청하여 학생들에게 경기도식 토론의 절차 및 방법을 안내하고 실습을 통해 토론 기술을 익히도록 함. 교내 독서토론대회와 연계하여 운영
지역 도서관 연계	원미도서관 견학	지역 공공도서관과 학교도서관 비교하기, '원미동 사람들(양귀자)' 독서토론
	원미동 거리 답사	'원미동 사람들'의 배경인 원미동 거리 답사하며 소설과 비교하기
	독서토론회	토론 전문 강사의 특강을 들은 후 토론 실습
	독서 릴레이	지역 주민과 함께 즐기는 독서 퀴즈 참가

■ 독서 관련 대회

대회	주제	활동 내용
수주문학상	창작 및 서평	문학 작품 감상을 바탕으로 서평 쓰기, 작품 창작하기
스토리텔링	나-사람-세상을 이어주는 맷돌독서	소집단(3~4명)이 동일한 책을 읽고 독서·토론 후 발표
독서토론	4차 산업혁명과 인문학 관련 토론	'로봇세를 부과해야 한다'에 대한 경기도식 토론
인포그래픽	2017년 수주 도서 인포그래픽	수주 10대 도서의 주요 정보를 인포그래픽으로 표현
영문 에세이 쓰기	2017년 수주 도서 영문 에세이	수주 10대 도서를 읽고 그에 대한 감상을 영문 에세이로 작성

출처: 2017 수주고등학교 교육과정 운영 보고서

　학교장으로서 필자는 학부모들에게 학교특색활동에 대해 알려드려야겠다는 생각을 하였다. 대학 진학을 위해 자소서 작성이나 면접 등을 준비해야 하는데 대다수 학부모들은 어떤 것을 어떻게 해야 하는지 잘 알지 못한다. 당연히 학교에서 입시지도를 잘해야 하고 잘하려고 노력하지만, 교사에 비해 지도해야 할 학생의 숫자가 많고 대학별로 너무나 많고 다양한 입시전형 방법이 있기 때문에 학교에서 하는 입시지도에 대해 늘 학부모들은 부족하다고 생각하게 된다. 이에 ○○고에서는 **1학년 때부터 학생 스스로 자신의 진로와 진학에 대해 생각해 볼 수 있도록 학교특색활동 시간에 사회적으로 이슈가 되는 주제에 대해 독서하게 하고 그것을 자신의 진로와 연결시켜 생각해 보게 하여 대학 입시와 면접에 도움을 주고자 하였다.**

　필자는 학교특색활동 계획을 세워 줄 것을 학년부장들에게 부탁하고 여러 번의 수정작업을 거쳐 ○○고 학생들에게 적합한 프로그램을 구성하였다. 시대적 변화에 발맞추어 나갈 수 있도록 **1학년은 공학예술과 미래소양 키우기를 주제로 일반적 교양교육**을 실시했으며, **2학년은 진로연계 글쓰기 교육, 3학년은 자기표현역량 교육**으로 구성하여 자기 스스로 자기소개서 작성과 면접 준비를 할 수 있는 역량을 키워 주고자 하였다. 이 프로그램은 학생들에게 자신의 자소서를 미리 작성해 보도록 교육함으로써 자신의 꿈을 이루기 위해 무엇이 부족한지를 생각해 보게 하고, 스스로 자신의 교과학습과 학교생활을 반성하는 기회를 주어 보다 더 학교생활에 충실하게 하려는 의도로 구성된 것이다.

실제로도 자소서 작성을 하기 전에 교사들이 자료집을 구성하여 체계적인 글쓰기 교육을 실시하고, 면접 스피치 학원 강사를 초빙하여 전문적인 면접 방법을 배웠다. 그리고 고등학교 3학년 지도 경험이 있는 교사들의 특강을 듣게 하여 자소서 작성과 면접의 기본적인 내용을 익혔으며, 3학년 2학기 때에는 고등학교 3학년 담임교사들이 조를 구성하여 대학별로, 학과별로 면접을 실제로 해보는 연습을 하여 학생 스스로 준비할 수 있도록 하였다. 이것은 다수의 학부모들이 사교육 기관에 의존해서 해결하고 있는 진학을 위한 준비를 공교육 기관인 학교 내에서 해결하고자 한 것으로, 교사들이 학교 교육과정 안에서 자신의 교과지도 이외에도 진로·진학 지도를 위해 많은 자료와 프로그램을 준비하고 노력하고 있음을 알 수 있다.

> 활동이 굉장히 많죠? 제가 중학교 있었을 때도 지금 우리와 유사한 융합교육 프로젝트를 했었고, 그때 졸업생 학부모님이 '아, 중학교 때 아이가 했던 활동들을 고등학교에서 하면 자소서에 쓸 게 너무 많을 텐데, 참 안타깝다'라고 말씀하셨어요. 그 고등학교는 주입식 교육을 시켰거든요. 저희 학교 같은 경우에는 자소서에 쓸 게 너무 많죠. 그런데 애들이 그 내용 가지고 대학을 가는데, 대학을 잘 가는 거예요. 그리고 아이들이 면접을 했을 때 학교 대회에서 했던 내용을 그대로 말하게 된대요. 그러니까 훨씬 더 잘하게 된다고 그러고. 이번에 3학년 같은 경우에는 **면접특강도** 했거든요, **자소서 쓰는 것도** 하니까. 일반적으로 어머님들이 **사교육으로 해소하시던 것을 학교 안에서 해소하는 방향으로** 하려고, 학교 특색 사업을 넣은 거예요. 1학년은 미래소양을 하고, 2학년은 글쓰기(자소서), 3학년은 면접 이렇게 단계별로 하는 내용이 있는데, 그런 것을 어머님들한테 말씀드릴 필요가 있다고 생각이 드네요. 다들 아실테지만요. (Q교장/필자)

학년부장들에게

학교특색사업 완성된 계획을 보니 정말 흐뭇하고 행복한 느낌이 듭니다.

제대로 이야기도 안 해드리고, 여러 번 수정을 요구하고 억지를 부려 왔음에도 아이들에게 좋은 교육 프로그램을 만들어 주셔서 진심으로 감사드립니다. 수고하셨습니다.

자료 16 창의적 체험활동 중 학교 특색활동 현황

창의적 체험활동	1학년	미래소양	1,2	미래 인재에게 요구되는 4차 산업 관련 기초 소양 쌓기	자율[학년특색] (학기당 10시간)
	2학년	글쓰기	1,2	진로와 연계하여 자신의 생각을 논리적으로 쓰기	
	3학년	자기 표현	1,2	자신에 대한 다양한 정보들을 상황 맥락에 맞게 표현	
		진로·진학	2	맞춤형 진로·진학 프로그램 : 수능준비, 면접준비, 예비사회인반	진로(2학기 10)
	전 학년	기본 소양	1,2	수주10대 도서, 학년별 기초 소양 도서를 활용 독서-대화-쓰기 활동	자율[학년특색] (학기당 7시간)

출처: 2017 수주고등학교 교육과정 운영 보고서

자료 17 교과와 학교 특색활동과 연계 운영

융합 사항	창체(독서 활동)-기술·가정(미래사회 예측 : 비주얼씽킹)-생활과 윤리(문제 발견, 해결책 모색)				
단원	1. 과학 기술과 생활 윤리	주제	과학 기술 시대 윤리의 역할	방법	모둠별 프로젝트, 협동학습
교육과정	고생131.과학기술과 … 윤리적 시각을 확립하려는 태도를 지닐 수 있다.			역량	융합 협업 능력, 창의적 사고능력
교수학습	생명과학, 정보통신 등과 관련된 독서 활동(2017 수주 10대 도서 안내) 후 토론을 통해 행복한 삶을 위한 윤리의 역할을 보고서로 제출			평가	서·논술형 평가(보고서 작성)
기록	미래과학도서를 읽고 윤리적 문제 탐구 … 다양한 문제점을 … 방안을 모색하는 과정에서 보람을 느낌				

출처: 2017 수주고등학교 교육과정 운영 보고서

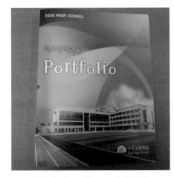

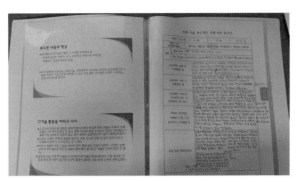

<활동지 모음 포트폴리오>　　　　　　　　　<독서 활동지>

　○○고의 다양한 교육과정으로의 변화는 평가 방법에 있어서도 많은 변화를 가져온 것으로 보인다. 아래 D교사와 E교사의 학생 활동 평가 과정을 보면 자신이 공부했던 것을 발표하게 하고 그것을 동료 학생들과 함께 평가하는 과정에서 학생 스스로 배우는 내용과 방법에 대해 생각할 수 있는 기회를 주고 있으며 교사 또한 학생들이 배우는 과정을 기록하면서 관찰하고 있다. 이러한 **학생 참여형 수업은 평가 과정에서도 학습이 이루어질 수 있으며, 기존 방식의 수업에 참여하지 않았던 학생들도 자료를 찾고 구성하는 과정에서 학습 경험을 가질 수 있도록 하는 교육 변화의 한 방법**이다.

> "
> 　평가는 학생들 수업에서 활동했던 것들을 바탕으로 평가를 하죠. 그리고 수업 시간에 활동한 것에 대해 아이들의 성장 과정을 아이들이 기록하고, 또 제가 기록한 것을 바탕으로 생기부에 반영을 해 주죠. 그래서 아이들이 그거를 자기 진로와 관련해서 표현할 수 있도록 하는 거죠. (D교사)
> "

> "
> 　자기가 공부했던 거를 PPT 작업을 통해서 발표하는 내용이기 때문에 종합적이잖아요, 내용이. 그래서 서술형 프로젝트죠. 시연을 한 자료를 다 제출하고 시연하고 애들한테도 한 걸 가지고 동료평가도 받고, 스스로 자기평가도 받고. 그러니까 나름의 포맷을 만들어 놓고 나름의 기준을 설정해 냈죠. 수업 시연할 때 청중과의 소통 면, 정확성 면. (E교사)
> "

> " 그동안 공부를 안 했던 아이들도 강사처럼 EBS도 듣고, 유튜브도 찾아보고 하면서 자기가 처음으로 공부를 하게 되고 그게 수준이 잘하는 애들이랑 못하는 애들이랑 차이가 나게 되긴 하지만, 못하는 애 입장에서는 자기가 일단 공부를 해 봤다는 거, 그리고 발표를 하려고 그 자료를 찾아봤다는 것 자체가 아이한테는 되게 큰 경험이잖아요. (E교사) "

이렇게 학생중심의 교육과정은 수업 방식을 학생 참여형으로 변화시켰고, 협동학습, 모둠 토론 및 발표, 탐구활동, 토의토론, 창작이나 체험 등으로의 교수학습방법 변화는 평가 방법의 변화를 가져오게 되었다. 교육 변혁을 실행하기 위해 교사는 기존 수업 방법에 더하여 수업 준비를 체계적이고 완성도 높게 하고 관찰자와 질문자 등의 다양한 역할을 수행하면서 수업을 흥미롭고 재미있게 만들어야 된다. 그리고 수시로 한 발자국 뒤로 물러나 학생들이 어떻게 배우는가를 관찰해야 하며 학생들에게도 자신이 배우는 내용과 방법에 대하여 스스로 생각할 수 있게 해야 한다 (Hargreaves 외, 2015b:387).

학생들의 진로 진학에 도움이 되는 다양화된 교육과정

○○고에서 운영하는 공학·예술 중점과정은 시각디자인, 프로그래밍, 영상제작의 이해와 같은 영상미술이나 공학기술과 관련된 교과들을 학습하는 과정으로, 학생들은 영화제작, 방송, 애니메이션 동아리 활동을 하고 있다. E학생은 일반고에서 흔히 볼 수 없는 공학·예술 과정을 통해 학교에서 다양한 컴퓨터 프로그램을 다루는 법을 배우고 웹툰이나 영화를 제작해 보았기 때문에 일러스트, 애니메이션, 영상편집, 연출과 같은 분야로 진로를 정했다고 한다. 그러한 교과과정을 거친 E학생은 자신의 진로에 대해 보다 구체적인 계획을 갖고 있음을 볼 수 있다. 처음에는 그냥 새로운 것을 배울 수 있겠다는 호기심으로 선택했지만 관련 교과를 배우고 동아리 활동을 하는 과정에서 자신의 적성과 잘 맞는다는 것을 알게 되어 관련 학과로 진학해야겠다는 생각을 갖게 되었다.

> (진로는) 순수미술이나 일러스트, 아니면 약간 애니메이션으로 가는 애들, 성우도 있어요. … 공학·예술 과정 아무래도 좀 보통 안하잖아요, 이런 경험을. 영화 하면서 장비 같은 것도 이것저것 만져 보고, 포토샵이나 이런 거. 저희 그 편집할 때도 파워디렉터 같은 거, 2학년때 웹툰, 웹 카툰 그런거 만들잖아요. 포토샵으로 해서 편집을 하고 있거든요. 애들은 연출을 잘하는 애들이 있기도 하고 편집 같은 걸 잘하는 애들이 있기도 하고 그러거든요. (E학생)

> 저는 약간 흥미 위주로 들어오게 된 거거든요. 그냥 이런 걸 새로운 걸 배운다니깐, 설명 듣고 관심이 생겨서 들어왔는데, 하면서 약간 좀 뭐지? 생각했던 거랑은 약간 다르긴 한데, 근데 뭐 이것저것 배우고. 처음에는 이쪽에 흥미는 있었는데 이쪽을 반드시 가야겠다 이건 아닌데, 이거 하면서, 해 보니까 이게 제일 좋고, 잘 맞는거 같아서. … 대학 진학 같은 경우는 아무래도 만화나 웹툰 관련 쪽이나 애니메이션 관련 쪽으로 생각을 해요. 대학을 정확히 어딜 가겠다 이거까진 아니더라도 학과 정도는 대충 정해 놓고 있어요. (E학생/2019.11.)

<할로윈 사탕 나눠 주기>

<할로윈 포토존>

아래 학생들은 학교 교육과정 안에서 할 수 있는 주문형 강좌와 클러스터 수업, 각종 대회 등이 자신들의 진학에 많은 도움이 되었다고 말한다. A학생은 일반적으로 다른 학생들이 체육대학을 가기 위해 학원에서 200만 원이 넘는 수강료를 지불하고 배워야 하는 것을 학교에 개설된 주문형 강좌를 통해 체육 전공 실기 준비를 할 수 있었다고 하며, B학생은 클러스터 비교문화 수업에서 학습한

내용을 바탕으로 면접 준비를 할 수 있었다고 말한다. D학생 역시 학교에서 여는 다양한 분야의 대회에 학생 각자의 진로에 따라 참여한 경험들이 자소서나 면접에 많은 도움이 되었다고 한다. 이처럼 공교육 기관인 **학교에서 다양하게 진로에 따라 제공한 학교 내 활동은 학생들의 진학에 도움이 되었고, 사교육비 경감에 도움이 될 수 있었던 것**으로 보인다.

> 저 같은 경우는 **주문형 강좌인 체육 전공 실기**라는 프로그램을 진행했는데요, 주문형 강좌 덕분에 좀 비쌌던 체대가 한 달에 60만 원 정도 돈을 (학원에) 내거든요. 시즌 같은 경우에는 200만 원이 넘는데 학교에서 이런 주문형 강좌 방과후 활동을 열어 준 덕분에 그렇게 큰돈을 부담하지 않고도 열심히 운동을 하고 체대 전공 실기를 준비할 수 있었습니다. (A학생)

> 교육과정 클러스터(비교문화)에 참여했었는데, 같이 참여하면서 시사상식도 더 알게 되고 이런 것들이 대학 면접 준비를 할 때 도움이 됐던 부분도 있고. ... 면접에서 저는 정치외교학과 진학을 목표로 했는데 그게 아무래도 과 자체가 시사상식을 요구하는 질문이 많다 보니까. 그거 할 때 그때 배웠던 것을 바탕으로 해서 대답 준비를 많이 해 갔던 거 같아요. (B학생)

<일본어 문화 수업>

<중국어 문화 수업>

>   **"**
>
>   아, 저희 학교가 대회 같은 걸 되게 많이 열잖아요. 그런 게 **자기소개서 쓸 때 내용이 많아서** 고민을 안 하더라고요. 저는 UCC 쪽으로 대회를 많이 참여해서 UCC 쪽에서 쓸 게 많았고, **면접 볼 때도** 그런 얘기를 많이 했고. 그런 대회를 많이 여는 게 애들한테 **진짜 많이 도움이 되는 것** 같아요. 그리고 한 분야가 아니라 여러 분야로 많은 대회를 여니까, 다들 각자 꿈이 다르니까 그런 쪽에서 여러 애들한테 많이 도움이 되었던 것 같아요. (D학생)
>
>   **"**

📖 변화 결과에 대한 학교 구성원의 자부심

이제 ○○고가 학생중심의 다양한 교육과정을 운영하는 학교로 변화한 결과에 대해 학교 구성원들의 생각을 살펴보려 한다. 우선 공학예술 중점과정이나 융합교육 프로젝트를 경험한 학생으로서 그리고 선배로서 C학생은 그러한 교육과정 활동이 도움이 많이 되었다는 것을 느꼈기에 학교 발전을 위해 그런 교육과정이 더욱 커지고 많아져야 한다고 생각한다. 또한 그러한 교육과정이 지속적으로 운영되기 위해서는 학생들의 참여가 필요하기 때문에 학생들이 원하는 교육, 학생들에게 도움이 되는 다양한 교육과정을 마련해 주기를 바라고 있다.

>   **"**
>
>   2학년 때 공학예술 반이 설립됐잖아요. 교육과정 협력, 학생들이, 그게 좀 더 커졌으면 하는 바람이 (있어요), 선배로서, 학교 발전을 위해서. 그 다음에 융합 프로젝트도 좀 더 많아졌으면... 도움이 많이 되죠. 근데 학생들의 참여도를 끌어 가는 게 가장 중요한 거잖아요, **참여도를 끄는 거는 학생들이 원하는 걸 해 주는 게 맞다고 생각하거든요.** (C학생/2017.11.)
>
>   **"**

아래 교사들의 이야기를 살펴보면, 교사들은 자신들의 많은 노력으로 교육과정이 변화하고 학교가 바뀐 것에 대해 자부심을 느끼고 있다. D교사는 자신들이 하고 있는 교육이 다른 학교에서는 받을 수 없는 매우 수준 있는 것으로 나중에 학생들이 알게 될 것이라는 자신감을 갖고 있으며, A교사는 많은 교육 프로그램 투여로 수업에 있어서 학생들이 학습 의욕을 가지고 참여하게 되었음을 강조하고 있다. 그는 교육과정의 변화로 인해 다양하고도 많은 교육 활동이 진행되었으며, 그러한 교육 프로그램들이 자신들에게 도움이 된다는 것을 알게 되면서 학생들이 금연도 하고 질서를 지키고 서로 배려하는 모습들을 보이게 되었다고 말한다. F교사 역시 학교 변화에 놀라워하고 있다. 그는 학교 교육과정의 변화로 학교 교사들은 일상적으로 하고 있는 것인데, 소위 일류 학교도 떨어진 교육과정 평가에서 우수한 결과를 거두었으며 또한 그러한 성과가 신문에 나올 정도로 인정받았다는 것에 대해 자부심을 갖고 있는 것으로 보인다.

> " 지금은 모든 학생들이 모든 학교에서 이와 같은 교육을 받을 것이라고 생각을 할 수 있지만, 이 아이들이 친구를 만나고 대학에 가서 이야기하다 보면 '이런 걸 우리 학교에서 했어'라고 이야기를 하게 되면, '정말 우리가 수준이 높았었구나' 하는 것을 나중에 알게 될 것 같아요. (D교사) "

> " 저는 자부심을 많이 느껴요. (웃음) 아이들이 어쨌든 학교 안에서 금연만 해도. 질서를 지키는 거고 서로 배려하는 게 좋은 것 같고. 수업에서도 사실 이맘때 쯤이면 반에서 열댓 명씩은 엎드렸을 텐데, 애들이 의욕이 있어 가지고, 진로 교육도 열심히 해서인지 애들이 관심을 가지고 있어요. … 한두 명 엎드려 있기는 하는데 거의 나름 학습 의욕이 생겼다고 해야 하나. … 이런 교육과정 너희들한테 유리하다, 앞으로 진로, 학교 행사도 그렇고. 애들한테 많은 것을 투여하잖아요. 그것들이 어느 정도 애들한테 스며든 것이 아닌가. (A교사) "

> 이번에 신문도 났었잖아요. 우리 학교 이런 활동도 하니까. 신문에도 나오고 신기하더라고요. **교육과정은 솔직히 전 될 줄 몰랐거든요.** 우리는 하는 건데 이게 되네? 하고 놀랍더라고요. 다른 사람들도 그런 얘기는 하지 않는데, 우리가 좋다고 하는 상류 고등학교도 떨어졌는데. 되더라고요. (F교사)

학부모의 경우에는 무엇보다도 인성 교육적 측면에서 많은 변화가 있었다는 것을 높이 평가하고 있다. 예전엔 학교 끝나고 배회하거나 노래방에 가던 학생들이 하나둘씩 교사와 다른 학생들과 함께 다양해진 교육활동에 참가하게 되면서 밖에서 보내는 시간이 줄어들었고 대학에 진학하려는 의지가 생기게 되었다고 말한다. 학교의 다양한 교육활동은 생활지도나 인성교육과 더불어 학생들의 학습 의욕도 북돋아 줄 수 있음을 볼 수 있다.

> 아이들이 섞여서 같이 선생님하고 프로그램에 참여하면서 밖에서 학교 끝나고 배회하던 아이들이 해 보고 나 이거 좋아, 너도 해 볼래? 이래서 하나둘씩 하게 되니까 아이들이 밖에서 보내는 시간이 줄었던 것 같아요. … 노래방 같은 데를 가는 시간이 많이 줄었던 것 같아요. 과학 동아리나 토요일에 또 많이 가요. 그런 걸 하면서 그러면 나도 이런 걸 살려서 대학을 가볼까 하는 생각을 많이 했던 것 같아요. (A학부모)

○○고는 보다 발전된 학교교육을 위해 변화해야 한다는 요구에 따라 혁신적으로 교육과정을 변화시켰고 열심히 노력한 결과 교실 수업이 개선되었으며 학생들의 학력이 향상되었다. 더불어 교사와 학생의 학교에 대한 자존감이 높아졌으며 교사들도 자신들이 운영하고 있는 교육과정이 학생들에게 매우 유용하다는 확신을 갖게 되었다. ○○고와 유사하게 **학생중심의 교육과정을 운영함으로써 학교를 변화시킨 사례를** 북잉글랜드 그래인지 중등학교**에서 볼 수 있다** (Hargreaves 외, 2015b:279). 그래인지 중등학교가 학력이 낮고 교직원의 이직율이 높았던 상태에서 매우 높은 성취를 보이는 좋은 학교로 변화한 계기는 '학생들이

빠르게 진보하도록 하려면, 학교는 학생들로 하여금 그들이 잘하는 것과 즐거워했던 것들을 더 많이 허용해야만 한다'라는 생각으로 교육과정을 학생들에게 맞추는 조치를 취한 것이었다. 교사들은 교육과정이 진실로 '학생들을 위해 설계되고', '학생들의 요구에 맞는다'라고 느끼게 되면서 변화하기 시작하였다. 그 결과 학생들은 아주 높은 향상도를 보였으며 학교는 국가 수준의 여러 가지 상을 수상할 정도로 변화하였다. 그리고 구성원들은 그들의 성취에 대해 자부심을 갖게 되었다.

위에서 볼 수 있었던 것과 같이 교사들은 교육과정을 다양화하고 동아리 활동과 많은 교육활동 프로그램을 운영함으로써 자신들의 업무가 많아지고 바빠진다는 것을 알고 있었지만 학생중심 교육과정으로의 변화가 학생들에게 도움이 되고 필요한 것이라는 알고 노력하고 있다. 또한 공학·예술 교육과정이나 융합과학 교육과정이 학생들의 진로적성에 맞고 그리고 시대적 흐름에 맞춘 교육과정이라는 것을 느꼈다. 그래서 담당자들이 업무 과다로 더 이상 할 수 없다고 이야기했을 때조차도, 많은 교사들은 "일하기는 싫지만, 그것이 학생들을 위한 일이라는 생각에 더 열심히 하게 된다"고 하였다. 이는 **교육과정이 실로 학생들을 위한 것이고 교육적으로 필요한 것**이라는 생각이 들 때 교사들도 함께하고자 자발적 참여를 하게 되고 그로 인해 학교의 변화가 이루어진다는 것을 보여 준다.

일반적으로 학교 수업이 대학입학에 도움이 되지 않는다고 말하지만, ○○고의 사례에서 보면 학교에서 제공하는 교과중점 과정이나 클러스터, 주문형 강좌, 동아리 활동과 같은 다양화된 교육과정이 학생들의 입시에 많은 도움이 되었음을 볼 수 있다. 이처럼 **학교교육과 대학 입시가 따로 가는 것이 아니라 대학 입시는 고등학교 교육과정과 연계되어야 한다. 그리고 입시를 위한 모든 것이 학교교육 안에서 해결되어야 할 것**이다. 대학 입시 때문에 수업이 바뀔 수 없는 것이 아니라, 시대가 변화하기 때문에 교육이 바뀌어야 하는 것이고, 또한 대학 입시의 변화 때문에 수업이 바뀌어야 하는 것이 아니라 시대의 변화가 수업의 변화를 요구하고 있는 것이다. 이러한 것을 그 누구보다 교사들이 더 잘 인식하고 있고 그래서 변화의 당위성을 받아들이고 있다. 이러한 상황에 그 방향성을 잘 제시한다면 우리 교육의 변화는 잘 이루어질 수 있을 것이다. ○○고의 사례처럼 수업의 변화가 대입에도 유리하게 작용할 수 있다면 그것은 더욱 좋을 것이다.

〈 기초기본 학습에 대한 생각 〉

학력이 너무나 낮아 학습하는 방법조차 알지 못하는 학생들에게 많은 수업을 하는 것보다 오히려 공부하는 방법을 지도하는 것이 더 필요하다고 생각했다. 우리 학교 학생들의 학업수준은 매우 낮았고, 더구나 가정에서 학습하는 방법에 대한 지도가 이루어질 수 없는 상황이었으며, 그러한 상태로 초등학교, 중학교를 지나왔기 때문에 기초학력 부진학생의 숫자가 매우 많은 상태였다. 예를 들어 영어사전 찾는 방법이라든지, 발음기호에 대한 지도, 수학의 기본적인 기초 지식이 매우 부족하였다. 이는 다른 지역의 학생들처럼 저학년 때부터 학원을 다니지 못했으며, 학교에서 기초기본 학습에 대한 지도를 했지만 학업에 대한 관심이 매우 부족했기 때문이라 생각되었다. 반면에 이와 같이 사교육에 의해 획일화된 생각을 갖지 않고 자유롭게 공부한 학생들은 공부를 해야 하는 자기 스스로의 깨달음을 얻게 되면서 다른 학교의 학생들에 비해 창의적인 사고를 할 수 있었고 학교에서 교사들이 지도하는 내용을 매우 적극적인 태도로 받아들였다. 두 해에 걸쳐 **학습코칭을 실시한 후 본교 교사들이 주축**이 되어 우리 학교에서는 **기초기본학습 부진학생들을 위한 프로그램을 구성**하고, 일반적으로 교과수업으로만 구성되는 프로그램과 달리 '**공부를 해야 하는 이유**'라든지 **교사들이 어려움을 극복하고 살아온 이야기에 대한 TED**, 학생들이 좋아하는 체육, 음악, 미술 등의 수업을 포함한 프로그램 등을 넣은 프로그램을 통해 **스스로 할 수 있다는 생각, 학습에 대한 흥미 등을 불러일으키는 근원적인 부분에 대해 강조**하여 학생의 자발적 학습의욕을 불러일으키고자 하였다.

<자발적 학습의 중요성에 대한 훈화>

2013. 3. 13. 교육과정에 대한 나의 생각

많은 사람들이 대안교육이 우리가 나아갈 참교육의 방향이라고 생각한다. 마치 공교육이 모든 교육 병폐의 온상인 양 비난하면서 잘못된 공교육에 대한 해결책을 사교육 기관이나 대안교육 기관에서 찾는다. 공교육에 30여 년 가까이 몸담아 온 교사로서 정말 공교육이 그렇게 나쁜 영향만을 주어 왔던가 반문하면서...

요즈음 학교도 많이 변화하고 있다. 선생님들이 교육을 바꾸고자 노력하고, 많은 관리자들도 도덕적 리더십이나 서번트 리더십과 같은 리더십을 갖추고자 노력하고 있다. 사실 학교 현장의 교사들이 많이 변화하였기 때문에 과거 권위적인 생각을 갖고 있는 관리자들은 학교 현장에서 환영받지 못할 뿐더러 그런 방식으로 학교를 운영하는 학교는 경쟁에서 뒤처질 수밖에 없기 때문에 관리자 역시 스스로 변화를 꾀하고 있다.

각종 대안학교나 사설 교육기관들, 예를 들면 학원이나, 유학원 아니면 꿈·비전 찾기를 교육하는 기관, 학습코칭센터 등이 운영하는 영어캠프, 독서캠프, 진로코칭, 비전코칭, 프로젝트 학습 등등 무수히 많은 기관들이 새로운 교육방법을 시도한다고들 하며, 자신들만이 마치 새로운 교육의 선두인 양 선전을 하고 있다. 반면 묵묵하게 일하고 있는 한국 공교육의 교사들은 어떠한가. 그들도 교육의 새로운 방향에 맞춰 스스로의 교육방법을 바꾸고 있고 어떻게 하면 학생들을 더 잘 지도할 수 있을까를 고민하며 생활하고 있다. 단지 공교육 기관의 선생님들은 자신들이 해야 할 일들을 당연히 하고 있기 때문에 힘주어 선전하지 않을 뿐이다. 지금 사교육 기관이나 대안교육 기관에서 하고 있는 교육들은 모두 공교육 기관에서 이루어져야 한다. 그런 프로그램들이 공교육 기관으로 들어와서 이루어져야 하고 그것을 위해 우리 모두가 힘써야 할 것이다.

우리 학교(OO중)의 경우, 프로젝트 수업을 하고 있고, 융합교육을 시도하고, 학생들의 체험을 강조하는 교육을 하고 있다. 또한 학생들의 진로지도를 위해 진로캠프 등 다양한 교육을 하고 있다. 이러한 학교들이 많이 있고 각 학교에서 하고 있는 교육은 절대로 과소평가받지 않아야 한다고 생각한다.

매직 2: 수업의 변화
- 미래를 준비하는 융합교육으로 수업을 변화시켜라

미래는 디지털 혁명을 기반으로 인간과 인간, 사물과 인간, 사물과 사물이 연결되는 초연결, 초지능 사회이다. 미래사회가 시작되고 있는 시점인 지금도 우리는 서로 융합되어 시너지 효과를 내는 미술관 속 카페나 카페 속 스터디 공간에서 시간을 보내고, 3D 프린터로 만든 스테이크, 스마트 팜, 스마트 헬스케어, 패션 시뮬레이션과 같이 과거에는 전혀 관계없었던 것들이 서로 연결되어 개발되고 있는 것을 볼 수 있다. 이러한 시대에는 유연하고 창의적인 사고력을 지닌, 서로 다른 지식을 융합하고 활용할 수 있는 창의융합형 인재를 양성할 필요가 있다. 여러 분야의 지식과 경험이 융합되는 미래사회에서 자기 혼자 뛰어난 능력을 가졌다고 해서 우수한 성과를 낼 수 있는 것이 아니고 다양한 분야의 인재들과 의사소통하고 협력함으로써 성과를 발휘할 수 있기 때문이다.

그러나 핵가족화와 첨단 과학 기술의 발달은 우리 아이들에게 필요한 의사소통과 협력의 기회를 더욱 앗아 가고 있다. 디지털 세대인 우리의 아이들은 태어나서부터 스마트폰과 함께 성장하고 사이버상의 친구들과 대화하고, 과거 우리가 친구들과 함께했던 놀이도 지금은 학원에서 수업으로 배우는 상황이 되었다. 이른바 **디지털 네이티브**(원주민) **Z세대**로 지칭되는 우리 학생들은 '구글과 함께 탄생한' 세대로서 **자기중심적 개인주의가 강하고 다소 우울한 성향**을 보인다. 연구에 따르면 Z세대로 이어져 나갈수록 집단이나 공동체, 사회보다 **개인화 과정**(individualization prosess)**이 점점 강화되고**, 개인화 과정이 강화될수록 세대 개념의 핵심인 **집단적 정체성**(collective identities)**이 약화**된다고 볼 수 있다(박치완, 2019:17-22).

그러므로 우리는 20여 년 후 사회의 주요 의사결정자이면서 행위자인 Z세대에게 **창의성**과 더불어 **지식과 경험을 융합**할 수 있는 역량, 타인과 함께 어울려 살아갈 수 있는 **공동체성, 협업역량**을 키워 주어야 한다. 그리고 긍정적인 태도로 삶을 바라볼 수 있도록 **인성교육**[14]을 해야 할 필요가 있다. 이러한 내용은 교육부에서 실시한 미래 교육과정 방향에 대한 국민의견 조사 결과에서도 나타나, 46.9%가 미래사회를 대비하여 시민/인성교육을 시급히 추진해야 한다고 했으며, 앞으로 학교교육의 방향은 삶과 교과를 통합한 교육(55.0%)과 교과 간 융합교육(23.1%)으로 나아가야 한다고 답하였다(뉴시스, 2019).

자료 18 미래교육과정 방향에 대한 의견 조사 결과

출처: 뉴시스(2019.12.5.)

이러한 방향으로의 교육 변화는 호주, 캐나다, 핀란드 등을 비롯한 여러 나라 에서 **역량을 중심으로 교육과정을 재구조화하려는 시도**에서 찾아볼 수 있으며,

---

14 '인성교육'이란 자신의 내면을 바르고 건전하게 가꾸고 타인·공동체·자연과 더불어 살아가는 데 필요한 인 간다운 성품과 역량을 기르는 것을 목적으로 하는 교육을 말한다(인성교육진흥법 제2조).

그들은 **역량중심으로의 변화 방법으로 '통합**(융합)**'을 제시**하고 있다. 그 한 예로 핀란드는 국가교육과정에서 자아존중감, 협력, 창조성을 핵심으로, 긍정적 정서 경험, 협력학습과 상호작용, 창조적 활동이 학습을 증진시킨다는 원리에 기초 하여 포괄적 역량과 교과 간 통합을 강조하고 있다. 핀란드에서는 이를 통해 학생들이 교과 지식 사이의 연관성을 이해하고, 다양한 지식과 기술을 융합할 수 있으며, 협력학습에 적용할 수 있는 능력을 길러야 한다고 명시하고 있다(Finnish National Board of Education, 2016). 그리고 교과 간 경계를 느슨하게 하여 교과 통합적 인 수업을 해야 하며, 전통적인 강의식 수업보다는 프로젝트 학습이 유용하다고 권하고 있다(백병부 외, 2018:41).

이에 우리나라에서도 2015 문·이과 통합형 교육과정 총론 주요사항을 발표하고, 총론의 기본 방향을 토대로 교과별 교육과정을 개발하였으며(교육부, 2015), 최근에는 융합교육 실행 사례도 일선 학교에서 다수 찾아볼 수 있다(유병규, 2014; 김성수·이형빈, 2016; 오찬숙, 2015, 2019). **융합교육은 학생 경험중심의 교육활동**으로, 각 교과 교육과정을 그대로 가르치는 것이 아니다. 학생이 처한 맥락에서 교육활동이 유의미할 수 있도록 관련 교과 간의 긴밀한 협의를 통해 **학생들의 성취수준과 흥미, 요구에 맞게 교육과정을 재구성하여 교육하는 것**이다. 이러한 융합교육은 최근에 등장한 완전히 새로운 교육방법이 아니라 과거부터 교육과정 통합 방법에 의해 여러 형태로 실행되어 온 것으로, 최근 다양한 분야의 융합이 이루어지는 미래시대를 대비하여 창의융합적 인재를 양성해야 한다는 필요성에 의해 다시 큰 관심과 주목을 받고 있다.

융합교육은 학생들의 삶의 터전을 기반으로 교과 내용과 결합된 활동중심의 프로젝트 수업 방식으로 이루어진다. 학생들은 여러 교과가 관련된 프로젝트에 참여함으로써 유의미한 경험을 통해 융합적 사고와 창의성을 기르고, 모둠학습이나 협동학습으로 진행되는 융합수업 과정에서 협동심과 협업능력, 문제해결력, 자기주도학습력 등을 향상시킬 수 있다. 이와 같이 융합교육은 수업의 변화를 가져오게 되는데, 기존의 교사중심의 강의식 수업을 해 오던 교사들에게 학생중심의 프로젝트 수업 방식의 융합교육은 새롭다고 느껴지는 개혁적 방법일 수 있다. 진정한 개혁은 교육과정과 수업의 변화를 포함해야 한다는 풀란(2017:68)의 이야기처럼, 융합교육을 하려면 교육과정이 바뀌어야 하고 수업도 변화해야 하는 것이다.

다음은 필자가 교감부터 교장 초년생에 이르는 시기에 학교 교육과정을 운영하면서 느끼고 생각했던 바를 적어 놓은 것이다. 실행을 통해 융합교육에 대한 나의 생각이 확장되고 있었다.

2015. I. 5. 봉사활동연구회 강의에서 느낀 점

1. 봉사와 교과 간의 연계는 봉사를 주제로 묶을 수 있다. 창체만이 아니라 교과에서 봉사에 대한 의식, 올바른 시민정신 등의 의식을 고취하고 실행에까지 이어지게 할 수 있다.
2. **점수를 주는 봉사만을 생각하지 말고 봉사정신의 고취, 시민으로서의 책임교육 등이 교육활동으로 이루어져야 한다.**
3. 하나의 프로젝트로 여러 교과의 수행평가가 가능하다.
   예) 털실모자 뜨기, 실내화 그림그리기, 재래시장 살리기 등
4. 수학교과에서 서로 가르쳐 주기(멘토·멘티)로 봉사를 실행할 수 있다.
5. 봉사활동은 환경교육과 연계될 수 있다.
   예) 식목일 연계 나무심기, 팻말달기, 폐품활용 정수기 만들기

2015. I2. 5. 교육과정 운영에 관한 수첩 메모 (1)

1. 융합교육을 통해 다양한 경험을 주는 것이 중요하다.
2. **융합교육이 대입과 직결된다는 것**을 보여 주어야 한다. 궁극적으로 진로진학과 연결되어서 그 결과로 대입에 영향을 줄 수 있다.
   - 학생중심 융합교육으로 진로교육 방안 탐색, 진로 개별화를 위한 융합교육 방안, 학생중심 교육으로 변화를 모색해야 한다.

- 학생이 잘하는 것과 즐거워하는 것을 더 많이 하도록 해야 한다. 진로적성 파악 후 교육과정을 그 방향으로 편성해야 한다.
- 학교의 본질은 수업이고 수업이 가장 중요하다. 그리고 수업 공개는 그 변화로 가는 길이다. 때우기 식의 수업 공개가 아니라 **있는 그대로의 수업을 나누어 교사의 성장을 도모**해야 한다.

＊ - ＊

🕐 2016. 11. 17. 교육과정 운영에 관한 수첩 메모 (2)

- 수행평가 '양'의 적정성이 필요하다.
- 인성교육과 교과교육은 함께 가야 하는데 어떻게 가르칠 것인가를 고민해야 한다.
- 교육과정상에 교과별, 학년별 목표가 나와야 한다. 어떤 역량을 기를 것인가. 진로도 로드맵을 가지고 가르쳐야 한다.
- 자퇴가 늘어난다. 학교가 **학생의 진로에 대한 로드맵**을 주지 않는 한 이탈자가 생길 것이다.
- 학년 교육과정이 만들어져야 한다. **학년이 교사학습공동체가 되어서** 함께 해야 한다.
- 융합으로 학습량을 적절히 하고, 성장단계별 역량 목표를 추구해야 한다. 혼자 할 수 없는 일. 그래서 **씨줄과 날줄이 엮여야 한다.** 학년과 교과의 교육이 엮이게 해야 한다.

＊ - ＊

○○고에서는 교과교육의 바탕 위에 학생의 흥미와 관심을 반영하여 구성한 융합교육을 실시하고 있다. 2014년에 부임해서 4년 째 근무 중인 27년 경력의 D교사는 ○○고 변화에 큰 도움을 주었던 것이 새 교장이 **융합수업을 교육과정 내에서 할 수 있도록 변화의 틀을 마련하고 동력을 준 것**이라 생각하고 있다. 그

의 이야기에서 교육과정 재구성으로 이루어지는 융합수업이 수업의 변화를 가져왔으나, 교사들은 그동안 해 보지 않았던 방식으로 수업하는 것을 힘들어하고 있음을 알 수 있다. 그러나 그는 인공지능 이야기를 자주 들을 수 있는 변화의 시대에 융합적 사고력을 기르는 것이 매우 중요하며, 융합수업이 이러한 융합적 사고력을 기를 수 있는 방안이라 생각하고 있다. 지금 힘들어하는 다른 교사들도 시간이 지나 경력이 쌓이게 되면 융합수업이 중요하고 필요한 것임을 느끼게 될 것이라 말한다. B교사 역시 **학교 변화의 원인을** 교육과정이 **융합수업으로 변화하면서 학생들이 참여하는 수업으로 바뀐 것**에서 찾고 있다. 여러 교과가 융합하는 수업은 기존 수업과는 달리 학생들이 참여하여 활동하는 방식으로 진행되기 때문에 일반계 고등학교 수업의 문제점으로 자주 거론되는 '학생들이 잠자는 수업'이 아니라 '좀 더 살아나는 깨어 있는 수업'으로 변화하게 했음을 알 수 있다.

> "
> 새 교장이 와서 그 틀을 마련하고 동력을 주었던 게 큰 도움이 되었던 것 같아요. 저희 학교 수업의 변화를 위해서 교육과정 재구성과 같은 제도를 들여왔고, 선생님들이 학생들의 융합적 사고력을 기르는 게 아주 중요하다고 생각하는데, 융합수업을 할 수 있게끔, 학교 교육과정 내로 들어올 수 있게 틀을 마련해 주었던 게 가장 컸던 것 같아요. … 뭐든지 안 하던 걸 하려면은 힘들죠. 선생님들이 분명히 느껴요. 시간이 지날수록 느낄 걸요. 그럼요. 지금 올해도 계속 방송에 나왔던 것이 인공지능 이야기가 작년부터 나왔는데, 그런데 이 아이들이 하나만 배워가지고 되겠어요? 융합적 사고가 아니면 할 수가 없죠. 그래서 이거는 선생님들이 경력이 가면 갈수록 느낄 수 있지 않을까. (D교사/2017.10.)
> "

> "
> 일단은 제가 생각하기에는 뭔가 이렇게 교육과정이 좀 음, 교육과정이 좀 그전에는 그냥 수업, 끝. 근데 이제 수업하면서 뭔가를 만들어 내고 창출하고 **여기랑 저기랑 융합하면서 아이들이 좀 더 살아나는, 깨어 있는** 그런 것들 때문에 학교가 좀 변화하고 있는거 아닌가. … 그러면서 아이들이 학교에서 잠만 자는게 아니라, 잠 안 자고 뭔가를 계속 하고 있으니까… (B교사)
> "

⏱ 2015. 9. 23. (교사연수) 교육과정 변화를 부탁하는 이야기

변화에 대한 불안감을 감소시키기 위한, 조금만 변화하면 된다는 위안을 주는 말과 더불어 나(교사)를 중심으로 생각해 보는 기회로 삼아 보자는 당부

고시된 교육과정의 내용을 보면 학교교육 전 과정을 통해 중점적으로 기르고자 하는 핵심 역량 중 "다양한 전문 분야의 지식, 기술, 경험을 융합적으로 활용하여 새로운 것을 창출하는 창의적 사고 역량"이 있습니다. 그리고 특히 고등학교 교육 목표로 "다양한 분야의 지식과 경험을 융합하여 창의적으로 문제를 해결하고, 새로운 상황에 능동적으로 대처하는 능력을 기른다"라고 명시되어 있습니다. 이것은 3년 후 2018년 3월 고1부터 시작하게 되어 있습니다. 통합사회, 통합과학 교과를 신설하여 공통과목으로 가르쳐야 합니다. 그러나 그것은 **완전히 새로운 것이 아니고 우리가 해 왔던 것으로, 실제 여러 학교에서 시도하고 있고**(변화에 대한 불안감을 감소시키기 위한, 조금만 변화하면 된다는 위안을 주는 말) 3년간 연구해 오고 있습니다. 오늘의 연수로 어떤 것인가를 살펴보고 **내가 한다면 어떻게 할 것인가를 생각해 보는 기회**(나를 중심으로 생각해 보는 기회 부여)로 삼기 바랍니다.

● - ●

⏱ 2018. 5. 대학원 수업 중

"교장이 어떻게 교육과정을 운영하는가?"라는 질문에 대한 나의 생각

수업 변화를 이끄는 전학공으로, 학교차원에서 다양한 융합교육을 실천하고 학생들의 미래핵심역량을 키우자. … 교사가 가치를 가져야 변화되는데 그것은 바람직한 것들을 보고 경험하고 느낌으로써 내면화되는 것이다. 교사들은 내가 하면 참여하나 내가 하지 않으면 참여하지 않는다. 그러므로 참여하게 해야 한다. 이것은 학생들이 수업에서 내가 하면 참여하고 내가 하지 않으면 참여하지 않는 것과 같다. 그것은 아이와 어른, 학생과 교사의 성향이라기보다 모든 인간의 속성이라 생각된다. **학생과 교사가 주도적으로 참여하게 하는 것. 그것이 자발성을 갖**

게 하는 **핵심**(Key Point)일 것이다. 교사는 활동중심의 수업(융합수업)을 구성하는 데 주도적으로 참여해야 하고, 학생은 수업에서 주도적으로 참여하며 학습해야 한다. 교사들은 처음엔 투덜거리지만 원래 성향이 배우는 것(앎)을 좋아하는 부류이기 때문에 너무나 잘하게 된다. 3년 넘게 실행했던 것을 살펴보니 우리학교 선생님들이 너무 힘들었겠구나 하는 생각에 미안함과 동시에 무한한 고마움을 느낀다.

- -

학생들은 전통적인 학교에서 지루함을 느낀다. 그것은 학년이 올라갈수록 더욱 심해져 우리는 엎드려 자고 있는 학생들을 대상으로 수업하는 선생님들의 모습을 안타까운 마음으로 바라보기도 한다. 인지과학자나 사회학자들은 학교가 학생들에게 유의미하고 매력적이며 가치 있는 경험에 연결시키는 방식으로 운영될 때만 실질적인 학습이 일어난다고 주장한다. 극소수의 학생만이 학교 수업에 몰입하는 모습을 보이는 것은 문제의 심각성을 잘 나타내는 징표인 것이다(Fullan, 2017:244). **학생들에게 의미 있는 맥락을 중심으로 교과내용과 결합하여 진행되는 융합교육은** 학생들에게 **유의미한 경험을 주어 교과지식을 보다 실제적으로 습득**할 수 있게 한다.

아래 F교사는 자신의 역사수업을 조사하고 체험하는 방식으로 변화시키고 학생들이 UCC를 만들어 발표하는 수업을 했는데 학생들의 반응과 참여도가 확실히 높아졌다고 이야기하고 있으며, E교사 역시 학생의 진로와 연관지어 진행한 영어수업에서 학생들의 변화를 볼 수 있었다고 말한다. 학생들이 자신의 진로와 관련 있는 영어지문을 선택해서 읽고 친구들과 의견을 나누는 과정에서 강의식 수업이라면 졸았을 학생들이 관심을 가지고 집중하는 모습을 보였다고 말했다.

> "
> 이왕이면 자기의 진로와 관련된 지문을 골라라 하고, 그중에서 지문을 영어적으로 분석을 하고 끝나고 나서는 내용적인 면에서 자기의 진로와 연관해서 하게 하는데 그렇게 했더니 개인적으로 봤을 때, 공부하지 않는 애들이 공부하게 되는 좋은 점도 있고 반마다 가지고 있는 특성도 보이더라고요. … 자기들끼리 수업을 하다 보니까 되게 만족도 하고 집중도 하고. 선생님이 하면 많이 졸았을 텐데, 자기네들끼리 의리도 있어서 친구가 하니까 많이 들어 주더라고요. (E교사)
> "

    역사를 너무 어렵게만 생각하지 말고 조사를 하면서 새롭게 알게 되고 체험활동 식으로 수업할 수 있게 되고. 그리고 인터넷에 떠도는 UCC는 보지 않게 되는데 우리가 참여하는 UCC는 친구들이 나오니까 보게 되거든요. 쟤가 저런 것도 해? 처음에는 웃어요, 자기들끼리 창피해하고. 근데 반응이나 참여도가 확실히 높은 것 같아요. (F교사)

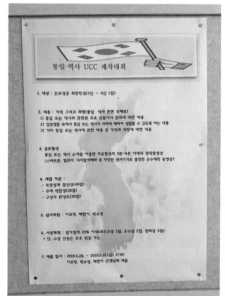

<역사 통일 UCC 대회 수상작>

    한편, 주제별 체험학습도 여러 교과가 함께 참여하는 융합교육 프로젝트로 구성되어 학생들에게 유의미하고 가치 있는 경험을 제공할 수 있다. ○○고에서는 주제별 체험학습을 의미 있는 경험으로 만들기 위하여 사전교육으로 체험학습 관련 프레젠테이션 대회를 개최하여 학생들이 사전지식을 얻을 수 있게 하였고, 문학, 미술, 생명과학, 미적분, 세계지리, 동아시아사, 음악, 한문, 기술, 체육 교과에서 체험학습과 관련된 내용으로 재구성된 수업자료를 만들어 학습함으로써 교과 연계 활동을 진행하였다. 그리고 사후활동으로 교과별 체험학습 소감문 대회,

사이언스포토 경진대회, 시 창작 등을 하여 체험학습에서 얻은 경험을 내면화시킬 수 있는 기회를 제공하였다(오찬숙, 2019:352). K교사는 수학여행과 관련한 교과융합 프로젝트에서 교과 내용과 활동지를 모아 책으로 만든다는 것이 기발한 아이디어라고 생각했고 재미있게 참여했다고 이야기한다. 그리고 하나의 주제에 대해 모든 과목이 일관되게 이어지며 학습하게 하는 것과 프레젠테이션 활동을 통해 모든 학생들이 함께 준비할 수 있도록 한 것에 대해 매우 긍정적으로 생각하고 있다. I교사 역시 체험장소인 광한루와 춘향전을 연계한 수업은 학생들에게 교과와 관련한 생생한 경험을 가질 수 있게 하여 수업의 질이 향상되었다고 말한다.

> 저는 담임할 때 (수학여행 관련 교과융합 프로젝트를) 책으로 엮는다는 걸 부장님한테 처음 들어서 너무 괜찮은 거예요. **어떻게 이런 생각을 했지?**라는 생각이 들어서 **정말 재미있게 했던 것 같아요.** 하나의 주제에 모든 과목이 일관되게 이어지는 거잖아요. 아이들 중심이기도 하면서, 아이들이 프레젠테이션을 하면서 동학년 아이들이 다 같이 보잖아요. 다함께 준비가 되는 거잖아요. 그런 것도 굉장히 좋았던 것 같아요. (K교사)

> 예를 들어 남원 광한루가 체험 코스로 정해지면 남원을 배경으로 하는 판소리계 소설인 '춘향전'을 선택하여 교과 수업으로 진행하는 거죠. 그러면 **체험학습과 연계된 융합교육이 가능합니다.** 교과시간의 수업내용과 학생들의 생생한 체험이 더해져 학생들에게는 잊지 못할 경험이 되고 교과 수업의 질은 향상될 수 있습니다. (I교사)

<프레젠테이션 대회>

<광한루 연계 판소리 발표 수업>

○○고에서 진행한 학년별 융합 교육과정의 내용은 다음 [자료 19]에서 볼 수 있다. 1학년에서는 '나'를 주제로 자존감을 높이는 활동을 했고 2학년에서 '우리'를 주제로 협업하는 역량을 길러 공동체 의식을 함양하고자 하였다. 그리고 3학년에서는 '세계'를 주제로 융합수업을 진행하여 세계시민의식과 진로에 대한 넓은 시각을 갖도록 하였다. 1학년 교사들은 학생들에게 나의 소중함을 알기 위해 삶의 의미를 생각해 보는 것이 우선적으로 필요하다고 보고 '삶의 의미를 찾아서' 프로그램을 계획했으며, 2학년 교사들은 학생에게 경쟁의식이 아니라 더불어 살아가는 협업능력을 길러 주어야 한다는 데 의견을 모아, 다양한 협력수업과 모둠활동 등을 통해 협업의식을 함양할 수 있는 융합수업을 설계하여 실행하였다. 이와 같이 인성교육적 주제를 중심으로 구성된 융합교육은 교과적 지식뿐만 아니라 Z세대인 학생들에게 필요한 공동체성과 협업 등의 역량을 길러 줄 수 있는 방안으로 볼 수 있다.

자료 19 '나(자존감)-우리(협업)-세계(민주시민)'를 이어 주는 학년 융합 교육과정

영역	학년	가치(역량)	학기	교실 수업
교과 (전교과)	1학년	나 (자존감)	1	학급 마스코트 : 틴커캐드 프로그램을 활용하여 마스코트 제작
				삶의 의미를 찾아서 : 삶과 죽음의 의미를 북아트로 표현
				나의 기원을 찾아 떠나는 여행 : 지역사회(선사유적공원) 연계
			2	공감 : 타인 공감 프로젝트, 자연 공감 프로젝트 운영
				함성 : 함께하는 성탄 프로젝트(감사 카드, 학급 캐롤 대회)
	2학년	우리 (협업)	1	I Love Earth : 멸종위기 동물 문제를 해결
				I Love Us : 고사성어를 활용하여 공동체 이야기 창작
				고살이 프로젝트 : 지역 사회(전통시장-고강제일시장) 연계
			2	최척전 Co-spaces : 고전소설 최척전의 재구성을 통해 전쟁, 다문화 사회 고찰
				고리울 크리스마스 : 지역 어르신과 함께 하는 크리스마스
	3학년	세계 (민주시민)	1	세계 문화 : 세계의 다양한 문화 현상을 이해
				글로벌 직업 : 세계의 변화 탐구로 자신의 진로 구체화
				공존 : 피보나치 수열의 원리로 각 과목의 공존 개념 표현
			2	세계 여행 : 여행하고 싶은 7개의 나라 탐구, 그래프를 활용하여 경로 정하고 이유 설명하기

출처: 2017 수주고등학교 교육과정 운영 보고서

| <1학년 '삶의 의미를 찾아서' 북아트> | <2학년 멸종위기 동물 보호 캠페인> |

1학년 '삶의 의미를 찾아서' 주제에 대해 윤리, 국어, 사회, 가정 등의 교과와 함께 학년 융합 교육과정에 참가했던 B교사는 수학 교과에서도 인성 교육적 주제에 대해 참여할 수 있었던 것에 대해 긍정적으로 생각하고 있다. 그는 점과 직선의 위치를 학습하는 단원에서 삶의 의미를 생각해 볼 수 있도록 자신의 삶의 만족도를 좌표로 표시하고 **미래의 삶에 대해 발표하는 수업**을 진행하였다. 또한 일본군 위안부 문제에 대해 영어, 사회 교과와 융합하여 계획한 수학의 명제에 대한 수업은 학생들에게 깊이 생각할 수 있는 기회를 주었고, 학생 스스로 깨닫게 하는 수업이었다고 생각하고 있다. 물리 교사인 J교사도 무게중심과 균형에 관한 교과 내용을 자신이 삶에서 중요하다고 생각하는 덕목에 대한 물리적 글쓰기와 연계하는 수업을 하였다. 그는 융합된 수업이 학생들에게 다양한 경험을 줄 수 있고 **학생들이 자신의 삶을 돌아볼 수 있는 의미 있는 수업**이라고 생각하고 있다.

저는 1학기 때는 그 자기 삶의 만족도, 그걸 수행평가랑 같이 연결해가지고 했는데, 때마침 직선이랑 점과의 위치 관계 이런 걸 배우고 있을 때여서, 좌표에서 점을 하나 찍고 직선을 하나 만들어 거리 구하는 걸 했거든요. 그때 애들이 약간 그런 이야기했어요. 수학을 어떻게 그거랑 융합을 할 꺼냐고 해서, 너희들이 지금 **현재 만족하고 있는 것에 좌표에 점을 찍고.** 아 뭘 그렇게까지 하냐고. … 애들이 나와서 지금 자기 과거는 이랬고 현재는 이렇지만, **앞으로의 미래의 삶은 이렇게 살아갈 것이고 이렇게 할 것이다까지 발표를** 했더니, 그래도 괜찮았던 거 같아요. … 윤리도 했고, 국어도 했고, 뭐 여러 가지 교과랑 엮어서 했어요. 그때 모여가지고, 이때 이 주제에 대해 삶에 그런 것들에 대해서 애들의 생애 이런 걸 해 보자 해가지고. 가정도 같이 했었고, 수학도 했었고, 윤리 다 붙어가지고 했던 것 같아요. (B교사)

1학년은 (일본군) 위안부 했었거든요. 위안부 하면서 애들이 그거에 대해서 좀 더 깊이 생각해 보고 그걸 영어로도 표현해 보고, 수학은 그때 명제를 배우고 있었는데 위안부 문제에 대해서 이것은 참인가 거짓인가 이런 것도 해보고 하니까 애들이 뭔가 많이 깨닫고 그런 것이 좋은 것 같아요. (B교사)

최근에 물리1 수행평가도 단원에 나오는 내용이 무게중심을 잡고 균형을 맞추고 이런 내용이 있어요. 지난번에 연수 때도 그런거 해 보고 싶다고 말했었는데 그거 하고 있거든요. 내 삶의 균형 잡기 하는 걸 잡아서, 자기 삶에서 중요하다고 생각하는 덕목을 뽑고 그걸 가지고 모빌을 만들고 이런걸 해서 나름 자기에 대해서 생각하고 그거를 물리적으로 표현하고, 글쓰기까지 했거든요. 애들한테 그렇게 다양한 경험을 하게 해 주고 싶었고, 애들한테 의미 있을 것 같아요. (J교사)

한편, 학기 말 자기개발 시기를 활용하여 지역사회 및 학교 특색에 맞는 학교 차원의 융합교육 프로젝트를 구상하는 것은 **자신의 삶의 터전에 대한 이해와 더불어 애향심과 애교심**을 기를 수 있고, 교과 교육을 베이스로 음악회, 전시회, 버스킹 공연, 환경교육 등 다양한 활동을 가능하게 한다. 지역사회와 연계한 융합교육은 지역과 학교를 연결할 수 있는 것으로 학생들이 삶의 터전에 대한 자부심을 갖게 할 수 있으며 학교에 대한 지역사회의 관심을 고취시킬 수 있다. 이와 같이 학교교육에 융합교육적 시도를 하는 것은 학습자가 어떠한 지식을 자신의 삶이나 실세계 맥락과 유기적으로 연결 지을 수 있게 될 때 진정으로 지식을 의미 있는 방식으로 습득하고 이를 바탕으로 새로운 지식을 능동적으로 생산해 낼 수 있다는 점을 강조하는 것이다(차윤경 외, 2016:164).

<연애시대 음악회 모습>

■ **지역사회 참여형 프로젝트 수업**으로 미래 역량 키우기

∘ 1, 2학년 지역사회 연계 프로젝트 활동 : 앎과 삶이 하나되는 배움중심수업 운영

학년	프로그램	지역 참여		주요 활동 내용	중점 역량
1	자아를 찾아 떠나는 여행	선사 유적공원	교과 활동	자아 정체감 확립을 위한 다양한 교과 활동 진행	**자존감, 협업 능력, 창의성**
			체험	선사유적공원 탐방을 통해 나의 기원을 찾고 마을에 대한 자긍심 갖기	
2	지역 경제 활성화 프로젝트 : 고살이(고강동을 살리는 우리들)	고강 제일시장 (전통시장)	과제	지역 경제 활성화 방안 : 전통 시장을 활성화하여 경제 살리기	**협업 능력, 민주시민 역량, 창의성**
			탐구 활동	답사 : 고강제일시장 답사를 통해 시장의 문제점 찾기	
				교과(협력 학습) : 모둠별 시장 활성화 방안 마련하기	
			문제 해결	현장 적용 : 고강제일시장에서 해결책 적용	
			발표	수주 Go! Film Festival에 시장 활성화를 위한 홍보 UCC 출품	

➡ 사례) 지역 경제 활성화 프로젝트 '고살이'

과목	단원(소주제)	시수	주요 학습내용	교수학습방법	평가	활동 사진
자율 (체험)	부천옹기박물관	2	부천 옹기박물관 관람 및 체험을 통해 우리 마을의 역사를 알아가며 지역사회에 대한 이해, 애정 증진	체험	보고서 평가	
체육	건강식단짜기	2	고강제일시장의 식재료를 이용하여 1일 20,000원 이내로 고등학생 권장 Kcal에 맞는 건강 식단 짜기	개인 프로젝트	보고서 평가	
미적분 1	메뉴 상품의 가격정하기	4	인건비와 원가를 비교하고 분석해서 적정 소비자 가격을 정하기 활동	모둠 프로젝트	보고서 평가	
동아시 아사	재래시장에서 동아시아 교류 흔적을 찾기	4	고강 시장에서 동아시아사 교류를 보여주는 요소 찾아서 그림으로 표현하거나 사진 부착하고 설명하기 (상품, 음식, 풍습 등)	모둠 프로젝트	보고서 평가	
한문	所信(소신) 핀버튼 제작,전시	4	소신과 신념을 표현하는 한자어를 핀버튼에 제작하여 전통시장과 교내에 전시하는 활동	실습	전시	
문학	고강 제일 시장을 소재로 르포 쓰기	1	현직 전문 기자로부터 직업 설명을 듣고 르포의 특징 및 작성 방법 배우기	협력강사 강의·실습	자기 평가	
		3	고강제일시장을 취재하고 르포 작성	협력학습	상호 평가	
영어	영어 홍보 UCC만들기	4	고강제일시장의 홍보 영상을 영어로 인터뷰 하거나 우리말로 만들고 영어자막 입히기 활동	협력학습	관찰 평가	
미술	고강시장 지도 그리기	2	산업 디자인에 대한 이해를 바탕으로 고강제일시장 분야별 지도 그리기	개인 프로젝트	상호 평가	
자율 (체험)	고강 제일 시장 체험	2	고살이 활동을 위한 사전 답사	체험	자기 평가	
		4	시장 내에서 각 교과 과제 수행			

교육과정-수업-평가-기록의 일체화		
항목	공통 문구	비고
과목별 세부능력 특기 사항	학년 융합 프로젝트 "지역공동체 활성화 -고살이 활동(교과-비교과 융합)"에서~	공통 문구로 시작하여 프로젝트의 성격과 주제, 참여 교과를 한눈에 알 수 있음

출처: 2017 수주고등학교 교육과정 운영 보고서

○○고에서는 1학기 말 지필고사 후 '연애시대'라는 습지생태 융합교육 프로젝트를 계획하여 여러 교과에서 그 주제와 관련된 학습을 진행하고 다양한 체험활동을 전개하였다. O교사에 따르면 연애시대 프로젝트는 학교가 위치한 마을에 대한 관심과 애향심을 길러 주고자 기획된 것으로 **학교의 작은 연못을 모티브로 역사와 환경교육에서부터 인상주의 예술교육에 이르기까지 폭넓은 영역의 교육활동으로 구성된 것**이다. 습지생태 교육의 모티브를 제공한 필자는 ○○고 뒷마당에 있는 연못을 처음 보았을 때 인상주의 화가 모네의 수련 연작을 연상하고, 중학교에 비해 교과교육의 심도가 깊은 고등학교에서 인상주의 시대를 축으로 하여 문학과 예술 그리고 과학교육까지 연결된 융합교육이 이루어진다면 학습효과가 매우 크리라는 생각을 했었다.

실제 연애시대 프로젝트는 환경과 생태관련 특색교육과 학생 동아리 활동, 환경관련 교사 동아리 활동으로 확장되어 학생들이 동아리 활동을 창의적으로 운영하고(제26회 경기도 학생 과학동아리발표대회 교육감상 수상), 환경교육이 우수한 학교(2018년 환경교육 우수학교 교육감 표창)로 인정받았다. 또한 예술교육에 있어서도 연애시대를 중심으로 음악, 미술, 영상, 문학 등에 이르는 다양한 분야의 예술교육이 이루어져 2018년 학교예술교육 우수학교로 교육감상을 수상했으며, 그 이후로도 교사들이 프로그램을 지속적으로 운영하고 발전시켜 2019년 교육부에서 주관한 학교예술교육 공모전에서 학교예술교육과정 운영 우수사례로 우수상을 수상하는 결과를 가져왔다. 최근 인성교육을 위한 예술교육, 인문학교육 등이 강조되고 있는데, ○○고의 사례처럼 인성교육이나 예술교육이 일상적인 교과활동을 통해 학교 전 영역에 걸쳐 이루어질 수 있다면 특정 교과나 특정 학생들에게 집중되는 교육이 아니라 모든 학생들에게 보편적으로 보다 심도 있고 폭넓은 교육이 가능할 것이다.

<blockquote>
"
습지생태 교육이 학교의 '연못'을 모티브로 탄생한 것인데 사실 전 연못 하면 가장 먼저 인상주의 화가인 모네의 '수련' 연작이 떠오릅니다. 이러한 것들을 연결하여 환경교육과 인상주의와 관련된 예술 수업 그리고 역사 수업을 함께 한다면 고등학교 학생들에게 유익한 융합교육을 할 수 있을 것이라는 막연한 생각을 했었습니다. (Q교장/필자)
"
</blockquote>

<인상파 화가 그림 전시>   <수련(연못)을 주제로 한 자작시 전시>

자료 21 연애시대 프로젝트 참여 교과 및 주제

순서	교과	주제
1	문학	인상주의 회화에서 상징주의 문학까지
2	음악	공연 기획하기
3	미술	19세기 근대 미술
4	한문	한문 문제 '設'의 이해 愛蓮說 해석하기
5	중국어	愛蓮說의 이해와 낭송
6	동아시아사	향토사(지역사) 수업 – 우리 고장 부천에 대해 알아보기
7	미적분 1	우리 학교 연못의 넓이 구하기
8	실용영어	모네(Monet)의 수련 연작과 상징주의 문학
9	생명과학	생태계의 구성, 생물과 환경의 상호관계
10	세계지리	향토지리(지역지리) 수업 – 우리 고장 고강동에 대해 알아보기
11	공학기술	3D를 활용한 바람개비 기어 만들기

출처: 2018 수주고 습지생태 융합교육 프로젝트(책자)

"

　우리 선생님들이 이번 프로젝트의 주제를 습지생태 교육으로 정한 것은 학교 주변 환경의 생태적 특성을 알려 주어 학생들이 자신이 살고 있는 **마을에 대한 사랑이 랄까 애향심을 길러 주고** 싶어서였습니다. 그리고 **지역사회를 기반으로 한 경험중심의 교육**이 그 어느 교육방법보다도 학생들에게 큰 의미를 주기 때문에 버스킹 공연에서도 선생님들께서 이러한 내용에 대해 교육하셨습니다. 그리고 생물다양성과 우리의 삶을 주제로 한 환경특강을 마련하여, 생물다양성을 지키고 보전될 수 있도록 각자의 실천의지를 다지는 계기로 삼았습니다. (O교사)

"

"

　바쁜 일상에 치여 자연환경에 관심도 갖지 않던 학생들이 가르치지 않아도 연못 생태계를 체험하여 배우고 궁금한 점을 직접 찾아와 물어보기도 하면서 자연스럽게 성장하는 모습을 보는 것은 매우 보람 있는 일이었습니다. (P교사)

"

<연애시대 음악회 팸플릿>

<연애시대 클래식 야외 음악회>

"

　음악 교과에서는 공연기획하기를 주제로 인상주의 음악인 드뷔시의 〈목신의 오후 전주곡〉을 감상하고, **모둠으로 인상주의 회화와 인상주의 음악의 연계성에 대해 탐구**해 보는 시간을 가졌습니다. 그리고 학교의 특색을 살린 '연애시대' 행사의 오프닝 무대 프로그램 기획하고 홍보 포스터를 만들어 홍보 계획 세우기를 수업시간에 진행했습니다. 그리고 실제 7월 12일에 공연을 진행했던 것이죠. (O교사)

"

우리 지역의 특징과 가치를 알고 배움이라는 것이 교실에서만 이루어지는 것이 아니고 삶의 현장 곳곳에서 일어날 수 있다는 것을 알게 해 주었다고 생각합니다. 또한 하나의 거대한 목적을 이루기 위해 선생님과 학생들이 함께 노력하고 공부하는 경험을 하면서 각자의 작은 노력을 통해 지역과 학교가 함께 성장하는 경험을 갖게 된 것이 가장 큰 도움이었다고 생각합니다. (O교사)

기호일보

🏠 › 뉴스 › 교육 › 경기

모네 작품 보고 연꽃 관찰하며 '습지생태계 숨은 가치' 배우다

부천 수주고 '연애시대' 프로 운영 수업체험·공연 3단계 융합 교육 경험 폭 넓히고 문화적 소양 향상

최두환 기자 cdh9799@kihoilbo.co.kr │ 2018년 07월 16일 월요일 제12면

댓글 0 [f] [y] [N] [G+] [o] [?] [≡]   폰트 + - 🖨 ✉ 🖨

부천 수주고등학교는 애향심과 학생 경험 중심의 교육과정을 운영하기 위해 습지생태 융합교육인 '연애시대 프로젝트'를 실시했다고 15일 밝혔다.

연애시대는 연꽃(습지), 사랑(생태감수성, 공동체 의식), 예술(시, 음악, 미술)의 융합을 주제로 '교실 수업-현장 체험학습-공연 및 전시'의 3단계로 지난 13일까지 열흘간 진행됐다.

2학년 학생들은 11개 교과의 교실 수업에서 모네의 작품인 수련을 중심으로 인상주의 시대의 문학, 미술, 음악, 역사 등을 배우고 표현하는 활동을 했다.

또한 학생들의 생활터전인 고강동의 생태적 특성 및 역사 등을 익히며 마을에 대한 이해와 금지를 높였다. 이후 양평 두물머리 및 세미원 현장 체험학습에 참가해 습지생태계를 탐구하고 연꽃을 감상하며 생태감수성을 키웠다.

또 '수주생태연못 음악회'를 개최해 전문 연주자가 피아노·하프·첼로 등의 선율을 통해 들려주는 인상주의 음악을 통해 학생 및 지역주민들이 자연, 예술과 사랑에 빠지는 시간을 공유하고 문화적 소양을 넓혔다. 이어 학생 중심의 '연애시대 프로젝트' 버스킹, 전시, 체험부스를 운영해 융합수업의 활동 내용을 습득하도록 했다.

오찬숙 교장은 "학기말 교육과정 운영 취약 시기에 실시된 '연애시대' 교과융합 프로젝트의 환경교육, 현장 체험학습, 공연 및 전시활동 등을 통해 학생들이 경험의 폭을 넓히고 역량을 키울 수 있기를 기대한다"고 말했다.

부천=최두환 기자 cdh9799@kihoilbo.co.kr

<언론 보도 자료>

자료 22 ○○고 학교예술교육 우수사례

나. 운영 결과 및 성과(요약)

□ 수주고등학교 예술교육 프로그램 '연애(演藝)시대'

1. 지역사회 문화예술 및 인프라와 연계한 프로그램 기획
○ 제3회 지역사회와 함께하는 영상영화제 '수주 GO! 필름페스티벌' 운영
 - 영화 및 애니메이션 작품과 감독, 작가, 배우 등 영상촬영 및 편집 등 학생 역량 강화
 - 지역 주민 초청 영화제로서 학교의 다양한 예술 교육 홍보 실시
○ 부천 생활문화 페스티벌 '다락(多樂)' 본교 유치
 - 부천문화재단 MOU체결, 전국 최대 규모 생활문화 축제 메인 공연 및 체험부스(교실) 유치
 - 지역 행사 학생 봉사활동 및 공연 참여 및 학교시설 개방을 통한 문화예술 체험 장소 제공
○ 1학기말 자기계발시기를 활용한 예술융합 프로젝트 수업 '연애시대(演藝時代)'
 - 부천시 오페라단 공연 유치 및 지역 주민 초청 공연 관람 및 체험부스 운영
 - 전교과 융합 프로젝트 수업을 통한 예술교육 활성화
○ 교내 유휴공간 미술 전시 및 음악 공연 공간 활용
 - 수주 아뜰리에(2층 홈베이스) → 학생 미술 작품 전시
 - 수주 '같이가치' 버스킹 공연장(3층 홈베이스) → 학생 정기 음악공연 실시

2. 예술 교과내, 교과간, 타분야와 통합한 예술교육과정 재구성 실시
○ 제2회 '연애시대'(본교 생태 연못 복원과 19세기 인상주의 예술 프로젝트 운영)
 - 전교과 교육과정 재구성을 통한 학기말 학습 결손 예방 및 예술 교육 실시
 - 동대문 아뜰리에, 디자인 체험전, 연꽃테마파크 체험학습 실시
○ 3·1운동 100주년 기념 프로젝트 수업 '기억 그리고 희망'
 - 전교과 교육과정 재구성 UCC, 애니메이션 결과 도출(예술적 표현력 강화)
 - 앤서니 브라운전 체험 활동 실시 및 그림 감상

3. 학교예술교육지원 사업 취지에 부합하는 프로그램 기획
○ 공학·예술 교과중점과정 운영교(3년차)
 - 예술 중심 학과 진학률 증가, 학교 프로그램을 통해 풍부한 문화 예술 체험
 - 전학년 대상 공학·예술 소양 강화 및 애니메이션, 영상·영화 방과후 프로그램 운영

출처: 2019 학교예술교육 공모전 수상작 자료집 p.273

　　문화적 다양성이 증대되는 사회에서 **교실과 아이들의 삶이 연결되도록 하려면 다양한 방법들이 더 많이 필요**하다. 경쟁 분야의 경쟁력을 강화하려면 보다 더 창의적이어야 한다는 목소리가 높은데, 우리는 기초적·필수적 학습내용의 틀에서 벗어나지 못하고 있다. 지구가 생태적 위기에 처해 있고 너무나도 많은 것이 불안전한 이때, 우리는 아이들이 그저 시험 성적이나 올리도록 도울 것이 아니라 더 나은 미래를 만들겠다는 의지를 지닐 수 있게 이끌고 이 의지를 실행할 능력과 태도를 갖출 수 있도록 도와주어야 한다(Hargreaves 외, 2015a:122). 우리 미래

를 위해 필요한 것은 삶과 연계된 교육이고 이것을 위한 한 대안으로 융합교육을 생각해 보아야 할 것이다.

📖 교사들이 생각하는 융합교육의 이점

교사들은 융합교육을 실행해 본 경험으로부터 입시나 독서교육에 도움이 되었으며, 학생들의 자기주도성과 협업능력을 향상시키는 이점이 있다고 이야기한다. I교사와 F교사에 따르면 학생 활동중심으로 이루어지는 융합교육은 학생들에게 많은 경험을 하게 하여 **대학 입시에 도움**이 되었으며, 융합교육을 하기위해 미리 교육과정 재구성을 하고 수업 준비를 하는 것이 교육활동의 수준을 높여 **학생들의 만족도**가 높아지게 되었다고 생각한다. 사서 교사인 C교사 또한 융합교육에 대해 매우 긍정적으로 평가하고 있다. 과거 과목마다 다르게 제시하는 과제 수행으로 인해 학생들이 찾아봐야 하는 자료가 많아 학업 스트레스가 컸었지만, 여러 교과가 함께 참여하는 융합교육은 한두 가지 주제로 집중된 수업을 하기 때문에 **학업 스트레스가 줄어들었고**, 줄어든 과제수행으로 인해 자신들이 관심 있는 분야의 책을 읽을 수 있는 시간이 늘어났다고 생각한다. 그리고 자신들이 직접 조사하고 탐구하는 수업 방식으로의 변화가 **학생 스스로 책을 찾아 읽는 형태로의 변화**를 가져와 도서관을 찾은 학생들이 많아지고 도서관의 본연의 역할을 하게 되었다고 말한다. 국어 교사인 N교사도 '시를 뮤지컬로 표현하기'라는 주제로 음악, 미술 등 예술 교과와 융합한 수업을 구상하였으며 모둠활동으로 진행된 수업은 학생들의 **협업역량**을 키울 수 있었다고 생각한다.

> " 융합 프로젝트를 통해서 **학생중심 활동**이 되게 하기 위해서 아이들이 할 수 있는 기회를 주고 아이들이 해 볼 수 있게끔 했고 거기에 대한 결과물이 나왔고 그것이 대학에 갈 때 굉장히 중요한 경험이 되고 그런 밑바탕이 있었기 때문에 그게 이어지고 잘되고 있다고 말씀드립니다. (I교사) "

<생태습지 프로젝트(연못 살리기)>

"
　　선생님들도 안정되고, 사업도 안정되었기 때문에 그런 상황에서 그리고 더 큰 변화는 뭐냐면 **사업과 계획 같은 것을 미리 정하고 수업 준비를 하기 때문에** 아이들의 만족도가 높지 않나... (F교사)
"

"
　　저는 굉장히 좋다고 생각하고요. 아이들이 학업적인 스트레스가 많잖아요. 과제도 많고. 기존에는 아이들이 책을 찾아도 각각 과목마다 책이 너무 달라서 과제 수행에 읽어야 할 책들도 많고 알아봐야 할 자료들도 너무 많았는데, 지금은 **한두 가지 주제만 아이들이 접해도 다른 수행과제들도 아이들이 다 해결할 수 있으니까** 아이들에게도 스트레스가 많이 줄지 않았나하는 생각이 들었어요. 그렇게 과제수행이 적어지니까 아이들 진로에 대한 다른 분야의 책들을 읽을 수 있는 시간이 늘어나는 것 같아요. 그리고 저도 좋았던 건, 지금은 굳이 행사에 신경을 쓰지 않아도 되는 게 아이들이 알아서 꾸준히 찾아오니까 아이들의 대출률에 신경 쓰지 않아도 되니까. 특별히 행사를 해야지만 늘은 반면에 지금은 특별한 행사를 하지 않아도 대출률이, 큰 폭으로 향상을 한 건 아니지만. 그리고 아이들이 알아서 찾아오는... 제가 막 **억지로 하지 않아도** 아이들이 알아서 묻거든요. 이런 종류의 책이 있나요? 그리고 거기에 있는 고정된 책뿐만 아니라, 이런 책도 있네? 하면서 **스스로 발전**을 시킵니다. **이게 진짜 도서관이 해야 할 역할**인데 그동안 너무 보여 주기 식의 행사에만 집중한 게 아닌가 하는 생각이 들더라고요. 저 스스로도 아이들에게 필요한 게 없을까 하는 생각을 하게 되는... (C교사)
"

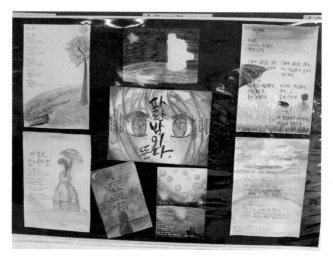

<융합 프로젝트 문학교과 학생작품>

    '시를 뮤지컬로 표현하기'라는 융합 프로젝트를 계획하였습니다. 저의 수업 목표는 시적 상황을 자신의 경험으로 재구성하여 음악, 미술 등 다양한 예술 분야의 도움을 받아 그것을 표현하는 것에 있었기 때문에 음악, 미술의 전문성보다는 내용의 재구성에 더 초점을 맞추어 수업을 진행하고 평가하였습니다. ... 아이들도 이 수업이 시를 더 잘 이해하고 감상하기 위한 프로젝트라는 것을 인지하고 있었어요. 수업을 하면서 이 수업에서 정말 중요하고 학생들이 스스로 성장시켜야 하는 것이 무엇인지에 대해서 지속적으로 이야기를 하였고 모둠활동으로 진행했기 때문에 글을 잘 쓰는 아이, 음악에 관심이 많은 아이, 미적 감각이 있는 아이 등등이 **협업**할 수 있었어요. (N교사)

📖 학생들의 생각들

    학생들은 처음 융합교육을 하게 되었을 때 왜 이런 방법으로 해야 하나에 대해 의문을 가졌다고 한다. 그러나 융합교육을 받고 난 후 **교과에 대한 심층적인 이해**를 할 수 있었고 다른 교과들과 연관지어 **포괄적 생각**을 할 수 있는 장점이 있어 후배들도 더 많이 참여하기를 바라고 있다. 한국사 시간에 진행된 묘비명 쓰기 활동은 자신의 삶을 돌아보며 어떻게 살아야 하는가에 대해 생각해 보게 했으며, 생태교육은 자신의 주변의 식물에 대해 관심을 갖게 하고 친환경적 생활을 해야겠다는 생각을 하게 하였다. 이처럼 융합교육은 학생들로 하여금 학습주제에 대한 자신의 **생각을 구체화하고 반성적으로 사고하는 역량**을 높인다는 것을 알 수 있다.

많은 사람들이 교육 선진국으로 생각하고 벤치마킹하고자 하는 스웨덴을 2010년 필자도 연수 프로그램으로 방문한 적이 있었다. 그곳의 학교 관련자는 **스웨덴의 가장 큰 교육 장점**으로 단편적 지식의 암기가 아니라 **무엇이 문제인가를 생각**하게 하고, 그 **문제를 어떻게 해결할 것인가에 중점을 두는 교육방식**을 언급했던 기억이 난다. 그 당시 나는 역시 교육이 우리와 무척 다르다는 생각에 무척 부러우면서도, 언제쯤 우리도 그런 방식으로 수업할 수 있을까를 생각했었다. 이후 나는 교감, 교장이 되어 그런 방식으로 교육해 보고자 여러 선생님들과 함께 고민하고 노력하고 있다. 생각을 키우고 문제를 해결하는 방식의 교육은 서로 토론하고 논의하는 과정을 통해 학습하는 토론학습, 협동학습, 협력학습이나 문제해결력을 높이는 프로젝트 학습 등으로 진행될 수 있는 것으로, 융합교육은 교과교육을 기반으로 그러한 여러 수업 방법들을 활용할 수 있는 방안이다. 이제 학생들에게 깊고도 넓은 생각을 할 수 있게 하고 반성적 사고를 가능하게 하는 교육 방법을 좀 더 일상적으로 적용할 수 있도록 해야 할 것이다.

> 굳이 해야 할까? 필요가 있을까? 싶었는데, 이제 더 그거를 융합 프로젝트를 하고 나서 수업을 들어 보면 깊숙이 이해가 되는 느낌이에요. (B학생)

> '자연 속에 있는 피보나치수열 찾기'라고 해서, 수학시간에 피보나치수열 자연 속에 있는 잠자리 날개 같은 것들 찾고, '공존'이라는 주제로 고전시간에 배운 곤과 붕, 그 다음 세계사 시간에 배운 이슬람 왕조의 정치 등등 여러 개를 묶어서 수업을 했는데, 그때 공존을 해서 화합을 다지는 왕국과 자연이야말로 길이길이 잘 보존되는 걸 알게 되었습니다. 막상 할 때는 힘이 들고, 이런 것을 왜 해서 성적에 도움이 되지 않는데 왜 하나 싶을 수도 있겠지만. 막상 나중에 돌아보면 그게 도움이 되는 게 많았어요. 저는 그래서 (후배들이) 열심히 참여했으면 좋겠다 하는 생각이 들어요. (A학생)

<미술시간에 제작한 팝아트 자화상을 피보나치수열로 전시>

> 한국사 시간에 '묘비명 쓰기'를 하였습니다. 죽음이란 단어가 섬뜩했고, 살아갈 날도 많은데 왜 굳이 죽음을 상상해야 하나 생각에 거부감이 들었습니다. 그런데 묘비명을 어떻게 쓸까 고민하다 보니 부끄럽지 않은 삶, 후회하지 않을 삶을 살아야겠다는 생각이 들었습니다. (F학생)

> 항상 바쁜 일상을 보내서 우리학교에 있는 식물들에 관심을 가지지 않았는데 관심을 가지고 보니 많은 식물들이 살고 있고 서로 어울려 생태계가 잘 유지되고 있음을 깨달았습니다. 지구에는 수많은 생물이 살아갈 텐데 이 생물들과 함께 살아가기 위해 친환경적인 생활을 해야겠다고 생각했습니다. (G학생)

<친환경 주제 포스터>

다음 학생들의 이야기는 습지생태 융합교육 프로젝트 활동을 통해 주제와 관련된 미술교과나 과학교과의 내용을 자신의 경험을 통해 가깝게 느끼며 알아 가고 있으며 그 과정 또한 즐겁고 좋은 경험으로 생각하고 있다는 것을 보여 준다. 학생들은 과학에서 배운 내용을 환경특강에서 보다 실제적으로 알게 된다든지, 음악시간에 배운 것을 실제 연주회에서 보게 되는 것과 같이 교과시간에 **학습한 내용과 자신의 삶과 연관 있는 경험과 연결시키며 지적 영역의 폭을 넓히는 실질적인 학습**을 하고 있다.

> 시청각실에서 환경에 대한 강의를 들었었는데 얼마전 치른 과학 기말고사 시험 범위에 포함된 내용이 많아 이해하기 쉬웠다. 그때도 느낀 것이지만 개발과 혁명이라는 변명으로 자연을 파괴한 대가를 우리는 지금 발견하고 이제야 자연을 신경쓰는 모습이 너무 안타까웠다. 빨리 에너지를 만드는 친환경적 방법이 보편화되었으면 한다. (연애시대 소감문 중 1학년 류○○)

> 항상 영상이나 TV로만 보던 클래식 연주를 직접 생생하게 볼 수 있다는 것에 정말 놀랐고 처음 해 보는 경험이었다. 음악 수업 시간 중에 배웠던 음악들을 출중한 실력의 연주자분들이 연주하시는 것을 들으니 귀가 호강하는 느낌이 들고 클래식에 더 빠져든 것 같다. (연애시대 소감문 중 1학년 이○○)

> 연꽃과 빛과 색을 이용한 화가 모네에 대한 강의를 들으면서 내가 모르고 있었던 내용을 많이 알 수 있어서 좋았다. (연애시대 소감문 중 1학년 임○○)

> 나는 고강동 근처에 한강과 습지가 있는지도 몰랐고 습지가 솔직히 무엇이고 왜 수주고등학교에서 연꽃을 위한 연애시대를 만들었는지도 몰랐다. 오늘 버스킹을 보며 모든 내용들을 알 수 있어서 즐거웠고 좋았다. (연애시대 소감문 중 1학년 홍○○)

<연애시대 클래식 야외 음악회>

한편 아래 학생들의 이야기는 진로와 연계하여 학생중심의 융합교육 프로젝트를 하는 것이 교과 지식을 높일 뿐만 아니라 **대학 입시에도 도움**이 된다는 것을 보여 준다. ○○고 3학년은 자신의 진로를 각 교과시간을 통해 보다 구체적으로 탐색할 수 있는 기회를 가졌고 학생들은 그 과정을 통해 조사하고 발표하고 느꼈던 내용들을 자소서 준비와 면접 등에 활용할 수 있어서 도움이 되었던 것으로 보인다.

이와 같이 학교 교육활동 중에서 했었던 일상적인 경험이 학생 성장뿐만 아니라 입시와 연계될 수 있어야 공교육의 기능이 살아나는 것이 아닐까. 풀란 (2017:269)은 **새로운 교수법으로 변화한 놀라운 성공적인 사례로 노스캐롤라이나주의 무어스빌 학구를** 예로 들고 있다. 무어스빌은 노스캐롤라이나주에서 학생 1인당 재정지출이 가장 낮음에도 불구하고 대부분의 학생성취도 기준은 다른 모든 학구를 앞선다. 이 성공사례는 **모든 학년 수준에서 협업의 형태로 학생들이 프로젝트를 수행하도록 한 것**으로, 학생들은 자신들이 선정한 프로젝트를 팀 단위로 몇 주 동안 추진하며 자신의 학습을 스스로 이끌어 가는 것이다. 학생들이 자기주도형 프로젝트를 성공적으로 완료하려면 많은 역량(6Cs[15])을 발휘해야 하고, 이러한 역량을 기를 수 있는 학생들 스스로 수행하는 프로젝트 방식의 학습 방식이 점점 더 많은 학교에 도입되고 있다.

---

15 풀란은 우리가 목표로 하는 학습의 결과는 이른바 6Cs라는 역량으로, 인성(character), 시민자질(citizenship), 협업능력(collaboration), 의사소통능력(communication), 창의력(creativity), 비판적 사고능력(critical thinking) 이다. 자기주도형 프로젝트를 성공적으로 완료하려면 학생들은 6Cs의 거의 모든 C를 발휘해야 한다(Fullan, 2017:267, 271).

　　3학년 같은 경우는 거의 모든 과목에서 진로 관련해서 PPT 발표를 했었는데, 국어 시간도 있었고 사회문화 시간도 있었고 세계사 시간도 있었어요. 자기 꿈을 이제 주제로 잡고 그 꿈에 관련된 문제점을 찾거나 문제점에 관련된 해결방법을 찾거나 아니면 롤모델을 삼아서 발표하는 방식이었는데, 창의인재개발학과 면접하면서 **면접이랑 자소서 준비를 하면서 미리미리 준비했던 것을 그때 가서 다시 정리해 보면서 그게 좀 도움이 됐어요.** (C학생)

　　융합 교과, 융합 프로그램, 교과 융합 프로젝트 한 적이 있었는데, 그게 **교과들끼리 공통적인 부분을 묶어서 같이 융합으로 수업을 진행했었는데요.** 저희가 한 것은 세계화 의식을 일깨우는 공존을 주제로 했었는데, 그것도 제가 이제 대학 갈 때 요즘은 세계화가 중심이 되는 그런 추세잖아요. 그럴 때 저도 그걸 중심으로 **자기소개서도 준비했고 그리고 또 면접 볼 때도 공존에 대해 얘기했던 경험이...** 그리고 연관돼 있으니까, '다 모든 교과가 다 연관돼 있구나' 이걸 느끼면서 새로운 점도 발견할 수 있었고... 사고력 더 깊어지는 그런 교육이었던 것 같아요. (B학생)

자료 23 공존을 주제로 한 3학년 융합교육 프로젝트

■ 공존 : 피보나치 수열의 원리를 바탕으로 각 과목에서 찾은 공존의 개념을 피보나치 수열로 배열

주제	차시	과목	성취기준	교과 교육과정 재구성	교수·학습 방법
공존 (5월~6월)	1	확률과통계	확통1141,	피보나치 수열을 이해하고 표현하기	토론, 모둠활동
	동시 운영	고전, 윤리와사상	고0631-1 고윤28	장자의 제물론 읽기, '공존'과 장자 사상의 의의 토론 (핵심 개념들을 정리하여 피보나치 수열로 표현)	토론, 모둠활동
		생명과학Ⅱ	생2321-1	다양한 변이 형태 조사, 바람직한 공존 탐구, 공존을 위한 다양한 실천 방안 토의(실천 방안을 피보나치 수열로 정리)	토론, 모둠활동
		미술사	미사321	팝아트 자화상과 황금 비율 학습한 후 자료를 수집하여 팝아트와 자화상 표현(팝아트 자화상을 피보나치 수열로 표현)	창작

■ [사례] 3학년 확률과 통계 융합수업 사례

주제/단원	**3학년, 공존 / Ⅱ. 분할과 이항정리 : 파스칼의 삼각형에서 피보나치 수열 찾기**
성취기준	확통1141/1142. 이항정리를 이해하고, 이를 이용… 해결할 수 있다.(수학적분석력, 의사소통능력, 협동심)
융합 수업	①파스칼의 삼각형에서 **피보나치 수열**을 찾고 원리 이해 ②인간 신체, 자연물 등에서 피보나치 수열을 확인할 수 있음을 인식 ③각 과목에서 '공존'의 가치를 찾고, 피보나치 수열로 표현하기 **예) 미술사 : 자화상을 팝아트로 표현하여 피보나치 수열이 드러나도록 전시**
평가	**[논술형평가]** 자신의 작품에 대해 논술 **[상호 평가]** 작품 전시, 감상을 통한 동료 평가, 교사들의 피드백
기록	교과 융합 프로젝트 '공존'에서 피보나치 수열을 발견하고 … 평면도형 속에 기록하였으며

출처: 2017 수주고등학교 교육과정 운영 보고서

학생활동 중심 교육에 대한 많은 학부모들의 걱정은 과연 평가를 어떻게 하고 있나에 대한 궁금증에서 비롯된다. 일반적으로 지필평가만이 공정한 방법으로 학생들의 학력을 올릴 수 있을 것이라는 생각에 수행평가나 과정평가에 대해 부정적인 생각을 하게 된다. 평가의 목적은 여러 가지가 있지만 자신의 학습 과정에 대해 피드백을 받을 수 있는 형성평가는 실제 학생들의 학업을 올리는 데 많은 도움이 된다. 융합교육과 같은 **학생참여 중심 교육방법은 동료평가나 과정평가 등으로 평가되며 그러한 활동들은 특히 잠자는 아이, 수업에서 소외되는 아이들을 사라지게 할 수 있다.** 그리고 수업과정에 대한 평가는 현재 학생부전형과 같은 입시정책하에서 학생 생활기록부에 **수업과정을 기재해 줄 수 있는 내용을 풍성하게 하여 학생들에게 매우 유리**할 수 있다. 왜냐면 학생들이 수업과정을 통해 어떤 학습을 하고 어떻게 성장하고 있는가는 기존의 강의식 수업에서는 발견될 수 없는 것들이기 때문이다.

아래 F교사는 핵심성취기준을 반영하여 수업을 구성하고 수업 중 활동 내용을 시험문제로 출제하여 학생들의 활동이 평가되도록 하고 있다. 그는 학생들 또한 강의식으로 배웠을 때보다 내용 이해도가 높고 문제를 더 잘 해결하여 수업에 참여한 학생들의 성적이 더욱 올라가는 것 같다고 생각한다. 그리고 교사들이 수업 설계와 준비할 때는 어렵지만 진행할 때는 더 편하고 효과가 있기 때문에 더 많은 교사들이 융합교육에 참여하는 분위기가 되었다고 말한다.

> 배움이라는 게 뭐가 일어났다 이런 게 아니라 (학생들이) 이런 마음을 아는 것도 공부가 되지 않을까 하게 되었어요. 그리고 가능하면 시험문제도 그 문제가 포함될 수 있도록. 수업할 때도 이런 핵심 성취기준을 포함해 놓고, 수업을 학생들이 참여할 수 있도록 하면서 되도록이면 그 내용을 시험에 내면 성적이 좀 올라가는 것 같아요. 아이들이 그 문제는 잘 맞추더라고요. 확실히 앉아서 듣는 것보다 하다 보면 내용이 좀 더 남는 것 같아요. 실제 수업을 하다 보면 사실은 강의식 할 때보다 목도 덜 아프고 훨씬 편해요. 생기부 쓸 때도 편하고. 근데 수업 설계를 할 때는 어렵지만 진행할 때는 더 편한 것 같아요. 계획이나 준비는 어렵지만. … 이제는 학교에서 많이 하는 분위기 같아요. (F교사)

한편, Q교장(필자)은 각 교과별로 특정 시기에 과중하게 부과되는 **수행평가에 대한 학생들의 부담과 어려움을 감소시킬 수 있는 한 가지 방법으로 융합교육 방법을 권하고 있다.** 수행평가가 창의성이나 문제해결력 등의 고등사고기능을 파악하고 신장하기 위한 것이지만, 과목당 3~5개의 과제가 부과된다고 하면 학생은 총 50여 개의 수행평가를 해야 하는 상황으로 이것이 큰 부담이 될 수 있는 것이다. 실제 수업 장면에서의 수행을 평가한다는 관점에서 볼 때, 여러 교과가 하나의 프로젝트를 진행하면서 각 교과가 역할을 하고 있는 영역에 대한 과정 평가를 시행한다면 여러 과제를 해야 하는 학생들의 부담은 줄어들 것이고 보다 심층적인 학습이 가능할 것이라 생각하고 있다.

> 각각의 선생님들이 개별화되어 각각 다른 수행평가를 열두 번을 하니까 애들은 잠을 못 잔다, 한 주에 4개 수행평가가 있어 힘들다는 이야기를 하죠. 근데 그것도 1학기 때 1차 지필 전에 하나 하고, 이렇게 중간 중간에 하면 되는데. 선생님들끼리 서로 협력, 교류가 되지 않기 때문에 한곳에 몰려서. 애들이 뭐라고 하냐면, 한 주에 4개 수행평가를 했는데 잠을 2시간밖에 못 잤다고 하더라고요. 그러니까 애들한텐 너무 고통스러운거죠. (Q교장/필자)

> 선생님들이 정말로 혁신적 마인드를 가지고 있다면, 나만 생각하는 게 아니라 협업을 해서 학생들에게도 원하는 바를 들어주는 게 맞다, 그게 맞다고 봐요. 그래서 이번에 교육과정 재구성은 새로운 프로젝트를 만들어 달라는 얘기가 아니라 그 과정 안에서 학생들이 평가를 좀 이렇게 뭉쳐서 해서, 좀 이렇게 학생 경험 중심의 수업도 하지만 **평가도 과정평가로 해서 아이들에게 좀 부담을 줄여 줬으면** (합니다). 그 부분에 포커스를 두고 회의를 해 달라는 부탁을 드리는 거예요. (Q교장/필자)

> **"** 하나의 프로젝트 안에서 여러 과목이 각각의 엑스퍼트, 장면을 수행평가로 만들면 아이들은 하나의 과정에서 여러 개의 수행평가를 하니까 부담이 줄어들 것이고, 선생님들은 프로젝트를 같이 할 수 있으니까. 그렇게 보면 융합의 시너지를 낼 수 있는 좋은 방법인데. (Q교장/필자) **"**

이러한 융합교육을 히기 위해 교사들의 어려움이 클 수 있다. 같은 학년을 지도하는 교사들이 함께 모여 융합교육 과정안을 구성하는 것은 흔히 협업을 해 오지 않았던 교사들에게 많은 부담이 될 수 있다. 그럼에도 불구하고 융합교육은 우리가 지향해야 할 방향으로 모두의 노력을 필요로 한다.

2017. 3. 16. 우리 교육이 앞으로 지향해야 하는 방향

요즈음은 교육과정을 구상하고 짜느라 분주하다. 특히 선생님들과 마찰을 빚고 있는 부분은 융합을 보는 관점이다. 우리학교에는 공학·예술 과정과 융합과학 과정이 있다. 작년에 야심차게 진로집중 과정으로 구성한 것으로 미래 시대를 선도해 나갈 수 있는 미래 교육과정이라 생각하고 시작하였다. 근간은 미래 사회에 대한 대비를 위한 컴퓨터 프로그래밍을 비롯한 ICT 소양교육, 예를 들면 3D, 가상현실, 증강현실 코딩 등의 컴퓨터 교육을 대표하는 공학(사실은 컴퓨터교과가 더 적합하지만 우리 학교에 그 과목이 없어서), 일러스트, 애니메이션, 영화와 같은 영상미술, 그리고 지속가능교육이나 환경교육과 같은 ECO 교육, 융합과학 등이 있다. 그것을 위해 학교특색사업으로 미래소양교육, 논술교육, 독서교육 등을 구성해서 전 학년, 전 교과에 걸쳐 미래교육을 실시하려고 한다.

이러한 모든 우리 학교의 시도들은 나에게는 하나의 통(전체)인데, 교사들은 자꾸만 분절적으로 접근한다. 그들은 자신의 교과만을 보고 자신이 가르치는 아이들만 생각하는 경향이 있다. 당연한 일이리라. 학교 교육과정 전체를 보고 모든 활동을 한 번에 돌리고자 하는 나와 각각에게 부여된 과업을 수행하는 교사들 간에는 시각의 차가 있을 수 있다. 예를 들어 보자. 영어나 국어는 도구교과(instrumental subject)라고 한다. 그런데 나는 미술이나 컴퓨터, 사회, 역사 교과들도 마찬가지라 생각한다. 하나의 프로젝트, 즉 미래소양교육을 하기 위해 각각의 교과는 함께 참여하여야 한다. 그리고 일러스트나 애니메이션, 영화와 같은 영상예술은 우리가 모두 알고 있다시피 종합예술이다. 이러한 하나의 작품을 만들기 위해 국어, 영어, 수학, 사회, 과학, 기술, 미술, 음악이 합쳐져야 한다. 각각 교과의 특성에 따라 작업을 하고 그것이 완전히 하나로 합쳐질 때(mingle) 하나의 작품이 탄생할 수 있다.

또한 이러한 섞임(mingle)은 여러 교과가 한 학생에게 들어가(input) 그 학생 머릿속에서 융합[16]되는 것이며, 이러한 개개인의 학생이 모여 있는 집단, 즉 학급이나 학교가 융합되는 것이기도 하다. 그렇게 볼 때, 공학·예술 과정이나 융합과학 아니면 그 어떤 형태의 융합도 단순한 문·이과의 통합을 넘어서는 것으로 이러한 것이 발전된다면 우리가 교육하는 모든 과정이 융합되는 융합의 가장 상위개념의 완성이 가능할 것이다.

나의 이러한 생각에 근거한 여러 시도들을 교육과정을 최일선에서 실행해 주는 교사들은 그 자체가 무엇인지 아직도 이해가 어렵다고 하고, 자신의 교과에서의 실행마저도 주저하며 계속적인 분절적 생각에 싸여 있다. 간신히 공학·예술 과정을 담당하는 기술과 미술 교과 교사가 한 학기에 한 번 프로젝트를 연계적으로 수행하는 것으로 일단락 지어 내가 물러섰지만, 보다 한 걸음 더 나아가는 시도가 필요하다고 생각한다. 나로서는 동아리 활동까지 완전한 밍글(mingle)을 꿈꾸고 있지만, 과연 그것이 연내에 가능할 것인지. 결국은 공학 동아리, 애니 동아리, 영화 동아리로 구성되었고, 각각의 동아리 활동에서 그 두 분야를 합치는 것으로 포기 아닌 포기를 하였다.

물론 그들의 수고가 없는 것은 아니다. 각각의 교사들은 자신의 수업에서 그 지향점을 실행하는 것이고, 학교장인 나로서는 학교 전체의 교육과정을 하나로 보고 노력하는 것이다. 1, 2, 3학년의 교육과정과 창체로 구현되는 학교특색사

---

16 mingle은 '섞이다'로 동작에 focus를 둔 단어로 보고, convergence는 '융합된 상태'를 의미하는 단어로 본다.

업, 학년 융합교육과정 그리고 그것을 받칠 수 있는 교사학습공동체 커리큘럼에 이르기까지 그 모든 것이 하나일 뿐이다. 계속적 푸쉬(push)를 하는 나를 지금은 힘들어 하겠지만, 궁극적으로 지금 우리가 하고 있는 것은 우리 교육이 앞으로 지향해야 하는 방향일 것이다.

＊－－－－－－－－－－－－－－－－－－－－－－－－－－＊

융합교육을 시작한 지 3년이 지난 2019년 봄. 기존에 해 왔던 융합교육 프로젝트에서 한 걸음 더 앞으로 나아가고자 했다. 3·1운동과 임시정부 수립 100주년을 맞이하여 '미래로 나아가는 교육'의 바탕으로 **'시대정신을 반영한 정의**(Justice)**로운 자긍심 고취 교육'**을 융합교육으로 실행하고 있다. 1학년 '3·1운동-정의와 인권', 2학년 '기억 그리고 희망', 3학년 '주체적 시대정신을 높이는 세계시민의식 함양'에 대해 교과 간 융합교육을 진행하고 있다. 5월 초에는 독립기념관 순회전시물을 대여하여 임시정부 사진전을 열었으며, '기억 그리고 희망'을 주제로 학생들의 버스킹 공연도 이루어졌다. 또한 이와 관련된 수주 10대 도서를 선정하여 학교특색시간에 도서를 읽고 토론하며, 다양한 학교 행사들, 예컨대 영화제나 통일역사 UCC대회, 수주문학상의 주제를 자긍심 고취 교육과 관련지어 운영하고 있다. 이와 같이 융합교육은 지속적으로 유지되고 발전하고 있다. 그것은 구성원들이 이러한 방향으로 나아가는 것이 옳은 방향이라는 것을 인지하고 있기 때문이며 이것을 유지하고자 하는 노력을 기울이기 때문이다.

⏱ 2019. 3. 5. 새로운 융합교육 프로젝트에 대한 구상(인성교육)

우리학교는 우리 아이들의 자긍심, 자존감이 필요하다. 자긍심이 필요하다는 것은 마치 스스로 예쁘다고 생각하고 자신감 있게 생활하는 것과 같이, 현재를 살아가는 우리 세대에게는 자존감이 필요하다는 것이다. 어려운 현재를 살아가며 자존감이 떨어진 우리 세대들이 자신감을 갖고 힘있게 살아가기 위한 것. 그래서 2월 내내 입학식과 개학식에 무슨 말을 해 주어야 할까? 우리 학생들에게 어떤 교육을 해야 할까?를 생각했다. '민족정신을 계승한 학교' 이것이 진부해 보일 수 있다. 하지만 세계화 속에서 그래서 우리의 아이덴티티(identity)가 흐릿해진 이 시점에 '우리'의 존재를 느낄 수 있는 그래서 세계 속의 한국인으로서 가져야 하는 자긍심이 필요하다. 국어, 사회, 역사 선생님들 그리고 학년부장님들께 부탁을 했다. 교장은 나아갈 방향을 가리키는 사람이고 실제로 직접 학생들에게 수업하기는 어려우니까... 오직 교육은 교사들의 노력에 의해서만 가능하다. 우리 선생님들께, 우리 아이들에게 입학식, 개학식 환영사를 통해 방향을 제시했다. '우리 학교의 교육방법은 너무나 미래지향적인 방향이다. 현재 전 세계 학계의 관심을 받고있는 캐나다 온타리오주의 교육과정을 보아도 우리와 유사하다.' 간학문적 교육과정(interdisciplinary curriculum), 융합, 이것을 통해 전 교과적으로 그리고 잠재적 교육과정을 통해 교육시킬 수 있다. 마지막 표현 방안은 수주고 필름 페스티벌이다. 모든 교육은 자신의 환경에서 출발되고 우리 학교 교육은 학생의 삶의 터전에서 시작된다. 나를 포함한 환경, 그곳에서 나를 돌아보고, 우리를 돌아보고, 그리고 우리나라를 돌아본다. 그래서 올해 한 해도 재미있게 될 것이라 확신한다. 내 말을 경청해 주는 아이들과 선생님들. 그렇게 교육은 굴러가고 있다.

- -

2019. 4. 3. 새로운 융합교육 프로젝트를 위한 시동(전학공 모두 발언)

올해가 3·1 운동 100주년이 되는 시기이고, 우리학교 교명의 유래인 변영로 시인이 한일민족운동을 하신 분입니다. 이러한 것들이 우리의 자긍심 고취, 즉 나와 우리 마을과 나라에 대한 자긍심 고취로 연결된다면 학생들에게 많은 도움이 되리라 생각합니다. 또한 저의 가치관은 줄곧 '공평하고 정의로운 사회 구현'이었는데, 이것이 학교의 기저(철학)와도 잘 맞아떨어지는 듯합니다. 정의로움. 요즘음의 키워드도 시대정신, 정의, 인권인데, 정의와 인권을 반영하여 정의롭고 자존감을 지닌 존재로서의 ○○인을 길러 보면 어떨까요? '올바른 국가관과 올바른 역사관을 지닌(시대에 뒤떨어진 out of date한 표현이지만) 자긍심을 갖고 있는 존재로 키우기 위한 베이스(base)로서의 교육' 저는 그런 교육이 필요하다고 봅니다.

- -

자료 24 2019 2학년 1학기 월별 융합계획(기억 그리고 희망)

■ **프로젝트명(주제): 기억 그리고 희망**

1. 목표: 우리 역사를 기억하는 활동을 통해 희망의 메시지를 찾아 표현할 수 있다.

2. 과목별 수업 활동 및 평가

시기	과목	주제	수업활동	평가
4월	한문 I	한자를 바르게 읽기	3·1독립선언서 해석, 낭독, 인상적인 구절 슈링클스 만들기	과세특
4월	영어 I	3·1독립선언서 영어로 번역하기	독립선언서 중 인상적인 구절을 선정하여 영문으로 옮기기	과세특
4월	생윤	민주주의	바람직한 민주주의란? –평화와 공존의 윤리에 대한 보고서–	과세특
4월	한국지리	독도 영유권 분쟁	독도 영유권 분쟁에 대해 한·일 양국의 주장 및 근거 자료에 대해 조사하고 탐구보고서 작성하기	과세특
5월	수학 I	독도는 우리 땅	삼각함수를 이용하여 세종실록지리지의 독도 관련 기록의 사실 여부를 확인하고 영토 주권을 지키기 위한 방안 생각하기	과세특
5월	사회탐구 방법론	경기도(부천)의 3·1 운동	경기도 지역(부천)에서 진행된 3·1 운동에 대한 문헌 조사를 실시하고 보고서(홍보물) 제작	과세특
5월	중국어 I	상하이 임시정부	상하이 임시정부와 홍커우 공원에 대해 알아보고 중국어 길묻기 표현을 활용하여 임시정부, 홍커우 공원 찾아가기	과세특
6월	일본어 I	일본 국민의 역사 의식	일본 국민이 가지고 있는 실제 역사 의식에 대해 알아보고 자신의 의견 작성하기	과세특
6월	생명과학 실험	일제강점기의 과학자	일제강점기 어려운 상황에서도 열심히 연구한 과학자 조사 및 발표	과세특
6월	음악	기억 그리고 희망 음악 창작	기억 그리고 희망을 주제로 음악 창작하기	과세특
6월	문학	기억 그리고 희망 시 영상 제작하기	시 영상을 제작하여 융합 프로젝트를 통해 찾은 희망의 메시지 표현하기	수행평가

3. 기대 효과: 시대정신을 반영한 정의로운 자긍심 고취

<1학년 '3·1운동–정의와 인권' 수업 결과물>

　학교는 단지 지식만을 배우는 곳이 아니라 다른 의견을 가진 사람과 대화를 하거나 함께 어울리는 법 등 사회성과 책임감을 배울 수 있는 곳이다. 살펴본 바와 같이 학교에서 교과에 기반한 융합교육을 하는 것은 교과 지식과 미래 역량을 함께 키울 수 있는 방안이며, 특히 협력(협동)학습으로 이루어지는 프로젝트 학습 과정은 여느 학원이나 사교육 기관에서는 할 수 없는 협업이나 배려, 존중 등의 인성교육을 가능하게 한다. 물론, 지금까지 우리 교육을 급성장시킨 기존의 강의식 교육, 경쟁적 교육도 나름의 장점을 많이 갖고 있기에 절대로 하지 않아야 한다고 말하는 것은 아니다. 단지, 지적 성장을 추구하는 기존 우리교육에 창의성과 문제해결력, 그리고 협업역량을 기를 수 있는 교육을 첨가한다면, 그 어느 나라보다도 훌륭한 우리만의 교육이 탄생하리라는 생각이다. 그러므로 **우리에게 필요한 것은 학생들에게 의미 있는 맥락을 기반으로 여러 교과가 연계하여, 학생 경험을 통해 학습하게 하는 융합교육일 것이다.** 이를 통해 자신의 삶과 연계된 교과 지식을 협업을 통해 배울 수 있다면 새로운 교육 패러다임에 맞추어 변화해 나갈 수 있을 것으로, 이에 융합교육이 보다 널리 실행될 수 있기를 기대해 본다.

매직 3: 학생 주도적 활동
– 학생이 주도적으로 활동할 수 있게 하라

미래 지향적인 학교 변화에 있어서 학생들의 자발적이고도 능동적인 참여는 매우 중요한 요인으로, **학생들이 변화의 주체로 학교 변화에 참여할 수 있도록 자기 주도성을 높이는 교육을 하는 것이 필요**하다. UCLA의 지니 오크스와 존 로저스 교수가 말했듯이, 기존의 변화와 개혁 전략들의 실패 이유는 기존 전략들이 교육 전문가에 맞춰져 있거나 그들의 주도로 이루어졌을 뿐 학생과 학부모의 개입이 거의 없었고 그들을 이 개혁활동의 대상자나 수혜자 이상으로 생각하지 않았기 때문이다(Hargreaves 외, 2015a:153). 지금까지 우리는 학생들에 대해 교육을 받아들이는 수동적 존재로 생각해 왔지만, 글로벌 통신기술의 비약적 발전으로 지구촌에서 생산된 모든 정보와 지식을 인터넷을 통해 접할 수 있는 미래사회에서 학생들은 폭발적으로 늘어난 지식 가운데 스스로 필요한 정보를 선택하여 학습하고 능동적으로 행동하는 주체적인 존재로 살아가야 한다. 이러한 변화에 대해 이미 OECD(1997)는 DeSeCo 프로젝트(1997~2003)를 통해 미래사회에서 원만하게 살아가기 위해 자기 스스로 결정하여 행동하고 주장할 수 있는 '자율적으로 행동하는 역량'을 가져야 한다고 제시하였고, 미국의 21세기 스킬 파트너십(P21)은 21세기 핵심 역량으로 '진취성 및 자기주도성'과 '리더십 및 책임감'이 필요하다고 하였다. 우리나라에서도 2015 개정 교육과정에서 창의융합형 인재의 6가지 핵심 역량[17] 중 하나로 자기 주도적으로 살아갈 수 있는 능력인 자기관리 역량을 선정하여 강조하였다.

---

17 교육부는 '자기관리 역량', '지식정보처리 역량', '창의적 사고 역량', '심미적 감성 역량', '의사소통 역량', '공동체적 역량'을 핵심 역량으로 규정하였다(교육부, 2015).

자료 25 DeSeCo 프로젝트의 핵심 역량 분류

대범주(broad category)	핵심 역량(key competencies)
1. 상호적으로(interactively) 도구를 사용하는 역량	– 상호적으로 언어, 상징, 텍스트 사용 역량 – 상호적으로 지식정보 사용 역량 – 상호적으로 기술 사용 역량
2. 이질적 집단속에서의 상호작용 역량	– 타인과의 좋은 관계 맺기 역량 – 팀에서의 협력, 협업 역량 – 갈등 관리와 해결 역량
3. 자율적으로 행동하는 역량	– 큰 그림 속에서 행동하는 역량 – 인생 계획과 개인 과업을 형성하고 실행하는 역량 – 권리, 관심, 한계 그리고 필요를 옹호하고 주장하는 역량

출처: 오찬숙(2018). 제4차 산업혁명 시대를 대비하는 교육방안으로서 융합교육프로그램 효과 분석. 교육연구 제32집 제2호, p.26.

자료 26 21세기 핵심 스킬

대범주	핵심 역량	
학습 및 혁신 스킬	– 비판적 사고와 문제해결 능력(전문가적 사고) – 의사소통 및 협력(복합적 의사소통) – 창의성과 혁신(응용 상상력 및 발명)	
디지털 리터러시 스킬	– 정보 리터러시 – 정보통신기술 리터러시	– 미디어 리터러시
직업 및 생활 스킬	– 유연성 및 적응력 – 사회적 및 다문화적 상호작용 – 리더십 및 책임감	– 진취성 및 자기주도성 – 생산성 및 책무성

출처: 오찬숙(2018). 제4차 산업혁명 시대를 대비하는 교육방안으로서 융합교육프로그램 효과 분석. 교육연구 제32집 제2호, p.27.

　　자기주도성이란 자신이 주체적으로 어떤 일을 능동적으로 이끌어 나가는 성향으로, 개인이 스스로 **자율적으로 행동하고 그 결과에 대해서도 책임을 지는 독립적인 태도**를 의미한다. 미래사회와 연관하여 창의성이 중요하다고 강조되고 있지만 자기주도성은 창의성이 발휘되기 위한 선제적 조건일 뿐만 아니라, 변화의 방향이 예측 불가능한 미래사회에서 주체적으로 삶을 살아가며 문제를 해결할 수 있는 능력이기 때문에 더욱 큰 관심을 갖고 교육할 필요가 있다.

최근 해외 여러 나라에서도 자기주도성, 즉 자기주도적 역량을 키우기 위해 다양한 노력을 하고 있다. 영국의 갭이어(Gap year), 아일랜드의 전환학년제도, 미국의 알트스쿨, 핀란드의 주제(현상)기반학습, 오픈 온라인 코스를 제공하는 무크, 지역과 함께 하는 빅픽처스쿨, 그리고 필요한 것을 만들고 공유하는 메이커 교육 등이 그 예이다(여가부, 2018). 국내에서도 자기주도적 역량을 키우기 위해 자유학년제를 도입하고 학생자치를 강조하는 정책을 시행하고 있지만 아직까지 많은 학교들은 입시 위주의 교육 속에서 스스로의 문제를 판단하고 분석하여 결정하도록 교육하는 기회를 충분히 갖지 못하고 있으며, 단지 몇몇 청소년 단체나 학원 강좌 등에서 홍보 전략의 하나로 자기주도적 활동의 중요함을 강조하는 모습을 볼 수 있을 뿐이다.

일반적으로 자기주도적 역량이 있는 학생이라고 하면 스스로의 고민과 노력을 통해 문제를 해결하거나, 자신과 자신이 속한 집단 예컨대 동아리나 학급, 학교의 발전을 위해 계획을 세우고, 목표 달성을 위해 기획력과 추진력을 가지고 활동하는 모습을 지닌 학생으로 이야기한다. 이러한 자기주도적 역량은 가정에서의 양육방식이나 교우관계, 학교나 학교 외 단체활동 등을 통해 키워질 수 있다. 특히 학생들이 많은 시간 생활하는 **학교에서 자발적이고 주도적인 태도로 활동에 참여하기 위해 정보를 수집하고, 활동 계획을 수립하며 스스로 평가하는 활동들이 교과활동이나 교과 외 활동 등을 통해 이루어진다면 보다 효과적으로 향상될 수 있을 것이다.** 자기주도성은 동기가 명확하고 그러한 동기를 통해서 자신의 주체적인 행동을 바탕으로 학습 의도성을 발현하고, 나아가 진정한 의미의 자율적 행동을 하는 것으로 **자치 및 자율권**(autonomy)의 의미가 더욱 강하게 포함되어 있다(여가부, 2018:5). 따라서 학생들 스스로 조직해서 활동하는 학생자치 활동[18]이나 동아리 활동 등은 자기주도성을 높일 수 있는 기회를 보다 많이 줄 수 있다.

---

18 학생자치 활동이란 좁은 의미에서 학생 개인이 학급자치회, 학생자치회, 동아리 등의 학생자치기구를 통해 학습활동과 의사결정에 주체적으로 참여하는 활동을 말한다. 넓은 의미에서는 학생들이 주체가 되어 운영하는 집단활동으로서, 학생들이 스스로 문제를 찾아내고 민주적인 절차와 방법으로 의견을 모아 창조적이고 적극적으로 문제를 해결해 나가는 과정에서 자신을 계발하고 민주시민의 자질과 태도를 함양해 나가는 활동을 의미한다(경기도연구원, 2015).

우리들은 '학생 자치'라고 하면 교육활동의 한 분야로 법적으로 구성된 학생자치회를 생각하지만, '자치'는 자기의 삶을 스스로 다스린다는 의미로 학생들이 자신의 삶에서 문제를 발견하고 해결해 나가는 경험을 통해 자기주도성을 키우는 것이 '자치'일 것이다. 그런 의미에서 보면 단지 자치회만이 아니라 모든 학생들이 생활 속에서 자기주도성을 가질 수 있도록 교육하는 것이 필요하다. 누구라도 주인공이 되는 시대에 자신의 생각과 재능을 펼쳐 보일 수 있는 기회를 가져야 하고, 학생 스스로 공간을 구성하고 문화를 선도하고 축제나 동아리를 주도하는 과정을 통해 학생 주도적 문화를 만들 수 있어야 한다. 예컨대, 자신들이 구성하는 학교 공간, 자신들이 주도하는 학습 문화, 자신들이 주도해서 구성하는 학교 행사 등 많은 것들이 가능할 수 있다. 이러한 변화를 통해 단지 자치회 학생만이 아니라 **학교의 모든 학생들이 자기주도성을 가질 수 있도록 교육**해야 한다.

<친구 사랑의 날 행사>　　　　　　　　　　　　<학생 자치 버스킹 행사>

○○고에서는 학생 주도적 학교 운영을 위해 학생자치회와 동아리를 활성화하고, 학생 스스로 교육활동을 기획하고 운영하도록 지속적으로 지원하고 있다. 학생 자치회를 중심으로 친구 사랑의 날 활동이나 봉사활동, 급식실 질서 지키기, 금연캠페인 등의 각종 캠페인 활동을 진행하고 있으며, 학생들이 스스로 공부하는 습관을 형성할 수 있도록 자기주도학습 프로젝트, 영어듣기강좌, 수주TED 강좌 등의 활동도 운영하고 있다. 그리고 체육대회와 축제, 졸업식에 이르기까지 학교의 큰 행사들을 학생들이 아이디어를 내어 기획하고 진행하고 있으며, 정규 교과시간에 학습한 3D, 드론, 코딩 등의 미래기술과 애니메이션, 영화제작 방법 등에 대한 교육을 학생들의 동아리 활동이나 봉사활동으로 연계하여

학생들이 배움의 주체가 되는 활동이 되도록 하였다. 평소 교육활동과 연계하여 실시되는 수주고 필름 페스티벌이나 연애시대(야회음악회), 각종 버스킹 활동 등의 기획과 운영 역시 학생 주도로 이루어지고 있다.

<환경정화 봉사활동>

<모의 법정 경연대회>

<학교 스포츠클럽>

나의 업무 일지: 학생이 주도하는 학교 문화를 위한 지속적 노력 필요

2015. 9. 7. 졸업식에 졸업생들이 구성한 축제와 같은 공연 실시할 것을 계획함. 학년부장을 중심으로 학년별 생활지도를 장려하고, **학생들이 자발적으로 참여하는 축제**를 할 수 있도록 권장함. 댄스로만 운영되었던 축제의 장르를 다양화하고(가야금. 미술, 클래식 다음 해는 응원단 초청, 영어연극, 뮤지컬) **학생참여형으로 진행**하도록 할 것.

2015. 9. 10. 부천 아트밸리 발표회(동아리) 참여를 확인했으나 첫해는 못하고 다음 해부터 참여하도록 하였음.

2015. 9. 22. 문화예술지원강사 사업 신청 독려. 회의를 통해 창체(진로)를 자유학기제처럼 운영하는 방안에 대해 조언. 1학기는 탐색 시기로 4개반을 구성하고 **학생들이 선택하여 참가**하는 방법 제안. 예를 들면, 연극, 국악, 기자, 과학자, 미술 등.

⏰ **2016. 3. 25. 부장단 회의: 학생 주도적 행사에 대한 이야기**

- 학생이 기획하고 실천하는 문화예술 활동을 계획할 것: 작은 축제, 게릴라콘서트, 상설전시, 예술체험 캠프 등의 활동을 생각해 보시길 바람.
- 대원칙은 1) **많은 아이들이 많은 프로그램에 참여하게 하는 것**, 2) 아이들 수준이 낮다고 **아이들 수준에 맞추지 말고, 목표를 높게 잡고 그 수준으로 끌어올릴 것**, 3) 수요일 시간표에 대한 깊은 고민. 자율동아리를 7교시에 하면 **전문적학습공동체**와 다양한 방과후 활동 등의 프로그램에 영향을 주게 되니 재고해 주시길 부탁드림.

- -

📋 **나의 업무 일지: 학생을 존중하는 생활지도**

2015. 9. 12. 학업중단예방 교육은 **상담과 진로적 관점**에서 접근해야 한다. 예를 들면 꿈 찾기, 적성 발견하기, 학생 간 관계증진 등. 현재의 것은 단발성에 그칠 가능성이 있음. 진로교사와 상담교사가 협력하여 계획할 것. 필요하다면 외부강사를 초빙해도 되고. 상담, 검사, 부모상담, 지원기관 안내 등.

2015. 9. 14. **동아리실을 학생에게 줄 것. 활용과 관리를 학생들에게 맡겨야.**

2015. 9. 23. 인사예절, 교복 착용, 화장 옅게 하기 → 교육으로 해결해야 할 것.

2015. 9. 24. 학생과 교사 간의 문제: **학생을 존중하는 언어 사용할 것.**

<학생 작품 상설 전시>   <버스킹 공연>

학생 자치회와 동아리 중심의 학생 주도적 활동

○ **'수주에서 우주까지!' 프로젝트** : 학생 자치회 중심의 함께 꿈꾸는 수주고 만들기 활동

수주에서	우주까지!
· **아침 영어 듣기** : 자치회 주관 영어듣기. 듣기 평가 후 오답에 대한 상호 **멘토링** 진행 · **꿈담터 활용 자기주도학습 프로젝트** : 발분망식(야간자율학습), 스쿨 스테이(방학 중 자율학습), 조기 등교 꿈담터(아침 자율학습) 프로그램 주관·운영 · **종바들 버스킹** : '종 치면 바로 들어가기'를 위한 캠페인 활동	자기주도학습 능력 신장
· **수주 진로 신문** : 수주고 학생들이 선호하는 직업에 대한 상세한 안내와 학생들이 잘 알지 못하는 미래 직업을 소개하는 신문 발행	진로 역량 신장
· **친구 사랑의 날** : 친구 퀴즈, 세족식 등의 활동을 통해 학교 폭력 예방 · **복면가왕** : 학생 인권의 달 기념 '편견 없는 세상 만들기'를 위한 가요제	인권 의식 신장
· **맛있는 급식** : 매월 잔반 줄이기 목표량을 정하고 목표 달성 시 학생 희망 식단 제공	환경 의식 신장
· **수주 프리 마켓** : 사용하지 않는 물건을 저렴한 가격으로 교환하고 수익 기부(국제 단체) · **쌀?쌀!!한 겨울** : 학생들이 십시일반으로 쌀을 모아 구호 단체에 전달(지역 구호 단체)	나눔과 배려 실천

○ **좋은 학교 만들기 프로젝트** : 개별 동아리 및 동아리 연합 중심의 캠페인, 봉사 활동

프로그램	주관	기간	내용
안전한 학교	교통봉사단	연중	교통안전, 학교폭력추방, 깨끗한 학교 만들기 캠페인
	폴라리스(동아리) 바른생활부	수시	금연선포식, 금연캠페인 활동, 흡연예방 환경조성, 금연 프로젝트 실시, 교내·외 금연순회지도
건강한 학교	자치회, 학생심판	5월	통합교육반과 함께 즐기는 한마음 체육대회 기획 및 운영
	스포츠클럽도우미	연중	학생 스포츠 클럽 도우미를 활용하여 학생이 직접 안전관리 등을 기획하고 학급별 리그대회 운영
행복한 학교	버스킹(동아리), 자치회	연중	점심 시간에 친구의 연주와 노래를 들으며 힐링, 수주 음악 공간, 수주 작은 음악회(음악실) 연계 학생 중심 예술 활동
	학생 자치 네트워크 [동아리119]	연중	동아리 회장단을 중심으로 동아리119를 구성하여 축제 준비, 점심 시간 동아리 부스 일정 조율 등의 활동으로 모두가 저마다의 꿈을 키우는 학교 운영에 기여

출처: 2017 수주고등학교 교육과정 운영 보고서

<영화 제작 활동 참여 공모>

학생의 적성을 발굴하고 자기주도적 활동을 위해 프로젝트형 동아리 활동이 필요하다. 과거 동아리 활동이라고 하면 형식적으로 구성되어 운영되는 CA를 생각하겠지만 요즈음의 동아리 활동은 학생들이 원하는 것을 실질적으로 운영하며 매우 전문적인 영역으로까지 확장되고 있다. 1장에서 살펴본 바와 같이 ○○고의 동아리 활동은 **교과와 창체동아리 그리고 자율동아리로 연계되어 다양하게 운영**되고 있다.

<영화동아리 활동>

<공모로 당선된 영상제 포스터>

학생들의 학교적응에 가장 큰 영향을 주는 것이 자기주도적 학습능력이고, 그중에서도 자율성이 가장 큰 요인으로 작용함을 고려하여 ○○고에서는 자기주도적 학습능력을 향상시킬 수 있는 다양한 프로그램을 제공하고 학생 스스로 자율적으로 학습에 동참할 수 있는 여건을 마련하고 있다. 일반계 고등학교이지만

성적 우수자보다 학력이 낮은 학생이 많은 상황에서 학교가 변화하기 위해 실제적으로 성적 부진아에 대한 교육이 시급했으며, 교사들은 일방적인 주입식 교육보다 **스스로 공부를 해야 하는 이유를 찾게 하고 공부하는 방법을 터득하게 하는 것이 더욱 효과적일 것**으로 생각하였다. 그런 이유로 ○○고는 '수주 TED, 인문학 콘서트(부제: 공부하는 이유)'를 기획하여 학생들의 자존감과 학습의욕을 고취시키고자 노력하였다. 여러 교사들은 차례로 다양한 주제에 대한 인문학 수업을 희망 학생들을 대상으로 1학기 동안 주 1회, 정기적으로 진행하였으며, 이후 2학기에는 선생님과 함께 만드는 수업, 수주 TED II를 기획하여 학생이 교사의 코칭을 받으며 수업을 준비하고 교사와 학생 대상으로 강연하는 형태로 발전시켜 학생들이 자기주도적으로 성장할 수 있도록 하였다.

자료 28 사제동행 인문학 콘서트 수주 TED

TED 교사 모집 (교사 신청, 학생 추천)	⇨	연간 일정 안내 (금 7,8교시)	⇨	사제동행 인문학 콘서트 수주 TED 강연			⇨	생기부 기록 (진로특기사항) 수주TED II연계
				학생 버스킹 ⇨	교사 인문학 특강 ⇨	학생 소감문 작성		

➡ 연간 일정(8회 운영) : 교사의 경험을 인문학적 관점으로 강의→삶의 자세에 대한 학생 가치관 정립

2016년	만족지연능력, 목표가 있는 삶, 행복한 삶, 運의 의미, 바리데기-쿵푸 팬더-파랑새 등
2017년	나의 욕망은 누구의 욕망인가?, 멀리 있는 파랑새의 노래는 들을 수 없다, 최선을 다한다는 것의 의미, '어느 날 고궁을 나서며' 나는 어떻게 살 것인가, 7전 8기-포기하는 것도 용기일까? 등

출처: 2017 수주고등학교 교육과정 운영 보고서

<수주테드 II 아바타수업경연 안내>

<수주테드 II 발표>

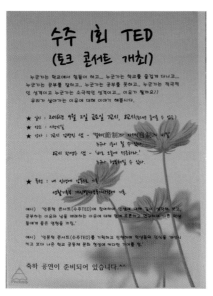

<수주테드 개최 안내문>

수주 TED가 전체 학생들을 위한 프로그램이라면 각 학년별로 기초학력이 낮은 학생들에 대한 다양한 프로그램도 운영되었다. 이것은 학년부 차원에서 교사들의 협의에 의해 구성된 것으로 국어, 영어, 수학 등의 교과 수업 전에 공부를 해야 하는 이유와 자신의 학습 부진 원인에 대한 분석하는 시간 등의 인성 및 계기 교육 기회를 마련하여 학습에 대한 자기주도성을 기를 수 있도록 하였다.

자료 29 학생 맞춤형 학습 지원 프로그램

ing	프로그램	활동 내용				비고
방과후학교 teach-ing	와신상담	국어, 영어, 수학 기초 학력 보장 교육				학력 신장
	방과후학교	학생이 개설을 희망하는 교과에 대한 기초·심화·탐구 학습 기회 제공				
자기주도 학습코칭 coach-ing	선생님과 함께 만드는 수업 수주 TED Ⅱ	◦ '공부', '꿈' 등의 주제로 한 학생 강연				진로
		참가 희망 학생이 코칭 교사 섭외	학생이 교사의 코칭을 받으며 수업 준비	교사, 학생 대상 인문학 강연	코치의 강의 피드백, 학생 소감문 피드백	
	Dream Writers	전문 강사(영어 교육 전공 박사 과정)의 코칭을 받으며 소집단 탐구 활동을 통한 영어 소논문 작성				동아리
멘토링 mentor-ing	리딩 마스터	◦ 영어 상위권 학생과 하위권 학생의 협업을 통한 기초학력 신장				자율 봉사
		참가 자격 공고 (영어 성적 하위 30%)	참가자가 멘토 선정 원서 선택 (동화 가능)	멘티가 '리딩 마스터'가 될 수 있도록 우수 학생이 멘토링	리딩 마스터 콘테스트	
	또래 멘토링	희망 과목에 대해 멘토 1명, 멘티 3명 이하가 함께 학습				봉사
	대학생 멘토링	지역 대학과 연계하여 교과 내용, 학습 방법 지도, 진로 코칭				지역

출처: 2017 수주고등학교 교육과정 운영 보고서

학생 맞춤형 기초·기본학력 향상 프로그램 참가 학생 소감문

평소 해 보고 싶었던 기타를 배울 수 있어서 좋았습니다. 또 국어시간 때 많은 시를 읽고 해석함으로써 그 시에 들어 있는 뜻이나 이유를 알 수 있었던 것 같습니다. 그리고 한자 단어를 알려 주시고 예시도 들어 주셔서 시에 대해 더 이해하기 쉬웠던 것 같습니다. '노력하지 않는 사람은 목표가 없는 게 낫다'라는 문장을 알려 주시고 나서 앞으로는 목표만 세우기 말고 행동으로 실천해야겠다고 생각했습니다. (2학년 노○○ 학생 소감문. 2018년 '와신상담'[19] 전 과목 참가)

방학목표: 국어 문제집 2권(고전시가, 문법 단원 풀기), 수학 문제집 20page 풀기
내가 부족하다고 느꼈던 과목을 2주 동안 공부하면서 많이 알게 된 것 같다. 내가 스스로 공부 계획을 짜서 한다는 것도 새로웠고 집에선 깨지기 쉬웠던 것들인데 학교에서 하니까 그게 많이 개선된 것 같다. 내가 잡은 목표를 달성함으로써 성취감을 느낄 수 있어서 좋았다. (2학년 주○○ 학생 소감문. 하계방학 목표달성 캠프 '스쿨 스테이'[20] 참여)

이번 대학교 면접에서 포트폴리오를 가지고 오라고 해서, 와신상담 '현대시 감상반' 바인더 파일을 가지고 갔습니다. 면접관이 '와신상담'에 대해 물어보셔서 현대시 감상반에서 배운 시 감상 내용을 소개하면서 자신감 있게 대답할 수 있었습니다. 그러자 면접관님께서 학교에서 열심히 배운 것 같다고 격려해 주셨습니다. (3학년 황○○ 학생 소감문. 2017년 '와신상담' 참가)

출처: 2018학년도 학생 맞춤형 기초·기본학력 향상 프로그램 운영 보고서

---

19 와신상담 프로그램은 학기 초 기본학력 미달 학생 진단 후 해당 학생을 대상으로 자기주도학습 능력을 강화하기 위해 무상으로 시행되는 기본학력향상 방과후 수업이다.
20 스쿨스테이 프로그램은 목표 설정 방법에 대한 학습 후 체계적인 자기주도학습 계획을 세운 학생을 대상으로 방학 기간 중 실시하는 자기주도학습 활동으로 학업 공백을 예방하기 위한 프로그램이다.

'단 한 명의 아이도 포기하지 않는 교육'은 경기도교육청의 교육정책 방향이다. 이것은 교육의 평등성을 이야기하는 것으로 많은 사람들이 이에 동의할 것이다. 나 또한 '공평하고 정의로운 사회 구현'을 모토(motto)로 삼고 있기에 **현장에서 공평한 교육의 기회가 부여될 수 있기를** 바란다. 고등학교 3학년 2학기 수업에 대학 진학을 하지 않는 학생들을 위한 프로그램을 구성해 달라고 요청하는 것은 진학을 목표로 하는 일반고등학교에서는 다소 이상(absurd)하게 느껴질 수도 있을 것이지만, ○○고에서는 **진학하는 학생들이 면접 준비를 하는 시기에 비진학 학생들을 위한 문화소양 함양의 기회로 바리스타와 제과제빵, 뷰티미용 네일아트, 종합스포츠 프로그램을 구성해 제공**하였다.

<뷰티미용 네일아트 수업>　　<제과제빵 수업>　　<바리스타 수업>

누구라도 학교에 오면 즐거워야 하고, 자신이 주인공으로서 활동해야 한다. 국민의 세금으로 이루어지는 교육에 차별이 없어야 한다. 부유한 아이, 공부 잘하는 아이만이 아니라 소외된 아이들에게도 관심을 가지고 지원해 주어야 한다. 공부 안하고 말썽부리는 아이들에 대해 이야기할 때, 난 늘 "그들이 우리의 노후를 책임져 줄 아이이다. 지금은 말썽을 부리지만 갈등과 혼란의 청소년기를 거쳐 성인이 되면 내가 언제 그랬던가 할 정도로 반듯한 시민이 된다. 그들이 군인이 되어 나라를 지킬 것이고, 산업역군이 되어 나라를 부강하게 할 것이다. 그리고 평생학습이 가능한 이 시기에 언젠가 공부가 필요하고 하고 싶은 때가 오면 공부를 할 수 있도록 지금 그 기반을 닦아 주면 되는 것이다"라고 한다. 이런 나의 이런 생각은 나의

아이와 그의 친구들이 정말 어려운 혼돈의 청소년기를 거쳐 지금은 번듯한 성인으로 성장한 모습을 보았기에 더욱 확실하다고 자부한다.

그러므로 우리는 지금 비뚤어져 보이는 아이들에 대해서도 사랑과 이해심을 가져야 한다. 지금 우리가 그들의 상황(환경이 어려운 학생들)이라면 더 나을 수 있을까에 대해 깊이 생각해 보아야 한다. 만약 우리가 가정적으로 편부, 편모이거나 조손가정의 상황에서, 경제적으로도 어려워 아르바이트를 해야만 한다면 과연 공부가 머리에 들어올 수 있을까? 출결을 똑바로 하라는 잔소리가 얼마나 무의미할까? 생존이 위협받는데 교칙이 그들에게 어떤 의미가 있을까? 물론, 그런 학생들에 대한 지도를 멈추자는 이야기는 아니다. 그들의 상황이 그렇다 하더라도 우리는 올바른 길, 바람직한 길을 안내해야 한다. 하지만 너무 매몰차게 몰아붙이지는 않아야 할 것이다. **그들의 상황을 이해하고 스스로 하고자 하는 생각이 생길 수 있도록 환경을 조장해 주고 그들이 희망을 갖고 노력할 수 있도록 지원 방안을 생각해야 보아야 하는 것**이다.

> 그런 활동들은 자소서에 쓸 거리를 굉장히 많이 주긴 해요. 자율 동아리나 행사나 TED 같은 거에서 스스로가 기를 수 있는 자기주도성일 수도 있고, 축적된 자료들을 가지고 소화하고 심화된 상태에서 자료를 찾아가니까 그런 내용들이 자소서 쓰는 내용에 학업 역량성이라든지 진로적합성이라는 것도 괜찮고 팀으로 했을 때는 갈등관계에 있어서도 유의미해요. (E교사)

> 강의식 수업 하면 애들이 좀 지루해 할 수도 있긴 있거든요. 근데 수학은 거의 강의식으로 이루어지고 애들이 발표를 많이 한다고 하더라고 그게 한정되어 있는데 그리고 뭔가의 결과물을 낼 수 있는 게 힘든 교과기도 하고. 그런데 이제 다른 교과랑 같이 하면서 시각적으로 눈에 보일 수 있는 것들을 애들이 하고 그다음에 애들이 자발적으로 뭔가를 만들어 내는 것에 대해서 그것에 대한 만족도가 높았던거 같아요. (B교사)

학생 주도적 활동에 대해 A학생은 학생들이 스스로 금연 캠페인이나 영어듣기 강좌를 운영하면서 학교 교육환경이 개선되고 학생들의 학업 열정이 높아지고 있으며, B교사 역시 급식지도나 금연지도를 학생들이 자발적으로 하고 있는 것이 학교를 더 좋아지게 하고 있다고 한다. A학생과 C학생은 학교가 학생들이 원하는 활동이나 학습을 할 수 있도록 많은 지원을 해 주고 있어 학생들이 노력하고 있으며, 특히 C학생은 학교가 동아리 지원사업을 확대하면서 동아리 활동이 활성화되고 자율동아리가 많아지고 다양해진 것이 학생들에게 많은 도움이 되었다고 말한다. 이처럼 학생들은 지시에 의해 참가해야 하는 활동보다 자신들이 주체적으로 계획하여 추진하는 활동에 대해 더 많은 관심을 갖고 지속적으로 함께 동참하려는 모습을 보이고 있다. **학교 변화를 위해 학생들 스스로 자발적이고도 주도적인 활동을 할 수 있도록 학교가 지원하는 것이 필요**하다.

> "
> 학생들이 자체적으로 활동을 하면서 흡연 예방과 흡연 방지와 같은 활동을 하며 흡연이 점차 학생들이 안해지고 교육 환경이 점차 개선되어지고 있다고 생각합니다. 학생들의 열정도 다시 높아지고 있고요. 학생들이 스스로 영어듣기를 열고 운영을 하면서 자신들이 원하는 공부를 더 할 수 있도록 학교가 지원을 해 주고 학생들이 노력을 한다고 생각합니다. (A학생)
> "

<급식실 질서 지키기 캠페인>

<교복 잘 입기 캠페인>

> 급식지도도 아이들이 자발적으로, 교사의 지도 없이 아이들이 자발적으로 하고 있는 상황이고 금연지도도 쉬는 시간에 아이들이 자발적으로 하고 있고, 그러니까는 그런 모든 것들을 애들이 자발적으로 할 수 있게끔 만들고 자발적으로 그래서 학교가 점점 더 좋아지고 있는 것 같아요. (B교사)

> 학교에서 이런저런 지원을 많이 해 주다 보니까 동아리 활동도 되게 활성화됐어요. 1학년 때만 해도 제가 알던 자율동아리가 몇 개 안 됐는데, 2, 3학년 때는 이제 자율동아리가 많아지고 동아리 지원사업도 확대되면서 학생들이 자기 생활기록부를 좀 더 이제 자기 진로에 맞게 꾸며 갈 수 있도록 도움을 많이 받았다고 생각합니다. (C학생)

<동아리 홍보 및 모집>

아래 C학부모는 과거에 비해 ○○고 학생들이 수업시간에 집중하고, 자기주도적 학습을 하려고 하는 능력과 의지력이 많이 좋아졌다고 말한다. B교사 역시 과거에 비해 많은 변화와 성장을 보여 주는 한 학생의 사례를 제시하면서 학생 스스로 열심히 할 수 있도록 하는 교육으로 학생들의 변화를 이끌어 낼 수 있다고 말한다. 처음부터 학생들이 스스로 할 수는 없지만 교사가 제안을 해서 학생들의 자기주도적 활동을 이끌어 내고, 그러한 환경 속에서 많은 학생들이 자신

감을 갖고 도전하는 것이 학생 개개인의 변화를 가져오게 되는 것이다. 그는 **학생들의 자기주도적 활동을 권장하는 방향으로 학교가 변화**하는 것이 학생의 변화를 가져오게 할 수 있으며, 이러한 방향으로 학생을 변화시키는 것이 교육의 역할이라고 하였다.

그리고 G교사는 **학생이 학교 변화의 원동력**이 될 수 있다고 생각하고 있는데, 그는 교사들이 프로그램을 마련해 주는 것도 중요하지만 학생들 스스로 할 수 있는 **학생자치 문화를 활성화**시키는 것이 학교 변화로 이어질 수 있다고 말한다. 이와 같이, 학생들의 자기주도성을 키우는 학교로의 변화는 학생들의 변화를 이끌어 낼 수 있으며 이러한 전체적인 학생들의 변화는 다시 학교의 변화로 이어지게 된다. 그러므로 학생들 스스로 열심히 하는 자기주도성은 학교 변화의 동력으로 학교가 변화하기 위해서 학생들의 자기주도적 활동이 자유롭게 이루어질 수 있도록 학교가 지원하는 것이 필요하다.

> 수업시간에 집중을 잘해서 본인이 하려고 하는 그런 의지력이 많이 좋아진 것 같아요. 집중을 하고, 자기주도적인 학습을 하려는 능력이 좋아지고. (C학부모)

> 제안은 교사가 했을 수도 있었지만 그 다음에는 전혀 교사의 개입 없이 애들이 알아서 열심히 하고 자기네들끼리 열심히 해 보자. 뭐 이렇게 하고 애들 같이 독려하고 하면서 일단은 OO이라는 학생도 많이 변했고, 왜냐면 그 학생이 중학교에서는 굉장히 노는 친구였고, 고등학교 2학년 때까지만 해도 선생님들한테 되바라지게 행동을 하고, 선생님들이 굉장히 문제가 있다고 했던 학생이었는데 이제 좀 많이 변한 것 같아요. 저는 그 학생 보면서 뭔가 이렇게 아이들이 변화하게 되는 게 학교에서 그렇게 변화가 가능한거구나 그런 생각을 했었어요. … 그전에는 공교육이 뭐 어쩌구 저쩌구 맨날 이러잖아요, 공교육이 죽었다 이런 말을 하는데 그 학생을 보면 그런게 아니다 라는 생각이 들어요. (B교사)

> **"**
>
> 애들이 경험하는 게 표정이나 기분의 변화는, 선생님들이 다양한 프로그램을 마련해 주는 것도 물론 중요하지만, 학생 자치 문화 속에서도 충분히 좀 만들어지지 않을까. 오히려 학생 자치 문화에서의 학생은 학교를 더 변화시킬 수 있는 동력이 되지 않을까. 학생 자치 문화가 활성화된다면 오히려 학교 변화의 동력은 학생이 될 수 있지 않을까. (G교사)
>
> **"**

이와 같이 미래 지향적 학교 변화에 있어서 학생 주도적 활동은 매우 중요하다. 일반적으로 학생을 변화 과정의 참여자로, 조직생활에서 구성원으로 생각하는 경우는 드물었지만, 살펴본 바와 같이 **학생들은 학교 교육공동체의 일원으로 학교 변화를 위한 여러 활동에 자발적이고도 능동적인 참여를 함으로써 학교 변화를 이끌어 가는 주체로서 역할을 할 수 있으며, 그러한 활동 과정 속에서 미래사회를 살아가기 위해 필요한 자기주도성을 기를 수 있다.** 학생들은 어리지만 그들이 의미 있는 역할을 갖지 못하면 대부분의 교육변화와 교육은 실패하게 되는 것이다. 그러므로 학생을 변화의 잠재적 수혜자로 여기지 말고 변화 프로세스의 참여자로 생각해야 한다(Fullan, 2017:41).

모든 교육의 성공 여부는 학생의 정서적·지적 지지를 이끌어 내느냐 못하느냐에 달려 있으며, 참여를 이끌어 내는 한 방법으로 학생의견 청취의 비중을 늘리는 전략 등이 있을 수 있다(Fullan, 2017:242-243). ○○고에서는 학생들의 참여를 이끌어 내기 위해 학생들의 의견을 수렴하고 그것을 반영한 학교행사, 시설 설치, 비품 구입 등을 하고 있다. 우선 학교 교육환경 개선에 대한 설문조사를 하고 그 결과를 적극 환경개선에 반영하였고, 조치 여부를 학생들에게 알려 주었다. 또한 도서실의 정기간행물이나 학생 책상과 의자와 같은 물품 선정 시 학생들의 의견을 수렴하기 위하여 포스터나 실물을 배치하고 자신들이 선호하는 것에 스티커를 부착하는 방식으로 의견을 반영하여 진행하였다. 책상과 의자의 경우에는 예산안보다 더 많은 금액이 지불되어야 했지만 학생들의 가장 많은 호응을 받은 제품으로 구입하였다.

<학생 책상과 의자 구입을 위한 학생 선호도 조사>

학교 교육환경 개선에 대한 설문관련 문서

제목   학교 교육환경 개선 설문조사 결과 보고

『1. 관련 : ○○고등학교-13998(2017. 10. 27.)호
 2. 위와 관련하여 학교 교육환경 개선 설문조사 결과를 붙임과 같이 보고합니다.
  가. 목 적 : 학교 교육환경 개선 만족도 조사 및 의견수렴
  나. 기 간 : 2017. 10. 30~10. 31.(2일간)
  다. 응답자 : 학생 502명 및 교원 37명 응답
  라. 향후추진방향 : 설문결과를 토대로 시설개선 우선순위 등에 반영 예정

 붙임 1. 학교 교육환경 개선에 대한 설문결과(학생) 1부.
    2. 학교 교육환경 개선에 대한 설문결과(교직원) 1부. 끝.』

학교 교육환경 개선에 대한 설문 조사 결과(학생)

설문 조사 결과 취합

객관식 설문	문항번호	응답자수
1. 현재 우리학교 교육환경에 대한 전반적인 만족도는?	① 매우만족	38
	② 만족	168
	③ 보통	234
	④ 불만족	41
	⑤ 매우불만족	21
2. 최근 2년간 교실 환경 개선과 관련하여 가장 만족했던 사업은 어떤 사업입니까?	① 교실 Smart TV설치	375
	② 교실 철재청소도구함 교체	39
	③ 교실 방염커튼 제작 설치	45
	④ 기타	37

3. 최근 2년간 특별교실 환경개선과 관련하여 가장 만족했던 사업은 어떤 사업입니까?	① 과학실 빔프로젝트 설치	81
	② 동아리실 대형거울 제작	119
	③ 컴퓨터실 학생용 컴퓨터 및 모니터 교체	144
	④ 전자칠판 화이트보드 교체	116
	⑤ 수업실연실 수업자동녹화시스템 등 설치	65
	⑥ 교수학습용 현미경 구입	44
	⑦ 음악실 그랜드 피아노 구입	144
	⑧ 컴퓨터실 환경개선	109
	⑨ 기타	34
4. 최근 2년간 특성회 교육 환경개선과 관련하여 가장 만족했던 사업은 어떤 사업입니까?	① 영상편집 프로그램 등 방송실 장비	99
	② 영상제작 및 그래픽용 데스크탑 4대 구입	90
	③ 강당, 운동장 무선 마이크 장치구입	224
	④ 기타	82
5. 최근 2년간 학교 시설 환경개선과 관련하여 가장 만족했던 사업은 어떤 사업입니까?	① 남학생 화장실 소변기 칸막이 설치	74
	② 중앙복도 쇼파 제작 설치	239
	③ 2층 학생 작품 전시공간 조성	52
	④ 고화소 CCTV 설치	55
	⑤ 중앙현관 비전 게시판 및 복도 게시판 설치	17
	⑥ 2층 예사랑 앞 화단 조성	10
	⑦ 친환경 우레탄 농구장 및 트랙 설치	53
	⑧ 노후 급식기구	62
	⑨ 중앙복도 컴퓨터 검색대 개선 및 학생용 복합기 설치	94
	⑩ 학교 냉난방 시스템 상시가동	232
	⑪ 동하계방학중 교실 대청소 및 유리 청소	25

■ 학교 교육환경 만족도

1. 전체 만족도 및 학년별 만족도

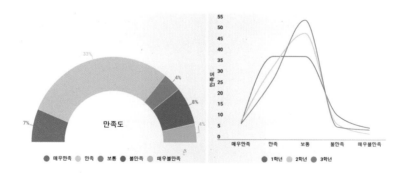

2. 매우만족에 답했다면 특히 만족한 부분은 무엇입니까?

　　－ 히터나 에어컨 냉·난방이 좋다.

　　－ 적극적인 지원

　　－ 다양한 과학실, 아틀리에

3. 매우불만족에 답했다면 특히 불만족한 부분은 무엇입니까?

　　－ 티비가 안나옵니다 → 확인결과 모두 나옴

▣ 학교시설 개선 건의 사항

OO고등학교는 1년간 예산을 효율적으로 사용하고 절감된 예산을 교육과정에 우선 지원되는 사업으로 집행해 왔습니다. 앞으로 학교 시설 개선과 관련하여 의견이나 건의 사항이 있으면 자유롭게 기재해 주시기 바랍니다.

　　－ 남자 화장실 소변기 칸막이가 부서짐(조치예정)

　　－ 모든 층에 정수기 물을 시원하게 해 주세요(조치완료)

　　－ 자판기, 매점을 만들어 주세요(5명)

　　－ 분필 칠판을 보드마카 칠판으로 교체해 주세요(4명)(조사진행중)

　　－ 3층 피아노 너무 시끄러워요. 치워 주세요(2명)

　　－ 비데 설치

　　－ 도난 사고가 많으니 CCTV 설치를 더 해 주세요(2명)

　　－ 운동장 인조잔디 교체(예산신청중)

　　－ 냉난방 잘해 주세요. 화장실에 담배 센서 설치해 주세요. 물도 따뜻한 물(조치함) 나왔으면 좋겠어요.

　　－ 멀티미디어 라인을 빨리 교체해 주세요. 수업에 지장이 생김(2명)

　－ 거울방을 댄스부만 사용할 수 있는 거마냥 사용하는거 X 다 같이 쓸 수 있었으면 좋겠다.

　　－ 3층 쇼파 쿠션 빠짐(2명)(조치함)

　　－ 화장실에 휴지 좀(2명)(교실 배치 후 화장실 배치 예정)

　　－ 화장실 방향제(설치되어 있음)

　　－ 과학실 약품 오래되었어요. 바꿔 주세요. 수업에 지장이 있습니다(3명)(조치함)

　　－ 수주 필름 페스티벌 할 돈으로 3학년 면접 지원했었으면 했습니다(진행하고 있음)

　　－ 2-2 TV 좀 고쳐 주세요(조치됨)

　　－ 5층 강당 바닥 보수요망

출처: ○○고 학교 교육환경 개선에 대한 설문조사 결과(2017)

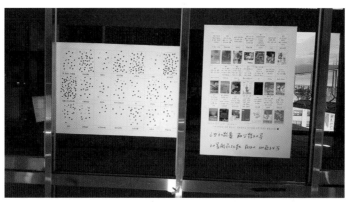

<도서관에 비치되기를 바라는 정기간행물 선호도 조사>

특히 ○○고에서는 학생들의 의견을 반영한 공간들 예를 들면, 수주 아틀리에, 버스킹 공간, 오픈 라이브러리, 교과교실 등을 조성하여 학생들 스스로 의견이 존중되고 있음을 느끼게 하여 학교에 대한 정서적 지지를 이끌어 내고 있다. 아래 E학생이 이야기하는 아틀리에는 과거 사물함으로 가득 차 있던 공간을 학생 개인이나 동아리, 학년 또는 교과별로 자신들의 이야기를 공유하거나 작품들을 전시하는 공간으로 조성한 것으로 학생들이 스스로 여러 가지 활동으로 활용하고 있음을 알 수 있다. E학생은 축제 때 동아리 부원들과 함께 아이디어를 내고 애니메이션과 웹툰 배경으로 공간을 조성했던 경험을 이야기하고 있다.

> "
> (아틀리에) 그거는 확실히 애들 그거 다양하게 쓰니까, 애들이 이것저것 전시해 놓으면 이것저것 보고, 좋죠. 축제할 때, 아틀리에에 그린 건 동아리 부원 애가 아이디어 낸 건데, 뭐라고 해야 되지? 애니메이션이나 웹툰 배경처럼 (그린 거예요).
> (E학생)
> "

<사물함 공간이 전시공간 '아틀리에'로 변화한 모습>

자료 33 학생 주도적 활동을 위한 공간 마련

◦ **학생 중심 공간 활용** : 학생 중심 홈베이스 조성 및 자기주도학습 여건 마련

공간	학생 중심 사항	세부 활동	
수주 아틀리에	전시	2층 홈베이스를 학생 중심 전시 공간으로 조성하여 개인 전, 수업 결과물 전시 및 공유 공간으로 마련	
수주 음악 공간	연주, 공연, 상영	3층 홈베이스를 학생 공연 공간으로 조성하여 피아노 연 주, 버스킹 공연	
스마트 체험존	실습, 체험	컴퓨터 프로그램을 이용한 영상미술 작품 제작 및 3D프린터를 활용한 입체물 제작, VR 콘텐츠 제작	
수주 생태교실	관찰, 체험, 봉사	교내 연못인 세심정과 그 주변을 '연꽃 피는 생태교 실'로 구성하여 환경 관련 융합수업 운영	
미디어 스페이스	과제 수행	정보 검색대 및 학생 전용 프린터 설치를 통한 과제 수행 지원	

출처: 2017 수주고등학교 교육과정 운영 보고서

<정보 검색과 함께 출력이 가능한 컴퓨터와 프린터기(층마다 비치함)>

<스마트 체험존으로 리모델링>

　　한편 C학생은 학생 참여 프로그램이 더 많아지기를 바라고 있고, 캠페인이나 프로젝트 수업에 있어서도 설문조사를 통해 학생들의 의견을 반영되기를 희망하고 있다. 학교에서 학생들의 생각이 반영된 학생들이 원하는 대회나 행사를 하게 된다면 그 분야에 관심 있는 학생들이 더 많이 참여할 수 있기 때문에 참여도가 훨씬 더 높아질 것이고, 또한 여러 활동에서 소외된 학생들의 의견도 반영되기 때문에 그들에게도 참여의 기회가 돌아갈 수 있을 것이라고 말한다. 이와 같이 **학생들은 자신 스스로 주도적으로 공간을 활용해서 자신들의 활동을 표현**

하고 있으며 소외된 학생들의 의견까지도 반영하여 학교의 여러 활동들이 이루어져야 한다고 생각하고 있다. 학생의 의견을 반영하고 참여의 기회를 마련하는 것은 학생들의 자기주도성을 기르는 데 있어서 매우 중요한 것이다.

> 66
>
> 학생 참여 프로그램이 좀 더 많았으면 좋겠어요. 캠페인 같은 거나 아니면 이제 어떤 프로젝트형 수업을 할 때 학생들한테 먼저 설문조사를 돌린 다음에, 학생 반영 의견을 좀 더 중심으로 했으면 좋겠어요. 대회를 열거나 이런 것만 해도 그런 친구들도 있잖아요, 충분히 노력했는데 결과가 나오지 않은 친구들도 많으니까, 그런 아이들이랑 자기가 원하는 걸 해서 구상했으면... (C학생)
>
> 99

학생들이 많은 시간을 보내는 교실을 포함한 학교의 여러 장소들은 학생들에게 정서적 안정을 줄 뿐만 아니라 자기주도성을 발휘할 수 있는 공간들이기 때문에, 학생들의 의견을 반영하고 교육적 영향까지 고려해서 구성해야 한다. 학교 공간이 학생들에게 미치는 영향은 우리가 생각하는 것 이상이다. 오랜 기간에 걸친 **바커의 연구**에서도 나타난 것처럼, 아이들의 행동 변화에 엄청난 영향을 미치는 요소는 바로 아이들이 특정 시간에 머무른 장소와 그 장소의 형태였다. 즉, 장소에 따라 다른 행동을 한다는 사실은 **학생들에게 어떤 환경을 조성해 주느냐에 따라 학생들의 의식적인 사고나 결정, 비의식적인 인지와 감정들이 변화될 수 있다**는 것이다. 이것은 녹지와 빛, 개방 공간에 대한 접근성이 높은 도시 거주자일수록 문제를 해결하거나 새로운 정보를 이해하고 받아들이는 능력이 좋아지고, 심리적 행복감이 커져 대인관계도 더 수월해진다거나, 장소에 애착이 강한 사람이 행복감을 더 크게 느끼고 공동체와의 유대감도 강하며 이기적인 태도와 사리사욕을 버리고 타인의 처지에서 생각하는 능력이 더 뛰어나다는 것과도 같은 맥락이다(Goldhagen, 2017).

필자가 교감으로 근무했던 중학교는 수리산 자락에 있었는데, 그 당시에도 학교가 자연 친화적 환경 속에서 학생들에게 음악과 미술 등의 예술을 접할 수 있는 공간으로 바뀌어야 한다고 생각했었던 것 같다. 그 생각은 교장이 되어서도 이어져 학생들이 스스로 전시하고 연주하는 공간을 마련하고 카페 분위기의 개방적 학습공간을 마련하였다. 자신들의 작품이 걸려 있는 아틀리에와 복도에 마련된 피아노 옆에서 삼삼오오 모여 연주하는 아이들, 그리고 아름다운 꽃과 나무로 둘러싸여 있는 연못 옆에서 담소하는 아이들의 모습들은 교장으로 부임하기 전 내가 꿈꾸는 학교의 모습이라고 나의 어머니에게 이야기했던 내용이다. 그때 나의 어머니는 "그런 학교가 어디 있겠니. 외국의 학교가 그럴까. 네가 가는 학교가 그런 학교라면 정말 좋겠구나"라고 하셨다. 예전에 내가 고등학교 학생이던 때 학교를 가 보셨던 분이니 그런 학교 모습은 외국에서나 볼 수 있는 거라고 생각하셨을 것이다. 하지만 지금 여러 학교들을 돌아보면 그런 모습의 학교들을 많이 마주치게 된다. 그럴 때마다 나는 정말 다행이구나 라는 생각을 한다. 이제 더 많은 학교들이 학교를 학생들의 삶의 공간으로 조성하여 학생들의 자기주도성을 기를 수 있도록 해야 할 것이다.

<학생들이 자유롭게 이용하는 3층 버스킹 공간>

2014. 3. 19. 학교 공간에 대한 나의 생각

학교는 Eco Green Zone - 문화와 예술이 흐르는 공간이어야 한다. 미술과 연계해서 그림 그리고 전시하고. 작은 음악회를 열고. 너무 재미나겠다. **문화와 예술과 생태가 어우러지는 융합의 공간.** 학교는 그러한 공간으로 바뀌어야.

⏰ 2019. 6. 학생이 스스로 구성해 나가는 삶의 공간으로서의 학교 공간 조성

○○고 부임 때 학생의 학습 경험과 활동들이 학교 공간 안에서 함께 나누어진다면 즐겁고 유익할 것 같다는 생각에 합의하여, 학생 삶의 공간으로서의 학교 공간으로 변화시키고자 했다. 학생 의견을 반영하여 유휴 공간을 학습과 휴식이 조화를 이룰 수 있는 공간으로 바꾸어, 학생 스스로 공간을 활용하여 전시와 공연을 하고 친구들과 함께 관람하고 참여할 수 있게 했다. 또한 폐쇄적인 학습공간보다 개방적인 공간에서 공부하고 싶다는 학생들의 요구에 맞추어 자기주도 학습실을 카페형식의 오픈 라이브러리로 바꾸었으며 이제 그곳은 삼삼오오 모여 스스로 공부하는, 학생들이 좋아하는 공간으로 자리 잡아 가고 있다.

 →

<폐쇄형 자습실>   <개방형 도서실(카페 형태의 오픈 라이브러리)>

📋 나의 업무 일지 〈공간 관련〉

2015. 9. 도서관 옆 토론공간을 확보해 줄 것을 요청

- 교과교실제 관련한 문제점을 인식하여 예컨대 청결이나 학생 생활태도와 관련하여 의견수렴이 필요함을 알게 되었음. 그리고 (9.11.) 학교 여건에 맞는 교과교실제 활용 방안을 도출하기 위하여 학생 서베이, 학부모 서베이

를 하고 교사들의 의견을 수렴하여 그 결과에 따라 활용방안을 마련하기로 함. **복도의 방랑자!! 떠날 준비가 되어있는 아이들.** (10.1.) 학운위에서 교과교실제에 대한 설문조사 실시 후 학교 여건에 맞는 교과교실제로 변화하고자 노력하고, 학생들이나 교사들이 만족할 수 있는 방향으로 발전하고자 하니, 지속적인 관심과 지원 부탁.

2015. 9. 22.-23. 서버실 청소 및 정리 – 각종 시설 정리정돈 실시

사물함 폐기. 의자정리, 방충망, 환경부 신설(청소 관리. 청소 구역 배정)

수주 갤러리(에 대한 아이디어 생성)

2015. 9. 22. vision을 벽면에 게시하는 **방법이 있는지.** 수업분석실 관리자 확실하게 하여 컴퓨터 등 설비를 업그레이드하도록 함.

2015. 9.23. 공간에 대한 나의 생각: 2층 수주갤러리(전시공간), 3층 음악(피아노), 4층 금연 부스

세심정 수주음악회. 조명설치. 건물 벽면에 지향점(비전) 표기.

"우리 아이들은 자신들의 환경에 만족하고 있다. 단지 한 가지, 자신의 성적에만 불만족"

2015. 10. 6. 홈베이스에 있던 사물함을 각자의 교실로 이동

2015. 10. 19. 학교 홈피 관리, 수업 실연실 의자, 벽지 확인. 텃밭 농기구 및 벽돌 정리

2015. 10. 27. 세심정 수능 이후 정리하기로

<학교 공간을 리모델링하여 학교비전 게시>

2016. 9. 2. 두 번째 단계로 진입(2차년도)

복사기 설치(도서관 & 홈베이스). **수주 Vision 공모**, 현관앞 리모델링. 자기주도학습 방법 내실화. 예산안 미리 점검하고 지출할 것.

<현관에 비치된 할로윈 사진 배경과 크리스마스 트리>

학교에서 교실은 학생들의 집과도 같은 공간이다. 집은 조망을 멈추고 쉴 수 있는 피난처이자 질서 정연하고 자유와 사생활을 보장하며 친목을 도모할 수 있는 공간이다. 우리는 다른 어느 장소보다 집에서 더 많은 자율성을 누린다. 집에서는 환경에 대한 통제력도 강해진다. 마음껏 환경을 바꾸거나 장식할 수 있고 일상의 규칙을 만들거나 깰 수 있으며, 홀로 또는 가족 구성원과 함께 있으면서 본모습을 보일 수도 있다. 자율성은 건강과 행복한 삶의 기본 요소로 집이 이런 기능을 제공하지 못하면 그곳에 사는 사람들, 특히 아이들은 고통을 겪는다. 이로 인해 오랫동안 발달과 인지, 심리 관련한 문제를 경험하기도 한다(Goldhagen, 2017:292).

아이들에게 자신의 학급 교실은 집과도 같은 역할을 한다. 복잡한 학교생활 속에서 잠시나마 편하게 쉴 수 있고 친구들과 함께 친하게 놀 수 있는 편안함을 느낄 수 있는 공간이다. 친구들과 함께 자유롭게 교실을 꾸밀 수도 있고 규칙도 정할 수 있는, 자율성을 발휘할 수 있는 우리만의 공간으로 작용한다. 그러나 ○○고는 교과교실제 선도학교로 2015년 당시 각자의 교실이 없이 홈베이스 사물함에 자신들의 비품을 넣고 각 교과교실을 찾아다니는 상황이었다. 학생들에게 **심리적으로 긍정적 기능을 하는 공간**(학급 교실)**이 없이 쉴새 없이 교과교실을 찾아 다녀야 하는 학생들은 '복도**

의 방랑자'가 되었고 그로 인해 **많은 문제점이 야기**되고 있었다.

F교사와 E교사 모두 선진형 교과교실제 도입으로 학생들의 생활지도나 학습지도에 있어서 어려움이 컸으며 그로 인해 학생과 학교가 안정되지 못했다고 말한다. 자신의 교실에 있으면서 일부 교과를 특별실로 이동하는 형태가 아닌, 수업마다 교실을 이동해야 하는 학생들은 학생 관리가 잘 되지 않아 흡연이나 복장 불량, 지각과 같은 생활지도 문제를 일으켰고 수업준비 또한 미비했던 것으로 보인다. E교사는 안그래도 교사들의 보살핌과 안정이 필요한 아이들이었는데 한 장소에 정착하지 못하고 가방을 메고 돌아다니는 상황이 학교를 더욱 어수선하게 하고 학교를 힘들게 했던 것으로 기억하고 있다. 학부모들도 이동수업으로 인해 수업이 내실 있게 이루어지지 못하고 학생들이 안정되지 못했던 것을 안타까워했으며, 교과교실제를 보완하여 학급 내 수업을 위주로 하게 되면서 수업 분위기가 많이 좋아졌다고 이야기한다. 심지어 E교사는 **학교 변화의 가장 큰 계기가 교과교실제를 보완한 것이라고 생각**하고 있다.

> 그때 당시에 정신이 없었던 게 교과교실제 전면도입하다 보니까 학생들이 수업을 10분 늦게 들어오고, 담배 냄새 나고. 너 담배 피웠니? 안 피웠니? 수업도 잘 안되고. 수업 준비도 그렇고 학생지도도 안 되다 보니까 학교가 굉장히 어수선하고. 전에 교과교실제 점수 때문에 온 사람들이 많아서 학생을 위한 수업이 아니라 전시 행정 수업을 많이 하다 보니까. 학교가 굉장히 어수선한 상황이었습니다. (F교사)

> 변화는 엄청나긴 한 거 같아요. 생활 습관이 달라진 게 일단. 학생들이 담배 피우고, 지각하고, 복장 불량이고 비행하는. 2015년까지는 그런 아이들을 너무 많이 봐서 진이 다 빠졌는데 가장 큰 계기는 **교과교실제 학교를 벗어나면서부터 물꼬는 트였던 것 같아요.** 그 이전까지는 2015년에 왔을 때는 애들이 가방을 메고 막 돌아다니고 있었거든요? 그것 때문에 안 그래도 얘들은 케어가 더 필요한 애들인데, 학습적인 면을 더 해서 애들이 정착을 못하고 흔들리던 모습이 굉장히 강했었는데 그게 좀 학교를 다운시켰던. (E교사)

> 여기 재학생들이 ○○중에 와서 자기네들이 수업이 안 좋다는 것을 많이 이야기했어요. 처음에는 그것도 되게 상처였어요. 그래서 학생들이 더 ○○고에 안 오려고... 예를 들어서 '50분 수업이면 15분 동안은 자리 정돈하느라 정신없고 나머지 공부 20분 하려고 하면은 종이 친다'라고 이야기했어요. '우리 학교 오지마' 이러면서 '우리 이 정도야, 이런 데 왜 오니? 공부를 할 수 없어'. 그런데 요즘은 그런 얘기 전혀 없죠. 그러니까 수업 분위기가 많이 좋아졌어요. (D학부모)

> 아이들이 바깥으로 도는 아이들이 굉장히 많았어요. 그리고 학교에서도 아이들이 교실을 다 찾아가야 하는 수업이었어요. 그랬는데 지금은 교실에 있으니까 **아이들에게 그 10분은 사실 굉장히 중요하거든요. 복습도 해야 하고 수업준비도 해야 하는데 교실을 막 찾아다녀야 하니까 아이들에게 그 10분은 굉장히 소중한 시간이었는데...** 이동수업을 하다 보니까 아이들은 안 좋다고 이야기를 하더라고요. (A학부모)

교과교실제는 외국에서 시행하고 있는 좋은 제도로 우리나라 일부 학교에서는 성공적인 결과를 보이기도 한다. 하지만 외국의 사례가 우리의 모든 학교에서 반드시 효과적으로 적용될 수는 없는 것이다. 하그리브스(2015b:156)도 한 나라에서 성공한 아이템을 바로 다른 나라로 이식할 수 없다는 점을 반복해서 강조하고, 특정 문화 속에서 모든 것이 조화를 이루는 것이 핵심이라 하였다. 그러므로 모든 정책을 똑같이 적용하지 말고 선별적으로 변형해서 적용하는 것이 더욱 효과적일 것이다. **정서적으로나 학업적으로 보살핌이 필요한 학생들에게는 심리적 안정감을 주어야 하고, 자기주도적 활동이 가능할 수 있도록 학생들을 각자의 교실에서 안정되게 생활하게 하는 것이 더 좋을 것이다.** 학생 삶의 공간으로 학교 공간을 바라볼 필요가 있다.

2018. 5. 배려하는 마음이 느껴지는 학교

학교가 재미있어서 가출 안한다고 이야기하는 학생에게 "무엇이 재미있는 학교이니?"라고 물었다. 아이들은 수업이 재미있는 학교, 학생활동 중심의 학교, 급식이 맛있는 학교, **학생들을 배려하는 마음이 느껴지는 학교**가 좋다고 한다. 복사기, 피아노, 엘리베이터, 냉난방, 좋은 시설 등등. 좋은 것은 살리고 정제시켜 발전시켜 나가야 한다.

아래 제시된 A교사의 이야기에서 그가 과거에 비해 학교가 변화되었다고 느끼는 것이 학생들이 활기차고 자존감이 높아진 것인데, 그 원인으로 학생들의 작품이 전시되고 교사들이 학생들을 계속 격려해 주는 것이라 하였다. A교사의 이야기처럼, **자기주도성에 있어서 무엇보다 가장 중요한 것은 자존감**으로 학생들이 스스로 **소중하고 중요한 존재로 사랑받고 있음을 느낄 수 있는 것이 가장 중요**하다. 학교가 재미있어 가출하지 않는다고 한 학생의 이야기처럼, 학생들은 수업이 재미있는 학교, 학생활동 중심의 학교, 급식이 맛있는 학교, 학생을 배려하는 마음이 느껴지는 학교를 좋아한다. 자신들이 교사와 학교로부터 존중받고 사랑받는 존재라고 느끼는 학생들은 교사들이나 학교에 대해 자신들의 마음을 존중감으로 표현하기 마련이다. 학생들이 스스로 계획하고 진행한 졸업식 모습에서 나는 그러한 그들의 마음을 볼 수 있었다. 요즈음 대부분의 학교 졸업식과는 다르게 학생들은 자신들이 준비한 공연을 함께 즐기고, 친구들과의 헤어짐을 아쉬워하고, 부모님께 감사한 마음을 표현하고, 무엇보다도 너무나 재미 없는 학교장의 축사를 학생과 학부모 모두가 끝까지 경청해 주는 모습에서 나도 존중받고 있다는 배려의 마음을 느꼈다.

> **"**
> (이전의 학교나 다른 학교에 비해서 확연하게 다르다고 느끼는 것은) 여기 애들
> 이 활기차다는 점? 긍정적인 것 같고. 애들의 자존감이 좀 높아지지 않았나. 얘네들
> 의 작품이 걸리고, 교사들이 학생들을 계속 격려해 주고 하니까. (A교사)
> **"**

　무엇보다도 학생주도적 활동을 가능하게 하는 것은 학생들을 학교공동체의 일원으로 인정하고 그들의 의견을 존중하는 그래서 학생들이 자신이 주체라고 느낄 수 있는 학교문화가 형성되어야 하는 것이다. 학교의 변화를 위해 학생들이 의견을 내고, 그 의견대로 학생들이 주도하는 것이 허용되는 분위기 그런 학교 문화를 마련하여야 할 것이다.

매직 4 : 공부하는 교사

– 교사학습공동체로 교사 역량 업그레이드

'교원역량강화' 이것은 '교육개혁'이나 '학교 변화'만큼이나, 매우 중요하고 필요하지만 너무나 많이 들어와서 무감각하게 느껴지는 단어이다. 교육 발전, 교육 변화를 이야기하면 언제나 교원의 역량이나 교사의 질(質)이 거론되고, 그 다음으로 교사역량 강화방안이 제시되기 마련이다. 우리나라 교사들의 수준이 높다는 것을 세계적으로 인정받고 있는 상황임에도 불구하고 많은 사람들은 늘 교사들의 역량이 부족하다는 이야기를 한다. 실제 우리나라에서 교원자격은 매우 높은 수능 성적을 거둔 학생들이 입학할 수 있는 교육대학, 사범대학을 졸업하거나 일반대학 전공자로 성적 상위 10% 이내 학생들에게 주어지는 교직 이수 기회를 통해 또는 일반대학 졸업 후 교육대학원 진학을 통해 취득할 수 있는 것으로 매우 우수한 인재들이 교사 자격을 얻고 있음을 알 수 있다. 거기에 더해 실제 교사로 임용되는 것은 더욱 어려워 '고시'라고 할 정도의 치열한 교원임용시험을 통과해야만 교사가 될 수 있다. 이와 같이 예전부터 매우 우수한 자원들만이 교직에 입문해 왔음에도 불구하고 언제나 교사의 질에 대한 비판이 있다는 것은 아이러니하기도 하다.

이는 개개인의 교사들은 매우 유능하고 학생들에 대한 사랑과 교직에 대한 자부심이 있지만 교사 각자가 따로따로 노력하고 있어 교사 집단 전체로 보았을 때 역량이 강화되어야 한다는 의미가 아닐까 조심스레 생각해 본다. **교사의 개별성은 비단 우리나라만의 이야기가 아니라 외국에서도 같은 현상을 보이는 것**으로 그것은 교직이 갖는 특수한 직업 환경 때문이라는 견해가 많다. 신임교사와 25년의 베테랑 교사가 동일한 업무를 맡게 되기 때문에 현실에 맞는 연수가 이루어지지 못하고, 학교의 구조가 마치 세포조직과도 같아서 교사는 동료들과 분리된 채 **자율적인 고립**(autonomous isolation)상태에서 홀로 문제나 고민거리와 씨름하기 때문에 상호 지원하거나 학교 발전을 위해 협력하는 관계가 만들어지지 못하게 된다. 대개 이런 협력적이지 못한 학교들에서 정체된 학교들을 많이 볼 수 있다(Fullan, 2017:180). 교사라는 직업 자체가 독립된 교과를 가르치고 독자적으로 생활하기 때문에 다른 직종에 비해 협업의 필요성이 많지 않지만, **각각의 유능한 교사들이 함께 자신들의 사례나 지식을 나누고 변화에 대응해 간다면 시너지 효과가 나서 교사 모두가 더욱 발전할 수 있을 것이다.**

지금까지 교사들은 많은 경우 교육 개혁이나 학교 변화에 있어서 주체가 아닌 객체로, 변화되어야 하는 존재로 인식되어 왔다. 그러나 아무리 좋은 개혁안도 교사들의 마음을 얻지 못하면 실행될 수 없고, 교사들이 교육을 위해 해야만 하고 필요하다는 생각을 하게 되면 어떤 변화도 가능하기에, 교육 최일선인 학교 현장에서 변화를 이끌어 내는 교사들의 주체적 역할은 매우 중요하다. 이러한 맥락에서 교사들이 마음을 합쳐 주체적으로 학습하고 실천을 통해 역량을 키울 수 있는 기제인 교사학습공동체[21]가 주목을 받고 있다. 교육 변화를 위해 교사들의 전문성과 집단적 유능감을 개발하는 것이 필요하다고 한 여러 학자들의 이야기처럼(Fullan, 2017; Hargreaves 외, 2014; Hord, 1997; DuFour, 1998), 교사들이 개혁의 주체로서 자발적 참여를 통해 학교조직 문화를 개선할 수 있는 교사학습공동체가 현재 교육 변화의 핵심 과제로 떠오르게 되었다.

그렇다면 왜 교사학습공동체일까? 우선 조직적 관점에서 볼 때, 시대에 따라 조직을 보는 관점이 변화해 왔으며 **교사학습공동체와 같은 개방-사회적 조직이 지금 이 시대의 적합한 조직 형태로** 변화를 위해 필요하기 때문이다. 교사학습공동체는 과거 수직적이고 관료적인 조직의 형태가 아니라 수평적이고 대등한 관계로 구성된 조직으로, 정보가 공유되고 개인의 동기를 중요하게 여기는 학습조직이다. 최근 일반 조직이나 기업들도 정보화 사회, 지식기반 사회로의 변화에 맞추어 학습조직으로 변화를 꾀하고 있는데 이는 **일과 학습이 함께 이루어질 때 효과가 극대화되고** 미래의 급격한 **환경변화에도 대응**할 수 있기 때문이다.

---

[21] 교사학습공동체란 교사의 전문성 신장과 학생들의 학업성취를 궁극적 목적으로, 공유된 정체성과 유대감을 갖고 자발적으로 그들의 필요에 의해 구성한, 협력적 학습을 하기 위한 학교 내외의 공식 또는 비공식적 조직이라 정의할 수 있다. 현재 여러 연구에서 교사학습공동체의 유사 용어로 학습조직, 전문공동체, 전문적학습공동체 등의 용어가 사용되고 있으며, 교사학습공동체와 유사하게 사용되고 있는 전문가학습공동체는 교사가 전문가임을 고려하여 같은 의미를 지칭하는 것으로 간주하여 큰 범주인 교사학습공동체 안에 포함되는 의미로 파악하고자 한다(오찬숙, 2014:32).

즉, 학습조직은 조직을 학습 시스템으로 바꾸고 조직 내에 있는 구성원들이 지식과 기술, 정보 등을 공유하고 학습하여 자신들의 활동을 발전시킴으로써 조직이 새로운 변화에 적응하고 발전해 나갈 수 있도록 하는 것이다(오찬숙, 2014:24). 전문적학습공동체라는 용어를 처음 이야기한 셜리 호드(Shirley Hord)도 전문적학습공동체(Professional Learning Community: PLC)를 교사들이 자신들에게 중요한 영역에서 실행을 향상시키는 방법을 함께 탐구하고 그들이 학습한 것을 구현하기 위해 실천하는 곳이라 하여 학습과 실행이 함께 이루어지는 것을 강조하였다(Hargreaves 외, 2014:221).

그림 7 조직이론의 변천 과정: 주요 조직이론 및 대표적 조직이론가 분류

		인간에 대한 관점	
		합리적	사회적(자연적)
조직에 대한 관점	폐쇄적	폐쇄-합리적 조직이론 (1900-1930) Taylor(1911) 과학적관리론 Weber(1947) 관료제론 Fayol(1949) 관리론	폐쇄-사회적 조직이론 (1930-1960) Mayo(1945) 인간관계론 Selznick(1948) 환경유관론 McGregor(1960)후기인간관계론
		제 1상한 ｜ 제 2상한	
		제 3상한 ｜ 제 4상한	
	개방적	개방-합리적 조직이론 (1960-1970) Chandler(1962) Lawrence & Lorsch(1967) 구조적 상황론 Owens(1970) 체제론	개방-사회적 조직이론 (1970-) March(1976) 쓰레기통모형 Weick(1979) 제도화론 Senge(1990) 학습조직론

출처: W.R. Scott(2003). Organization: Rational, Natural, and Open systems. p. 128 수정 인용

교사학습공동체가 주목받는 또 다른 주요 이유는 그것이 **교사들의 참여와 협력을 이끌어 내고 학교조직 문화를 변화시킬 수 있는 개혁방안**이기 때문이다. 개혁에 성공한 학교에서 공통적으로 나타나는 현상은 교사들이 서로를 통해 학습하고, 학습한 바를 자신의 수업에 활용해 학생들에게 교육적 혜택을 높인 것이다. OECD 보고서에서도 서로 아이디어와 정보를 교환하면서 협력하는 교사들은 학생과의 관계가 좋고, 교사와 학생의 관계가 좋으면 학생의 학업성취도가 향상될

뿐 아니라 교사의 직업 만족도도 높아진다고 하였다. 반면, 개혁에 성공하지 못한 학교의 경우에는 기초학습 시간을 확보하지 않은 학교도 있었고, 학생의 성적이 정체되어 있는데도 핵심 내용을 학습해야 할 시간에 영화 관람 등의 교실 밖 활동을 강행하는 교사들도 있었다. 그리고 진짜 심각한 문제는 교사들 간에 협력이나 연구의 문화가 없었다는 점이다. 하지만 그런 학교에 교사들의 공동작업이 활성화되자 교사학습공동체에 연구와 시도해 보는 문화가 형성되고, 위로부터의 개입이 아니라 수평적 참여로써 진행되는 연구 풍토가 조성되어 학생들의 수업참여와 성취도가 확실히 개선되었다(Hargreaves 외, 2015b:328-330). 어떤 교육개혁이든 그 진지한 노력의 중심에는 교사들의 불만족과 불참의 흐름을 바꾸려는 시도가 있어야 하고, 궁극적인 해결책은 교사학습공동체 활동을 통해 교사들이 참여하고 협력하게 하여 전문성과 집단적 유능감을 개발하는 것이다(Fullan, 2017:176).

사회의 급속한 변화에 따라 IT나 유통, 마케팅 분야와 같은 사기업의 개혁이나 혁신은 발빠르게 이루어지고 있는 반면, 행정기관이나 교육, 의료와 같은 공공서비스 분야에서의 개혁은 매우 느리게 진행되는 경향이 있다. 이러한 공공서비스 분야를 개혁한다는 것은 정부가 공적인 부분에서 손을 떼는 것이 아니라, 정부 주도로 특정한 서비스를 **배분하던 방식에서,** 당사자 **본인이 자활할 수 있도록** 플랫폼을, 즉 **토대를 구축해 주는** 방식으로 정부의 역할을 전환하는 것이다. 그러니까 개혁된 서비스를 하도록 오더(order)하는 것이 아니라 **스스로 개혁할 수 있도록 토대를 구축하는 것**, 그것이 중요하다. 예를 들어, 이제까지 교육 행정가들은 정부가 설계한 교육과정을 교사들이 충실히, 효과적으로 배포할 수 있도록 하는 집중 연수와 지원을 제공해 왔지만 이제 그 대신 필요한 것은 교사들이 공동으로 교육과정을 개발할 수 있도록 플랫폼을 구축하는 것이다(Hargreaves 외, 2015b:78-79). 교사들에게 필요한 플랫폼은 학습을 통해 스스로 교육과정 설계를 할 수 있는 능력을 키울 수 있고, 공동으로 교육과정을 개발하고 발전시킬 수 있는 논의의 장(場)으로, 바로 교사들의 학습조직인 교사학습공동체가 이러한 역할을 할 수 있는 것이다.

공동 교육과정 개발을 위한 교사학습공동체 활동

프로그램	내용			
융합교육과정 재구성을 위한 **전문적 학습공동체** (100% 참가)	◦ 연간 32시간 운영, 전교사 참여 활동 중심 직무연수 운영			
	◦ 융합교육 운영 및 비전 공유를 위한 전 교사 공통 활동과 전문성 신장을 위한 분과별 활동 병행			
	공동연구	공동실천	결과공유	주제탐구(분과)
	학년 융합교육 운영을 위한 **교육과정 재구성**	융합수업 공개, 협의회 다양한 교수학습 방법	학년 융합교육 보고서 작성 및 **사례** 공유	역사 속의 융합교육 모델연구, 교실수업개선, 인문학독서토론, 미래소양교육 등 5개 분과 운영
	➡ 사례) 역사 속의 융합교육 모델연구 분과(주제탐구) 활동			
	주제	활동 내용	방법	비고
	증강 현실 콘텐츠 제작 융합수업 방안	콘텐츠 제작을 위해 융합이 필요한 교과 협의 및 교육과정재구성	융합수업 공개 및 협의회	경기도중등장의융합교육 연구회 연계
	공동연구·실천(융합교육과정 재구성) 　　결과 공유　　 주제탐구(미래소양분과) 주제 탐구(융합교육)			

출처: 2017 수주고등학교 교육과정 운영 보고서

<공동 교육과정 개발(교육과정재구성 협의)>

<팅커캐드와 3D프린터 연수>

　　최고의 전문성을 지닌 교사들로 인해 교육 선진국으로 평가받고 있는 **핀란드** 는, 사실 대부분의 국가에겐 매우 어려운 일이겠지만, **최상위 수준의 지원자들**

을 유인하여 이들을 협업하게 하고 교육과정을 직접 개발하게 한다. 그리고 아동의 학습과 지역사회에 대해 집단적 책임감을 공유하게 하며 그들의 전문적 역량을 최대로 발휘할 수 있도록 풍부하게 지원하여 그들이 교직에 평생 머무르게 하고 있다. 핀란드 교사들에게 협업은 주어진 과제를 완수하는 특별한 수단이 아니라 습관 같은 것으로, 이들의 협업은 어떻게 교육과정을 개발하고 어떻게 업무를 처리할까에 관한 것이다. **싱가포르** 역시 최상의 교육역량을 갖추기 위해 **교사학습공동체 내에서의 교사들끼리의 협동**, 그리고 정책실행의 중간 조직으로서의 학교 지구라는 강력한 체계를 구축하는 것에 초점을 맞추고 있다고 한다(Hargreaves 외, 2015b:120, 150, 191).

<교사 협업을 통한 교육과정 재구성>

사실상 2005년 이후 교사학습공동체는 많은 이들이 외치는 구호가 되었고, 교사학습공동체가 어떤 모습이어야 하는지는 알게 되었지만, 이를 **대규모로 확산시키는 작업이 얼마나 어려운 일인지** 깨닫기 시작했다. 어려움을 겪는 이유는 1세기 동안 이어져 온 문화를 바꾸는 복잡한 일이기에 빠른 대처를 원하는 정책입안자들에게는 매력적인 대안이 되지 못하며, 많은 교사들이 실제로는 남의 눈에 띄지 않게 개인주의를 추구하기 때문이기도 하다. 그리고 무엇보다도 **교사들의 수업개방에 대한 저항 문제**가 클 수 있다. 보스턴건설팅그룹이 진행한 연구(2014)에 따르면, 교육 행정가와 학교 관리자들이 교사학습공동체나 코칭 등의 형태로 전문성 개발을 강력히 지원하지만 교사들의 필요를 충족시키지는 못하고

있으며, **교사학습공동체라는 용어가 개념 자체보다 훨씬 더 빨리 확산된다는 사실을 발견**했다. 다행히도 교사학습공동체를 더 해야 한다는 압력은 점점 분명해지고 있으나, 소수의 사례를 제외하면 실질적이기보다는 어떻게 해야만 한다는 규범적 한계에 머물고 있는 경우가 많다.(Fullan, 2017:208-211).

우리나라에서 교사학습공동체가 본격적으로 실행되기 시작한 것은 경기도교육청이 2009년 혁신학교 추진계획에서 전문적학습공동체 구축을 혁신학교 운영 모델로 제안하며 추진한 것으로, 이후 서울시교육청을 비롯한 대다수 시도교육청에서도 혁신학교 정책을 통해 전문적학습공동체를 운영하도록 하고 있다. 이에 교육부에서도 2016년부터 특별교부금을 편성하여 교수능력과 교과전문성 향상을 위해 전문적학습공동체 정책을 구성하여 추진하고 있다. 특히 경기도교육청은 학교조직의 학습조직화와 학교 간 동반성장을 위해 2015년부터 '학교 안 전문적학습공동체의 직무연수 학점화 정책'[22]을 시작하였고, 2016년 학교 간 학습네트워크를 바탕으로 학교 밖 전문적학습공동체 활동을 진행하여 기존 지구 장학협의회 활동도 학습과 연계하여 운영하고 있다(경기도교육청, 2020).

<수업 방법 개선을 위한 연수>

---

22 경기도교육청은 '학교 안 전문적 학습공동체'를 교원들이 동료성을 바탕으로 함께 교육과정과 수업을 개발하고 실천하며 교육활동에 대하여 대화하고 협의하는 과정에서 함께 성장하는 학습공동체로 정의하고, 초, 중, 고 교직원 중 희망자 3인 이상으로 학습공동체를 구성하여 직무연수를 신청하고 이수하면 60시간 이내에서 학점을 인정하고 있다(경기도교육청, 2020).

<교사 수업공개와 참관 모습>

　우리보다 먼저 교사학습공동체에 대한 연구와 시도가 이루어지고 있는 외국에서도 교사학습공동체의 대규모 확산이 어렵다는 점이 지적되고 있는 상황에, 경기도교육청의 **직무연수 학점화 정책이나 학교 안 전문적학습공동체를 학교 자율장학과 연계·통합하여 운영하는 정책적 시도는 학교 현장에서 전문적학습공동체 참여에 대한 관심을 높이고 수업 및 학교문화 개선의 노력을 이끌어 낼 수 있는 좋은 사례**일 수 있다. 2019년 상반기에 ○○고로 벤치마킹왔던 다른 시도 교육청 산하 학교 교사들이 전문적학습공동체 활동에 모든 교사들이 불만 없이 참여하는가에 대해 질의했던 기억이 난다. 당시 ○○고 담당 교사가 전문적학습공동체 참여실적을 학점으로 인정해 준다는 대답을 했을 때 자신들의 학교에서는 그것이 인정되지 않아 참여율이 저조하고 소속 교육청에서도 그러한 정책을 도입했으면 한다는 이야기를 했었다.

　이처럼 교사학습공동체는 운영 방법에 있어서는 다소의 차이점이 있는 것으로 보이지만, '우리나라 전역에서 혁신학교뿐만 아니라 일반적인 많은 학교에서도 실시하게 된 것이다. 이처럼 교사학습공동체가 전국의 거의 모든 학교에서 실시될 정도로 양적 확대가 되어 교원역량강화나 학교문화개선을 위해 매우 긍정적인 상황이지만, **이제는 교사학습공동체가 실제적으로 어떻게 실행되고 있는가에 대해 관심을 가져 운영의 질적인 부분에 대해서도 살펴보아야 할 시점이라** 생각한다. 교사학습공동체가 원래의 취지대로 교사들 간에 협업하고 공동으로 교육과정을 개발할 수 있도록 운영되어야 함에도 불구하고, 함께 모이게 되면 교사학습공동체 활동 말고도 학교에는 해야 할 것들이 너무나 많아 학교 구성원들의 교사학습공동체 실행에 대한 확고한 신념이 없으면 실제로 시행되기가 매우 어려운 것이 현실이다.

나의 경험을 돌이켜 생각해 보면 지금은 교사학습공동체, 교원학습공동체, 전문적학습공동체 등으로 말하지만, 교사학습모임이나 교과연구회와 같은 학습조직과 많은 연관이 있었던 것 같다. 장학사를 하던 때인 2007년에는 그 당시 교사학습공동체라는 단어가 많이 쓰이기 이전이었는데, 교사들 간의 **학습모임의 중요함과 필요성**을 느껴 ○○교육지원청 관내 교사들의 교과별 학습모임을 구성하여 운영하는 사업을 하고 필자는 영어과 학습모임에 직접 참가하여 전문성 향상을 위해 함께 노력한 적이 있었다. 2011년에는 연구모임을 하던 여러 학교 선생님들과 함께 학교 밖 전문적학습공동체인 창의융합교육연구회를 결성하고 융합교육과 관련한 공모연수를 매년 운영하면서 현재까지도 재미나게 활동하고 있다. 또한 교감으로 재직하면서(2011년부터 2015년까지) 학교 안 전문적학습공동체를 운영하며 2014년까지 NTTP 배움과실천공동체라고 했던 학점인정 직무연수를 4년에 걸쳐 60시간, 45시간, 30시간 등으로 계획해서 선생님들과 함께 참여하였다.

그러던 중 2014년 미국 애틀란타로 갔던 해외 연수에서 여러 학교들을 둘러보면서 **교사학습공동체 운영 방법**에 대해 살펴보고 질문할 기회를 가졌었는데, 그때 '우리도 그런 방식으로 한다면 보다 효율적으로 운영할 수 있겠구나'라는 것을 깨달았던 것 같다. 당시 혁신학교 교감으로서 교사들이 참가하기 어려워하는 교사학습공동체를 운영해야 했던 나는 협의시간을 마련하기 위한 방안이나 시간표 조정 그리고 피드백받는 방법과 같은 운영 방안의 팁을 얻을 수 있었다. 이후 그러한 사항들을 학교 교육에 반영해서 교사학습공동체를 나름 순조롭게 운영하려고 했다. 2014년에 다른 학교로 혁신학교 컨설팅을 간 적이 있었는데 그당시 여러 학교에서 교사학습공동체 실행의 어려움을 토로했었던 것으로 기억한다. 여러 해가 지난 지금 그때보다 많은 학교가 교사학습공동체를 하고 있지만, 현재도 똑같은 어려움으로 인해 실제적 실행을 하지 못하는 학교가 많이 있다는 것이 매우 안타까운 일이다.

교사학습공동체를 보다 활성화시키기 위해서는 교사학습공동체 활동 초기에 가치와 비전이 공유될 수 있도록 충분히 안내하고 정보를 제공하여 필요성을 인식하게 해야 하며, 활동 중에는 협력적 학습의 기회와 반성적 결과의 공유 기회를 제공하여 함께 공부하고 소통할 수 있게 해야 한다. 그리고 학교 차원에서 고정적이고 획일화된 방식으로 교사학습공동체를 운영하지 말고 교사들에게 자율적인 방식으로 운영하게 하면서 필요한 시간적, 물질적 지원을 한다면 보다 활성화될 수 있을 것이다(오찬숙, 2016:324).

✎ 2012. 8. 12. 모든 교사의 성장 욕구

너무나 무더웠던 여름의 뜨거움이 오늘 내리는 비로 씻기어 간다. 아무리 더워도 추운 날이 오고, 아무리 추워도 따뜻한 날이 오듯이, 우리의 모든 일들은 그렇게 바뀔 것이다. 혼자 베란다 창문에 시원하게 부딪치는 비를 보며 연수제도에 관한 글을 쓰고 있다. 어떤 방식으로 교사들을 힘들게 하지 않고 교사들의 배움의 욕구를 해결할 수 있을까? 이것이 요즈음 내 머리를 떠나지 않는 화두이다. 모든 교사는 성장하고 싶어 한다. 아니 그것은 비단 교사만이 아니라 모든 인간의 욕구인 것이다. 매슬로우의 이론을 거들먹거리지 않는다 하더라도. 하지만 현장의 교사들은 바쁘다. 인위적으로 힘들여 해야 하는 연수가 아니라 본인들이 정말 필요에 의해, 손쉽게, 힘들이지 않고도 연수를 통해 자신을 발전시킬 수 있는 그런 제도가 필요한 것이다. 이것은 교사역량 강화의 면에서뿐만 아니라 평생교육의 차원에서도 매우 필요할 것인데. 내 분명히 그런 제도를 만들어 낼 것이다....ㅋㅋ ... 언젠가 바뀔 교육을 위해...

⏰ 2014. 5. 20. △△중 컨설팅

- 수요일마다 수업연구 동아리, 자체연수를 구성해서 했지만 외부연수가 다수였고 실제 결성은 했으나 모이지 않았음.
- 나의 컨설팅 내용: 1) 천천히 해야 하고 2) **실제로 해야 하고**(포장하지 말 것) 3) 교사가 행복해야 한다. 학생이 학교가 즐겁다고 해야 하고, **교사가 수업에서 변화를 느끼고 즐거움을 느껴야** 한다.

⏰ 2014. 5. 29. □□중 컨설팅

- 미리 시행한 다른 학교에서 받은 자료를 참고로 하여 동일한 프로그램을 구성하여 운영해서 학교마다 **동형화가 일어나고** 있음. 각 학교 구성원들이 원하는 프로그램이 아님.
- 교사: 수업을 바꿔야 하는 것에 대한 부담감을 느낌.

⏰ 2014. 6. I2. 교감 클러스터 모임

나의 교육과정 재구성 추진 사례 발표.
1) **충분한 정보제공** → 연수(보여 주기)   2) **시간적 지원, 예산적 지원**
3) **자발적 참여 유도**   4) **결과 공유**를 해야 함……

교사학습공동체가 교육변화에 있어서 매우 중요한 요소로 실제적 운영을 해야 한다는 생각은 2015년 ○○고에 부임하자마자 기존 교사학습공동체 운영 방식에 변화를 주어 수업공개와 더불어 공동 교육과정 개발을 하는 방향으로 전

환하기 시작했다. ○○고의 전문적학습공동체[23] 활동은 연수, 수업공개, 교육과정 재구성, 교육활동 평가회와 같은 교사들이 함께 하며 수업에 대해 공부하고 경험을 나누는 과정으로 구성되어 있다. 이것은 핀란드나 싱가폴처럼 교사들의 협업으로 교육과정을 구성하고 교원역량을 강화하는 것에 중점을 두는 것으로 기존의 교원 연수와 교수학습방법, 교육과정 등을 변화시킬 수 있는 방안이다.

<2월 워크숍(아이스 브레이킹)>

자료 35 2017학년도 전문적학습공동체 일정

차시	일정	영역	활동내용	시간	강사 또는 진행자
1	3.24.(금) 15:00~17:00	공동연구	학년별 · 교과 교육과정 재구성 융합수업 계획	2	연구부장 및 학년부장
2	4.07.(금) 15:00~17:00	공동연구	학년별 · 교과 교육과정 재구성 융합수업 지도안 개발	2	연구부장 및 학년부장
3	4.14.(금) 15:00~17:00	주제탐구	혁신교육: 4차 산업혁명에 대비한 미래 소양 교육	2	외부강사
4	5.01.(월) 14:00~17:00	주제탐구	공공성 독서교육	3	외부강사
5	6.02.(금) 15:00~17:00	공동실천	융합프로젝트 재구성 (꿈끼 탐색주간 계획)	2	학년부장

23 경기도교육청 소속 학교에서 실시하는 교사학습공동체 활동의 명칭은 학교 안 전문적학습공동체로, 대부분의 교사들은 줄여서 전학공이라고 표현한다. 본고에서는 이 세 가지 표현을 상황에 맞추어 적절하게 혼용하고자 한다.

6	6.09.(금) 15:00~18:00	연구결과 공유	공개수업 실시·평가 및 협의회	3	공개수업 담당자
7	7.20.(목) 13:00~17:00	주제탐구 공동연구	더 좋은 일반고 선진학교 탐방 (교육과정 우수고 벤치마킹)	4	외부강사 및 분과별 진행자
8	8.25.(금) 15:00~17:00	주제탐구	희망주제	2	외부강사
9	9.01.(금) 15:00~17:00	공동실천	미래소양교육	2	공학·예술과정 담당 교사
10	9.27.(수) 14:00~17:00	주제탐구	희망주제	3	외부강사
11	10.20.(금) 15:00~18:00	연구결과 공유	공개수업 실시·평가 및 협의회	3	공개수업 담당 교사
12	11.03.(금) 15:00~17:00	공동실천	융합프로젝트 재구성 (꿈끼 탐색주간 계획)	2	학년부장
13	11.17.(금) 15:00~17:00	연구결과 공유	공개토론회 및 반성회(월드카페)	2	연구부장
14	12.08.(금) 14:00~17:00	공동연구	차년도 학년별 교육과정 재구성	3	연구부장 및 학년부장
	연수시간 계			35	

출처: ○○고 2017 학교 안 전문적 학습공동체 직무연수 계획

변화의 시발점 그것이 교사학습공동체 활동이다

2015년 당시 ○○고는 다른 학교들과 마찬가지로 교사학습공동체를 운영하고 있었지만, 학교의 많은 다른 일들로 인해 충실하게 실행되지 못하는 상황이었다. 교사학습공동체 활동이 실제적 운영 방식으로 변화를 시작했던 2016년 당시 L교사는 교사학습공동체 활동에서 추구하는 수업공개, 수업교류, 수업나눔 등에 대해 귀찮았다고 표현할 정도로 부담스러워했던 것으로 보인다. 또한 그는 모든 교사가 두 그룹으로 나누어 수업공개와 수업나눔에 참여하고 함께 수업에 대해 이야기하는 방식이 처음이었는데 그러한 경험이 너무나 **새로운 경험**이었다고 말한다. 한편 H교사는 교사들이 전체 모여서 하는 다양한 활동들이 교육에 대해 생각할 수 있는 계기를 만들어 주었다고 이야기하며 교사학습공동체 활동이 어떤 **시발점의 역할**을 했다고 강조하고 있다. 이와 같이 교사들은 연수와 협의, 교육과정 재구성, 그리고 수업 나눔을 해야만 하는 교사학습공동체 활동을

부담스러워하지만 그런 활동에 참여하면서 교육에 대해 생각하게 되고 그것을 계기로 변화하기 시작하는 것이다.

> 수업공개, 수업교류, 수업나눔, 이게 귀찮았거든요. 공개수업 해가지고... 생전 처음 해 보는 거죠, 저도 사실 교사를 6년 정도 했지만, 이건 진짜 처음이다. 컨설팅 받거나 카운슬링받고 이런 건 정말 처음이었어요. 학년별로 가서 수업 보고, 또 선택할 수도 있었어요. 생물도 했었고, 국어하고 둘이 해가지고 선택해서 가서 볼 수 있는 건데. 원래는 한 수업에 컨설팅 장학받는 거 대개 한 과목만 하잖아요. 너무 새롭기도 하고, 새로운 경험이었고. (L교사)

> 어떤 시발점을 잡아 주었던 것 같아요. 교직원들이 전체 모여가지고 하는 그런 다양한 활동. 그것이 뭔가를 생각할 수 있는 계기를 만들어 준 것 같아요. (H교사)

자료 36 교사학습공동체 활동으로 이루어지는 수업공개와 나눔 활동

◦ 동료 교사 수업 공개 : 동학년 지도 교사 및 동교과 지도 교사를 중심으로 수업 공개

학기	학년	과목	수업 주제	수업 유형	컨설턴트 (공개 대상)	비고
1	1	생활과 윤리	[융합 주제 : 삶의 의미를 찾아서] 출생과 죽음의 윤리적 의미 탐구, 생명의 소중함을 알고 북아트 자서전 완성하기	모둠학습 융합수업	동료장학 (동교과)	'삶의 의미를 찾아서' 융합수업 참여 과목 중 2개 과목 공개
	1	과학	[융합 주제 : 삶의 의미를 찾아서] 3차 방어선의 특징과 삶의 연결고리를 찾고 바람직한 삶의 자세 생각하기	융합수업, 협동학습	외부 수석교사 (동학년, 외부)	
	2	한문 I	[융합 주제 : I Love Us] 고사성어의 유래를 이해하고 판소리를 활용하여 표현하기	융합수업, 프로젝트	교육연구회 (동학년, 외부)	'I Love Us' 융합수업 참여 과목 중 1개 과목 공개
2	2	공학 기술	[융합 주제 : 최첨전 Co-spaces] 가상현실 공학 기술을 응용 소설 콘텐츠 저작	융합수업, 협동학습	외부 수석교사 (동학년, 외부)	교과교실제 및 교육과정 특성화 연계
	2	실용 영어 II	[융합 주제 : 진로 연계 융합] 나의 직업이 사회적으로 기여할 수 있는 역할에 관한 문장 쓰기	융합수업, 협동학습	외부 수석교사 (동학년, 외부)	

◦ 자기 수업 녹화 : 수업분석실 활용 수업 성찰 및 수업 내용 공유(전교사, 학기당 1회 이상)
◦ 학부모 대상 수업 공개 : 학교 공개의 날 운영. 전 교사 수업 공개

출처: 2017 수주고등학교 교육과정 운영 보고서

<교사 수업공개와 참관 모습>

<수업나눔 협의회>

    교사학습공동체를 경기도 전체 그리고 교육부 차원에서도 도입하여 실행하도록 강조하고 있어 각 학교의 교사들은 그것을 해야 한다는 것을 익히 알고 있다. 하지만 **무엇을 해야 할지 아는 것과 그것을 실행하는 것은 별개의 문제**라고 지적한 풀란(2017:46)의 말처럼 해야 하는 것을 실제로 실행하고 있는가는 우리가 짚어 봐야 할 부분이다. 알고 있다고 해서 개혁이 이루어지는 것은 절대 아니기에, 장기적으로 깊은 신뢰의 관계를 구축하고 학생들에게 이로운 진취적이고도 도전적인 목표를 추구하며 이를 성취하기 위해 시간을 내어 고민하는 공동체를 만들어 가는 것은 재미있지만은 않은 어려운 일인 것이다(Hargreaves 외, 2015a:118). 이는 아래 D교사가 자발적이지 않으면 굉장히 힘들다고 말한 것에서도 볼 수 있듯이, 교사학습공동체를 구성하여 운영하는 것이 교육 변화에 있어서 매우 필요하지만 그것이 원래 의도대로 정착되어 원활하게 운영되기까지는 시간이 걸리는 어려운 일이다.

⏰ 2016. 3. 30. 수업 관련 연수를 시작하며 한 이야기

수업을 보는 관점에 대한 이야기를 하였다. 수업실기 평가 갔을 때 강의식 수업을 높이 평가했던 사람과 학생들의 활동을 높이 평가했던 사람의 의견 차이에 대해 이야기를 하고 **학생참여 수업의 중요함을 강조**했다. 연구회 직무연수 때 강의 들었던 교사 출신 강사를 전학공 강사로 초청해 **프로젝트 수업**에 대한 강의를 진행하였다.

⏰ 2016. 4. 14. 전학공 활성화를 위한 시도

교사 연구 분위기 독려: 젊은 교사들을 중심으로 연구하는 교사, 수업 변화를 꾀하는 교사가 중요하고 필요하다는 인식을 갖도록 독려하였다.

좋은 사례 보여 주기: 처음 전학공시간에 **다른 학교 교사들의 사례발표**를 하게 하여 좋은 사례를 보게 하였다. 처음 교사들의 반응은 매우 냉담하여 연수 도중 자기들끼리 이야기를 한다거나 미루었던 일들, 예를 들면 시험지 채점이나 교안 작성 등을 하는 경우가 허다했다. 나의 경우 매 전학공 시간에 함께 참여하였는데 심지어 교장이 옆에 앉아 있어도 젊은 선생님들조차 내 옆에서 수행평가 채점을 하는 경우가 있었다. 무관심한 태도는 어느 정도 시간이 지나면 관심의 단계로 가게 되고 변화하기 때문에 그러한 행동에 대한 지적을 하기보다는 자신들이 선택한 프로그램을 개설하여 **관심을 높이고**, 자신의 **동료 교사 사례를 발표**하게 하거나, 외부 강사 강의의 경우에도 매우 뛰어난 사례보다는 '저 정도면 나도 할 수 있을 것 같다'고 생각할 수 있는 사례를 보여 주어 **만만하게 시도할 수 있게 해야** 한다.

'opinion leader'의 활용: 먼저 그것을 받아들여 실행하는 그룹을 구성하여 활동하게 해야 한다. 누구일까?

D교사가 생각하는 좋은 교직문화는 교사들이 친근해지고 자신의 수업을 열수 있고, 전문적학습공동체에 더욱 자발적 마음으로 참여하는 것이다. 수업을 공개하고 친해지는 것들은 전문적학습공동체 활동을 통해 이루어지는 것으로, 변화된 전문적학습공동체 활동을 시작하고 약 1년이 지난 후에 인터뷰했던 그는 과거에 비해 교직문화가 훨씬 많이 좋아졌다고 말한다. 한편 H교사는 2년 전과 비교하여 교사들 간 소통이 가능하게 된 것을 가장 큰 변화로 생각하고 있으며, 수업 면에서도 많은 변화가 있었다고 말한다. 그는 이전에는 소통의 기회가 없었지만, 전문적학습공동체 활동에서 마련한 수업에 관한 이야기 나눔 시간이나 동학년 교사들과 함께 모여 교육과정을 구성하는 시간들이 교사 서로의 의견을 알 수 있는 소통의 시간이 되었다고 생각한다. 그리고 그런 것들이 수업과 연관되어 다른 교사들의 수업방안이나 교수학습방법 등을 알 수 있게 하였으며, 동학년 교사들 간에 학생과 수업에 대해 나눈 이야기들이 수업 변화에 대한 자극이 되었다고 이야기하고 있다.

> (교직문화는 더 변화가 되어야 하겠죠?) 지금도 훨씬 많이 좋아졌죠. 좋아졌는데 변화가 된다는 것은 선생님들이 친근하게 서로가 마음을 열 수 있고, 수업도 열 수 있고 전문적학습공동체도 더 자발적으로 조직될 수 있으면 그런 문화가 되면. (자발적으로 하는 것을 굉장히 중요하게 생각하시네요.) 그렇죠. 왜냐하면 자발적이지 않으면 굉장히 힘들거든요. (D교사/2017.10.)

> (2년 전과 비교하여 가장 많이 변화가 된 것은) 우선 교사들끼리는 소통이 조금 더 생기지 않았나, 아무래도 서로의 의견을 알아야지 뭐 좋고, 나쁨에 대한 그런? 교사문화에선 소통이 가장 큰 변화인 것 같구요. ... (변화가) 수업 면에서 굉장히 많이 보이거든요. 그러니까 선생님들이 굉장히 수업방안을 다양하게, 교수학습 방법을 다양하게 사용하시더라구요. 특별히 팀을 만들거나 이러진 않지만 주변에 같은 학년을 가르치는 선생님들이 있으니깐 아이들에 대해서 얘기를 하게 되더라구요. 그래서 그 반은 이런 특징이 있는 것 같아, 그래서 이런걸 해 봤더니 그중에 어떤 애가 이런 걸 이렇게 따라오더라. 이런 대화가 그 옆에 선생님들한테 자극이 되기도 하고 이랬던거 같아요. (H교사/ 2017.11.)

- 기술발달로 세상이 급속도로 변하는 것을 실감하였으며 재미있었다.

- 학생들의 상상력과 창의력을 바탕으로 새로운 것을 창조하는 좋은 정보를 알게되어 좋았습니다.

- 4차 산업혁명과 미래사회를 이해하는데 많은 도움이 되었고, 교사의 역할이 기술을 가르치는 티칭에서 활용을 가르치는 코칭의 방향으로 나아가함을 일깨워주는 좋은 연수였습니다~

- 4차산업혁명에 대해 무척 궁금했습니다. 무엇이 그리고 우린 어떻게 준비해야 할까? 짧은 강의여서 아쉬웠지만 큰 틀은 잡은 거 같아 유익했던 강의였습니다. 세상은 빠르게 변하지만 학교는 가장 느리게 변하는 거 같아요. 미래를 살아가야 하는 학생들을 가르치는 학교인데 앞장서진 못하더라도 뒤쳐지는 말아야 한다는 생각에서 종종 이런 강의 듣게 해 주었으면 합니다. 주최해 주신 분들께 감사 드립니다.

(4차산업혁명과 미래교육, 2017.4.14.)

- 디자인 씨킹 말만 들으면서 뭔가 궁금했는데 무엇인지 알게 되어 좋았고 학생들에게도 수업할때 그림을 그리면서 해결해 가는 과정을 소개해 주려고 합니다.

- 학생의 흥미를 유발하고 창의적 사고를 촉진하는 수업 개선에 좋은 아이디어를 제공했다고 생각합니다.

- 디자인 씽킹이라는 새로운 개념을 알게되어서 좋았다. 그러나, 발표시간은 획일적인 아이디어가 예상되는 과제보다는 자유과제로 하는게 더 재미있을것같다.

- 4D시대에 어울리는 내용으로 융합교육 및 창의력 학습 지도시 도움이 많이 될 연수 입니다.

- 실패해도 괜찮다는 메시지는 좋았다.
디자인 씽킹을 수업의 활동에 적용하는데에는 좀더 많은 고민이 필요하겠다.

- 직접 만들어보는 체험활동이 마음에 들었습니다. 다른 강의도 실제 참여하고 활동할 수 있는 것이 좋을 것 같습니다.

(디자인 씽킹, 2017.08.25.)

- 교사들과 융합교육을 위한 교육과정 협의가 좋았습니다.

- 1학기 고생하셨습니다.

- 학교일과를 유지하면서 교육받는 것이 쉽지는 않았으나 유익한 시간이었습니다.

- 너무 많이 결석해서 반성합니다

- 바쁜 중에 실시되었지만, 유익했다. 진행해 준 연구부에 감사하다.

- 자아연수에 많은 보탬이 되었습니다.

- 융합수업 및 꿈끼 탐색주간 재구성에 많은 시간을 할애하여 지난해 보다는 발전된 면이 있었으나 분과별 모임이 적어서 아쉬운 점이 남음. 또한 매번 색다른 간식을 제공해 주셔서 감사합니다.

F교사는 교사들의 마인드가 바뀌었는데 그 변화의 원인이 생활지도와 교권침해에서 벗어난 것도 있지만, 협력해서 수업을 준비하는 과정에서 교사들 간의 관계가 좋아지는 협력적 학교 문화에 있다고 생각한다. 그는 교육과정 구성을 위한 학년 협의에서 교사들은 일방적으로 전달받는 것이 아니라 교사들이 직접 교육과정을 만들고 수업 준비를 하기 때문에, 수업에 대해 신경을 더 쓰게 되고 따라서 학생들이 참여할 수 있는 수업으로의 변화가 가능하게 되었다고 한다. 조

금 더 신경을 쓴 수업에 학생들도 참여할 것이라고 이야기했던 F교사와 마찬가지로 H교사 또한 학생들은 교사들이 협의해서 새로운 활동을 만드는 것에서 선생님들의 관심을 느끼고 자신들도 뭔가 하려는 의지를 갖게 되면서 긍정적인 변화를 보인다고 하였다. 즉, 학생들은 변화된 수업을 통해 자신들을 위한 선생님들의 관심과 노력을 알게 되고 자신들도 변화하고자 하는 모습을 보이는 것이다.

이처럼 교사들의 협력적 활동은 학생들의 학업성취에 영향을 줄 수 있다. **교사들은 자신들이 참가하여 협의한 내용에 따라 만들어지는 교육활동에 열의를 갖고 준비하게 된다. 따라서 수업의 질이 향상되며, 학생들은 교사들의 노력으로 만들어진 수업에 더욱 성의껏 잘 참여하게 되는 것이다.** 그러므로 교사학습공동체 활동으로 만들어지는 협력적 학교 문화가 수업의 질 향상에 도움을 주고 학생들의 학업성취에도 영향을 준다고 볼 수 있다.

> "
> 제 개인적으로 생각하기에는 **교사의 마인드가 바뀐 것** 같아요. 생활지도나 교권 침해에 시달리지 않고. 특히나 수업 준비하다 보니까 협력이 좋고, 선생님들의 관계를 좋아지게 만들고, **변화의 원인이 협력적인 학교 문화입니다.** 학년 회의할 때 일방적으로 전달하는 게 아니라 저희가 직접 만들거든요. 왜냐면 수업을 하는 교사가 직접 해야지, 부장선생님이 직접 할 수 있는 건 아니거든요. 그런 것을 토대로 하다 보니까 수업에 신경을 더 쓰게 되고. 아이들도 조금 더 신경 쓴 수업이니까 아이들도 참여할 수 있지 않을까 합니다. (F교사)
> "

> "
> 그건 좋을 것 같아요, 아이들 입장에서도 선생님들끼리 협의해서 저런 새로운 활동을 만드셨구나라는 걸 아이들은 반드시 느끼거든요. 애들 얘기하는 거 들어 보면 그런 거 같아요. 선생님들이 자기들을 위해서 뭔가를 해 준다는 거는 정확하게 알고 있더라구요. ... 아이들이 그 말 되게 많이 하거든요, 선생님들이 그래도 자기네들한테 관심이 굉장히 많은 것 같다고. 그래서 그러면서 **아이들이 뭔가 하려는 의지가 생기면서 학생들한테도 좀 긍정적인 변화가 있지 않나** 싶어요. (H교사)
> "

경기도교육청에서는 학교 안 전문적학습공동체 직무연수의 영역을 주제탐구, 공동연구, 공동실천, 연구결과 공유로 나누고, 외부강사 위주의 이론 연수는 지양하며 교사들이 진행하는 토의·토론이나 교육과정과 수업 개발, 수업공개 및 수업나눔시간 등 실행학습 위주로 편성하도록 규정하고 있다. 이에 ○○고에서는 전문적학습공동체 활동을 크게 비전 공유, 연수, 수업공개, 교육과정 재구성, 교과별 모임 등으로 구성하고 교사들의 의견을 수렴하여 진행하고자 하였다. 특히, **교육과정 재구성은 각 학년별로 학년 교육과정을 구성하기 위한 협의 과정으로, 교사들이 공동으로 교육과정을 개발하고 발전시키도록 마련된 시간이다.** 이를 위한 동학년 지도교사들 간의 협의 시간은 매우 중요하고도 필요한 것으로, 30시간으로 한정된 전문적학습공동체 시간 안에 동학년 교사들 간의 협의시간을 충분히 구성하는 데 어려움이 있었다. 따라서 부족한 협의 시간을 보완하기 위해 학년 담임교사 중심의 학년 공동체모임을 구성하고 일과 중 정기적인 협의 시간을 갖도록 시간표를 조정하거나, 공동체모임 활동을 위한 별도의 시간과 예산을 마련하여 교사들 간 협의가 원활해지도록 지원하였다.

이와 같이 **학년 교육과정 재구성 시간을 중요시한 것은 교사들 간에 목표 및 과제를 어떻게 조직할 것인가에 대한 합의가 이루어지게 되면 교사들은 학생의 학습을 위해 새로운 아이디어를 반영하게 되고, 동료 교사들과 분석·평가·실험을 협력해서 할 때 교사의 역량도 향상되기 때문**이다. 이런 과정을 통해 교사들은 새롭고 효과적인 교수법을 더 쉽게 배울 수 있게 되고, 결국 더 잘 가르치는 법을 배우는 학교와 그렇지 못한 학교가 극명하게 갈리게 되는 것이다(Fullan, 2017:196). 이와 같은 내용은 다음 K교사의 이야기에서도 나타나고 있다. 그는 전문적학습공동체 활동을 통해 역량이 쌓여 가는 것 같아 교사들도 스스로 보람을 느끼고 있다고 말한다. 그는 자신이 다른 교사의 수업을 보고 동교과 교사임에도 알지 못했던 재구성 방안과 새로운 아이디어에 놀란 것처럼, 교사들이 수업을 공유하면서 다른 교사들이 어떤 수업을 어떻게 하는지를 보고 아이디어를 비롯한 많은 수업 방법들에 대해 스스로 알게 되고 배워 간다고 하였다. 수업의 질 향상은 개인적인 과업이라기보다는 이처럼 집단적 과업인 것이다.

일단 방향제시를 해 주신 게 굉장히 훌륭했고요. 그 토대로 쌓여 가는 것 같아서 선생님들도 스스로 보람을 느끼고. ... 굉장히 아이디어들이 새로운 게 너무 많이 나와서요. 사실 저는 영어과인데도 몰랐어요. 그분이 영어로 독립선언서를 번역하고 했던 것도 몰랐어요. 아이들한테 그러면 그게 영문이니까 거꾸로 가지고 번역을 해 보자. 그렇게까지 연결시켜 보자라고 하는 아이디어와 여러 가지... 역사에서도 많이 찾으시고 윤리에서도 많이 찾으시고. 몰랐던 것들도 스스로 알게 되시면서 배워 가시는 것 같아요. (K교사)

2016. 11. 11. 교육과정 재구성 활동에 대한 강조

여러분들에게 내년의 교육과정이 달려 있습니다. 여러 번의 연수를 통해 이미 많은 노하우를 축적했고, 실제 올해 여러분들께서 시행했었기 때문에 멋진 것이 만들어지리라 생각합니다. 일단 가안에 대해 학년부장님들과 두어 번의 brainstorming 과정을 거쳤고 사전 이야기를 나누었습니다. 그것을 기반으로 더 좋은 안이 나올 거라 기대합니다. 가장 근간은 내년 7월 기말고사 이후 1주일 간의 체험학습 주간(project 수업 주간)을 가지려고 하며, 전 과목이 그 주제와 관련된 수업을 하는 것입니다. 고3은 1학기 기말과 2학기에 어려우니 고 1, 2 체험학습 주간에 하는 것이 어떨까 생각해 보았습니다. 본인이 그 학년을 하리라는 생각을 가지지 마시고 그 누가 하더라도 정말 재미있을 것 같다는 안으로 부탁드립니다. 좋은 의견 부탁드립니다.

맬러플린과 탈버트(2001)는 고등학교에서 공유의 문화와 서로 협력해서 사례를 만들어 내는 문화가 상대적으로 부족하다 하더라도,[24] 모든 학생에게 **성공적인 교사들은** 어떤 방식이 더 효과적인지 끊임없이 연구하고 이를 다른 교사들과 공유하고 있으며, **강력한 교사학습공동체가 존재하는 학교나 학과에 근무**하고 있다는 것을 발견했다(Fullan, 2017:203). 협력적 문화 속에서 학생들의 학습에 쏟는 **집단적 헌신이** 함께 협의하고 수업을 진행하는 교사들의 모든 가능성을 일깨워 주기 때문에, 교사들 간에 의미의 공유가 잘 이루어지는 학교가 끊임없이 성장하고 있는 것이다.

지금까지 이야기한 내용뿐만 아니라 많은 연구와 정책들에서 교사학습공동체가 마치 교육의 모든 문제점을 치유해 줄 수 있는 해결사와도 같은 것으로 부각되고 있다. 교사학습공동체를 운영해 온 나로서는 '그 말들이 옳다. 그래서 반드시 교사학습공동체를 운영해야만 한다'고 생각하지만, 이 지점에서 우리가 주목해야 하는 딜레마를 살펴보아야 할 것이다. **우리가 알고 있는 개혁적이고 혁신적인 정책들이 한동안 유행하다가, 본래의 의도와 달리 운영되고 사라져 갔던** (fade) **것처럼, 교사학습공동체의 색이 바래질까 봐 우려가 된다.**

2000년 전후 교사학습공동체에 대한 관심으로 미국과 캐나다 등의 여러 행정기관에서 교사학습공동체를 교육정책으로 시행하였지만, 욕심이 과한 행정기관에 의해 종종 단순하게 만들어져서 고압적이고 강제적으로 시행되어, 실행되어야 할 또 하나의 프로그램이 되어 버린 경우가 있다. 머튼은 이것을 **목적 전도**라고 했는데, 이는 본래의 목표가 전도되고 그리고 목표를 위한 수단 그 자체가 새로운 목표가 되는 것을 말한다. 예를 들면, 앨버타의 에로우헤드라고 불리우는 교육청은 개혁방안으로 교사학습공동체를 하고자 하여 이 과제를 모든 학교에 부과했지만, 단지 며칠의 워크숍과 외부 컨설턴트로부터의 학습이 전부였던 사업으로 진행되어 어떤 변화도 만들어 내지 못한 사례가 있다(Hargreaves 외, 2014:222).

---

24 우리나라에서도 초·중학교에 비해 고등학교의 학교 문화가 상대적으로 협력적이지 못한 경향이 있는데, 미국에서도 그러하다는 이야기에 25년 이상 고등학교에서 근무한 교사로 '신기하게도 미국과 한국이 똑같이 고등학교에서의 변화가 더욱 어렵구나'라고 재미있다는 생각을 했다.

또한 스티글러와 히버트(1999)는 『수업격차』라는 책에서 **교사들이 개혁을 잘못 이해하여 표면적인 특징만 바꿀 수 있다**는 점을 지적했다. 옥스 등(1999)은 중학교 혁신을 위한 연구보고서에서 '교사들은 흔히 새로운 구조적 전략이 요구될 때 그것의 의미에 대해서는 깊이 생각해 보지 않고 서둘러 도입하려고만 한다. 단순히 이런 방법이 좋다고 하면 변화의 과정이나 방법에 대해 생각해 보지 않은 채 모두 뛰어드는 것이다. 어떤 이들은 구조만 바꾸면 변화가 일어난다고 생각한다. 변화의 원칙과 합리적 근거를 구체적인 이해하지 않고 특정 목표나 자료, 행동을 모방하는 것은 그리 어렵지 않기 때문에 표면적인 변화는 가능하다(Fullan, 2017:58, 70).

외국의 사례와 마찬가지로 우리가 실행하는 교사학습공동체도 그러하지 않았나 반성해 보아야 한다. 목적 전도가 되지 않도록 행정기관이나 학교에서 교사학습공동체가 본래의 목표대로 실제로 운영될 수 있도록 세심한 주의를 기울일 필요가 있다. 여러 학교들의 이야기를 들어 보면, 교사학습공동체가 교사들의 의견을 공유하고 교육과정을 구성하는 방안으로 충분한 시간을 확보해서 실행해야 하는데 시달해야 하는 각종 연수로 인해 짧은 시간 운영된다거나, 형식적인 운영이 되는 경우가 많다. 일반적으로 학교에는 꼭 해야만 하는 연수들이 많다. 예를 들면 성적관리 연수, 성교육 관련 연수, 학폭관련 연수, 심폐소생술 연수 등등, 이런 것들을 해야 하기 때문에 학교 일과 중에 교사학습공동체 시간을 확보하기가 어렵고, 교사들 간의 협의 시간을 가볍게 생각하여 실제로 하지 않는 경우도 있다. 또한 학교에서 교사학습공동체를 일과 외 시간에 편성하여 교사들의 참여율이 낮아진다거나, 일부 관리자의 선호에 따른 강사를 초빙하여 진행되는 연수로 인해 교사들의 호응도가 저조해지는 경우도 많다고 하는데 매우 아쉬운 점이다. **학교 차원에서 표면적인 특징만을 바꾸는 것이 아니라** 교사학습공동체의 중요함을 인식하여 **실제적으로 교사들이 참여할 수 있도록** 교사들의 의견을 반영하여 실행하는 것이 매우 중요하다. **표면적인 변화는 진정한 개혁이 아니다. 개혁은 실제로 실행하는 것이며 실제로 변화하는 것이다.**

전학공을 실제적으로 운영하기 위한 해결방안(solution)?

교사학습공동체의 실제적인 실행을 위해서는 일단 **정규 일과시간 안에 이루어지도록** 해야 한다. 정규 일과시간 외에 진행되는 교사학습공동체 활동은 교사들에게 정말로 하기 싫지만 참여해야만 하는 학교 업무로 인식되기 마련이다. 교사들이 교사학습공동체를 나에게 도움이 되는 재미있는 시간이라는 생각을 할 수 있어야 한다.

그리고 교사학습공동체 프로그램으로 진행되는 전체 수업공개도 교사들에게 또 하나의 부담이 될 수 있기 때문에 처음엔 다소 교과별로 순번을 정하는 방법도 효과적일 수 있다. 많은 학교에서 수업공개는 신규 교사나 전입자에게 부과되는 경향이 있으나, **전체 교사가 참여하는 수업나눔은** 그 학교에서 오랜 기간 근무해서 학교의 교육환경과 학생의 상황을 반영하여 구성된 수업을 보여 줄 수 있는 **오피니언 리더 교사가 하는 것이** 바람직하다. 모두들 꺼려하는 공개수업을 일상적인 것으로 인식시키기 위해서는 전체 수업공개를 의무화하고, 교과별로 순차적으로 공개 순번을 정하되, 절대로 저경력 교사가 희생양이 되지 않도록 해야 한다. 이런 경우 자신의 수업안 구성도 어려운 저경력 교사들은 공개수업을 고경력 교사들이 하기 싫어서 떠넘기는 업무로 교직 초반에 생각하게 되고 이후 그들이 고경력 교사가 되면 수업공개에 대한 부정적 생각으로 똑같은 전철이 반복되는 결과가 생기게 된다.

필자의 경우 3년간 공개수업 상황을 파악하고 순번대로 순서를 지키도록 하여 누구도 수업공개를 하지 않는 경우가 없도록 하였으며, 고경력 교사가 먼저 솔선하여 수업을 공개하도록 권장하였다. 이렇게 했을 경우 다소 자발적인 수업공개로 보이지는 않지만, 일단 한번 하고 나면 자신의 수업사례를 발표하고 싶은 교사들이 나타나기 마련이다. 그리고 **전학공 스케줄 안에 수업공개 후 나눔의 시간을 편성하여** 서로 수업에 대한 격려와 새로운 교수학습방법에 대한 **의견을 나누도록** 하였다.

그 외 프로그램들은 교사들에게 설문(survey)를 통해 의견을 수렴해서 **교사들이 원하는 강좌로 구성한 전체 연수와** 학년 교사들이 함께 모여 **융합교육을 위한 교육과정 재구성을 하는 시간으로 편성**하였다. 이것은 30시간으로 구성된 교사학습공동체 직무연수이지만, 이후 일과 시간이나 일과 외 시간에 교사들이 함께 논의하고 싶은 부분을 서로 협의할 수 있도록 단초를 주는 시간이라 생각한다.

I교사와 K교사는 교사학습공동체가 유명무실하지 않게 운영되는 이유에 대해 일과시간 내에 확보되어 있는 교사학습공동체 시간을 이야기하고 있다. K교사는 일과 내 활동시간이 마련된 교사학습공동체 시간과 교육과정 재구성에 대한 공감대가 교사들이 함께 충분한 시간을 갖고 협의할 수 있게 하였으며, 교사활동의 결과가 학생중심 활동이 되도록 학생들에게 기회를 주었다고 이야기한다. 그리고 그러한 결과물들이 학생들에게 도움이 되고 입시에도 중요한 경험이 된다고 생각하기 때문에 교사들이 이후로도 실제적으로 참여하고 있다고 말한다.

> (전학공이 유명무실하지 않게 잘 돌아가는 이유는) 확보가 그... 일과시간 내에 확보가 되어 있는 전학공 시간. 결과물이 나와야 한다는 생각도 있으니까요. (I교사)

> 일과 내 그 시간을 마련하고 공감대가 있고... 그렇게 구성된 융합 프로젝트를 통해서 학생중심 활동이 되게 하기 위해서 아이들이 할 수 있는 기회를 주고 아이들이 해 볼 수 있게끔 했고 거기에 대한 결과물이 나왔고 그것이 대학에 갈 때 굉장히 중요한 경험이 되고 그런 밑바탕이 있었기 때문에 그게 이어지고 잘되고 있다고 생각해요. (K교사)

한편, 만약 누군가가 교사학습공동체를 밀고 나가지 않으면, 개인적 자율성이 강한 교사들이 유목적적인 상호작용을 하지 않을 수 있다는 우려도 있다. 하지만 일반적으로 상급자든지 동료든지 간에 누군가는 일을 밀어붙여야 할 필요가 있다고 줄곧 말하는 것은 위협적으로 들릴 수 있다. 강요나 힘을 일차적 전략으로 삼아 행동을 변화시키려는 노력은, 저항이나 회피를 유발함으로써 실패하는 것이 보통이다. 반면, 과도한 힘의 행사와 반대되는 것은 무제한적인 선택인데, 너무 많은 선택의 기회를 주는 것 역시 우리들에게 해로울 수 있다. 이러한 상황에서 개인의 이익과 공공선을 증진시키기 위해 조직의 구조와 규범을 의도적으로 조직하고 마련하는 방법을 활용할 수 있다. (이전 III. 매직의 과정에서 이야기했던) **팔꿈치**

로 슬쩍 찌르기(to nudge)[25] 혹은 사람들의 선택을 한 방향으로 부추기는(prod) 방법이다. 예컨대, 교사들이 교사학습공동체 활동에 참여해야만 하지만 자신들이 원하는 프로그램을 선택하여 활동하도록 구성한다거나, 교육과정 재구성 협의를 해야만 하는데 교사들이 주도적으로 진행하는 자신들의 시간으로 구성하는 것은 일종의 넛지일 수 있다. 이러한 넛지로 인해 **교사학습공동체 활동을 도입하는 초기에 학교에서 종종 갈등적인 분위기가 조성될 수도 있다.** 솔직한 대화로 변화를 일으키기 위해 행사하는 압력들은 결코 언제나 긍정적이고 생산적이지만은 않다. 교사들은 분명히 상급 행정자로부터 압력을 받고 있다고 느낄 수 있지만, 그것은 긍정적인 성격의 갈등을 의미한다(Hargreaves 외, 2014:225-230). 그러므로 수업을 공개해야 하고 의무적으로 연수를 받아야 하고 정해진 시간에 교육과정 재구성 활동에 참여해야 하는 것은 압력이라 느껴질 수 있지만, 학교를, 학생을 그리고 수업을 변화시키기 위한 긍정적인 성격의 갈등일 것이다.

⏰ 2015. 10. 28. 교사학습공동체 활동 도입에 대한 반발

7교시까지 수업하던 것을 5교시로 줄이고 전학공을 하자고 했을 때 반발이 심했다. 기존에 학교에서 수업하던 학생들을 보내면 생활지도 문제와 학교가 학생을 방치하고 있다는 비난을 받을 것이라 생각하고, 전학공을 실제로 실시하는 것에 대해 교감과 교사들은 완강히 거부하였다. 그에 대한 대안으로 도서관 프로그램, 상담활동, 멘토멘티 활동, 주도적 학습코칭 수업, 학생회 활동들을 수요일 6, 7교시에 실시할 수 있음을 안내하였다. 이에 대해 교감은 학생들만 두었을 때 문제가 되니 담당교사를 배치할 것을 주장하였고, 전체적으로 순회하는 교사 1명을 배치하는 것으로 협의하였다. 모든 교사가 함께 모여 전학공에 참여해야 한다는 것에 대해 교감과 교사들은 거부감을 가질 수 있을 것이

---

25 이 방법은 선택의 범위를 줄이고 사람들로 하여금 자신들 혹은 자신들이 서비스하는 사람들의 이익에 가장 크게 도움이 되는 행동을 선택할 확률을 높이는 것이다. 특정 선택들이 더 잘 이루어지도록 조직적·물리적 환경을 꾸민 것이다. 팔꿈치로 슬쩍 찌르는 것은 조정된 동료적 협력관계이고 밀어내는 행동은 고안된 동료적 협력관계이다(Hargreaves 외, 2014:227-228).

다. 처음이니까.

긍정적 성격의 갈등을 극복하며 교사학습공동체를 운영하는 것에는 여러 구성원들의 노력이 필요하다. 교사학습공동체 운영에 대해 N교사는 목적과 취지를 이해하고 있는 학년부장의 역할이 중요하다고 했으며, R교사는 한 사람의 마음이 중요한 것이 아니라 한 사람 한 사람의 마음이 합쳐지는 것이 중요하다고 말한다. 특히, 전학공을 운영 담당자인 R교사는 ○○고의 전학공이 실제로 운영이 되고 있는 것에 대해 자랑스럽게 생각하고 있으며 무엇보다도 모든 교사가 한마음 한뜻으로 다 같이 해 주어 어려움이 없었다고 회고한다. 전학공 운영에 여러 교사들이 한마음으로 동참할 수 있도록 긍정적 성격의 갈등을 최소화하고 교육전문가로서의 책임감을 느끼게 해야 한다.

> (전학공을 꾸려 나가는 데 담당부장의 역할이 가장 어려운데 무엇이 가장 어려우셨어요?) **목적과 취지를 이해하고 있는 학년부장의 역할도 중요하다고 생각합니다.** (N교사)

> 어... 저는 사실 진짜 저는 장학사님이 우리 학교 전학공이 진짜 잘되는지를 질문하셨을 때, 자랑스럽고 뿌듯하게 대답했던 것이. 진짜 이게 사실 과연 될까? 만약 안 되면 어떻게 하지?라는 생각을 많이 했는데 선생님들이 한마음, 한뜻으로 다 같이 해 주시니까, 저는 사실 그 속에서는 어려웠던 점은 없는 것 같아요. 그래서 한 사람의 마음이 중요한 것이 아닌 한 사람, 한 사람의 마음이 합쳐지는 것이 중요하구나 생각을 했어요. (R교사)

국가에서 어떤 지원을 하든지 교사역량개발에 있어 가장 중요한 것은 교사들의 노력이다. 연구하고, 서로를 관찰하고, 긍정적인 비판과 더불어 비판적인 견해도 수용하면서 끊임없이 학생에게 도움이 되는 기술을 개발해야 한다

(Hargreaves 외, 2015b:368). 전문성을 개발하는 것은 교사가 가져야 할 당연한 기회이며 결코 거부해서는 안 될 개인적 책임이라는 것을 인식할 수 있도록 교사학습공동체를 내실화하여 학생들의 의미있는 성장을 도모하는 것이 필요할 것이다.

매직 5: 다양한 모습의 리더십

- 감성으로 다가가는 비전 제시자

21세기 시작과 함께 제4차 산업혁명이라는 변화를 겪으며 개혁과 혁신이 필요하다고 느꼈지만, 최근 코로나19를 기점으로 모든 것이 더욱 빠르게 변화하는 모습은 개혁과 혁신이 선택이 아닌 필수로, 변화하지 않으면 도태될지도 모른다는 압박감마저 갖게 한다. 급속히 변화하는 시대에 부응하기 위하여 개인이나 단체, 기업, 정부기관 등 사회 전반에 걸친 변화 노력이 요구되고 있으며, 특히 이러한 모든 조직들에서 변화 노력을 이끌어 내는 리더의 역할이 더욱 중요해지는 시점이다. "한 마리의 사자가 지휘하는 일백 마리의 양떼는 한 마리의 양이 지휘하는 일백 마리의 사자떼를 이긴다"는 서양 속담과 같이, 리더에 따라 조직은 변화와 발전을 하기도 하고 정체되거나 후퇴하기도 한다.

교육 변화에 있어서 정책을 만들고 시행하는 행정기관의 노력도 중요하겠지만, 교육 수혜자인 학생들에게 직접적인 영향을 미치는 교육 최일선에 있는 단위학교에서의 변화 노력이 더욱 더 중요해지고 있다. **조앤 바르톨레티**(Joann Bartoletti)[26]가 **"21세기 성공을 위해 학교는 그 어느 때보다 효과적인 리더를 필요로 한다"**(NPBEA, 2015)고 말한 것과 같이, 미래를 대비한 학교 현장의 변화가 성공적으로 이루어지도록 촉진하는 리더의 역할이 강조되고 있다. 리더의 능력을 지칭하는 단어로 흔히 사용되는 리더십은 그것을 바라보는 관점에 따라 다양한 정의가 내려질 수 있다. 일반적으로 리더십이란 한 개인이 조직의 목표를 달성하기 위하여 구성원들을 이끌고 가는 능력으로, 구성원들에게 영향력을 행사하는 과정이라 할 수 있다.

이러한 리더십을 바라보는 관점은 시대에 따라 변해 왔으며, 1950년대 이전에는 리더십을 지도자가 태어날 때부터 가지고 있는 자질로 생각했던 반면, 1970년대에 접어들면서 리더가 하는 행동에 중점을 두어 리더십을 정의하였다. 그리

---

26 조앤 바르톨레티(Joann Bartoletti)는 미국 국가교육행정정책위원회(NPBEA) 이사회 의장 겸 전국중등학교장협의회(NASSP) 이사장이다.

고 최근 들어서는 권력에 의한 수직적 관계 리더십이 아니라 협력과 상호작용의 수평적 관계 리더십을 더욱 바람직한 것으로 생각하고 있다. 예를 들면, Hogan 외(1999)는 '리더십은 집단에게 중요한 공통의 목적을 추구하라고 사람들을 설득하는 것이라고 하였고, Blanchard 외(1999)는 리더십은 내부적으로 시작하며 외적으로는 타인을 향한 섬김이다'라고 하였다. 또한 Beach와 Reinhartz(2000)은 '리더십은 학생들의 성취감을 촉진시키고 전체적인 교육 프로그램을 성공으로 이끄는 데 필요한 비전을 창조하는 데 불가결한 요소이다'라고 말하였다(Reinhartz 외, 2005:6).

이와 같이 리더십의 정의는 사람들이 다 알고 있다고 생각하지만 한마디로 정의할 수 없는 '사랑'과도 같이 어렵지만(Greenberg 외, 1997), **교육 분야에 있어서의 리더십은 교육적 목적과 학교공동체의 목표를 달성하기 위하여 다양한 구성원들이 집단활동에 자발적으로 참여하도록 유도하고 영향력을 미치는 능력**이라 할 수 있다. 교직에 지속적으로 헌신해 온 교사들 중 75% 이상이 좋은 리더십 덕분에 업무에 전념할 수 있었다고 했으며, 이들은 좋은 리더십에 대해 '리더는 분명한 비전을 갖고, 교사들을 성인으로 대하며 학교에 헌신적이고 업무 처리가 투명해야 한다. 그리고 개방적 태도를 갖고 있어 다가가기 쉽고, 교사들을 신뢰하며, 사람들에게 인간적인 관심을 보여 주는 것이 중요하다'고 말하였다(Fullan, 2017:189).

그렇다면 리더가 어떤 역할을 해야 변화를 이끌어 낼 수 있을까? 시대에 따라, 조직을 보는 관점에 따라 리더에 대한 정의가 매우 다양하듯 리더의 역할에 대해서도 너무나 많은 주장들이 있다. 학교의 리더 역할은 일반적인 다른 조직의 리더와 같은 부분도 있겠지만, 학생을 교육하는 조직의 리더이기 때문에 다소 상이한 점도 있을 것이다. 학생들의 학업성취에 대한 책임과 더불어 교사들의 역량개발, 그리고 학교와 지역사회 구성원들이 교육을 위해 함께 노력하도록 이끄는 중요한 역할을 해야 한다. 미국에서는 가르치고 배우는 과정에 있어서 교육 지도자 역할의 중요함을 인식하여 주정부 학교장협의회(The Council of Chief State School Officers: CCSSO)에서 1996년 첫 번째 **학교 지도자 표준**(ISLLC Standards)을 발표하였고,

이어 2015년에는 세계의 변화에 맞추어 학교 지도자의 역할도 학생들에게 가장 유익한 방향으로 변화해야 한다는 생각에 보다 새로워진 **교육 지도자를 위한 전문표준**(PSEL)²⁷)을 제안하였다. 이 표준들은 미국에서 학교 지도자가 반드시 알아야 하는 지식과 실제를 바탕으로 구성된 표준(Stardards, 기준, 준거)으로 우리의 상황과 다소 차이가 있을 수 있다. 그러나 오랜 기간 학교 행정가 교육이 이루어져 온 미국에서 교육 리더십 관련 책들이 준거로 삼고 있는 표준을 살펴보는 것은 우리의 교육 리더십을 보다 객관적인 관점에서 분석하는 데 도움이 될 수 있을 것이다. 다음은 학교 지도자 표준(ISLLC, 1996)과 교육 지도자를 위한 전문표준(NPBEA, 2015)의 상세 내용이다.

자료 39 학교 지도자 표준(ISLLC, 1996)

표준	내용
1	학교사회에서 공유되고 지지를 받는 학습 비전의 개발, 형성, 실행 그리고 촉진
2	학습자들의 학습과 교직원들의 전문가적인 성장에 도움이 되는 학교 문화와 교육 프로그램의 홍보, 육성, 유지
3	안전하고 효과적이며 효율적인 학습환경을 조성하기 위해 조직 경영과 운영, 그리고 재원 보장
4	가정과 지역사회 구성원들과 협력하여 다양한 지역사회의 이해와 요구에 부응하고 지역사회의 자원을 동원
5	통합성, 공정성, 윤리적 태도를 가지고 행동
6	보다 큰 정치적, 사회적, 경제적, 법률적, 문화적 맥락을 이해하고 반응하며 영향을 끼침

---

27 2015년에 미국 국가교육행정정책위원회(The National Policy Board for Educational Administration, NPBEA)는 과거 주정부 학교 지도자 자격 컨소시엄(The Interstate School Leaders Liscensure Consortium, ISLLC)이 제시한 학교 지도자 표준을 업그레이드하여 교육 지도자를 위한 전문가 표준 (Professional Standards for Educational Leaders, PSEL)이라고 불리는 새로운 표준을 제안하였다 (NPBEA, 2015).

교육 지도자를 위한 전문표준(NPBEA, 2015)

1. 미션, 비전, 핵심 가치

효과적인 교육 지도자들은 공유된 미션(임무), 비전 그리고 각 학생의 수준 높은 교육과 학업성취와 행복(well-being)의 핵심 가치를 개발하고, 옹호하며 제정한다.

2. 윤리 및 직업 규범

효과적인 교육 지도자들은 각 학생들의 학업성취와 행복(well-being)을 증진시키기 위해 윤리적이고 전문적인 규범에 따라 행동한다.

3. 공정성과 문화적 대응력

효과적인 교육 지도자들은 각 학생들의 학업성취와 행복(well-being)을 촉진하기 위해 교육 기회와 문화적으로 반응하는 관행의 공정성을 위해 노력한다.

4. 커리큘럼, 교육 및 평가

효과적인 교육 지도자들은 각 학생들의 학업성취와 행복(well-being)을 증진시키기 위해 지적으로 엄격하고 일관성 있는 교육과정, 수업, 평가 시스템을 개발하고 지원한다.

5. 학생을 위한 돌봄과 지원의 공동체

효과적인 교육 지도자들은 학생 개개인의 학업성취와 행복(well-being)을 촉진하는 포용적이고 배려하며 지지하는 학교 공동체를 육성한다.

6. 학교 인력의 전문 역량

효과적인 교육 지도자들은 각 학생들의 학업성취와 행복(well-being)을 촉진하기 위해 학교 인력의 전문적 역량과 실천력을 개발한다.

7. 교직원을 위한 전문 커뮤니티

효과적인 교육 지도자들은 각 학생의 학업성취와 행복(well-being)을 촉진하기 위해 교사들과 다른 전문직 직원들로 구성된 전문적 공동체를 육성한다.

8. 가정과 공동체의 의미 있는 참여

효과적인 교육 지도자들은 각 학생들의 학업성취와 행복(well-being)을 촉진하기 위해 의미 있고 상호적이며 상호 유익한 방법으로 가정과 지역사회를 참여시킨다.

9. 운영 및 관리

효과적인 교육 지도자들은 각 학생들의 학업성취와 행복(well-being)을 촉진하기 위해 학교 운영과 자원을 관리한다.

10. 학교 개선

효과적인 교육 지도자들은 각 학생들의 학업성취와 행복(well-being)을 촉진하기 위한 지속적인 개선의 대리인 역할을 한다.

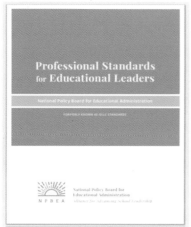

WHAT IS THE LINK BETWEEN EDUCATIONAL LEADERSHIP AND STUDENT LEARNING?

The Standards embody a research- and practice-based understanding of the relationship between educational leadership and student learning. Improving student learning takes a holistic view of leadership. In all realms of their work, educational leaders must focus on how they are promoting the learning, achievement, development, and well-being of each student. The Standards reflect interdependent domains, qualities and values of leadership work that research and practice suggest are integral to student success:

1. Mission, Vision, and Core Values
2. Ethics and Professional Norms
3. Equity and Cultural Responsiveness
4. Curriculum, Instruction and Assessment
5. Community of Care and Support for Students
6. Professional Capacity of School Personnel
7. Professional Community for Teachers and Staff
8. Meaningful Engagement of Families and Community
9. Operations and Management
10. School Improvement

출처: https://www.npbea.org/npbea-resources/

위의 내용을 살펴보면 학교 지도자를 위한 전문표준은 1996년에서 2015년으로 시간이 흐르면서 교육 지도자들에게 요구되는 기본적인 주요 역할에는 큰 변화가 없지만, 시대적 요구에 따라 항목을 세분화하고 다소 강조한 부분이 있다. ISLLC 표준에 비해 NPBEA 표준은 학생들의 학업성취와 행복을 촉진하기 위하여 교육과정, 수업, 평가 시스템을 개발·지원하고 교직원의 전문역량과 실천력을 개발해야 하며, 학교 공동체를 육성해야 한다고 강조하고 있다. 이것은 우리 교육의 현 상황과도 맥을 같이하는 것으로, 학교 지도자는 비전 창출과 실현, 학교 문화 조성, 교육 프로그램과 학습환경 조성, 자원 관리, 공정성과 윤리성 등의 분야에서 리더십을 발휘하여야 한다. 따라서 나의 리더십 이야기도 이와 같은 영역으로 나누어 이야기하고자 한다.

<해결책>
- 수요일 부장단에게 먼저 이야기하고
- 전체 교직원회의에서 이야기하고
- 연령별 교사들과의 만남을 통해 이야기하고
- 향후 발전안과 교육과정 구성을 위한 사전 작업을 진행한다.

---

1. **학교발전안을 작성**한다 – 발전안은 맞춤형 장학의 맥락을 근거로 작성
   <학생중심교육을 위한 ○○고 발전안>
   1) 목적
   2) 테스크포스
   3) 분야
      - 교원역량강화 → 전문적학습공동체, 수업공개, 연수 등
      - 학생학력증진 → 방과후학교, 진학지도, 자율동아리 등
      - 교육과정 구성 → 교육과정 재구성 관련
      - 학생 인성지도 → 상담, 민주시민교육
2. **교원역량 향상계획** – 전문적학습공동체에서 일부가 아니라 전체를 대상으로 수업 방법에 대한 연수 실시. (협동학습, 토론학습, 하브루타, 프로젝트 학습) → **언제 할 것인가?**
3. 11월 중 **전체 수업공개** 실시 → **누가 할 것인가?** 수업협의회 진행요령 숙지할 것. 수업 공개는 한 학기에 한 번 전체공개 및 학년별 공개할 것. 순번대로 돌리고.
4. 교사그룹과 **학교장과의 대화의 시간** 운영
5. 액션 러닝을 통한 **변화를 위한 토론회** 개최 → 초점은 수업의 변화에 맞추어서.
6. **교육과정 구성** 계획 – 부장 협의회 12월 중 날짜 잡고, 이후 구성된 안으로 전체 나눔의 날 운영. 하지만 초안은 미리 11월 중 개별 부장들과의 의견조율을 실시할 것
7. **테스크 포스는 부장단** – 전달내용을 각 계원에게 전달할 것. 공식 부장단 협의 내용은 교무부장이 일괄적으로 메신저로 전체 교사에게 전달하여 의사소통의 막힌 곳이 없도록 할 것.
8. **교무실 합치는 것에 대한 계획**을 세울 것
9. **학생 동아리 발전 방안** 세울 것 – 동아리, 방과후, 진로지도가 연계된 방향으로. 전문대 진학을 목표로 하는 학생을 위한 특화된 방과후 프로그램도 구상할 것
10. **학교 홍보팀** 구성과 홍보영상 마련 – 내년도 예산 책정 또는 올해 예산 중 가능하면 외주를 주어 마련할 것
11. **학습코칭** 예산 마련하여 투입할 것
12. 세부추진 계획은 각 부서에서 나오도록 할 것

📖 미래의 비전을 제시하는 리더십

우선 '비전의 창출과 실현'에 대해 살펴보면, 공유된 비전의 개발과 제시는 거의 모든 조직의 리더들에게 요구되는 역할로 특히 변화해야 하는 조직을 이끄는 리더에게 매우 필요하고도 중요한 역할이다. 여러 학교의 개혁사례들을 보면 핵심 리더가 오기 전까지 교사들은 스스로 어찌할 바를 모르고 오랫동안 표류하다가, 마침내 새로운 리더가 나타나 목표와 이를 달성할 방향과 전략을 제시하는 경우가 적지 않다고 한다. 효율적인 리더의 주요한 특성 중 하나가 가치 있는 **목표를 달성할 수 있도록 방향 감각을 구성원들에게 제공해 주는 것이다**(Hargreaves 외, 2015b:287). 학교를 변화시키기 위해서는 교사, 학부모, 학생 그리고 교직원 등 교육공동체가 내부적으로 그들에게 **새로운 방향이 요구된다는 사실을 인식하게 하는 것**이 매우 중요하다. 학교가 이러한 자각을 갖지 못하면, 어떠한 새로운 리더의 제안이라도 기껏해야 부분적으로만 받아들여지게 되는 것이다. 즉, 리더가 학교를 바꾸려는 개인적 사명을 띠고 학교에 왔을 때, 학교 교직원이 학교가 개선되어야 할 변화의 필요성을 인식하지 못한다면 리더의 시도는 장애에 부딪치게 되고 실패를 벗어나지 못할 것이다(Reinhartz, 2005:39).

2015년 당시 ○○고는 학력이 매우 낮고 학교폭력 사안과 흡연문제 등이 많아서 안 좋은 학교, 가지 말아야 할 학교로 인식될 정도로 학교에 대한 지역사회의 이미지가 좋지 않았다. A교사가 이야기하고 있는 것처럼, 교사들은 학교에 대해 애정을 갖지 못하고 다른 학교로 갈 생각을 할 정도로 구성원 스스로의 자존감도 매우 낮은 상태였다. 이러한 상황에서 통지받은 외부 컨설팅은 부담스럽고 두려운 일이었으며 교장이 제안하는 다른 방안에 대해서도 반신반의하는, 과연 바뀔까에 대한 회의적인 태도를 보이고 있었다.

> 잘 모르는 사람도 '거기 그 안 좋은 학교 있다던데, 이름은 잘 몰라도 안 좋은 학교' 이렇게 말하고. ○○고 하면 이 동네에서는 빠삭하게 다 알고 계신 거고. 외부에서도 '가지 말아야 할 곳' 이렇게 인식을 하고. 저는 진짜 모르고 왔어요, 이런 학교인 줄. 다 딱하게 여겼어요, 저희가. (A교사)

> 저희도 외부 컨설팅받는 건 좀 두려움의 대상이었던 것 같아요. 다른 방안도 저희는 반신반의했으니까, 과연 바뀔까... 선생님들이 여기에 애정을 쏟아붓는 것이 아니고 곧 다들 내신 쓸 생각만 했으니까. (A교사)

한편, D교사는 교사들이 의욕과 새로운 것을 해 보고자 하는 마음이 있었는데 교장이 길을 안내하여 따를 수 있었다고 말한다. 교사로서 수업 변화에 대한 갈증, 변화해야 한다는 의무감을 갖고 있었지만 안주하고자 하는 마음으로 시도하지 못하고 있었던 것을 학교에서 강의와 변화의 길을 마련해 주어 변화해야 한다는 생각을 갖게 되었다고 회고한다. 교육 지도자 전문 표준에서도 볼 수 있듯이, 학교장은 구성원들과 함께 학교가 나아가야 할 방향을 정하고 학교와 구성원 모두가 비전을 위해 노력할 수 있도록 지원해야 한다. 비전은 조직과 구성원들의 미래에 대한 이야기로, 구성원들의 의견이 반영된 비전을 정하고 제시하는 것이 중요하다. 그리고 모든 구성원들이 비전을 공유하고 실현하는 과정에 **자신들의 의미를 부여**하고 내재된 열망과 열정을 일깨울 수 있도록 하는 것이 필요하다.

> 선생님들이 의욕이 있었던 것 같아요. (그래서 따랐네요.) 그렇죠. 그래서 교장선생님이 길을 내어 주시니까 선생님들이 따를 수 있었죠. 그리고 뭔가 **새로운 것을 해 보고자 하는 마음**도 있었고요. 어쩌면 교사니까 그래도 안주하고자 하는 마음이 있긴 하지만 그래도 수업에 대한 갈증, 변화해야 한다는 의무감, 그런 게 있지만 하지 못했었는데 학교에서 그런 길을 마련해 주고 강의를 해 주고 하니까 '우리가 변화해야겠구나'라는 생각이 들게 되었던 것 같아요. (D교사/2017)

외부 컨설팅을 받아야 한다는 통지를 받았다. 멀리 있는 교육청에서는 학교의 상황을 구체적으로 파악할 수 없었을 것이고. 사실 각각의 교사들은 많은 노력을 하고 있지만, 구심점으로서 비전을 제시하고 효율적으로 이끌고 나가는 리더십이 필요하다. 모두들 열심히 해 왔지만 외부에서 인정받지 못하는 상황에서 **무엇이라도 해야 한다는 공감**이 있다. 그런 교사들이 성장할 수 있도록 도와주고 알려 주는 것 또한 교장의 할 일이라 생각한다. 미래의 비전을 제시하는 교장과 자신의 성장을 위해 노력하는 교사들은 학교를 변화시키고 학생 학업 성취를 높일 수 있으리라. 우선 "함께 한번 해 보자"라는 인식을 가질 수 있도록.

Tip !

🍎 비전의 창출과 실현을 위한 Tip!

1) 구성원들의 **의견이 반영된 비전**을 정하고 제시하라 → 구성원과 따로 노는 비전이 아님.

2) 비전에 따라 각자가 그것을 실현토록 **모티베이트**(motivate) 해야 → 동기부여(동기부여는 매우 어려움).

3) 동기부여를 위해 하고 싶은 것을 하게 해 주는 것. 칭찬해 주고, 성장할 수 있게 안내해 주고, 노력에 대해 인정해 줄 것.

참여와 소통의
민주적 학교 문화 조성을 위한 ○○고 비전 공유 계획

Ⅰ. 추진 목적
1. 교육공동체의 협력적 사유를 통한 학교 비전 마련
2. 슬로건 공모 후 학교 공동체 투표를 활용한 적극적이고 활발한 학교 비전 공유
3. 학교 구성원 간 소통과 공감의 장 마련으로 민주적 학교문화 조성

Ⅱ. 추진 방침
1. 교직원 회의, 쿨메신저 등을 활용하여 학교장의 운영 철학 및 비전, 주요 사업에 대한 사항 등이 일상적으로 공유될 수 있도록 한다.
2. 학교 비전에 대한 다양한 의견을 사전에 수렴하여 교직원 투표로 비전을 선정한다.
3. 슬로건 공모 및 투표는 학생과 교직원, 학부모를 대상으로 하여 교육공동체 모두가 학교 비전을 공유할 수 있도록 한다.

Ⅲ. 세부추진계획
1. 비전 공유 흐름도

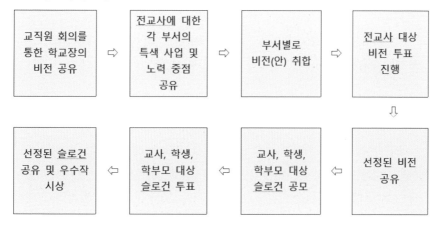

출처: 2016년 ○○고 비전공유 계획안

일반적으로 학교의 비전은 교문 옆 큰 돌에 '근면'이나 '성실'과 같은 상례적인 교훈으로 새겨져 있거나 교육과정 계획서 안에 기재되어 있는 것으로 구성원들

의 큰 관심을 받지 못한다. 그러나 학교 변화를 위해서는 구성원들의 희망과 의미를 담고 있는 비전이 있어야 하고 그것을 중심으로 힘이 모아져야 한다. ○○고에서는 비전이 교육공동체의 관심을 받을 수 있도록 비전과 슬로건을 공모하고 공동체 참여를 통해 선정하였다. 그리고 모든 구성원들이 언제나 잘 볼 수 있도록 조형물로 만들어 게시하고 각자가 생활에 반영하여 실천할 수 있도록 하였다. 단순한 슬로건이 평범해 보일지라도, **언어를 상징물에 연결시키는 과정은 학교 문화 조성에 핵심 부분**이 될 수 있으며(Reinhartz, 2005:37), **비전을 가시화시켜 공유하는 것은 도달해야 하는 목표를 인식하게 하는 강력한 메시지**를 줄 수 있다. G교사는 학교의 모든 변화를 아우를 수 있는 것으로 관리자의 경영 마인드와 구성원들에 대한 비전 공유를 이야기할 만큼 비전 공유를 중요하다고 생각하고 있으며, A학부모도 조형물로 게시된 비전에 대해 관심을 갖고 이야기할 정도로 비전을 인식하고 있다. 그는 비전이 이전에는 없었던 것이지만 학교 외부에서도 볼 수 있는 비전으로 인해 지역 주민들도 학교의 비전을 알고 학교의 변화에 대해 긍정적인 평가를 하고 있다고 하였다.

> (학교 변화를 아우를 수 있는 것은) 관리자의 학교 경영 마인드와 구성원들에 대한 비전 공유? (G교사)

> 외관상에서도 지금 저기 해 놓은 것 있잖아요. 비전. 전에 같으면 없던 비전인데 이제 지나가면 보이잖아요. 버스 타고 왔다 갔다 하면 보이는데 많이 밖에서도 좋아졌다고. (A학부모)

<교사, 학생, 학부모 대상
슬로건 투표>

<비전 및 슬로건>

이와 같이 변화의 방향을 제시하는 비전은 학교 공동체가 함께 힘을 합쳐 노력하게 하는 구심점으로, 학교의 비전을 개발하고 구체적인 학교 변화 계획을 구성하는 데 있어 '자치'가 이루어질 수 있도록 해야 한다. 자치는 성공에 필수적인 요소로 학교 문화의 중요한 부분이 될 수 있다. 리더는 무엇이 학교에서 이루어져야 한다고 그들에게 말하기보다 **그 필요성을 인식할 수 있는 수준으로 이끌어 학교 공동체가 이를 스스로 찾아내도록 해 주어야 할 것이다.**

📖 감성에 호소하는 리더십

하그리브스(2015b:285)는 기존 상황의 개선에 기반한 혁신이 리더십과 결합될 때 매우 효율적임을 보여 주는 예로 **영국 그랜지 중등학교의 콜린 벨 교장** 이야기를 소개하고 있다. 낙후된 지역의 현저히 낮은 학업 수준을 지녔던 그랜지 학교가 지역적 특성이나 구성원 변화 없이 완전히 탈바꿈하는 데 리더십이 절대적으로 중요했다고 한다. 벨 교장은 교장이 되자 미래에 대한 **자신의 비전을 매우 감명 깊게 제시하고, 학교가 성공할 수 있다는 믿음을 전파**하기 시작했다. 사람들은 '우리는 확실히 성공하고 있어. 뭔가를 할 수 있어. 나도 그 일원이 되고 싶어'라는 느낌을 가졌으며, 그를 매우 역동적이며 외향적인, 영감을 주고 실천을 이끌어 낸 교장이라 평가했다. 탁월한 리더십은 사람들에게 **활기를 불어넣을 수 있어야** 하고, 사람들의 **가슴을 뛰게 할 수 있어야** 한다. 예상보다 뛰어난 성과를 낸 리더들 대부분은 사람들의 사기를 북돋우고 희망을 불어넣는다.

이처럼 가슴 뛰는 희망을 갖도록 비전을 제시할 때 조직의 구성원들이 마음을 움직여 실천하게 되는 것은 브룸(Vroom)의 기대이론으로 설명될 수 있다. 기대이론에 따르면 사람들은 자신의 행동으로 인한 성과나 보상에 대해 기대감을 가지고 있으며, 이러한 기대감이 행동에 영향을 미칠 수 있다. 즉, **기대감이 커지면 행동을 할 가능성이 커지게 되는 것**이다. 그러므로 그들에게 유의미한 비전을 제시하여 결과에 대한 확신과 기대감을 갖도록 한다면 구성원들의 실천하고자 하는 동기를 높일 수 있다. D교사도 강의를 소개하거나 강의를 한다고 해서 교사들이 실천하는 것이 아니며, 교사들이 마음을 열어 시행을 하게 하는 힘은 자발적으로 할 수 있도록 계기를 주고 동기를 부여하는 것이라고 자신의 경험에서 느낀 바를 힘주어 말하고 있다.

> 제가 선생님들에게 강의 소개는 해 줄 수 있었지만. 강의를 준다고 다 되는 게 아니라. 선생님들이 같이 마음을 열어서 시행을 하고, 그런데 이제 시행하는 힘은, 선생님들이 좀 안 좋아하는 경향이 있잖아요. 가장 중요한 게 자발적으로 할 수 있게 해야 하는데, 그 자발성은 그냥 내버려둬서는 자발적이기 어렵고 항상 **동기부여가 중요한 것** 같아요. 계기를 주는 것. (D교사)

사람들은 새로운 경험을 할 때 그것에 대한 자신의 태도를 바꾸게 되고, 이것이 다시 그들의 감정에 영향을 주어 행동 변화를 하게 된다. 그러니까 행동 변화는 이성보다는 감성에 호소할 때 생기는 것이다. 이렇듯 느낌과 감정이 행동 변화를 위한 동기부여의 핵심 요소임을 고려하면 변화를 이끌어 내기 위해 상대를 타인의 관점으로 **설득하고 강요하는 것이 아니라 상대방의 감성에 영향을 주어 마음을 얻을 수 있도록 하는 것**이 필요하다(Fullan, 2017:84).

D교사는 교장이 강압적이거나 권위적이지 않고 솔직하게 교육활동의 변화가

필요하다는 것을 허심탄회하게 말한 것이 교사들의 마음을 얻었고, 그것이 교육과정 재구성을 진행하는 데 가장 큰 도움이 되었다고 말한다. 그는 교사들은 마음이 움직이지 않으면 하지 않기 때문에 허심탄회하게 이야기한 것이 교사들에게 어필되었다고 생각하고 있다. C교사도 과거 도서관 활동에 대해 양적인 부분에 대해서만 살펴봤던 관리자에 비해 새 관리자가 자신이 하는 일에 관심을 가지고 칭찬을 해 주는 정서적 행동들을 긍정적으로 보고 있다. 그는 새 관리자가 다양하고 새로운 시도를 할 수 있도록 격려하고 그것이 잘될 수 있도록 관심을 갖고 결과에 대해 피드백과 칭찬을 해 준 것이 다음 업무에 도움이 된 것으로 생각하고 있다. 이와 같이 교사들은 자신들을 존중해 주고 관심을 갖고 칭찬과 격려를 해 주는 리더로부터 동기를 부여받게 되는 것이다.

> 교장선생님께서 교육과정 재구성, 문학 수업, 학년별 특색사업 등을 했으면 좋겠다고 강압적으로 하지 않으시고 선생님들의 **마음을 얻어서 진행**할 수 있게끔 해 주셨던 게 가장 큰 도움이 되었던 것 같아요. **권위적이지 않고 솔직하게 말하고 융합 교육과정, 수업의 변화** 이러한 부분이 필요하다는 것을 선생님들에게 **허심탄회하게** 말했던 것이 도움이 되지 않았을까. (허심탄회하게 얘기하면 선생님들한테 어필되나요?) 그렇죠. 왜냐하면 **선생님들은 마음이 움직이지 않으면 가지 않아요.** (D교사)

> 2015년 이후로는 그 체계가 잡히고. 부서별 조직이 탄탄해지고 업무의 분업화가 잘 이루어진 것 같아요. 과거엔 대출률이 많이 늘었는지 안 늘었는지, 행사는 많이 하는지 등. 양적인 부분만 봤던 반면에 이후의 관리자 분들은 다양하고 **새로운 것들을 시도할 수 있도록** 관리를 해 주셨고, 항상 제가 그렇게 해서 하고 난 다음에 **피드백 다음에 칭찬** 같은 것을 많이 해 주셔서 그 다음 업무를 할 때 많이 도움이 됐던 거 같아요. 그래서 저는 **칭찬과 관심이 굉장히 좋았어요.** (C교사)

드디어 변화의 시도를 하려고 마음먹었다. 더 이상 기다릴 수 없다는 느낌이 왔다. 나의 이야기를 진심을 담아 편지글 형식으로 작성했고 '이제 우리가 변화해야 할 시기이다'라는 것을 마음을 담아 적었다. '언제나 어디에서나 진심을 담아 간절히 이야기하는 것은 통한다'라는 것을 믿기에 선생님들이 나의 진심을 알게 될 것이라 생각한다. 우선 30대 중반까지의 남자 선생님들을 모았다. 나는 그들에게 나의 진심 어린 이야기를 했고, 이야기 후 한마디씩 자신의 느낌을 이야기하게 했다.

교사들은 모두 같은 마음이다. 아니 모든 인간은 다 같은 생각인 것이다. **누구나 자신의 일에서 보람을 찾고 싶고, 내가 하는 일이 남에게 도움이 되며 의미 있는 일을 하고자 한다.** 그들의 성장욕구, 성취동기를 일깨워 주는 이야기를 했다. **'우리 성장해 보자!'** 내가 성장하면 우리 학교가 성장하고 나중에 우리나라가 성장할 것이다.

미래의 주역을 가르치는 교사는 엄청나게 중요한 일을 하고 있는 사람들이다. 그러한 사람들을 믿고 존중해 주어야 하는 것은 너무나 당연한 일이다. 하지만 근래 교사를 경시하고 비하하는 일이 너무나 많이 있었고, 모두 그런 것은 아니지만 일부 학교의 관리자들은 부하직원을 명령받으면 일을 해야 하는 존재로 생각하는 경우도 여럿 있어 왔다. **내가 존중받아야 하는 것과 같이 타인도 존중되어야 한다. 교사가 존중되어야 하는 것과 같이 학생도 존중되어야 하는 것이다.** 이러한 것이 간과되는 현실이 우리 모두의 자존감을 망가뜨린다.

어려운 지역의 학교가 마치 개혁의 대상인 양 모든 것을 뜯어고치려는 그러한 실수를 범하지 않아야 한다. 어려운 지역의 생활 여건을 나라에서도 근본적으로 고칠 수 없는 것과 같이 모든 사회현상의 집중센터인 학교가 사회의 모든 잘못된 부분을 시정할 수 없는 것이다. 오히려 그런 어려운 곳에서 일하는 교사, 공무원들에게 **'너희들 정말 수고하고 있어'**라고 **격려해 주어야** 한다. 어느 누군들 그런 곳에 발령받아 일하고 싶겠는가? 많은 사람들이 부유한 지역, 깨끗한 지역, 문화적으로 앞선 지역의 기관에서 일하고 싶어 한다. 하지만 교사들은 그런 어려운 낙후된 지역에 발령받아도 이것이 나의 사명이라고 생각하고 그곳의 아이들에게 조금이라도 더 해 주기 위해 노력하고 있는 것이다. 심하게 표현해 보면, 편부, 편모 가정, 부모가 버린 아이들, 경제적 형편이 어려워 자포자기한 아이들에게 어떤 희망이 있을 수 있겠는가? 그런 상황이라면 어른들도 자포자기하고 아무렇게나 살아가는 경우가 더욱 많을 것이다. 우리는 그런 아이들에게 조금이라도 도움을 주고 스스로 앞으로 살아나갈 수 있는 희망을 주고자 노력한다. 단지 그러한 노력이 가시화되거나 정량화되어 나타나지 않을 뿐. 그러니 그러한 학교의 교사들이 지금까지 아무것도 하지 않아 왔고 나태하게 교육해 왔다고 한순간에 몰아붙이는 것은 너무나 잘못된 이야기이다.

우리 선생님들도 서운함과 허탈함에 고개를 떨구었다. 그래도 마지막으로 한 번 **우리가 변화해 보자고, 혹시 우리가 나태했던 것은 아니었던가 반성하며 마음을 추슬러 보자**고 했다. 우리 학교는 교사들의 역량이 부족하거나 그들의 열의가 부족한 학교가 아니다. 그리고 아이들도 머리가 나쁘거나 행실이 나쁜 아이들이 아니라 단지 공부하고자 하는 의지가 없고 어떻게 공부해야 하는지를 모르는 아이들이다. 우리나라 대부분의 일반계 고등학교 아이들의 경우도 마찬가지일 것이다. 일부 지역 극성스러운 부모들의 사교육 바람이 심한 곳을 제외하면 거의 같은 상황이다. **'일반계고의 문제점'이라 하지만 그런 곳에서도 꽃은 피어난다.** 나는 우리 아이들 중에서 앞으로 우리나라를 이끌어 갈 훌륭한 인재가 나올 것이라 확신한다.

변화를 이끌어 내고자 하는 리더십에도 불구하고 소수 학생들의 일탈행동이나 몇몇 교사들의 부정적인 견해는 쉽게 전체 조직으로 퍼져 집단적 좌절감에 빠지게 하고 구성원 스스로의 자존감을 떨어뜨리는 결과를 가져오기도 한다. 부정적 조직 문화 속에서는 변화하고자 하는 구성원들의 시도들은 무색해지고 그 누구도 선뜻 변화하려는 시도를 하기가 어렵게 된다. 이러한 상황에서 교사들이

나 학생들에게 성취동기를 불러일으키기 위해 구성원들이 성공 경험을 갖게 하는 것은 매우 효과적일 수 있다. 성공 경험은 자신들이 한 일에서 성과를 인정받고 자신들이 존중받고 있음을 느끼거나 자신들의 성과로 인해 업무의 재량권을 갖게 되는 것과 같은 다양한 형태일 수 있다.

리더가 그러한 **성공에 대한 작은 세레모니**(ceremony, 축하, 격려, 보상)를 준비해서 격려하는 것은 조직의 사기를 높이는 데 큰 도움이 된다. 예를 들면, 자신들의 작품이 상연된 대규모 영상제, 친구와 함께 참여한 클래식 음악회, 자신들의 작품이 전시된 공간, 학생들을 위한 퀄리티 있는 급식, 다른 곳에서 볼 수 없는 아주 세련된 자율적 학습공간 제공 이러한 학교 행사나 환경개선(복사기 제공, 피아노가 있는 버스킹 장소, 오픈 라이브러리 등)들은 학생들의 자존감을 높일 수 있는 성공 세레모니, 즉 성공 경험일 수 있다. **교사들에게는 학생들의 변화와 수업에서의 성장 모습이**, 학교 전체로는 **모든 구성원의 노력을 인정해 주는 표창 수상 등이 성공 세레모니**일 수 있다. 어떤 일에서 조직이나 구성원들이 갖게 되는 성공 경험은 우리도 할 수 있다는 자신감을 고취시키고 그것을 통해 또 다른 성공 경험을 위한 노력들이 가능해진다.

<2017년 학교표창 현수막 >

<2018년 학교표창 현수막>

| <학생 동아리 작품 전시> | <학생 개인전 개최(아틀리에)> |

특히, **수업에서의 성공 경험**은 교사들의 역량을 높이는 데 매우 중요한 역할을 한다. 하그리브스와 풀란(2014:114)은 아주 가난한 학교의 교사들이 자신들의 학생들은 학습 능력이 없다고 믿고 있다면, **학생들이 할 수 있다는 것을 교사들에게 보여 주고** 교사들을 과제해결 과정에서 일정 부분의 역할을 할 수 있도록 포함시키는 것을 제안한다. 그것은 교사들로 하여금 가능하다고 생각하지 않았던 **성공을 실감하는 새로운 경험**을 하도록 하는 것이다.

이와 유사한 경험은 같은 학생에 대한 다른 교사의 수업을 볼 때 교사들이 가질 수 있다. 다른 교사가 가르친 학생들의 수준이 자신의 수업에서 보았던 학생의 수준보다 훨씬 높았을 경우 교사들은 자신의 수업을 반성하게 된다. 이렇게 교사들의 생각이 바뀌려면 수업을 서로 나누어야 하고, 수업에서 새로운 시도를 해 보아야 한다. 학생들의 수준이 낮다고 쉽게 가르치려는 교사들에게 나는 "아이들 수준에 맞추지 말고 높은 수준으로 지도해 주기를 부탁합니다. 아무리 공부를 못하는 아이들도 교사가 자신들을 위해 모든 노력과 실력을 발휘하고 있는지를 알고 있습니다"라고 이야기했던 것도 학생과 교사 모두의 성공 경험을 위한 것이었다. 학생들의 발전을 위해 성공에 대한 보다 높은 기대와 그것에 맞는 교수학습 전략들을 개발하는 것이 필요하다.

⏰ 2016. 10. 31. 격려 모드로 갈 것

- 교무, 연구 회식, 축제 후 회식, TED 후 회식, 금연 지도자 회식, 교육과정 협의 일정 잡고 부장 회식. task force 회식. 역량강화부 보고서 내고 나면 2층 교무실 회식. 토요일 과학부 회식.
- 축제관련: 프로그램 다양화, 댄스 줄이고 계획 후 공모로 진행. 클라리넷 넣고.
- UCC 제작 대회 우수작 상연 → 3층 전시관. 축제 때 홍보영상 다음에 상영할 것.

⏰ 2016. 11. 2. 긍정적 목표 세우기

아이들에게 맞추어 목표를 낮추는 것이 아니라 목표를 긍정적으로 세우고 그 기준에 맞도록 아이들을 끌어올려야 하는 것이다.

⏰ 2016. 5. 21. 100대 교육과정 지원은?

→ 변화 성공의 상징(symbol)이며 내재적 보상을 위한 것

1) 학교의 이미지를 높이기 위한 것으로
2) 산재되어 있는 교육과정을 집약시켜 우리가 하고 있는 것을 보다 구체화시키고 업그레이드 시키는 것
3) 그러한 교육과정 재정비를 하는 것은 학생들의 학업과 교육활동 다양화에 도움을 주고
4) 소속 교원과 학생들의 **자존감을 높일 수 있는 방안으로 성공의 상징**(symbol)**이다.** 그로 인해 한때 모였다가 흩어지게 될 우리들에게 그때 다른 사람들은 우리를 인정하고 있지 않았지만, 그 속에서 생활한 우리들의 열심히 한 모습을 나누어 가짐으로서 교직 인생 한때 우리가 그렇게 노력했었다는 추

억을 가질 수 있을 것이다.

5) 100대 교육과정이나 학교개혁 등 교육에 힘쓰는 것은 나에게 어떤 목적성이 있는 것이 아니고 그냥 그 자체가 좋아서일 뿐이다. 또한 그런 활동에 동참하고자 하는 여러분에게 줄 수 있는 외재적 보상은 하나도 없다. 내가 그런 일을 (교육 발전) 통해 만족감을 느끼고 행복해 하는 것과 마찬가지로 여러분들도 **내재적 보상을 얻기를 바라는 것**밖에 없다. 교사로서 교육활동을 통해 행복한 성장을 하는 것은 당연한 것이 아닌가. **내재적 동기가 생길 때 자발성이 생긴다.**

교장에게는 심볼(symbol)이 필요하다. 학교 구성원 모두 힘을 모아 수상한 상(prize)은 자신감 고취를 위한 상징적인 것이다. 많은 사람들은 '상'에 집착하는 교장들이 자신의 영달을 위해 교사들을 혹사시키는 사람이라 생각하지만, 그것은 하지 않은 것을 했다고 하고 일부 교사가 한 것을 전체가 했다고 과대포장하는 사례에 해당된다. 진짜 했고, 모두 함께 해서 그들이 보람을 느꼈다면 그 상은 구성원 모두의 것이며, 그들은 그 상을 통해 자신감을 느낄 수도 있다. 감성에 호소하여 함께한 노력은 성취감과 보람을 느끼게 하여 모두에게 내재적 보상을 줄 수 있을 것이다.

> **Tip !**
>
> **🍎 동기를 유발시키는 가장 주요 요인은 일 그 자체** _____
>
> 일에 있어서 가장 보람을 주는 요소는 무엇일까? 돈? 양호한 근무조건? 보너스? 그러나 이런 것들 중 그 어느 것도 아니었다. 사람들에게 동기를 유발시키는 가장 주된 요인은 일 '그 자체'였다. 일이 신나고 재미있으면 그 일에 대해 기대가 되고 더 잘해 보려는 동기도 생기게 된다. **성공한 사람들이 모두 좋아하는 것이 있다면 그것은 일 자체이며 자기 표현의 기회이다.** 자기의 값어치를 증명하고, 남보다 뛰어나고 싶고, 이기려고 하는 기회를 좋아한다. 도보경주나 돼지묶기 대회, 파이먹기 대회가 열리는 것도 이런 이유 때문이다. 뛰어나고자 하는 욕구, 자기 중요감을 얻고 싶은 욕구인 것이다.
>
> 출처: Carnegie, D.(2004). 카네기 인간관계론[How to Win Friends & Influence People]. p.293

📖 교육 프로그램과 학습환경 조성에 힘쓰는 리더십

성공적인 학교 변화를 위해 교육 프로그램과 학습환경 조성에 힘쓰는 리더십이 필요하다. 이것은 학교장이 학생들의 학업 성취와 행복감을 높이기 위해 교육과정, 수업, 평가 시스템을 개발하고 지원하며 학교 인력의 전문적 역량과 실천력을 개발해야 함을 의미한다. 지금까지도 학습환경 조성과 관련하여 리더의 역할이 중요하다고 강조되어 왔지만, 풀란은 교육변화에 관한 그의 책에서, 수직적 리더십의 위계가 약화되는 **미래에 '학습선도자'로서 교장의 역할이 필요함**을 강조하였다. 비비안 로빈슨의 연구(2011)에 따르면 학습에 가장 큰 영향을 주는 교장은 학교의 발전을 위해 교장 자신이 교사와 함께 '학습자로 참여하는' 교장이다. 성공적인 개혁사례에서 나타난 학습선도자로서 교장의 역할은 고립된 교실의 벽을 허물고 들어가서 **교사들이 함께 협력하고 학생들을 위한 프로젝트를 공동으로 개발하며, 효과적인 수업방식을 공유하도록 장려하는 것**이다. 그 한 사례인 온타리오주 파크매너공립학교의 제임스 교장은 모델이 될 새로운 교육과정을 만들어 학습풍토를 조성하고, 학습성과가 있는 특정 교수법에 집중하여 진전사항을 모니터하고, 효과적인 사례를 공유하고, 기술을 도입해 학교의 극적인 발전을 이루었다(Fullan, 2017:235, 437).

학습선도자로의 역할을 하는 교장은 단기간에 많은 것을 이루어 내며, **학교와 시스템을 위한 차기 리더를 양성**한다. 이것은 리더 자신이 똑똑한 결정을 내리는 것이 아니라, 다른 이들이 좋은 결정을 내리고 더 나은 행동을 하도록 에너지를 불어넣고 사람들 안에 존재하는 좋은 에너지를 이끌어 낼 수 있도록 돕는 리더십이다. **리더가 다른 리더를 양성하는 것은 지속 가능성을 위한 핵심적인 행위로**(Fullan, 2017:102), 교장은 변화된 학교와 시스템이 지속적으로 유지, 발전될 수 있도록 차기 리더를 길러야 하고, 그들로 하여금 중간리더십을 발휘하게 해야 한다. 중간리더십이란 위와 아래를 이어 주고 정책의 일관성을 유지시키는 중간 역할을 하는 것으로, 학교의 경우 부장교사나 오피니언 리더의 역할을 하는 교사들이 이에 해당될 것이다. 차기 리더들의 전문적 역량과 중간리더십을 개발하는 것은 그들이 학교 변화를 이끄는 중간 역할을 하면서 향후 변화된 학교의 시스템을 지속, 발전시키는 리더로서 역할을 가능하게 하는 것이다. 시대에 따라 다양한 리더십이 제시되지만, 현재는 집단적 역량을 성장시키고 구성원 각자의 능력을 발휘할 수 있도록 기회를 주는 리더십이 주목받고 있다.

2016. 3. 25. 학력 향상을 위한 노력 당부

교육과정, 수업방식, 인성교육 등을 변화시키려고 노력하고 있지만, 우리의 상황이나 인근 지역과의 보조를 맞추기 위해 **기초학력 증진**에도 어느 정도 힘을 쏟아야 할 것 같습니다. 기초학력 부진학생들이 공부하는 습관을 갖고 학업에 열중하게 되면 학급 분위기가 좋아질 것이고 따라서 학교 전체의 면학 분위기가 조성될 것입니다. 어려움이 크시겠지만, **머리를 맞대고 좋은 안을 만들어 시행**해 주시기를 부탁드립니다.

2016. 6. 3. 모든 교사에게 교육과정 변화에 대한 필요성 강조

교육과정 다양화와 특색화를 꾀해 학교 교육과정 브랜드를 만들어 봅시다(비전 제시). 우리 지역에서 사립학교 포함 23교 중 17교가 진로집중 교육과정을 신청했고, 클러스터는 모든 학교가 신청했습니다. 우리 학교도 내년에 교육부 진로집중 교육과정 운영교 신청을 위해 올해 ○○시 지원 사업을 신청해야 할 것입니다. 현재 진로집중 교과 선정이나 교육과정 변경 등에 대해 교과 이기주의를 보이는 경향이 있는데 서로 배려하고 양보해야 합니다. 특히, 선배 교사들이 솔선하여 노력하는 모습을 보였으면 합니다(학교문화 관련 당부).

🕐 2016. 6. 10. 수업 참관 태도에 대한 조언

공개수업과 수업참관이 진행되었습니다. 그러나 **수업참관 태도를 바르게 해야 한다**고 생각합니다. 학생들의 수업활동을 볼 때 교사들은 떠들지 않고 경청해야 합니다. 수업을 보는 시각을 학생중심으로 바꾸어야 하며, 다른 교사의 수업은 겸손한 자세로 보아야 할 것입니다.

●--●

한편, 학교장은 학교 구성원들이 직무에서 도전, 보람, 흥미, 심리적 보상과 같은 개인적이고도 전문적인 목표를 성취해서 직무만족도가 높아질 수 있도록 **업무에 대한 권한과 재량권**(wiggle room)**을 부여하고 예산 지원이나 교사 복지와 같은 근무 조건들을 향상**시켜 주어야 한다. 조직 구성원의 동기를 중요하게 여긴 허즈버그(Herzberg)는 개인에게 권한과 책임을 부여하여 성장감을 느낄 수 있도록 직무풍요화(job enrichment)를 해야 한다고 제안하였다. 직무풍요화란 개인이 자신이 맡은 일에서 더 많은 재량권을 갖도록 업무를 재설계하는 것으로, 개인이 좋은 대우를 받을 때 성과가 향상된다는 가정하에 과업에 대한 자율성을 증대시키고 성장과 능력 발휘의 기회를 제공해서 직무 동기를 높이는 것이다.

다음 J교사는 자신이 하려고 한 행사나 강의, 외부 행사 등에 대해 어떤 간섭이나 제재 없이 자율적으로 할 수 있는 **업무 재량권**이 있었기에 여러 가지 변화적인 것을 할 수 있었다고 말한다. 그리고 A교사는 교사들의 자존감이 높아진 계기가 **물질적, 경제적 지원**이 풍부했던 것으로 그는 수업 자료들을 마음껏 쓰고 활용할 수 있었고 학생들도 좋아져 가르칠 맛이 났다고 회고한다. I교사의 경우에는 **교사 복지에 대한 관리자 태도**에 대한 이야기를 하고 있다. 그는 관리자가 교사들을 위한 복지에 관심을 갖고 어떻게 하면 교사들의 삶이 더 나아질 수 있는가에 대해 교사들의 의견을 경청하였고, 그것이 교사들을 업무에 자발적으로 참여하게 한 원인이라고 생각한다. 그리고 교사들의 자발적 참여는 수업 개선으로 이어져 새로운 수업 방안에 대한 연구까지 생겨났다고 말한다. 이와 같이 교사들에게 맡은 업무와 관련하여 권한과 자원을 확충해 주고 근무조건을 향상시키는 것이 그들의 전문적 역량과 실천력을 개발하는 데 도움이 될 수 있을 것이다.

> " 2015년도 말부터 이제 여러 가지로 변화적인 걸 하기 시작했는데, 그러니까 제가 뭘 하겠단 행사나 학교 애들 위해서 뭐 웹 강의를 갖고 오거나 뭐 신청하거나 애들 데리고 밖에 나가서 부스운영을 하거나 그냥 뭐, 다 그냥 하라고 알아서 하란 얘기 되게 많이 들었어요.(웃음) (J교사) "

> " (교사들의 자존감이 높아진 계기는) 물질적 지원, 경제적 지원 같은 것. 여기 예산 지원이 많으니까 수업 자료들을 마음껏 쓰고 활용할 수 있고. 애들이 좋아지니까 가르치는 맛이 나고. (A교사) "

> " 관리자 분들의 행동은 학교 선생님들을 위한 복지, 어떤 부분에 대해서 불편을 느끼는지, 어떻게 하면 저 사람들의 삶이 더 나아질 수 있을지에 대한 저 사람들이 요구하는 목소리를 잘 귀 기울여 주고, 거기에 따른 선생님들의 업무에 있어서의 자발적인 참여들? 당연히 자발적인 교사들이 되면 수업들도 개선이 이루어지고 새로운 수업에 대한 연구 방안들, 연구 의지까지 생겨나게 되죠. (I교사) "

2015. 11. 15. 새벽 조정단계에서 이루어지는 직무 풍요화

어제 나눔의 날을 마쳤다. 한 여교사가 했던 질문들과 나의 답변들. 그것이 앞으로 내가 나가야 할 방향이다.

1) 교사들이 **협력할 시간**을 마련할 것이다. 2) 교사들에게 **예산을 지원**할 것이다. 3) 교사들의 **생각이 실현되도록 노력**할 것이다.

관리자의 역할은 내가 하는 것이 아니라, 교사들이 하도록 할 수 있도록 지원

하는 것이리라. "한바탕 신나게 놀아 보자. ○○고에서"

그래서 1) 학교를 변화시키는 팀(facilitator) 구성 2) 초기에는 사례발표(경험 보여 주기), 중기에는 함께 해 보기(시도해 보기), 말기에는 함께 공유하기(나누기)로 계획을 세우고 3) 교육과정 바꾸기와 함께 '학생중심 수업으로의 변화' 연수를 진행하고 4) 2월 우리끼리 한 번 더 5) 3월 교사끼리 수정 보완 6) 학기 말로 행사 모으기 7) 교사 모임의 시간 마련 8) 예산 확보 9) 협의실 1개 더 조성할 것!

━ ● ─ ● ━

이와 같이 학교장은 효율적인 학습환경 조성을 위한 조직경영과 재원확보를 해야 하고, 교사들의 복지를 위해 노력하고 교사들에게 재량권(wiggle room)을 제공하여 각자의 능력을 발휘할 수 있는 기회를 주는 리더십을 가져야 한다. 그리고 무엇보다도 학습선도자로서 역할을 다하여 후배 리더들을 길러야 할 것이다.

Tip !

리더가 되는 9가지 방법

1. 칭찬과 감사의 말로 시작하라.
2. 미움을 사지 않고 비평하는 방법 – 잘못을 간접적으로 알게 하라.
3. 자신의 실수를 먼저 이야기하라 – 상대방을 비평하기 전에 자신의 잘못을 먼저 인정하라.
4. 아무도 명령받기를 좋아하지 않는다 – 직접적으로 명령하지 말고 요청하라.
5. 상대방의 체면을 세워 주어라.
6. 사람들을 성공으로 이끄는 법 – 아주 작은 진전에도 칭찬을 아끼지 말라. 또한 진전이 있을 때마다 칭찬해 주어라. 동의는 진심으로, 칭찬은 아낌없이 하라.
7. 개에게도 좋은 이름을 지어 주어라 – 상대방에게 훌륭한 명성을 갖도록 해 주어라.
8. 실수는 고치기 쉽다 – 격려해 주어라. 잘못은 쉽게 고칠 수 있다고 느끼게 하라.
9. 즐거운 마음으로 협력하게 만들어라 – 당신이 제안하는 것을 상대방이 기꺼이 하도록 만들어라.

출처: Carnegie, D.(2004). 카네기 인간관계론[How to Win Friends & Influence People].

📖 신뢰할 수 있는 공정한 리더십

학교장에 대한 학교와 교육 발전을 위해 노력하고 매사 공정하게 일을 처리한다는 믿음을 학교 구성원들이 갖는 것은 학교 변화를 위해 매우 중요하다. 그것은 자신들이 신뢰하는 리더가 제안하는 비전에 대해 깊이 공감하고 실현될 수 있도록 힘을 모으기 때문이다. 신뢰에 대해 Bennis와 Goldsmith(1994)는 지도자가 일관성, 언행 일치성, 신뢰성과 통합성을 보여 줄 때 신뢰가 생기고 유지된다고 했으며, Glaser(1999)는 신뢰가 모든 관계를 결속시키는 시멘트로, 사회를 움직이고 리더십을 무성하게 하며 변화가 일어나게 하는 기반을 제공하는 것이라 하였다(Reinhartz 외, 2005:22). 이와 같이 **신뢰란 공통의 목적과 목표를 함께 이룰 수 있도록 조직을 결속시키고 활력을 불러일으키며 만족감을 높이는 것**이다.

아래 C학부모는 학교 변화에 있어서 학교장의 역할이 매우 중요하다고 생각하고 있다. 현재 교장이 굉장히 적극적인 마인드로 학교 일에 추진력을 갖고 솔선수범하고 있어 학교 발전에 영향을 준다고 말하는 것으로 보아 그가 교장에 대해 신뢰하고 있음을 알 수 있다. G교사도 교육 변화를 이끄는 리더는 교육적 소신이 뚜렷하고 그 소신들을 행동으로 보여 주며 교사들과 소통하고 공유하는 리더라고 이야기하여 교육적 소신과 행동의 일치를 보이는 신뢰할 수 있는 리더에 대한 이야기를 하고 있다. 이처럼 학교 변화를 위해 학교장이 학교 구성원들의 신뢰를 얻는 것은 매우 중요하다. 신뢰는 말과 행동이 일치하고(언행일치), 알고 있는 바를 행동으로 실천하며(지행합일) 성과에 대한 공정한 평가가 이루어질 때 더욱 커지는 것으로 리더는 구성원들의 신뢰를 얻을 수 있도록 노력해야 할 것이다.

> " 저는 학교의 리더이신 교장선생님 역할도 굉장히 중요하다고 생각을 하거든요. 교장선생님이 굉장히 적극적인 마인드로 학교의 일에 대한 추진력도 좋으시고, 학교의 일이라면 발 벗고 나서고 하시니까 그런 게 다 학교 발전을 위해서 이렇게 다 영향을 주는 것 같아요. (C학부모) "

한편, 리더가 학교를 공정하게 경영하고 있다는 신뢰를 얻는 것은 구성원들의 직무에 대한 의욕을 높일 수 있다. 학교를 운영함에 있어 학생지도뿐만 아니라 교무 행정에 있어서도 **규율을 세우고 모든 것을 절차에 따라 바르게 진행하며, 성과에 대한 보상이 공정하게 이루어지게 하는 것이 필요**하다. 이것은 모든 구성원들에게 공정한 학교 경영이 되고 있다는 신뢰를 얻을 수 있다.

2016. 6. 24. 거짓에 대한 시정

- 실망스러운 것은 학년별 project가 되지 않았다는 것이다. 그 프로젝트는 작년 말에서 봄방학을 거쳐 그리고 3월에도 여러 시간을 넣어 만들었고, 연구부장을 통해 여러 번 점검을 의뢰했었다. 보고는 잘되고 있다는 것이었고, 그러나 그 결과를 수합하는 과정에서 여러 교사들이 거짓으로 만들어 내겠다고 한다는 것을 들었다. 교육과정안에 들어가 있는 내용이 실행되지 않은 것도 문제이지만, 거짓으로 보고를 한다는 것이 말이나 되는가. 거짓은 절대 안 된다. 전체는 연구부 관리이지만 교과진도표, 수행평가, 수업녹화에 이르기까지 다 계획된 것인데, 그런 일련의 과정이 어떤 방식으로 진행되었는지 점검이 필요하다.

에러가 났으니 다시 시작한다. 7월에 2학기 안을 짜고, 시행할 때는 개별 융합은 개인이 하지만 학년별 project는 전체 관리는 연구부, 시행의 중심은 학년부장이 중심이 되어 체크해야 한다.

- 나는 겉과 안이 같고 전과 후가 같다. 약속한 것은 지킬 것이며, 누구라도 와서 이야기하면 들을 것이니.

2016. 8. 1. 공정함에서 나오는 권위

교장, 교감에겐 권위(authority)가 있어야 한다. 선과 악, 상과 벌에 대한 정의로운(공정한) 행위가 이루어질 때, 하고자 하는 의욕이 생긴다. 공정하다고 생각되지 않을 때 아무리 좋은 이야기를 해도 들리지 않는다. 본인들이 합리적이지 않은 대우를 받고 있을 때도 마찬가지다. 자기가 그렇게 살지 못하면서 그렇게 살라고 이야기하는 것은 나중엔 공허하게 들릴 것이고, 그 시간이 길어지면 번아웃(burnout)된다.

2017. 8. 23. 결정한다는 것은 책임이 따르는 일

올해는 유난히 비가 많이 온다. 여름 내내 내가 좋아하는 시원한 빗줄기가 보다 손쉬운 여름을 나게 도와주고 있다. 지금도 교장실 창문 밖으로 우연(雨煙)이 자욱하다. 챠~~ 하고 내리는 빗소리에 목백일홍의 붉은색이 잘도 어울린다. 이런 날 시험보면 언제나 100점이었는데.

지금 나의 결정은 빵점이다. 교장의 결정이 문제이다. 처음부터 내 안(案)은 내 맘속에 있었다. 하지만 여러 사람의 의견을 수렴하는 과정에서 어떤 사항은 보완이 되기도 하고 내 안이 없어지기도 하고, 나의 의견을 듣는 사람들이 잘못 파악해서 오류가 나는 경우도 있다. 여러 사람의 의견을 듣다 보면 우왕좌왕 산으로 가기도 하고 그러다 보면 결국 나의 처음 생각을 그냥 시행할 걸 그랬나 하는 생각도 하게 된다. 처음부터 내 고집을 부리다 보면 여러 교사들의 의견을 수렴하지 못해 정확한 판단을 할 수 없게 되고, 담당 교사에게 강요하는 민주적이지 않은 교장이 되니, 여러 사람의 의견을 넣어 본다. 결국 일은 엉망이 되고, 난 결정을 번복하는 우유부단한 교장이 되어 버린다. 오늘은 스스로 많은 자책을 하는 날이다. 단적으로 고3 중간고사 후 면접반 운영을 하고자 했으나 5월에 논의하다가 중단되고, 지금 그것을 진행하고자 하니 수업시간표를 변경할 수 없고, 그 일을 하고자 크게 강조했던 것이 부끄럽게 되어 버렸다. 그냥 진행했어야 했는데. 결정한다는 것은 책임이 따르는 일이라 어떤 결정이든지 마음의 중압감을 느낀다. 언제나 원칙을 지키는 결정이 중요한 것 같다.

F교사는 과거에 비해 교무행정이나 생활지도가 보다 조직화되고 체계화되어 많이 발전되었다고 생각하고 있다. 업무분장의 경우 사람에 따라 업무분장이 되는 과거의 방식이 아니라 누구라도 그 자리에 배치되면 그 일을 할 수 있을 정도로 교무행정이 시스템화된 것에 대해 긍정적으로 만족하고 있다. 그리고 학생 생활지도에 대해서도 자율적으로 교사와 학생이 함께하는 급식지도나 금연지도가 효과를 보여 학생들이 차분해지고 학생 스스로 하는 생활습관이 형성되었다고 한다. 이와 같이 학교 전체로 **규율이 잡히고 체계화되게 하는 것은 구성원들의 만족도를 높일 수 있는 것**이다.

> " 이게 사람 따라 가는 게 아니라. 업무분장을 해서 조직을 갖고 업무분장을 해서 매뉴얼을 가지면 어떤 사람이 이걸 해야 한다가 아니라 어떤 사람이 이 자리에 앉아 있더라도 할 수 있도록 시스템이 되어 있기 때문에 가능한 게 아닌가 하는 생각이 있습니다. ... 누구나 그 자리에 앉아도 할 수 있을 정도로 업무분장이 다 되어 있으니까. 사람 따라 일이 가는 방식이 싫어요. (F교사) "

> " 금연지도를 강화했던 것 같아요. 교사뿐만 아니라 학생이랑 임원 위주로 했고요. 급식지도도 사실은 애들이 밥 먹을 때 좀... 줄을 안 지키고 새치기 하는 학생들이 많았는데, 어떤 친구들은 교사한테 교권 침해로 식판을 던지는 경우도 있었거든요. 저 오기 1년 전에. 그런데 학생도 지도하고 선생님도 지도하는 방식으로 바꿨더니 좀 차분해지고 식사를 할 수 있게 되지 않았나. (금연지도나 식사지도를 학생들도 함께 하는 것이 효과가 있었다는 거죠?) 네. 자율적인 분위기로 하니까. 선생님도 같이 참관하되. 그 시간이 줄다 보니까 학생상담이나 교과역량 등 할 수 있는 시간이 늘었던 것 같아요. (F교사) "

<교복 우수학급 시상>   <흡연예방 켐페인>

📖 기존 학교 문화를 존중하는 태도

학교 변화를 도모하고자 할 때 리더들은 기존 학교 문화를 존중하는 태도를 지녀야 하고, **구성원들의 이해와 참여 없이 개혁을 시도하는 것에 주의를 기울여야 한다.** 선교사들이 남자 연장자들을 존중하는 부족 특유의 문화적 전통을 고려하지 않은 채 여성, 어린이, 젊은 남성에게 차별 없이 나누어 준 쇠도끼 때문에 부족의 문화를 붕괴시킨 사례(Rogers, 2005:485)에서처럼 교사 사회의 문화적 전통을 고려하지 않은 채 시도되는 개혁은 성공할 가능성이 적다. 또한 한 학교에서 성공을 거둔 지도자가 다른 학교에서 같은 결과를 얻지 못하는 것에서도 알 수 있듯이 **먼저 기존 학교 문화를 알고 그것에 기반하여 개혁의 방향을 제시해야 한다.**

일반적으로 새로 조직에 들어온 사람이 기존에 해 오던 것을 급히 바꾸려고 할 때 우리는 심한 저항감을 느끼게 된다. 기존 구성원들은 그동안 나름 열심히 해 왔던 많은 일들이 잘못된 것이었고 무의미한 것으로 평가되는 것 같아 화가 날 수도 있다. 누구나 어떤 방식으로 일을 진행했을 때에는 그 상황에서 어쩔 수 없었던 이유가 있었을 것이다. 그것을 단지 자신의 과거 경험과 그것도 극단적으로 편협한, 규정을 들이대며 고치고자 하는 것은 조직 구성원 간의 갈등을 야기한다. 그것은 비단 교장에게만 해당되는 것은 아니다. 5년에 한번씩 학교를 바꾸어야 하는 우리 실정에서 교장, 교감, 교사에 이르기까지 새로운 문화에 적응하려고 하면 심한 갈등을 겪는다. 물론 기존의 것들이 모두 올바른 것은 아니겠지만 그 학교 나름의 문화가 있고 그리고 쌓아 온 전통이 있고 지역적 특성이나 학생들의 상황, 구성원들의 래포 등을 생각하여 어느 정도 여지를 두고 개혁을 추진해야 한다. 그렇지 않으면 많은 사람들은 자신들이 무능한 존재로 느껴져 설사 바꾸려고 하는 것이 옳다는 것을 알고 있다 하더라도 순순히 개혁에 따라가지는 않을 것이다.

> 제가 나름대로 도서관 전문가로서 도서관에 대한 철학을 가지고 운영을 하는데. 2011년에 리모델링을 하였을 때도, 도서관에 기본적으로 갖춰야 할 것들이 있는데 그때 당신의 관리자 분은 그 지점을 싸그리 무시하고 본인이 하고자 하는 대로 하셨거든요. 그래서 마찰이 많았어요. 제가 사실 관리자 분과 마찰이 생기면서까지 업무를 하기에는 어려운 부분이 있어서 힘들었고, 지금은 그런 게 없지만. (C교사)

이런 경우 학생이나 교직원, 학부모 등 모든 **구성원들의 이야기를 경청하고, 비공식적인 지도자**(오피니언 리더, opinion leader)의 **도움을 받는 것이 필요**하다. 그들은 일들이나 사람들이 왜 그렇게 존재하는지에 대한 역사적 배경과 상황 맥락, 학교의 문화나 분위기를 알고 있어 그들의 도움이 성공에 결정적인 영향을 미친다. 다음 B학생은 교장이 학생들과 어떤 것이 필요하고 부족한지에 대한 대화를 하고 부족한 부분을 채워 주고 발전시키려고 노력하는 것이 느껴져서 학생들도 노력한다고 했으며, A학생도 학생들이 원하는 것을 적극적으로 물어보는 교장에 대해 큰 힘이 되었으며 학생과 선생님과의 징검다리와 같은 역할을 하는 사람이라고 이야기하고 있다. 그리고 K교사는 오피니언 리더인 학년부장을 중심으로 서포트가 잘되어 업무가 잘 진행되고 있다고 했으며, C교사는 교장이 어려운 고충에 대해 들어 주고 소통하면서 래포를 형성하게 되었으며 이후 자신이 의견을 제시하기도 하고 교장의 의견을 수용하기도 했다고 말한다. 이와 같이 교장은 학생이나 교사 등 여러 구성원들의 이야기를 듣고 부족하고 필요한 것들을 지원해 주려고 했으며, 구성원들은 그런 행동에 대해 마음을 열고 함께 하려는 모습을 보이고 있다. 학생이나 교사, 학년부장은 기존 구성원으로 교장은 그들과의 대화를 통해 조직의 문제점이나 해결책을 찾으려고 했음을 알 수 있다.

<학생들과의 간담회>

> " 항상 저희랑 얘기 이렇게 계속 하시면서, 어떤 게 필요한지, 어떤 게 부족한지, 이런 점을 저희랑 계속 교류하시면서 더 채워 나가시고 발전시키려고 계속 노력하는게 느껴져서, 학생들도 더 노력하고... (B학생) "

> " 학생들이 원하는 걸 하기 위해선 일단 교류를 해야 하는데. 선생님께서 먼저 적극적으로 무엇이 필요한지 무엇이 좋은지를 물어봐서. 되게 큰 힘이 됐어요. 저희 징검다리. 학생과 선생님들의 징검다리와 같은 역할. (A학생) "

> 저는 올해 2학년이 더 잘 돌아간다고 생각해요. 부장님이 일단 중심이 되어서 잘 하시는데 서포트가 너무 훌륭하셔서 되게 잘 돌아간다고 생각해요. 서로 마음이 같으니까요. (K교사)

> (교장이) 막무가내로 밀어부치시는 게 아니라 어려운 고충들에 대해서는 들어 주셨던 것 같아요. 선생님들은 자연스럽게 소통하면서 친해지기도 하고. 다른 업무할 때 불편할 수도 있었던 것들을 친분이 쌓이게 되니까 해소가 되고. 추후에 학교의 큰 틀을 좀 알게 되니까 이런 이런 부분을 내가 도울 수 있겠구나 하는 게 보이더라고요. … 교사 동아리 할 때나 재구성할 때 참여해서 학교폭력이나 이런 거 다뤘을 때 참여해서 의견을 제가 드릴 수 있는 부분은 제시할 수 있고, 저도 그분들에게 새로운 의견을 들을 수 있었던 거 같아요. (C교사)

🕐 2013. 4. 3. 수학여행 중 단상

교감은 힘이 없거나 아님 관심이 없어야 한다. 교사들이 하는 것이 맘에 안 들어 잔소리해대면 누가 좋아하겠는가. 교감 초보일 때는 아는 것이 없어서 잔소리할 수가 없었다. 그냥 교사들이 하는 대로 따라가면서 잘한다고 칭찬만 했었다. 한 해, 두 해가 지나가면서 소위 경력 있는 교감이 되니 처음 부장하고 처음 교사하는 사람들의 행동이, 처리 과정들이 맘에 들지 않는다. 나도 옛날에는 그들과 똑같이 생각하고 행동했었는데도 말이다. 그래서 나이 든 교감이나 교장이 왕따당하는 것 같다. 그냥 눈을 감자. 일들이 이쪽으로 안 가고 저쪽으로 간다고 세상이 멸망하겠는가, 지구가 거꾸로 돌겠는가. 단지 '화'난 교감으로 보여지는 것이 속상하고 그네들이 의기소침해진 것 같아 기운이 빠질 뿐이다.

→ **처음 리더 노릇하는 부장교사**(교감, 교장, 또는 모든 리더들)**에게 드리는 말씀:** 처음

엔 아무도 가르쳐 주지 않는다. 그래서 실수를 한다. 그러니 여러 사람들에게 물어봐야 한다. 물어볼 땐 아주 어린 사람에게도 겸손한 자세로 배워야 하고, 무엇을 물어봐야 하고 무엇을 안 물어봐야 하는지를 모를 때는 모두 물어봐야 한다. 교감도 부장들의 의견을 존중하니 학년부장도 담임들의 의견을 존중해야 한다. 한 사람의 머리보다 여러 사람의 머리가 더 좋은 결과를 가져온다. 처음 배우는 과정이니 주변의 인생 선배들을 활용하자. (이글은 필자가 △△중학교 교감으로 재직하던 때의 이야기이다.)

Tip!

학교개혁 정책 확산을 위한 Tip

단위학교 리더(교장)의 지지를 얻어야 한다. 교장은 한 학교의 장(長)으로서 마치 배의 선장과도 같이 학교 교사들에게 많은 영향을 줄 수 있다. 이것은 좋은 교장, 나쁜 교장이라는 개념과는 거리가 멀다. 그 어떤 교장도 나름의 영향력을 갖고 있다. 나쁜 교장을 보면 나는 그렇게 하지 말아야지, 좋은 교장을 만나면 나도 저런 교장이 되어야지 등등. 그런 교장의 역량을 경시하면 안 된다. 대다수의 많은 교장들은 교육계의 선배로서 모범을 보이고자 하고 양상은 다를지라도 교육을 위해 노력하는 사람들이다. 핀란드에서 교사들을 존중해서 개혁이 되었다는 것에 교장도 포함되어야 한다. 경기도나 서울 아니면 한국의 교육을 바꾸려면 무엇보다도 단위학교 교장의 인정이나 동의를 얻어야 한다. 즉, 교장들이 생각하기에 그런 개혁이 합당하기 때문에 내가 노력해야겠다는 공감을 얻는 것이 가장 중요하고 시급하다. 교장이 변화하여 하나하나의 학교가 바뀔 수 있다면 대한민국 전체의 학교가 바뀔 수 있다. 교사들도 교장이 하는 이야기가 합리적이라 생각되면 그들도 리더를 따라가리라. 그 기저에는 교장, 교감을 포함한 모든 교사는 교육적 소신이 있는 역량 있는 분들이라는 생각이 깔려야 한다.

📖 관리와 자율 사이의 생산적 조율

무엇보다도 **개혁시도의 어려움은 소수의 개혁주도자가 다수의 반대를 극복하기 어렵다는 것**에 있다. 일반적으로 아무것도 하지 않든가 또는 하던 대로 하는 것이 편한데, 누군가가 하지 않던 일을 하자고 한다거나 새롭게 바꾸어서 하자고 할 때 그 제안이 자신에게 유익한 경우를 제외하고는 대개 귀찮고도 어려운 것으로 느껴져 현 상태를 유지하고자 한다. 그러다 보니 다수의 의견을 따르는 것이 민주주의적이라는 생각으로 소수 개혁 주도자의 시도는 실패로 끝나는 경우가 많다. 즉, **개혁 도입 초기에 민주적 방법으로 여러 사람들의 의견을 존중하다 보면, 개혁반대자의 의견대로 가게 될 가능성이 있어 결국은 개혁이 이루어지지 못할 수도 있는 것**이다.

D교사는 연구부장으로서 수업을 변화시키고 싶어 혁신학교 관련 연수를 시도했었지만 자신 혼자의 힘으로는 어려웠다고 말한다. 당시 관리자도 강의를 많이 하도록 허락했지만 교사 개인이 다른 교사들의 마음을 움직이기에는 역부족이었고 새 관리자가 와서 좀 더 강하게 추진한다면 잘될 수 있을 것으로 생각했었다고 한다. 이것은 개혁하고자 하나 다수의 반대에 부딪치는 교사들이 다른 교사들의 마음을 움직여 보다 적극적으로 개혁을 추진해 주는 리더를 원한다는 것을 보여 주는 것이다.

> 제가 그전에 혁신학교에서 근무하다가 와서 수업의 변화를 좀 하고 싶어서 혁신학교 관련 연수를, 제가 그때 연구부장이었거든요. 그래서 혁신학교 관련 연수를 선생님들에게 많이 소개해 주고 싶어서 그런 시도를 하긴 했었지만, 나 혼자 힘으로는 어렵다는 생각을 했고요. 이걸 관리자 분이 오셔서 해 주시면 잘될 수 있겠다라고 생각했어요. … (당시 관리자님은) 강의는 많이 허락을 해 주셨지만, 선생님들의 마음을 움직이는 것은 저의 힘으로써는 부족했고요. (D교사)

혁신학교 교감을 거쳐 일반고 교장으로 학교 변화를 겪으며 했던 경험에서 볼 때, **학교와 교사에게 변화해야만 하는 어떤 계기가 있었고, 그 계기는 학교 변화를 요구하는 교육 정책**(system)**에서 나왔던 것 같다.** 처음 혁신학교라는 개혁을 마주했을 때, 나 또한 그것이 지금껏 해 오던 것과 다르고 새로 배워야 할 것이 너무 많아 처음엔 당황했던 것으로 기억한다. 하지만 우리는 빠르게 변화하였다. 그렇게 일반학교에 비해 혁신학교의 변화 속도가 더 빨랐던 것은 일정 부분 구성원들이 우리학교가 혁신학교이기 때문에 변화해야만 한다는 생각을 했던 것이 있었다. 혁신학교가 아닌 ○○고도 그냥 저절로 변화된 것이 아니고 다른 요건, 즉 학생 수 감소나 낮은 학업성취도와 같이 학교 안에서의 위기의식이 작용하고 있어 교사들이 보다 빨리 변화를 선택한 것이다. 나는 단지 그런 계기를 잘 활용해서 구성원들이 변화에 힘을 모을 수 있도록 다독거린 것밖에 한 일이 없다.

교육부나 교육청 아니면 지자체에서 시행하는 여러 교육 정책들, 전문적학습공동체나 고교학점제, 혁신교육지구 사업 그리고 최근 중요성이 강조되고 있는 스마트 미래교육이나 실시간 원격수업 등 학교가 변화하기 위해 운영해야 하는 사업들이 많다. 이런 **정책들은 개혁을 위한 계기가 될 수 있지만, 변화하고자 하는 개혁리더들이 참여하자고 독려하지 않으면 영원히 시도되지 않을 수도 있고, 그래서 영원한 꼴찌로 남아 있을 수도 있는 것이다. 어쨌든 변화하려 한다면 어떤 계기, 즉 정책**(system)**의 힘을 빌릴 필요가 있다.**

올해 초 교육학 전공 대학생들과 함께 혁신고등학교를 방문한 적이 있었다. 그 고등학교의 교장선생님은 혁신교육과 관련한 여러 정책들을 추진한 경험이 있는, 혁신교육에 대해 무척 조예가 깊으신 분이었다. 그분의 강의 중에 무척 공감이 가는 부분이 있었는데, 그것은 나도 교장을 하면서 고민했던 것이기 때문이었다. '핀란드는 합의에 의해 학교가 움직여지지만 우리는 지시에 의해 움직여 왔다. 그러나 현재 합의에 의해 올라오는 것은 미약하고, 위에서 내려오는 지시도 많이 없어져서 혼란을 겪고 있는 것이 현재 교장이 겪는 문제이다.' 지금 교장선생님이 겪고 있는 현상은 나도 이미 겪었던 것으로, 상향식 의견 수렴을 해야 하고 교사들의 자율을 존중해야 한다고 배우고 가르친 교육행정학을 전공한 필자도 이 부분에 대해 매우 깊이 고민했었다.

'관리와 자율 사이의 생산적 조율.' 새로운 개혁을 도입해야 하는데 교사들은 반대한다. 어떻게 해야 하나? 강압을 해야 하나 포기해야 하나? 민주적 리더십은 어떤 것일까? 개혁은 관리가 아니라 자율에 의해 이루어져야 하지만 학교 문화가 좋지 않으면 하지 않으려는 풍토가 있고 변화에 대해서는 거부감을 느끼는데... 누구나 관리자가 되면 구성원의 합의를 이끌어 내고 추진하고자 하는 바를 이룰 수 있도록 조율하는 역량을 가져야 한다. 그것이 '우리의 딜레마'이다.

📖 리더십에 대한 나의 생각

개혁의 씨앗을 틔우기 위해 어느 정도의 보호가 필요할 것이다. 소수의 사람들만이라도 그것이 합리적이라는 생각을 갖게 되는 시기까지 정책이 어느 정도 하향식으로 움직이는 것도 경우에 따라서 필요할 수 있다. 그러나 그 과정이 편파적이거나 부당한 것이 아니라 누구에게나 공평하고 정의로운 것이어야 한다. **학생들을 위해 해야만 하는 과제들은 다소의 부담이 되더라도 이루어지게 해야 하며, 그 실행 중에 교사들이 어려워하고 부족한 부분에 대해서는 지원을 해야 한다. 이렇게 개혁을 위해 어느 정도의 푸쉬가 필요하다고 생각하고 있는 나는 비민주적 리더일 수 있다.** 어떤 때는 민주적으로 하지만, 꼭 해야만 하는 것이 안될 때 푸쉬도 하고 민주적으로 하려고 하지만 안 되는 때도 있다는 걸 알고 있다. 그래서 때론 비민주적 리더이다. 구태여 나의 비민주적 리더십에 대한 변명을 하기 위해 리더십에 대한 나의 생각을 이야기하려 한다. 내가 학교장을 하지 않았다면 이런 리더십에 대한 이야기를 하는 것이 어려웠을 텐데, 교감, 교장 등 리더 역할을 10년 이상 했으니 많은 분들이 이해해 주시리라 생각한다.

지금까지 여러 교장, 교감, 부장교사, 행정가들을 만나면서 다양한 유형의 리더십을 보아 왔다. 너무나 아이러니한 것이 일반적으로 본인이 민주적이라고 생각하는 리더들은 비민주적이고, 본인이 비민주적이라는 리더가 민주적인 경우를 자주 본다. 자신이 민주적이라는 리더는 누구도 그에게 잘못되었다는 이야기를 해 주지 못하기 때문에, 본인의 단점을 알지 못하고 모든 것이 잘되고 있다고 생각해 본인이 민주적이라고 생각하는 경향이 있는 것 같다. 자신은 사람들을 배려한다고 생각하고 자신은 폭군이 아니라고 생각하지만, 정작 타인이 보는 것과 정반대로 생각하고 있는 것이다. 반대로 자기가 비민주적이라고 하는 사람들은 타인의 비난을 받기도 하고, 잘못된 점에 대해 토론하고 논의하는 과정을 통해 자신을 반성할 기회를 갖기 때문에 자신에게 비민주적 구석이 있다고 생각할 수 있다. 그러면 리더십을 강의하는 나는 리더십이 있을까. 나도 자신이 민주적이라고 생각하는 대다수의 리더의 범주에서 크게 벗어나지 못하고 착각에 빠져 살고 있는 우(愚)를 범하고 있다.

그래서 나는 리더십 강의가 무슨 소용이 있나 하고 생각한다. 대학원에서 리더십 관련 강의를 여러 해 해 왔지만, 강의를 듣는 **대부분의 사람들은 본인들을 제대로 평가하지 못하는 경우가 많다.** 그들은 민주적인 리더는 모두 자신들이고 비민주적인 리더는 모두 자신들의 상사라고 생각하고 타인의 좋지 않은 점을 비난하기 마련이다. 자신들의 부하 직원들도 본인을 볼 때 똑같이 좋지 않은 상사로 볼 텐데. 그래서 항상 강의 끝에 이런 말을 붙이곤 한다. **교장, 교감만이 리더십이 필요한 사람이 아니라 교사에게도 리더십이 필요하다.** 자신의 교감, 교장에게 불만이었던 것을 자신들의 부하 직원이나 학생들에게 되풀이하고 있지는 않은가 반성해 보아야 한다. 그리고 자신이 그들의 입장이라면 어떠했을 것인가를 생각해 보게 하는 것으로 강의를 마무리한다.

매직 6: 협력하는 문화

– 원활한 소통이 가능한 협력적 학교 문화를 조성하라

성공한 기업은 소통과 협업이 원활하며, 기업이나 조직에서 인정받으려면 소통과 협업 능력이 있어야 한다는 것은 너무나 많이 들어 왔던 이야기이다. 많은 사람들이 '소통해야 한다', '협업이 중요하다'고 하지만, 소통이 그저 수다떨듯이 말하는 것이 아니고 협업이 물건 옮기는 것을 도와주는 그런 의미는 아닐 것이다. (의사)소통은 가지고 있는 생각이나 뜻을 서로 주고받는 것으로, 많은 사람들이 서로 협력하여 일하기 위해 반드시 필요한 과정이다. 교장 노릇을 하기 전까지는 의사소통이 그리 중요하다고 생각하지 않았지만 지금은 **의사결정보다 더 중요한 것이 의사소통이라 생각한다. 왜냐면 의사소통이 되지 않으면 올바른 의사결정을 할 수 없고 따라서 교사들의 협력도 이끌어 낼 수 없기 때문이다.** 학교 상황에서 의사소통이 원활하게 이루어져야 학교의 목표가 조직 구성원들에게 잘 알려질 수 있는 것이고, 구성원들은 유용하고 역동적인 의사소통 과정을 통해 그들의 행위를 조직하고 조정할 수 있게 된다(윤정일 외, 2011).

의사소통(communication)은 구성원들이 상호 간 이해하기 위하여 정보를 생산하고 공유하는 과정으로, 로저스(2005:18)가 확산 자체를 특별한 형태의 의사소통이라 했을 정도로 **개혁의 확산에 있어서 의사소통은 매우 중요한 요소이다.** 이는 확산과정이 기본적으로 정보를 교환하는 것이며, 정보 교환은 의사소통을 통해 이루어지기 때문이다. 최근의 예를 들어 본다면, 실시간 원격수업을 개혁이라고 볼 때 원격수업에 대한 정보가 널리 퍼지고 그것을 활용하는 사람이 많아지는 것을 개혁의 확산이라 할 수 있다. 만약 학교에서 실시간 원격수업을 많이 하게 하려면 구성원 간 정보 공유시간을 많이 마련해야 한다. 그리고 가능하다면 교사들이 믿고 따르는 사람으로 하여금 그러한 정보를 주게 한다면 더욱 많은 교

사들이 원격교육을 하게 되는 것이다.[28]

　이와 같이 학교 변화를 위해 변화된 목표를 알게 하고, 변화된 행동을 하도록 의사소통이 원활해야 하지만, 바쁜 일정과 고립된 학교 문화로 인하여 소통이 원활하지 않은 경우를 더욱 많이 볼 수 있다. 몇 년 전 큰 학교로 전근 간 교사가 새 학교에 대해 했던 말이 생각난다. 그 학교는 많은 교사들이 근무하고 싶어 하는 번화한 도심에 있는 좋은 학교였는데, 그의 모습은 그리 즐거워보이지는 않았다. '분명 같은 학교 선생님인데 복도나 급식실에서 마주쳐도 인사도 하지 않고 웃지도 않는 학교, 컴퓨터에 뭔가를 제출하라는 메신저만 쏟아지는 학교. 한 번도 이야기 나눠보지 못한 선생님들이 많은 학교. 그래서 재미없는 학교.' 물론 그 학교가 큰 학교라서 학생 수가 많고 교사 수도 많아서 그럴 수도 있었을 것이다. 그러나 회식을 하자 하면 샌드위치를 사서 나누어 각자 집으로 가져가는 것으로 대체하는, 서로 간의 소통이 결여된 학교에 대한 이야기가 낯설지 않은 것도 사실이다.

　이렇게 조직 문화가 좋지 않은 가장 큰 원인은 상하좌우로, 즉 교장과 부장, 부장과 일반 교사 간에 상의하달식 의사소통 구조이거나 동료와 동료 간의 의견 나눔이 원활하지 않기 때문이다. 이를 개선해 협력적 조직 문화로 만들기 위해서는 구성원들이 함께 의견을 공유할 수 있는 기회를 마련하고 회의 방식이나 의견수렴 방법 등을 개선하여 개방적 의사소통 분위기를 만들어야 한다. 예를 들면 부장 회의나 전체 교직원 회의를 어떤 문제에 대해 함께 논의하고 서로 협의하여 결정하는 방식으로 운영한다거나 구글이나 네이버폼과 같은 설문조사 앱을 통해 모든 교사의 의견을 수렴해서 결정에 반영하는 방법들이 있다. 하지만 대부분의 학교에서 회의, 협의, 토의, 논의, 의견 공유 등의 시간을 운영하고 있지만, 실제로 몇 명만이 지시 사항을 이야기하고 나머지 사람들은 말을 하지 않고 시간이 지나가길 바라는 경우가 많다. 개방적 의사소통 분위기를 위해 무엇보다도 각 구성원들은 상대의 말을 경청하려는 노력을 해야 하고, 또한 각자의 의견을 말할 수 있도록 분위기를 만들어야 한다.

28　확산연구에 따르면 대부분의 사람들은 이미 개혁을 채택한 그들과 유사한 사람들이 전해 주는 개혁에 대한 주관적 평가에 의존한다. 이러한 주변의 동료 집단의 경험에 대한 의존을 통해 볼 때, 개혁은 이미 채택한 개인 네트워크에 속한 사람들에 대한 잠재적 채택자들의 모델링이나 모방이 확산과정의 핵심임을 보여 준다. 확산은 대인 커뮤니케이션 관계를 포함하는 매우 사회적인 과정이다(Rogers, 2005:19).

아래 C교사는 과거에는 단절되어 소통의 기회가 없었는데 당시 **소통되지 않았던 상황을 '갇혀 있는 느낌'으로 표현**하고 있다. 그는 내 할 일만 하면 된다고 생각하고 더 발전한다거나 다른 교사들을 도와주는 것에 대해서는 생각하지 않았다고 당시 고립된 상태를 이야기한다. 이러한 의사소통이 되지 않는 상황에 대해 Q교장(필자)은 다른 사람의 이야기를 경청하지 않고, 아무런 의견을 내지 못하는 회의 시간에서 느꼈던 답답함을 이야기하고 있다. 소통은 남이 하는 말을 듣는 것이 소통이며, 해결할 수 없다 히더리고 의견을 이야기할 수 있고, 들어 주는 것만으로도 덜 답답할 수 있다고 소통의 중요함에 대해 말하고 있다.

> " 과거에는 아예 단절이 됐고요. 그런 소통의 기회도 전혀 없었고. 그냥… 갇혀 있는 느낌? 나는 그냥 안에서 내 우물 안에서 내 할 일만 하면 돼. 더 발전시키려고 하거나 내가 도와줄 부분이 있거나 하는 부분에 대해서 생각해 볼 기회가 전혀 있지 않았던 것 같아요. (C교사) "

> " 가장 중요한 건 소통인데, 소통은 내가 말하는 게 소통이 아니라 남이 하는 걸 듣는 게 소통이라고 생각해요. 듣지 않고 말을 하지 않으면 소통이 안 된다는 겁니다. 아까도 아침나절에 내가 막 브레인스토밍을 했는데, 내가 얘기를 했잖아요. 얘기했는데, 말을 하지 않았다는 겁니다, 아무도. 나중에 오후 됐을 때 말을 했다는 거죠. 그러니까 기다려 주는 것도 필요하다고 생각해요. … 말이 서로 오고 가야 소통인거지, 내가 내 말만 하고 난 다음에 귀를 닫고 그냥 끝내면 그게 소통일까요? 그런데 우리 학교는 소통 문화가 0점이에요. 누구 때문이라고 말을 하지는 않겠는데, 부장들 회의문화 자체가 잘못되었어요. 그렇게 하면은 안 된다는 겁니다. 나도 어떤 때는 얘기 듣다가 화를 내기도 해요, 당연하죠. 나를 비난하고 내가 하고자 하는 방향대로 안 가면 화가 날 수도 있어요. 하지만 부장 회의에서 아무도 말을 할 수 없는 거, 그거는 정말 가슴이 답답한 거예요. 그러니까 여기는 5년 내내 소통이 하나도 안 됐던 학교였다는 거죠, 하나도. 아무도 얘기하지 않잖아요. … 소통의 문제가 중요합니다. 우리 학교는 소통이 잘 안 되고, 그나마 내가 많이 이제 귀를 열고, 내가 (웃음) 모두 해 주진 못하더라도 들어는 주잖아요. 그러니까 사람들이 덜 답답하게 생각할 수도 있죠, 옛날보다는. (Q교장/필자) "

<학교 현안 토론회>　　　　　　<인문학 배움 공동체 활동>

📖 소통을 통한 긍정적 분위기와 협력적 문화가 중요한 이유

교사들이 서로 고립되어 있고 의사소통이 잘되지 않는 학교라고 해서 언제나 잘 돌아가지 않는 학교는 아니다. 많은 경우 이런 학교의 교무실 분위기가 매우 좋고 교사들 간에 이야기도 많다고 하지만 주로 학교와는 관련 없는 일상적인 이야기들이나 사교적인 수준에서의 대화가 이루어지고 있는 것이다(Fullan, 2006:81). 의사소통을 한다고 하는 것은 수업활동이나 그것을 개선하는 것과 같은 교육에 관한 전문적인 대화가 오고 가는 것을 의미하는 것으로 교육활동에서 협업이 가능하게 되는 것이다.

아래 교사들의 이야기에서도 교육과 관련된 의사소통이 원활해짐으로 인해 교사들이 서로 협업하고 있음을 볼 수 있다. C교사의 경우 이전에는 도서나 자료 구입을 교과와 연계하고 싶었지만 교사들과의 소통이 없어 부탁하기가 어려웠는데, 지금은 학기 초에 교사들과 협력해서 도서를 선정하고 수업과 연계해서 활용하기 때문에 교과활동과 독서지도 모두에게 유익하다고 말한다. 또한 H교사는 연수나 회의, 협의활동에서 새로운 주제에 대해 이야기했던 것이 사석에까지도 대화가 지속되었으며, 그런 과정에서 학생에 대해서나 **다른 교사의 수업에 대해 알게 되고** 자신도 시도해 보고자 하는 생각을 갖게 되어 서로에게 도움이 된다고 말한다. G교사는 전문적학습공동체 활동을 통해서도 학습의 기회를 얻을 수 있지만, 교사들이 같은 공간에서 학생지도를 하면서 여러 정보들을 주고받는 대화를 통해서도 학습이 이루어질 수 있으며 **소통을 통해 서로의 경험을 공유하고 대안을 마련**할 수 있다고 이야기한다. 한편, A교사는 도서실에 모여 학생 생활지도 방안에 대한 협의를 했던 것에 대해 이야기하고 있다. 당시 학교 **현안 문제에 대한 협의**를 했었는데 그중 흡연이 많이 거론되어 교사들은 여러 번 협의 후 지도 방법을 시행했고 그로 인해 **학생들의 변화**가 일어났다고 한다.

이와 같이 교사들은 소통의 기회를 통해 학생지도에 대한 정보 공유와 대안을 마련하여 적용할 수 있으며, 교과활동이나 수업 방법에 대한 학습을 가능하게 하여 교사 전문성을 기를 수 있다. 즉, **교사들 간의 원활한 의사소통은 학생지도와 교사역량 향상을 위한 협업을 가능하게 하여, 결국 학생 학업과 생활지도에 긍정적 영향을 주게 되는 것**이다.

> "
> 그 이전에 도서구입이나 자료구입을 교과랑 연계해서 하고 싶은데 선생님들이랑 소통이 없고 그런 걸 부탁하는 게 어려울 거 같다는 생각을 해서 밖에서 찾았던 것 같아요. 다른 외부에서 도서 목록을 가져왔는데 지금은 그런 것들을 아예 학기 초에 선생님들한테 부탁을 드려서 선생님들도 함께 교과 영역에 포함된 걸 미리 보시고 수업에 연계해서 하시면 선생님들도 그걸 바로 활용하셔서 수업을 하실 수 있으니까 도서관에서도 좋고 선생님들도 좋아하시죠. **소통이 중요한 거 같아요.** (C교사)
> "

> "
> **소통이 굉장히 중요하다고 생각을 하는데,** 연수나 회의나 협의활동이나 이런 것들을 통해서 뭔가 새로운 주제라든가 생각할 수 있는 주제라든가 이런 것들이 나왔을 때 여러 선생님들과 대화도 했지만 거기서 대화하기 힘든 부분들은 또 이렇게 사석에서도 대화가 나올 수 있고 이런 대화하는 활동에서 학생들에 대해서도 많이 알아 가고. 그리고 저 선생님들은 어떤 식으로 했구나, 나도 그런 거를 해 볼 수 있겠구나, 서로한테 도움이 되는 부분도 있었고. (H교사)
> "

> " 학습의 기회는... **이야기하는 게 중요한** 것 같아요. 전문적학습공동체를 통해서도
> 참 중요한데, 같은 공간에서 아이를 지도하다 힘들 때 그렇게 된 것이라면 여러 가지
> 정보들을 주고받으면서 할 수 있으니까. 어떤 일을 하다가 막혔을 때 소통할 수 있으
> 면, '이 학교 선생님은 이렇게 하던데', '저 학교 선생님은 저렇게 하던데', '난 옛날
> 에 이렇게 해 봤는데' 그럼 그 속에서 그 사람도 대안을 마련할 수 있겠죠. 주고받는
> 속에서 이뤄지는 학습이 그게 더... (좋지 않을까.) (G교사) "

> " 그때 애들 구성원이 많이 달라졌어요. 그때 학교에서 생활지도를, 2015년도 말
> 에 중점적으로 한 게 생활지도였던 것 같아요. 금연 이런 것. 15년 말에 **도서실에**
> **모여서** 맨날 이런 것 했잖아요. 우리 학교의 **현안 문제**, 그리고 그중에 제일 많이 나
> 온 게 흡연. 그걸 가지고 하나씩 뭐 한다고 한 게. 그리고 이때 애들이 확 달라지면
> 서 변화가 생겼죠. (A교사) "

2015. 9. 함께 일하는 분위기

함께 성공하거나 실패하는 것을 통해 생긴 유대감과 조직 분위기는 학교 문화
를 만드는 요소이다. 역경을 함께 딛고 성공 경험을 함께하는 것이 일종의 전우
애를 갖게 하고 서로 한 팀이라는 소속감을 낳게 된다. 함께 일 안하는 분위기가
아니라 함께 일하는 분위기는 학교를 변화시키는 요인이 될 수 있다. △△중이
어려움을 딛고 좋은 학교로 변화되었을 때 교사들은 우리 의식을 느꼈고, 지금
도 그때를 힘들었지만 재미있고 활기찼던 시기로 동경하는 것을 보면 알 수 있
다. ○○고 역시 너무나 어려운 상황의 학교이고 학교 내적으로나 외적으로 어
려움이 산적해 있는 상황에서 함께 극복해 나간다는 우리 의식이 생겨야 한다.
그러면 학교 문화의 변화는 고스란히 학생의 학업성취로 이어지게 될 것이다.

일반적으로 교사는 가르치는 일을 하는 사람들이라 지시적이고 개인주의적이며 개성이 강해 함께 뭉치지 못한다는 말을 많이 한다. 이처럼 교사들이 각각 분리되어 개인주의적으로 생활하는 것이 교사 개개인의 성향 때문이거나 가르치는 일의 직업적 특성 때문에 그러하다는 평가도 있지만 다른 외적 요인 때문에 그러한 경향성이 생긴다는 주장도 있다. 우선적으로 가르치는 일의 가장 일반적인 상태가 **전문적 고립**, 즉 동료들과 떨어져서 혼자 일하는 것이기 때문에 가르치는 일이 주요 업무인 교사들은 다른 지종의 사람들에 비해 고립되고 개인주의적 성향을 지니기가 쉬운 것이다. 근무 환경상으로도 달걀판과 같이 **분리된 교실이나 고립된 이동식 교실** 등이 함께 일하기 어렵게 만들며, 교사들이 **종종 도움을 평가로 그리고 협력을 장학이나 통제로 여겨 주저하고 걱정하는 반응**을 보이는 것을 마치 전체의 일에 참여하지 않는 모습으로 생각할 수도 있다. 그리고 **책임감 있고 일을 완벽하게 하는 성향**을 지닌 교사들이 해야 할 일이 많이 있을 때 동료들과 함께 계획을 세우기보다는 자신의 일을 서둘러 끝내려고 하기 때문에 더욱 협력적이지 못하다는 생각을 갖게 한다(Hargreaves 외, 2014:191-195).

이와 같은 외적 요인으로 인해 교사들이 개인주의적 경향성을 지닌다 하더라도, 개인주의적 문화에서 오랜 기간 근무하다 보면 대부분의 교사들은 다른 교사들과 아주 큰 차이가 나지 않게 되고, 점점 더 똑같아지고, 효과성을 포기하게 된다. 즉, 교사들은 위험을 감수하려 하지 않고 새로운 것을 시도해서 소란스럽게 된다거나, 동료들의 주목을 받는 것을 꺼리게 되는 것이다. 이러한 개인주의적 문화에서 벗어나 협력적 학교 문화로 나아가려 한다면 각각의 교사들은 수업을 열고, 대화하고 서로 교류해야 하고, 또한 그러한 용기에 대해 칭찬과 인정, 지원을 아끼지 않아야 한다.

소통과 협업이 가능한 구조를 만들어라 - 공간, 의사결정 방법

이러한 이유로 학교차원에서도 **교사들이 소통과 협업을 더 잘할 수 있도록 공간을 마련하고 시간을 안배해야 하며, 의사결정 과정에 참여하게 하여 평가와 통제의 대상이 아니라 서로 도움을 주는 주체임을 느끼게 하는 것**이 필요하다.

소통과 협력이 되지 않았던 ○○고의 상태는 우선적으로 교사들의 생활공간인 교무실이 12개로 나누어져 다른 학교에 비해 더욱 고립된 상태였고, 유휴 공간이 있음에도 함께 모여 협의할 수 있는 공간이 확보되어 있지 않았다. 그래서 분산된 교무실을 학년중심의 교무실로 합치고 교사들의 회의 공간을 수평적이고 편안한 분위기로 조성하여 협의문화를 조성하였다. F교사도 학교에서 교사들이 함께 만날 수 있는 기회를 마련한 것을 긍정적인 것으로 생각하고 있다. 그는 신학년 연수를 통해 교사들이 함께 만나 새 학년 맞이를 함께 할 수 있는 기회가 있었으며, 버려진 교실을 새롭게 정비해서 협의실로 만들어 교사들이 협의공간으로 사용할 수 있게 했다고 말한다.

<교사들의 협의공간>

> "
> (교사들이 함께 만날 수 있는 기회가 많나요?) 방학 때 연수를 통해서. 새 학년 맞이를 통해서 할 수 있는 기회를 준 것 같습니다. 그리고 새롭게 정비해서 버려진 교실을 협의실로 만들어 주어서 필요한 분들은 편하게 사용할 수 있도록 했거든요.
> (F교사)
> "

2015. 9. 교사 의자의 불편함에 대한 의견을 듣고 해결방법을 모색함.

- 분산된 교무실을 합쳐서 서로 간의 소통이 원활하게 이루어지도록 할 것과 교구실을 마련해서 함께 활용하게 할 것.
- 수업분석실을 선진화시키고 토론실, 모둠실을 만들고 특히 교사(부장교사) 간의 소그룹 협의가 가능한 카페 분위기의 회의실을 마련하도록 하였음. 다소 권위적으로 보이는 의자 배치가 되어 있는 교장실에서의 협의보다 수평적 느낌이 들 수 있는 탁자를 놓아 머리를 맞대고 이야기 나눌 수 있도록 하였음. 자유롭고 개방적인 공간에서 느낄 수 있는 분위기는 회의의 분위기를 바꿀 수 있기 때문임.

한편, 협력적 학교 문화를 만들기 위해 교사들이 의사결정 과정에 참여할 수 있도록 의사결정 방법을 변화시키는 것이 매우 중요하다. 의사결정이 되기 전, 각각의 부서나 입장이 다른 사람들 간의 다양한 의견들이 서로 논의될 수 있도록 한 후 그 의견들을 수렴하여 합리적 결정을 하는 것이 바람직할 것이다. 의견을 수렴하는 방법에는 각 개인의 생각을 반영하거나 팀 간의 의견 공유, 집단 토의 등 다양한 방안이 있지만, 의사결정이 반드시 집단 토의를 통해서만 이루어져야 하는 것은 아니다. 사안에 따라 일부 사람들의 의견으로 또는 전체 교사의 논의를 통해 또한 어떤 경우에는 교장이 카리스마적 결정을 내릴 수도 있다. 그러나 그 어떤 경우라도 각 구성원들의 의견을 반영한 의사결정이 매우 필수적이라 할 것이다.

⏰ 2016. 6. 24. 회의를 하는 이유

부장 회의가 무엇인가? 각자의 부서에서 일을 추진할 때 생기는 어려움이나 문제들을 공유해서 서로 도와주고, 조언을 주고, 함께 잘해 나가기 위해 생각과 의견을 나누는 시간이다. **교사들의 현장 목소리를 듣고 여기서 이야기하지 않으**

면 어찌 문제를 조정할 수 있는가. 들은 이야기를 하셔야 한다. 의사소통의 통로가 양성화되어 있지 않기 때문에 뒷이야기, 끼리끼리 이야기하는 분위기가 조성되고 몇몇의 생각에 의해 일이 추진되니 다른 부서에서는 불만이 생기고 서로 반목하게 된다. 일을 하시면서 문제가 되는 것을 오픈(open)해서 이야기하고 좋은 해결책을 함께 찾아야 한다.

📖 의견을 공유하고 결정하는 나의 방법 '핵카톤'

나의 경우 창의적인 해결안을 찾기 위한 방법으로 **브레인스토밍**도 자주 사용하지만, **핵카톤 방식이나 월드카페 방식**도 전체 교사들의 의견을 수렴하기 위해 활용하고 있다. 핵카톤 방식은 교감 시절 수리산 프로젝트 수업안을 계획했던 당시부터 학년부장 중심으로 활용했던 것으로, 어떤 새로운 계획을 수립해야 할 때 자주 쓰는 방법이다. **핵카톤이**란 Hacking과 Marathon의 합성어로 **여러 사람이 모여 하나의 프로젝트를 수행하며 서로 토론하고 아이어를 공유하는 커뮤니케이션 방법**을 의미한다. 이 방법은 페이스북의 설립자인 마크 주커버그가 쓰는 방법으로 유명한데, 그는 새로운 프로젝트가 생기면 '핵카톤하자'라고 게시판에 쓰고 여러 사람들이 함께 모여 아이디어를 공유한다고 한다. 이것은 여러 사람들이 자유롭게 의견을 내고 그 의견을 토대로 일을 해 나가는 것으로, 의견들 중 가장 타당성이 인정된 것으로 추진하는 것이다. 일로 모이지만 피자, 콜라, 스낵 같은 것을 먹고 자유롭게 이야기하면서 새로운 아이디어를 만들어 내는, 한마디로 결론이 나올 때까지 함께 머리를 맞대고 토론하는 끝장 토론이다.

△△중학교에서 수리산 프로젝트를 계획했던 때, 모든 교사들이 큰 방에 모였고 나는 그저 '수리산을 주제로 프로젝트 수업을 만들어 보자'라고 취지만을 이야기했던 것 같다. 그랬더니 선생님들이 도대체 그것이 무엇이냐, 어떻게 하는 거냐 등등 엄청난 질문을 했고, 나의 대답은 "아무런 것이 없습니다. 그 모든 것은 여러분의 머릿속에 있고 그것을 구체화하는 것이 바로 이 자리입니다"였다.

그리고 회의실의 문이 잠겨졌고(상징적인 것이지만), 선생님들은 매우 놀랐지만, **새로운 안이 나올 때까지 열띤 토론**을 했다. 결국 너무나 멋진 계획안이 나와 우리는 몇 년간 그 프로젝트 수업을 재미나게 진행했었다. 나는 이 방법을 ○○고에서도 융합교육을 위한 교육과정 재구성을 할 때 학년부장 중심으로 활용했으며, 연구회에서 사업계획을 할 때도 자주 사용하고 있는데, 선생님들의 **창의적인 생각을 수렴할 수 있는 좋은 방안**이며 자신들의 아이디어가 반영되어 구성된 계획에 대해 애착을 가지고 열심히 참여하게 하는 자발적 참여 동기를 이끌어 낼 수 있는 좋은 방법이라 생각한다.

그리고 **월드카페 방식은 대주제와 관련된 하위 주제를 모둠별로 정하고 정해진 시간 동안 토론한 후 다음 모둠으로 자리를 옮겨 가며 이야기하는 것**이다. 찬반 토론이 아니라 주제에 대한 자신의 의견을 제시하고 다른 사람의 의견을 경청하는 비경쟁적인 방법으로 많은 인원이 여러 내용을 알 수 있는 방식이다. 이 방식은 1년의 교육활동 후 평가회를 할 때나, 어떤 주제에 대해 생각을 공유해야 하는 경우에 주로 활용하고 있는데, 서로 이야기를 나눌 기회가 없었던 교사들에게 여러 교사들의 이야기를 들을 수 있는 기회를 줄 수 있다. 이 두 방법 모두 제일 중요한 것은 자유로운 분위기를 조성해 주는 것으로, 차와 스낵을 제공하는 편안한 분위기로 운영하여 구성원들이 정서적인 유대감을 갖게 하는 것이 필요하다.

다음 B교사는 월드카페 방식의 토론을 통해 다른 교사들이 많은 것을 하고 있다는 것을 알았다고 한다. 각자는 자신이 하고 있는 것은 알지만 다른 사람들이 무엇을 하는지 잘 알지 못했는데, 교사 전체가 모여 정보를 공유할 수 있는 의견 나눔의 장(場)에서 교사들은 서로가 노력하고 있는 부분에 대해 알고 관심을 갖게 되었으며 학교차원에서 하고 있는 여러 활동에 대해서도 더 많은 이해를 하게 되었음을 알 수 있다. 또한 담임 교사로서 D교사는 학년부 교무실에 있지 않기 때문에 구체적으로 학생들이 수업시간에 어떤 활동을 하는지 알지 못했는데, 이 또한 월드카페 토론에서 다른 교사들의 이야기를 통해 알게 되었다고 한다. 그는 선생님들과 공유하는 것이 좋았고 좀 더 공유의 시간이 필요하다고 이야기한다. 상호 간에 대화와 만남의 기회가 부족한 교사들에게 **서로의 의견을 나누**

고 공감할 수 있도록 소통의 기회를 마련해 주는 것은 서로를 이해하고 협력할 수 있는 계기가 되어 협업문화를 만들 수 있다.

> 월드카페 마무리하면서 그때 선생님들이 되게 많은 걸 한다는 것을 알았어요. 이게 선생님들이 이 부분 파트는 이 선생님들끼리 모여서 하고 있어요, 이 파트는 이 선생님들끼리 모여서 하고 있어요. 근데 자기가 하는 거는 아는데 다른 사람들이 무엇을 하는지 잘 모르는 거죠. 그래서 이런 걸 더 많이 하고 있다는 걸 더 많이 공유하고, 서로 알고 관심 갖게 하면 선생님들도 학교에서 뭔가를 더 많이 하고 있다는 걸 알고 그러지 않을까라는 생각이 듭니다. (B교사)

> 애들이 뭐 진로시간에 책을 계속 읽고 뭔가를 활동을 하고 있고, 그런 것들을 애들 수업시간 하나하나에 무엇을 하고 있는지 담임선생님들도 잘 모르잖아요, 근데 (월드카페) 그날 얘기하면서 안 거죠. 그리고 저는 학년부실에 없고 따로 나와 있으니까 학년부에서 따로 뭘 계속하고 있는지를 사실 잘 몰라요. 수업시간에 뭘 하고 있는지를 애들이 교무실 들락날락거리면서 말을 해서 선생님들은 아시는데, 저는 여기 내려와서 있어서 이런 건 이야기 안하니까. 선생님들이 좀 더 많이 공유하고 좀 더. 저는 좋았어요. 네 그날 좋았어요. (B교사)

> 저희 교직원 회의하거나 그럴 때 있잖아요, 거기서 어떤 주제가 나왔을 때 그거에 대해서 딱 그 자리에서 여러 명 있는 데서 얘기하지 않더라도 또 이렇게 친분이 있는 사람들끼리는 그거를 끌어서 그거를 이후에도 얘기할 수 있고 그렇잖아요, 거기에서 얘기가 많이 나왔던 것을 생각하면 그런 회의라든지 저희 협의했던 시간들이 도움은 됐던 것 같아요. (H교사)

<월드카페 방식의 공개토론>   <교육 활동 반성회>

협력이라는 전문적 문화 속에서 일하는 교사들은 혼자서 일하는 교사들보다 잘 가르치는 경향이 있다(Hargreaves 외, 2014:199). 그러나 협력적 문화는 짧은 시간에 형성되는 것이 아니고 예측도 불가능하기 때문에 관리자들은 그들이 통제할 수 있다고 느끼는 **고안된 동료적 협력관계**(contrived collegiality)[29]**를 선호한다.** 고안된 동료적 협력관계란 교사의 공동 계획 그리고 이와는 다른 '함께 일하는' 형태들에 대해 주목하게 만드는, **공식적이고 구체적인 관료적 절차**들을 특징으로 한다. 그것은 동료 코칭, 멘토링 방법, 데이터-중심 팀 회의 등과 같은 방법들에서 볼 수 있는 것으로 이런 방법이 **잘 활용되면 협력관계가 전혀 없었던 학교에서 협력을 만들어 내는 데 도움**을 줄 수 있고 그렇지 않은 경우엔 교활한 행정적 대용물이 될 수 있다.

한편, 하그리브스와 풀란은 교사들로 하여금 교수학습과 밀접하게 관련된 대화와 활동에 집중하도록 지원하는 협력관계를 조정된 동료적 협력관계(arranged collegiality)라 하여 보다 견고한 협력을 위한 디딤돌이 될 수 있도록 강조하였다. 협력적 문화는 저절로 나타나지 않기 때문에, 일반적으로 어느 정도는 의도적인 장치가 필요하고 또한 그것이 꼭 필요할 때도 있다. 예를 들면, 일정을 현명하게 짜서 그 일에 적합한 사람들을 자유롭게 풀어 주면서 함께 계획할 수 있는 기회를 만들어 준

---

29 고안된 동료적 협력관계(꾸며진 협력관계, 가장된 협력관계). contrived 억지로 꾸민듯한, 부자연스러운. collegiality, 협력관계/조정된 동료적 협력관계(마련된 협력관계, 준비된 협력관계). arranged 준비된 collegiality 협력관계

다거나, 전문적학습공동체 일정 내에 협의 시간을 확보해서 모든 교사들이 함께 참여하게 하는 방법 등이 있을 수 있다. 협력이 전적으로 교사들에게 맡겨지면 느슨해질 수 있어 결국 누군가는 협력을 이끌어 가야 하지만, 불안감을 조성하고 압력을 행사함으로써 강제적으로 하는 것은 동료 간 지원과 협력이 일어나지 않는다. **동료 간 신뢰, 존경, 이해가 존재할 때 조정된 동료적 협력관계로 갈 수 있는 것이다**(Hargreaves 외, 2014:207-209).

다음 H교사는 고안된 동료적 협력관계와 조정된 동료적 협력관계에 대한 이야기를 하고 있다. 그는 처음 융합수업을 도입하고 교육과정 구성을 위한 협의를 했을 때 자발적인 협력관계가 만들어지지 못해 아쉬움이 있지만, 그 계기가 없었다면 시도조차 하지 않았을 것으로 생각해 필요하다는 입장이다. 그리고 처음 모여 있을 때 조용히 있다가도 나중에 시도하고자 하는 대화가 이루어졌기 때문에, 그런 대화의 장이 많이 있어야 한다고 생각하고 있다. 이것은 처음 했던 교육과정 협의가 조정된 동료적 협력관계로 작용하였음을 보여 주는 것이다.

> "
> 2학년 쭉 모였는데 무슨 과목끼리 융합할래? 이렇게 되면 일이 돼 버리는거죠. 나 융합해야 되나 봐. 이게 되는데 만약에 제가 옆에 이○○ 선생님이랑 막 얘기를 해요, '같은 반에 들어가는데 그 반에서 지금 그걸 가르치는데, 어 우리 과목에 이걸 하면은 애들이 두 과목이 같이 하면 정말 필요하다고 느낄 수 있겠다. 아이들 공부의 목표는 그거 배워서 이런저런 거 하는 거니까, 여기도 나오고 저기도 나오면 아이들이 필요성을 더 많이 느낄 수 있겠다, 그러니까 우리 둘이 그걸 같이 해 보자.' 이렇게 자연스러우면 좋은데 솔직히 이게 어렵잖아요. 근데 다 모여서 무슨 과목 융합할래?가 없으면 그 시도조차 하지 않으니 … 솔직히 다 모여 있을 때는 조용히 있다가도 나중에 가서 '어 우리 이거 해도 괜찮았을 거 같애'라고 하니까 그런 대화의 장이 자주 만들어지는, **자연스러운 대화의 장이 많아야죠.** (H교사/2017)
> "

📖 협력적 학교 문화를 만들어 낼 수 있는 것이 소통이다

학교 변화는 어떻게 구성원들의 협력하는 노력을 끌어낼 수 있는가가 관건으로, 우리가 함께해 보자는 동료의식을 높이는 것이 핵심일 것이다. 이러한 동료의식은 교사들 간의 소통의 빈도나 상호 지원, 도움 등으로 측정될 수 있는 것으로, 학교에서는 함께 소통하고 서로 도와줄 수 있는 기회를 제공함으로써 동료의식을 높여야 한다(Fullan, 2017:193). 그리고 소통과 협업을 통해 협력적 학교 문화를 조성하여 교사들의 역량을 개발하고 학생들의 의미있는 성장을 가능하게 해야 할 것이다.

학교가 고립적 문화가 아니라 협력적 문화를 지닐 때 교사들은 훨씬 잘 가르치게 된다. 왜냐면 가르치는 역량의 향상은 개인적인 것이기보다는 집단적인 것으로, 동료들과 협력해서 하는 분석·평가·실험이 교사들의 직무 향상에 매우 필요한 조건이기 때문이다. **이러한 협력적 문화는 구성원들이 함께 생활하면서 공식적 또는 비공식적 협력이 조화롭게 이루어질 때 만들어진다.** 예컨대, 개인적인 상황들을 챙겨 주는 **가족 같은 분위기, 관심의 표현, 서로를 배려하는 지원**이 이루어지는 학교 문화 속에서 교사들이 가르치고, 계획하고, 혹은 가르치는 일에 대해서 함께 탐구하는 공동 작업이 이루어질 때 이루어진다.

아이러니하게도 협력적이지 않은 학교에서의 협의 과정은 겉으로는 문제가 없어 보이고, 협력적 문화가 조성된 학교의 회의나 협의 과정이 얼핏 겉으로 보기에 각자 자신들의 주장을 펴기 때문에 서로 의견이 맞지 않고 협력이 되지 않는 것처럼 보일 수 있다. 그러나 이것은 동료의식이 높은 교사들이 그들의 교장을 지원적인 사람으로 보고, 학교의 문제점들을 집단적인 문제해결과 학습의 기회를 제공하는 학교 전체의 관심사로 생각하여 함께 해결하는 과정으로, 집단적 논의 후 다시 원래의 협력상태로 돌아가게 된다. 즉, 자신의 의견이 존중되는 것처럼 상대의 의견을 존중하는 상호 신뢰의 관계가 확립되어 있기 때문에 토론이나 논의의 과정을 거쳐 다시 안정적인 상태가 될 수 있고 서로 협력을 할 수 있게 된다.

이러한 **협력적 문화**는 단시간에 억지로 만들어지는 것이 아니며 교사들 간의 **신뢰, 교장**(관리자)**에 대한 신뢰와 관계 형성이 우선되어야** 하고 무엇보다도 관계 **형성을 위한 시간적 투자가 있어야 가능**하다. B교사도 서로 의견이 맞지 않는 상황에서 상대의 의견을 존중해야 한다고 이야기한다. 그가 교육활동에 대한 교사들의 생각이 다르고 학생들의 생각도 다르다고 말하는 것으로 보아 ○○고에서는 교육활동에 대한 각자의 의견이 표현되고 있음을 알 수 있다. 그는 사람마다 생각이 다르기 때문에 자신이 듣고 싶은 이야기만 듣는다든지, 좋다거나 나쁘다는 이야기를 하지 않아야 한다고 주장하는데, 이는 겉으로 드러난 갈등이 충분한 논의의 과정을 지나 다시 원상태로 돌아가기를 바라는 것으로, 서로의 의견을 존중하는 협력적 문화를 바라고 있음을 알 수 있다.

> " 선생님들이 생각하는 게 다 다르잖아요. 이런 걸 좋다고 생각하는 사람도 있고. 애들한테 지금 입시만 해야 하는데 공부만 해야 하는데 이런 활동을 시키는 게 좋으냐고 생각하는 사람도 있고, 사람마다 다 생각이 다른 거라서 뭐가 좋다 나쁘다 얘기할 수도 없고, 그 다음에 애들도 똑같을 거예요, 분명히. 자기가 듣고 싶은 이야기만 안 들었으면 좋겠어요, 그러니까는 모든 사람들의 생각이 다 다르다는 걸 교사도 그렇고 학생도 그렇고. 그러니깐 좋다 나쁘다 생각 안 하셨으면 좋겠어요. (B교사) "

협력적 문화는 관계, 대화, 관심의 표현, 지원 그리고 궁극적으로는 학생들의 삶과 삶의 기회 향상을 위한 집단적 전문성과 헌신 등과 같이 **비공식적인 것**으로(Hargreaves 외, 2014:203), 구성원들이 **'공동체성, 우리의식, 정서적 소속감'을 갖는 것이 중요**하기 때문에 개인적인 상황들을 챙겨 주는 가족 같은 분위기가 조성되는 것이 필요하다. 이때 중요한 것은 서로에 대한 신뢰이며, 특히 교장(관리자)에 대한 신뢰와 관계 형성이 우선되어야 한다. 다음 I교사의 이야기에서도 협력적 문화가 이해심, 친밀감, 신뢰와 같은 비공식적인 것에서 만들어진다는 것을 볼 수 있다. 그는 학교가 변화하기 위해 중요한 것은 구성원들의 생각으로 구성원들이 서로 이해하고 가족같이 생각하는 학교 문화가 조성되어야 하며, 그러한 문화를 만들기 위해 **재정적 지원과 더불어 교사들이 상호 교류할 수 있는 기회**가 많이 있어야 한다고 생각한다. 또한 그는 서로의 일을 기꺼이 해 줄 수 있는 그리고 도움을 줄 것 같은 동료 교사가 있다는 것이 가장 큰 변화로 **협력적 동료관계**가 중요하다고 이야기한다. 이에 ○○고에서는 학년 담임교사 중심의 모임(학년 공동체)과 주제 중심의 모임(문화체험, 스포츠 등)을 구성하여 일과 시간 중에 함께 모여 활동할 수 있는 기회를 마련하였다.

> (학교가 변화하기 위해서는 중요한 것은) 제가 교사여서 좀 교사에 중점을 두고 먼저 생각을 많이 해 봤는데요. 일단 구성원이 가지고 있는 생각이요. 공동체 구성원들의 이해심, 가족 같은 교사 문화가 중요한 거 같아요. 가족 같은 교사 문화를 이루기 위해서 (학교 차원에서) 돈, 복지, 그리고 교사들끼리 상호 교류할 수 있는 기회를 많이 만들어 줘야 한다고 생각합니다. (I교사)

> 제가 ○○고에 와서 가장 큰 변화를 느꼈던 건, 같이 근무했던 1학년 김○○ 부장님하고는 저 사람의 일을 내가 기꺼이 대신 해 줄 수 있고, 저분도 내 일을 기꺼이 대신 해 주기도 하고. 직접 하셨으니까. 그리고 내가 많이 그분에게 도움이 많이 못 되어 드린다고 해도, 저분은 계속 나에게 많은 도움을 줄 것 같은 그런... (I교사)

자료 43 교직원 공동체 모임

∘ 학년 담임교사 중심 모임(학년 공동체) 및 주제 중심 모임(문화체험, 스포츠)으로 구성
➡ 사례) 지역 연계 융합교육 계획 수립 및 학생 생활 지도 역량 강화를 위한 공동체 활동

공동체	주제	활동 내용	교육과정 연계
2학년소통 공동체	전통문화 체험	학년 담임 교사들이 함께 지역사회의 전통문화 교육 프로그램을 조사하고 직접 사물놀이, 전통 공예 등을 체험하며 소통협력	· 지역 사회 연계 융합교육 : 부천 옹기 박물관 체험(지역사회 문화, 역사 이해)
문화체험	원예치료	학업 중단 예방 프로그램 연계 활동으로 학생 이해 및 상담 역량 강화	

출처: 2017 수주고등학교 교육과정 운영 보고서

<1학년 힐링 공동체> <3학년 소통 공동체> <스포츠 공동체>

<2학년 체험 공동체> <케이크 만들기>

매직 7: 학생을 위한 헌신
- 선생님들의 애정과 노력에 감사!

언젠가 대학원 공부를 시작하려는 학생들과의 대화에서 향후 어떤 것을 공부하고 싶은지를 물어본 적이 있었다. 그들은 갓 대학을 졸업했거나 아니면 교육과 관련된 직업을 가지고 있었던 것 같은데 미국을 비롯한 외국의 교사들은 친절하며 학생들을 끝까지 격려하고 칭찬하는 반면, 우리나라 교사들은 그렇지 않다며 우리 교육에 대해 비판적으로 대답했다. 그래서 교사문화나 학교조직 개선을 위한 연구를 계획하고 있다는 이야기를 들으며 '우리 교육이 변화해야 할 길이 아직까지도 멀구나'라는 생각을 했던 것 같다. 물론, 그들이 외국 사례가 좋다거나 우리 교사들에게 문제가 있다고 느꼈던 것이 외국과 한국 교육의 차이가 아니라 개인적 경험의 차이일 수 있고, 연구가 개선을 목적으로 하기에 비판적 시각으로 보았을 것으로 생각했지만, 교육 속에서 살아온 속 좁은 한 사람으로서 교육 관련 연구를 하는 사람들이 **현장 교사들의 노고를 알아 주었으면 하는 바람**이 있었다.

실제 우리 학교 현장에서 많은 교사들이 학생들을 칭찬하고, 격려하며, 좋은 학교를 만들기 위해 노력하고 있지만, 비단 그 대학원생들뿐만 아니라 우리나라 대부분의 사람들이 **우리 교육에 대해 부정적으로 생각**하고 있다는 것을 익히 알고 있다. 하다못해 30년 이상 교사, 교장, 장학사, 장학관으로 생활하고 있는 나와 함께 살고 있는 나의 남편도 언제나 교육 이야기를 하면 나보다 더 비판적으로 현장감 없는 이야기를 해서 이제 더 이상 감정 상하는 교육 이야기는 서로 하지 않기로 했을 정도니까 말이다. 어찌되었건 교직에 있는 사람들은 좋은 사례들을 많이 보기 때문에 변화했다는 것을 느끼지만 전국적으로 보면 아직 변화되지 않은 곳이 많이 있을 것이고, 열심히 하고 있는 사례보다 일부 교사들의 부도덕하거나 좋지 않은 행위들이 매스컴을 통해 전달되어 그것이 전부인 양 사회의 주목을 받기 때문에 교직에 대한 시각이 부정적일 수 있다. 게다가 전국적으로 보면 교사의 수가 다른 직종에 비해 엄청 많기 때문에 그런 사례가 상대적으로 많다고 느껴질 것이다.

사설이 길었는데, 여러 책자들을 보면 외국의 경우도 교사에 대한 부정적인 평가가 우리와 별반 다르지 않았으며 나름 이것을 개선하고자 많은 고민들을 해 오고 있음을 알 수 있다. 1990년대 영국, 캐나다, 호주 등 많은 지역에서, 그리고 미국의 경우는 2011년까지도 공립학교 교사들과 교직에 대해 개혁하고자 **교육과정 표준화와 시장 경제원리에 의한 통제를 강화했으며 외부에 의한 평가와 하향식 개입**을 하였다. 성취도가 낮은 학교는 폐교가 되고 나이 많고 성과가 좋지 않은 교사는 젊고 활기찬 교사로, 약한 지도자는 강한 지도자로 교체되는 상황에까지 이르렀는데 그 어느 경우든 교사는 그것을 해결하는 사람이기보다는 문제의 한 부분으로 존재해 많은 비난을 받았다(Hargreaves 외, 2014:84). 이런 상황은 가르치는 일의 즐거움과 창의성을 사라지게 하였고 교사들의 사기를 저하시키고 교사의 열정을 식어버리게 하여 교육의 질을 향상시키려던 개혁의 본래 목적을 이루지 못하였다.

영국에서는 토니 블레어 첫 번째 임기 중인 1997년 '정보에 근거한 처방'체제를 개발하고 정부는 확고한 증거가 있다고 믿는 **새로운 수업 방법들을 강제적으로 시행**했다. 이것은 단기적으로 느슨한 시스템을 조이고 모든 교사들이 새로운 방법들을 사용하게 하여 어느 정도 효과가 있었으나 궁극적으로는 지속적인 향상을 위해 꼭 필요한 기초인 교사들이 스스로 새로운 방법을 창조하는 능력을 개발하지 못해 실패하였다. 반면 **2003년 온타리오주에서 개혁**을 시작했을 때, 우선적으로 처방과 개별적 자율성 사이의 중간 입장을 취하고 이 학교 저 학교에서 사용되고 있는 효과적인 수업 방법들을 찾아 강화하고 확산하려 하였다 (Hargreaves 외, 2014:105). 즉, **현장 교사들의 수업 전문성과 자율성을 인정하면서 그것을 확산시켜 변화를 이루고자 한 것**이다. 변화의 효과적인 방법들은 그것에 대해 설명하고 그것을 활용하게 강제한다고 해서 확산되지 않으며, 아무리 좋은 개혁안도 학교 현장에서 학생들을 직접 만나고 교육활동을 하는 교사들의 마음을 얻지 못한다면 실행되기 어려운 것이다.

개혁을 하고자 하나 개혁의 대상이 요구(need)가 없다고 하면 개혁이 어려울 수 있고 개혁대상의 합의가 없다면 일방적인 개혁이 되니, **진정한 의미의 개혁이 이루어지기란 매우 어려운 것**이다. 교육개혁은 교사와 교육을 개혁의 대상으로 보아 왔지만, 사실 교사와 교육이 대상이 아닌 주체로서 스스로 변화해 나가도록 하는 것이 필요하다. 교육개혁의 중심엔 언제나 교사가 있어야 하고, 교육의 주체이며 교육의 핵심인 교사들의 교육개혁에 대한 의지를 고양시키는 것이 우선되어야 한다. 그러므로 교육의 진정한 변화가 일어나게 하려면 가르치는 일에 책임이 있는 교사에 대한 이해가 필요하고 무엇이 그들을 동기화시켜 움직이게 하는지를 알아야 할 것이다.

변화를 다룬 100여 권의 책들을 보면 핵심은 동기라는 한 단어로 요약된다. **변화에 성공하려면 사람들이 어떤 조건하에서 변화에 대한 동기가 생기는지를 아는 일이 매우 중요**하다(Fullan, 2017:82). 핀란드 국제 이동성 연구소 소장 셀버그는 그가 면담한 핀란드 교사 중 한 사람도 이직의 이유로 월급을 언급하지 않았으며 대신 학교와 교실에서 전문적 자율성을 잃는다면 교직 선택에 대해 다시 생각할 것이라고 말했다고 한다. 핀란드 교사들이 가장 중요하게 생각하는 것은 무엇보다도 근무조건과 도덕적 전문적 환경이었다(Hargreaves 외, 2014:154). 한편 로티의 연구(1975)에 따르면 교사들이 꼽는 가장 큰 보상은 개인별이든 집단별이든 모든 학생들에게 학습이 일어났을 때 받게 되는 정신적 보상이며 그 다음으로는 타인으로부터 존경을 받는 것이었다. 그리고 교사 자부심의 주요 원천은 이 학생은 여기서, 저 학생은 저기서 식으로 개별 학생의 괄목할 만한 성공을 보는 것이라는 사실을 발견했다(Fullan, 2017:182). 호주, 뉴질랜드, 영국, 미국 4개국 교사에 대한 연구 결과에서도 교사들은 아이들의 성장을 확인하거나 청소년의 삶에 긍정적 변화를 만들어 내는 것을 여전히 정신적 보상으로 거론하고 있다(Fullan, 2017:188). 결론적으로 보면, 교사들이 교직에 헌신하게 하는 것은 금전적 보상과 같은 외형적인 것이 아니라 교사로서 자부심을 느끼거나 학생들이 변화하고 성장하는 것을 보고 보람을 느끼는 것과 같은 정신적인 보상이다. 이는 교사가 영리를 목적으로 하는 일반 기업의 사원과는 달리 전문직으로서 직업에 대한 소명의식과 봉사정신을 갖고 있음을 보여 주는 것이다.

다음 학부모들은 ○○고의 **변화가 교사들의 애정과 노력의 결과**라고 입을 모아 이야기하고 있다. 우선적으로 학업지도에 대해 C학부모는 교사들이 성적이

나쁘다고 학생들을 무시하는 것이 아니라 열심히 지도하면 학생들이 향상될 것이라는 생각으로 각오를 달리한 것 같다고 했으며, F학부모도 변화의 핵심이 선생님들의 노력이라고 말한다. 또한 A학부모는 입시지도와 관련하여 교사들이 주말이나 새벽까지 많은 학생들의 자기소개서를 살펴보고 지도해 주는 것에서 감동을 받았다고 말한다. 그는 오랜 기간 자녀를 학교에 보내왔지만 자기소개서 작성은 다른 학원을 소개해 주거나 학원에서 해 오던 것인데 ○○고에서 교사들이 직접 열성을 가지고 지도해 주는 것에 대해 고마움을 느껴 교사들이 애정을 가지고 노력한다고 하고 있다고 생각하고 있다.

> 아이들을 무시하는 그런 마인드보다는 이 아이들을 내가 정말 열심히 가르치면 우리 아이들이 내가 바라는 대로 갈 수 있다는 식으로 선생님들도 각오가 달라지신 것 같아요. (C학부모)

> (변화되고 있는 것의 가장 큰 핵심은) 그거는 선생님들의 노력인 것 같아요. (F학부모)

> 아이들이 삼삼오오 모여서 면접도 준비하고 자기소개서도 자기네들끼리 준비하고 선생님들한테도 여쭤 보고. 선생님들도 밤늦게까지 계셔서 어느 부분이 잘됐다, 여기는 이런 부분은 좀 고쳤으면 좋겠다고 하는 걸 살피고. **새벽 두세 시까지요.** 아이들이 선생님들한테 써서 보내면 **새벽이고 주말인데도 불구하고 선생님들이 이 부분은 어떻게 고쳤으면 좋겠다** 해서 다른 볼펜으로 체크해서 보내고 하시는 거예요. **그 많은 아이들을 다 그렇게 하신 걸 보고 후회 없는 선택이다.** 둘째 보내고 셋째 보낼 때, 너무 잘 선택했구나 (생각했어요). 전에 같으면 학원에서 소개를 해 주시던지 아니면 학원에서 선생님을 초빙해 와서 학원에서 잠깐잠깐씩 해 줬던 걸로 알고 있거든요. 그런데 학교에서 해 주는 프로그램은, 제가 벌써 학교생활 15년 차거든요. 그런데 **이렇게 해 주는 학교는 OO고밖에 없는 것 같아요.** (A학부모)

경제적으로 부유한 일부 지역이나 성적이 우수한 학생들이 모여 있는 학교에서 수준 높은 교육이 이루어지고, 사회 경제적으로 낙후된 곳의 학교에서 수준 낮은 교육이 이루어지는가? 전국적으로 보면 사교육이 판을 치는 부유한 지역의 학교보다 그렇지 않은 지역이 더 많이 있으며, 사회 경제적 수준이 낮은 지역이라고 해서 학교에서 이루어지는 교육의 수준이 다른 곳에 비해 낮은 것은 절대 아니다. 일부를 제외한 대부분의 지역에서 공교육의 영향은 크게 작용하고 있으며, 그곳의 교사들은 오히려 교사로서의 자부심과 보람을 느끼며 더 행복하게 가르치고 있다. 그러니까 소위 이야기하는 좋은 학교라는 이름을 몇몇 그런 지역의 학교에 붙이는 것은 잘못된 것이다. 위의 A학부모가 이야기하고 있는 것처럼, 교장이 시킨 것도 아니고 누가 하라고 한 것도 아닌데 교사들은 새벽까지도 열심히 학생들의 자소서를 봐 주면서 학생들이 잘되기를 바라고 있다. 교사들은 자신들을 필요로 하는 학생들의 요구에 진심을 다해 응답한다. 우리는 그들에게 언제나 멋진 선생님이고 싶은 것이다.

아래 이야기들을 보면 **생활지도나 학생과의 관계 면에 있어서도 교사들의 관심과 변화 노력**이 있었음을 알 수 있다. E학부모는 학교가 변화하고 학생들이 좋아졌는데 그것이 더 좋은 학생들이 들어왔기 때문이 아니라, 교사들이 애정을 가지고 지도했기 때문에 좋아진 것으로 생각하고 있다. 그는 학생이 일탈 행동을 하는 것은 애정이 결핍되었기 때문으로, 많은 교사들이 애정을 갖고 지도하면 학생들이 말썽을 덜 부리며 조금 더 많이 변화할 수 있다고 이야기한다. 그리고 F학부모는 학생들의 자존감을 세워 주고 학생들에게 관심을 갖는 선생님이 중요하다고 생각하고 있으며, D학부모는 ○○고 선생님들이 삼촌이나 아빠같이 친근하게 대해 주고 학생들을 믿고 기다려 주었다는 점에서 학생들이 선생님에 대해 매우 친밀한 느낌을 가지고 있다고 말한다. C학생 역시 학생들이 쉽게 찾아가기 어려운 경직된 분위기의 중학교 교무실과는 달리 ○○고의 교무실은 항상 학생에게 개방되어 있고 선생님들과 편한 분위기로 대화할 수 있어서 친근한 느낌을 많이 갖고 있다고 말한다. C학생은 고등학교 생활이 자아형성에 중요한데 선생님들로부터 많은 도움을 받을 수 있었으며, 학교에서 가장 만족스러운

점으로 교사와 학생의 관계를 꼽을 만큼 교사에 대한 신뢰와 애정을 갖고 있다. 이와 같이 **학부모와 학생 모두 학교 변화에 있어서 교사의 애정과 노력이 있었음을 알고 감사한 마음**을 느끼고 있다. 어려운 지역의 환경 안에 있는 학교에서는 길거리 사회에 익숙하고 그 사회 내부인들에 대한 지식을 갖추고 있으면서 반감이 가장 강한 청소년들과도 선뜻 어울릴 줄 아는 교사들이 필요하다. 오로지 기초 과목의 시험 점수를 올리는 데만 집중하는 교사들로 학교가 채워질 때, 모순되게도 그 학교는 학습공동체가 될 수 없다. 도리어 핵심 과업인 가르침과 배움의 길로부터 학교는 멀어질 뿐이다(Hargreaves, 2015a:81).

> 선생님이 조금 더 애정을 갖고 관리하시는 것 같고. 일탈하는 학생들이 사실은 애정 결핍, 나를 관리해 주세요 하고 밀어붙이는 거나 마찬가지니까. 그렇다고 선생님이 관리해 준다고 아이들이 변하는 건 아니지만, 그래도 이미 그 정도 되면 부모 손에서 떠난 아이들이고 그럴 때 선생님들이 애정을 가지고 관리해 주시면, 그리고 그런 선생님들이 많아지시면 그래도 아이들이 조금 더 많이 달라지지 않을까. 저는 좋은 학생들이 더 많이 들어왔다고 생각하지는 않아요. 비슷한 학생들이 들어왔어요. 그런 학생들을 어떻게 보듬어 안고, 걔네들이 말썽부리지 않고 잘할 수 있도록 하는 (선생님들의 애정과 노력이죠). (E학부모)

> 아이들은 **선생님의 관심이 되게 중요한 것 같아요.** 힘들어하는 학생도 좋은 선생님을 만나면 인생이 바뀐다고 그런 경험들이 많이 있잖아요. 애들의 자존감을 세워 주는 선생님이 중요한 것 같아요. (F학부모)

> 우리 아이는 그런 말도 했어요. 중학교 때하고 선생님들이 다르다고, 선생님들이. 그래서 선생님인 것 같으면서도 어떤 때는 삼촌 같고 아빠 같고 인간적이라고. ... **믿어 주고 기다려 주고** 이런 면에서 인간적이었다고 얘기를 많이 하더라고요. (D학부모)

> 제가 중학교 때 교무실 분위기만 했더라도 좀 경직된 분위기가 많았었고 학생이 찾아가기 힘든 분위기가 많았었는데, 여기 같은 경우는 **항상 학생한테 문이 열려 있**고 거의 왔다 갔다도 편하게 하고 선생님들이랑도 되게 **편하게 말 나누고 되게 친근해진 느낌**이 많이 들어서, 고등학교 생활 자체가 자아형성에 중요하잖아요. 선생님들께 도움을 많이 받았었던 것 같아요. … OO고에서 가장 만족스러운 점을 뽑자면, 선생님과 학생의 관계라고 해야 되나. (C학생)

　고등학교까지의 모든 교육을 대학 입시로 연결시키는 우리 사회에서, 특히 대입을 목표로 하는 고등학교에서 성적을 올리고 좋은 대학을 많이 보내는 학교나 교사가 유능하게 보일 것이다. 학력을 올리는 것은 당연한 학교의 교육목표로 많은 교사들이 그것을 위해 노력해야 하고, 또한 노력하고 있다. 하지만 일반 학교에는 성적이 높은 학생도 있지만 그렇지 않은 학생들이 더 많이 있어, 우리들은 모든 학생들이 현재 그들의 상태에서 조금 더 발전하는 것을 목표로 교육해야 한다. 성적의 높고 낮음에 관계없이 모든 학생들은 그들의 부모나 교사들에게 소중한 존재로, 그들은 향후 우리나라의 미래를 이끌 사람들이기 때문이다. 그래서 학교 변화는 일부 학생들을 위한 교육 프로그램을 운영해 나머지 학생들에게 소외감을 느끼게 할 때 생기는 것이 아니라, 모든 학생들에게 관심과 애정을 쏟고 그들이 성장하는 모습을 볼 때 만들어지는 것이다. 교사들은 학생들을 대할 때 그들이 모든 가능성을 갖고 있는 존재라고 보고, 그들의 상황에 맞춘 최선의 방안으로 지도하고 있다.

　H교사는 작년과 비교해서 변화한 것이 시스템이라기보다는 **교사들의 마음이 변화**하였다고 생각하고 있다. 이전에는 학생들이 잘 하지 않아 시도하지 않았던 활동들을 학생들이 잘 따라오면서 신나서 더 하게 되었고, **학생들에게 해 주려는 마음**이 많아졌다고 한다. 한편, A교사는 교육과정이 발전된 것에 대해 자신이 중추적 역할을 했지만 혼자 한 것이 아니고 선생님들이 따라 주고 부서원들이 도와주어 팀워크가 좋았기 때문이라 말한다. 그리고 다른 교사들이 따라주었던 것은 개인을 위한 것이 아니라 **모두 학생들을 위한 것**으로, 교사들이 하는 모든 노력이 학생들에게 간다는 생각으로 **최선을 다해 학생들에게 무엇이라**

도 더 해 주고 싶은 **교사의 양심**(마음)이 있어서 함께한 것이라 생각하고 있다. 그리고 D교사는 교사들과 자신들의 노력으로 좋은 교육과정을 만들고 다른 학교와 차별화된 수업을 하고 있는 것을 학생들이 알고 있을까에 대해 이야기하였는데, 그는 아이들이 반드시 알 것으로 생각한다고 말한다. 이는 교사들이 자신들이 구성하는 **교육과정과 수업에 자부심**을 갖고 있으며 이러한 노력을 학생들도 알 것이라는 확신을 갖고 있음을 보여 준다.

> 작년과 올해 딱 두 가지를 비교해서 본다면, 저는 이 시스템보다 마음? 선생님들이 이렇게 해 주려고 하는 마음이 좀 더 많아진 것 같아요. 이전보다 뭔가를 했을 때, 학생들이 그렇잖아요, 학생들이 따라오면 신나서 뭔가를 더 하게 되고 이런 게 있다 보니까. 그전에는 해도 애들이 잘 하지 않아 이런 마음이 커서 지레 하지 않았던 활동들이라든지 이런 것들을 선생님들이 좀 하게 된 것도 크게 있는 것 같아요. (H교사/2017.11.)

> (100대 교육과정 우수교가 되고 교육과정이 발전된 것에 대해) 제가 중추적 역할을 했으니까, 그리고 선생님들이 따라 줬으니까. 저 혼자 한 것은 아니지만, 저희 부서원들의 팀워크가 굉장히 고맙고. 저를 잘 도와주니까. 저 혼자만의 것은 아니라고 보고요. (교사들이 따라 주는 힘은) 애들을 위해서 하니까. 결론은 아이들에게 모든 게 간다고 생각하니까 하지, 개인을 위해서 한다고 하면. 애들을 위한 거니까. 주어진 틀 안에서는 다들 **최선을 다해서 애들한테 뭐라도 하나 더 해 주고 싶은 교사의 양심**, 그런 거 같아요. (A교사)

> 선생님들이 '이 아이들이 과연 이렇게 좋은 교육과정 속에서 수업을 다른 학교와 차별화되게 하고 있다는 것에 대해서 알까?' 하는 이야기를 하는데, 이 아이들은 반드시 알 거라고 생각해요. (D교사)

한편, E교사는 서로를 보면서 변화하려는 힘이 교사들에게 있으며 그 힘이 제일 중요한 것이라고 하였다. 이는 교사들이 서로 의지하고 함께 하면서 변화하려는 동력을 얻는 것으로 동료의식이 중요함을 알 수 있다. 그리고 A교사는 변화에 동참하는 것이 교사로서의 책임감, 연구부장으로서 맡은 바를 해 내려는 책임감 때문이라 말하며 그것을 책임감 리더십이라 칭했다. 그는 연배가 있는 교사로서 후배교사들에게 모범이 되어야 하고 솔선수범하겠다는 생각으로 변화에 참여한다고 말한다. 이와 같이 교사들은 **동료의식과 책임감을 갖고 자신의 일에 충실히 임하는 것**을 중요하게 생각하며 후배교사들이나 동료들에게 **모범을 보이고 솔선수범하여** 자신의 위치에 따른 **존경을 받는 것**을 큰 정신적 보상으로 생각하고 있다.

> 교사들은 스스로가 서로를 보면서 변화하려는 힘이 있는 거 같아요. 그 힘이 제일 중요한 거 같거든요. (E교사)

> (변화에 동참하는 것은) 교사로서 일단 **책임감**도 있고, 맡은 바에 대한 것도 있고. 또 연구부장이잖아요. 그게 큰 것 같아요. 연배가. 후배 선생님들에게도 그렇고. **모범이 되어야** 하겠다는 생각, 솔선수범해야겠다는 생각. 책임감 리더십이라고 해야 하나? (웃음) (A교사)

〈 경험 있는 교육자를 바라보는 관점의 변화 〉

대개 학생들이나 학부모들은 나이 든 교사보다 젊은 교사들을 더 선호하는 경향이 있다. 물론 어린 학생들과 호흡을 같이할 수 있다는 점에서 그럴 수도 있다고 생각한다. 하지만 오랜 기간 전문가로서 학생들을 가르치며 많은 경험과 노하우를 갖고 있는 교사들을 인정하고 존중하지 못하는 것은 교육 전체로 보았을 때 매우 큰 손실이다. 그들도 젊은 시절 학생지도에 자신들의 열정을 쏟았고 학생들에 대한 애정과 관심은 지금도 여전하며, 거기에 더하여 젊은 교사들이 가질 수 없는 엄청난 노하우를 갖고 있다.

○○고에는 경력이 많은 교사가 여러 분 계셨는데 그들은 축제에도 함께 참여하고, 친구처럼 학생들과 눈높이를 맞추며 생활하셨기에 학생들이 그분들을 더 좋아하고 따랐다. 정년이 얼마 남지 않으신 부장님은 다른 젊은 교사들의 방과 후 수업이 개설되지 못했을 때에도 학생들이 그분의 강좌를 개설해 달라고 나를 따라다니는 일들이 허다하게 많았을 정도이다. 반면 교사 개인의 차이겠지만 아이들과 잘 맞지 않아 힘들어 하는 젊은 교사도 있으니, 나이 든 교사라고 해서 모두 같은 시각으로 보지 않아야 할 것이다. **요컨대 교사의 사기를 높이기 위해서 교직 내부에서 그리고 외부에서 경험 있는 교육자를 바라보는 관점의 변화가 필요한 것**으로, 학교 현장에서 공부를 열심히 가르치는 교사들이 존경받는 풍토가 조성되어야 하고 (오찬숙, 2015a), 오히려 **그들의 경험과 노하우를 더욱 적극 활용하는 방안을 고려**해 봐야 한다. 이를테면 새내기 교사들이 교직에 잘 적응할 수 있도록 도와주는 역할이라든지 사범대학이나 교육대학에서 교사를 꿈꾸는 학생들에게 실제 경험을 가르칠 수 있는 기회를 주는 방법 등에 대해 생각해 보는 것이 필요하다. 물론 나이 든 교사들도 교육 전문가로서 교육환경의 빠른 변화를 따라가기 위해 노력해야 하고 어린 학생들과 젊은 교사들을 이해하고 맞추려는 마음을 가져야 할 것이다. 그런데 이러한 노력은 비단 고경력 교사들에게만 해당되는 것은 아니리라. 지금의 젊은 교사도 언젠가는 고경력 교사가 되는 것이기에 우리 모두가 노력해야 할 것이다.

위에서 살펴본 바와 같이 ○○고의 교사들은 학생들에 대한 관심과 애정을 가지고 노력하고 있으며 학생들을 위해 무언가를 더 해 주고자 하는 마음의 변화가 생긴 것으로 보인다. 교사들이 변화하려는 동기를 갖게 된 것은 자신이 하는 일에 대한 자부심이나 학생들이 변화하고 성장하는 것을 보면서 느끼는 보람과 같은 정신적인 보상이 있기 때문이다. 그리고 자신들의 모든 노력이 학생들에게 간다는 생각에 변화의 노력을 하고 있음을 알 수 있다. 그들은 **동료의식과 책임감을 갖고 자신의 일에 충실히 임하는 것**을 중요하게 생각하며 후배교사들이나 동료들에게 **모범을 보이고 솔선수범하여** 자신의 위치에 따른 **존경을 받는 것**을 큰 정신적 보상으로 생각하고 있다.

학생들에게 교사는 부모님이나 학교장보다 더 큰 영향력을 지닌 사람으로, 학교수업에서 학생들을 매일 직접 만나는 교사들의 공감과 참여 없이는 어떤 교육적 변화도 제대로 수행되기 어렵다. 교육 변화는 교사들이 무엇을 중요하게 생각하고 어떻게 행동하는가에 달려 있기에 교육 변화에 있어서 그들은 매우 중요한 존재이다. 그러므로 가르치는 일에 대한 보람, 교사로서의 성장을 큰 보상(보람)으로 여기는 교사에 대한 이해가 필요하고 교사를 존중해 주는 풍토를 조성하여 교사가 개혁의 과정에서 주체적으로 역할을 할 수 있도록 해야 할 것이다.

매직 8: 함께 하는 교육공동체

– 학교와 함께 하는 학부모, 지역과 함께 하는 학교

'학교와 지역사회'는 내가 대학교 1학년 때 수강했던 교직 과목명이다. 사실 그때 난 학교와 지역사회가 어떤 연관이 있는지 전혀 알지 못했고 그저 학교가 학생만 가르치면 되는 것이지 이러한 과목을 왜 배워야 하는가에 대해 의문을 가졌었다. 당시만 하더라도 학교와 지역사회는 유리되어 있었고 교사를 하면서도 간간이 찾아오는 학부모님 면담하는 것 외에는 지역사회와 연관되어 한 일은 별로 없었던 것으로 생각된다. 그러나 사회가 점점 더 복잡하고 다양해지면서 서로의 다양성을 인정하고 존중하는 다원주의적 경향이 나타났고, 이는 교육 분야에 있어서도 관련 집단을 세분화시키고 그들의 요구 또한 다양하게 만들어 다양한 주체들 간의 거버넌스를 구성하는 것이 매우 필요한 일이 되었다. **거버넌스**[30]**란** 국가나 세계 수준에서부터 지방이나 개별 조직 수준에 이르기까지 **조직 공동의 문제를 해결하기 위한 다양한 참여주체들의 사회적 조정방식**으로, 학교와 학교, 학교와 학교 외 기관, 학교와 학부모 조직 사이에 네트워크 거버넌스가 구성될 수 있다. 최근엔 우리 주변에서도 학부모 네트워크나 혁신학교 네트워크, 교육청과 지자체 간에 구성된 '혁신교육지구'[31] 그리고 학교와 지역사회가 협력하는 '마을교육공동체'[32]와 같은 교육 거버넌스와 관련된 이야기를 흔히 접할 수 있다. 이와 같이 여러 주체들의 협력이 필요한 것은 **포스트모던사회에서 단지 한 집단**(교사)**에게만 교육을 맡기기에 너무 복잡해졌기 때문에 학교와 학부모, 학교와 지역사회의 협력은 교육 변화를 위해 매우 중요한 것**이 되었다.

---

30 학교에서 거버넌스는 학교장 중심의 학교 운영에서 벗어나 교사, 학생, 학부모 등 학교 구성원들이 함께 단위학교 차원의 공동 문제를 해결하기 위한 협력적인 조정 행위 또는 과정이라고 이해할 수 있다(조윤정 외, 2015).

31 혁신교육지구는 학교와 지역사회가 적극적으로 소통하고 협력하는 지역교육공동체 구축을 위하여 경기도교육청과 기초지방자치단체가 협약으로 지정한 지역을 의미한다(경기도교육청, 2020).

32 마을교육공동체는 학생, 학부모, 교직원과 지역사회가 학생의 교육활동 지원을 위해 협력 및 연대하는 공동체를 일컫는다.「경기마을교육공동체 활성화 지원에 관한 조례」[경기도조례 제5078호, 2015.11.4., 제정] 제2조(정의)

실제 여러 연구나 조사에서 학교 변화를 추진하는 많은 학교에서 학부모와 지역사회와의 협력을 문제 해결 방법의 일부로 생각해 노력하고 있음을 보여 주고 있다. 브릭 등(Bryk 외, 1998)이 진행한 시카고 학교들의 개혁사례 연구에서, 성장한 학교들의 교장은 계획을 지지해 주는 학부모, 교사, 지역사회의 일원들과 함께 일했고, 학부모와 지역단체에 손을 내밀어 학부모와 지역사회의 참여를 강화하는 데 전념하여 더 큰 신뢰를 얻고 상호 참여를 증가시켰다. 모티모어 등(Mortimore 외, 1988)은 학교교육 효과성에 대한 대규모 연구에서 효과적인 학교의 핵심 요소 중 하나로 학부모 참여활동을 언급했으며, 그들은 교장실이 학부모에게 얼마나 오픈되어 있는가, 학교의 비공식적인 문호 개방이 되어 있는가 등이 학생의 진척과 발달에 긍정적인 영향을 끼친다는 것을 발견하였다. 제임스 등(James 외, 2006)이 진행한 웨일즈의 효과적인 초등학교에 대한 연구에서도 매우 효과적으로 운영되는 학교의 특성으로 학부모와 의사소통하는 방식이 전문적이고 직접적이며 유용성에 가치를 두는 방식이며, 학부모를 존중하고 모든 가정과 협력하려고 했으며 학부모의 지원 수준이 높고, 학부모와 학생 양측을 위한 공동학습계획을 중시했다고 밝혔다(Fullan, 2017:226-280). 이처럼 학교가 효과적으로 운영되는 학교로 변화하기 위해서는 학교가 먼저 학부모와 지역사회에 다가가 학교 교육활동에 참여할 수 있도록 기회를 마련해야 하고, 그들의 생각을 존중하고 의견에 귀를 기울여 공감대를 형성하고 학부모가 주인의식을 갖고 안정적으로 참여할 기회를 만들어 줘야 한다.

<학부모의 참여활동(학교 축제 및 음악회)>

그러나 일부 학교에서는 학부모와 지역사회의 관심을 간섭이나 이해 부족으로 인한 행동으로 생각하고 가까이 하기를 꺼려하며 학부모와 지역사회의 지지를 얻고자 하는 노력을 소홀히 하기도 한다. McChesney와 Hertling(2000)은 학교개혁에 관한 그들의 연구에서 '많은 개혁을 위한 시도들이 가정과 지역사회의 지지를 얻고자 하는 노력을 소홀히 하고 있다. 학부모와 교사는 프로그램 등의 연구를 위한 어떠한 위원회에서든 능동적인 역할을 해야만 한다'(Reinhartz 외, 2005:42)고 말해 **학교개혁을 위해 학부모와 지역사회와의 협력이 중요함을 강조**하였다. 헨리(1996)도 학부모와 학교 협업에 관한 연구에서 '교육자들은 공감능력을 갖고 지역사회로 들어가서 **의미 있는 상호작용**을 해야 한다. 전문가라는 말은 더 이상 학교에서 고립된 상태로 살아가는 존재를 의미하지 않는다'라고 하여 **학부모와 지역사회에 다가가려는 학교의 노력과 의미 있는 상호작용**이 필요하다고 하였다(Fullan, 2017:275). 이러한 지역사회와의 협력관계를 만들기 위한 여러 방법들이 있겠지만, 엡스타인 등(2002)은 협력학교를 위한 소책자에서 학교, 가정, 지역사회 파트너십을 만드는 방법으로 지역사회를 끌어들여 학교·가정·지역사회 간의 협력관계를 구축하고, 중학교와 고등학교의 협력관계를 강화하며, 8~12세 학생들을 위한 자원봉사프로그램을 제공하고, 협력관계에 있는 다른 학교들을 돕는 방법들을 추천하였다(Fullan, 2017:286).

📖 학부모와 지역사회에 다가가려는 학교의 노력

학부모와 지역사회와의 의미있는 상호작용을 위해 ○○고에서는 학부모회와 학교운영위원회를 중심으로 **학교와의 협력체계**를 구축하고 **학부모와 지역 공동체와의 소통과 참여의 기회를 확대**하여 학교 교육활동에 대한 신뢰를 높이려고 하였다. 학교 내 원어민 교사를 강사로 위촉하여 학부모와 지역주민 대상 중국어 강좌를 개설하였으며, 학부모회를 중심으로 음식만들기, 풍선아트, 건강강좌 등의 다양한 학부모 교육 프로그램을 운영하였고 학부모가 스스로 구성해서 운영하는 동아리 활동, 학교교육에 대한 모니터링 활동 그리고 재능기부나 봉사의 기회를 마련하였다. 그리고 학교교육활동을 마을로 확장하여 영상영화제를 지역주민과 학부모, 인근 학교 학생들까지 참여하도록 오픈했으며, 학부모들도 축제와 음악회 등의 학교교육활동에 주체로서 참가하도록 하여 학교 교육공동체 일원으로서 소속감을 가지고 학교와 함께 성장한다는 자존감을 가질 수 있게 하였다.

자료 44 학부모의 학교교육활동 참여 확대

◦ 학부모 협력체제 및 학교교육활동 참여 확대

영역	프로그램	내용	비고
학부모 교육	자녀의 꿈과 건강을 지키는 학부모 아카데미	특성화 교육과정(교과중점, 클러스터, 융합교육) 설명회, 미래 사회 변화에 따른 진로 교육 특강, 진학 설명회	학교 참여
		척추 건강 관리 및 자세 교정, 심폐소생술 교육 등	교육기부
	창·체와 함께하는 학부모동아리	바리스타 체험(3회 실시, 20명), 풍선 아트	재능기부
운영 참여	비전, 슬로건 공모	학교 교육과정 안내 후 비전, 슬로건 공모	비전 공유
	학교 교육 모니터링	학부모 수업 공개, 학부모 상담 주간, 각종 위원회(교원능력개발평가, 학부모컨설팅 등)	학교 참여
교육 기부	명예교사, 재능기부, 봉사	축제 시 학부모 동아리 부스 운영, 학생 생활지도 지원 등	동아리연계

출처: 2017 수주고등학교 교육과정 운영 보고서

<교육기부(명예교사)>   <재능기부(축제 풍선아트 무대 장식)>

<학부모 교육 프로그램 운영(바리스타 및 건강관리)>

📖 지역사회 연계 교육과정으로 성장하는 마을교육공동체

마을과 함께 성장하는 학교는 학생뿐만 아니라 지역사회에도 행복한 배움의 공간이 되어야 한다. ○○고는 미래사회를 대비하여 공학·예술 및 지역생태 융합 중점과정을 운영하고 있으며, 부천의 만화영상산업 클러스터, 로봇단지, 생태체험지 등과 같은 지역사회 자원과 연계·운영하여 상호적으로 큰 시너지 효과를 거두고 있다. 학교의 인적·물적자원을 지역사회와 나누고자 지역주민을 대상으로 하는 중국원어민 강좌와 인근 중학교 학생을 대상으로 1:1 멘토링 활동인 창의융합체험교실을 운영하고 있으며, 과학 동아리 학생들이 지역 주민을 대상으로 과학 체험 부스를 운영하는 과학문화한마당을 해마다 개최하고 있다. 그리고 인근 지역을 포괄하여 진로교육이나 꿈의 대학 프로그램 등을 거점교로 운영하고 있으며 도서관, 공연시설, 청소년 지원센터 등의 지역 자원을 활용한 교육활동을 진행하고 있다.

그리고 학교의 특색교육인 **지역사회 연계 교육과정**에 대해 마을교육공동체가 더 많은 관심을 갖고 협력할 수 있도록 **인근 초·중학교 학생들을 포함한 지역주민들에게 ○○고의 교육활동을 홍보**하고 참여 기회를 마련하였다. 예를 들면 초, 중, 고 지역연계 프로그램인 창의융합체험교실, 고교탐방프로그램, 과학문화한마당, 필름 페스티벌, 프로젝트 수업 발표회 등을 학생들의 교과나 동아리 활동, 봉사활동과 연계하여 운영하고 인근 초, 중, 고등학교 학생들이 참여할 수 있도록 하였다. 교과융합 교육활동으로 진행된 '연애(蓮愛)시대 프로젝트(습지생태융합교육)'의 클래식 공연 및 부스 활동을 지역에 개방하여 마을 주민들이 인상주의 예술을 감상하고, 습지생태 관련 체험을 할 수 있도록 하였으며 영화영상제 '○○ GO! 필름 페스티벌(공학·예술과정 연계)'과 '○○ 과학문화 한마당(교과중점, 클러스터, 주문형강좌 연계)'을 인근 초·중·고 학생들을 포함한 지역주민들에게 개방하여 학생들이 제작한 영상물을 지역주민과 함께 관람하고 과학체험부스에 참가할 수 있게 하여 **마을교육공동체가 하나로 모일 수 있는 장을 마련**하였다.

이와 같은 지역사회와의 협력은 지역자원을 학교 교육활동과 연계시키려는 노력을 통해 이루어지며 이를 위해 **대학이나 유관기관과 MOU를 체결하여 협력관계를 만들고 인근 중학교와 교육프로그램을 함께 기획**하고자 하였다. 특히 지역사회 연계 학교 내 문화예술 교육을 활성화시키고자 부천문화재단과 업무협약을 체결하고 공학·예술 중점과정을 위한 강사지원이나 학교 내 예술 공연자 섭외 등 학교 자체로 해결하기 어려운 문제점들을 지역 기관의 도움으로 해결하고 있으며, 또한 전체 시민들이 참여하는 지자체 축제인 ○○시 생활문화 페스티벌 '다락多樂'에 학교 공간을 내어 주어 학교가 마을 문화예술교육의 거점이 될 수 있도록 노력하고 있다. 이처럼 ○○고는 다양한 교육과정을 지역자원을 활용한 지역연계 교육과정으로 운영하고 그러한 교육활동에 인근 초·중·고등학교와 학부모, 지역주민들을 참여할 수 있도록 했으며, 지역의 거점교육기관으로서 역할을 하고 있다.

<부천문화재단과의 MOU 체결제공>

<지역사회 축제 장소 제공>

지역사회 연계 프로그램 및 활동

∘ 지역사회 협력체제 및 초-중-고 연계 프로그램

프로그램		시기	내용	비고
지역 연계 학년 융합교육		7, 12월	꿈끼 탐색 주간을 활용하여 지역의 인적·물적 자원을 활용하는 수업, 지역 사회의 문제를 개선하는 활동 등 진행	지역 연계
초-중-고-지역 연계 프로그램	지역 중1 학생을 위한 창의융합체험교실	5~7월 (10회)	본교 과학동아리 및 공학예술반 학생이 관내 3개 학교, 24명의 중학교 1학년 학생을 1:1로 담당하여 과학 원리 설명, 실험, 공학예술 체험과 심화학습 기회 제공	동아리, 봉사 연계
	지역 중3 학생을 위한 고교탐방프로그램	7월 (2회)	중학생들의 진로 선택을 돕기 위해 학생 홍보단을 중심으로 본교 교육과정 및 교육활동 소개	자치, 봉사 연계
	수주과학문화한마당	10월	이공계열 동아리들이 20개의 체험 부스를 설치하고 지역 중·고등학생, 주민들을 대상으로 재능기부 봉사 활동 실시	동아리, 봉사 연계
	지역 연계 영상영화제 수주Go! Film Festival	10월	교과, 창체 시간에 학생들이 제작한 영상을 상영하는 영상영화제를 지역 주민에게 개방하여 학생들의 성장을 함께 격려하고 지역 주민에게는 문화 활동 기회를 제공	교과, 동아리
지역 교육·문화 거점 기관	진로교육거점학교	연중	부천시 4권역 진로교육 거점학교. 히어로 프로젝트 운영	지역 연계
	경기 꿈의 대학 거점학교	연중	한국사(서강대 연계), 심리학(성공회대 연계) 등 2개 과정 운영	진로 연계
지역 자원 활용	부천 아트밸리	기타반	3~11월	기타 연주 및 공연	동아리 연계
		영화제작반		영화 제작 및 상영(수주 Go! Film Festival)	연계
	부천시 한 도시 한 책 읽기	연중	'원미동사람들(양귀자)' 읽기, 시립도서관, 원미동사람들 거리 견학, 전문 토론 강사와 토론 실습	동아리 연계
	오정 아트홀	10월	학교 축제를 지역 문화 기관인 오정아트홀 지원으로 운영. 지역 주민에게 축제를 개방하여 문화 활동 기회 제공	교육기부
	고리울 청소년 문화의 집	연중	'고리울 청소년 문화의 집'에서 제공하는 강사, 지원금 등을 활용하여 학생 동아리 운영 및 재능 기부 활동	동아리, 봉사 연계

출처: 2017 수주고등학교 교육과정 운영 보고서

<과학문화한마당 초등학생 참가 모습>

<지역주민과 함께하는 연주회>

F학부모는 ○○고의 **교육과정과 그에 따른 활동**들이 과거에 비해 **다양**해졌고, 활동마다 학생 스스로 참여하여 결과물을 만드는 과정이 매우 **발전된 상태**라 생각하고 있으며 참여하는 학생들의 호응도 전보다 많아졌다고 평가한다. 특히 주

민들과 같이 하기 때문에 **홍보 효과**가 있으며 학생들이 학교나 이웃과 연계해서 활동하는 것에 대해 **매우 큰 성취감**을 느끼고 있다고 이야기한다. A학부모도 주변 중학교에서 많이 관람한 **영상제가 홍보 효과**가 있음을 전해 주고 있다. 그들은 영상제가 처음 시행한 것임에도 너무 좋았고 ○○고 학생들이 이렇게 끼가 많은지 몰랐다고 했으며 특히 많은 중학교 3학년 학부모들은 영상제를 보고 ○○고를 보내야겠다고 말하는 사람들이 많이 있었다고 말한다.

> 저 같은 경우는 학생들이 배우는 공부 내용과 참여하는 행사가 다양하고, 그에 맞는 결과물을 만들기 위해서 본인 스스로 하는 참여 활동 이런 것들이 굉장히 많이 발달된 것 같아요. 이전보다 많이 다양해진 것 같아요. 그리고 참여하는 아이들도 거기에 호응도 많고. 그전에는 이렇게 많지는 않았거든요. 특히나 주민들과 같이 해서 학교를 홍보하는 효과도 있고, 학교나 이웃하고 연계해서 뭔가를 활동하는 것에 대해서 본인들도 굉장히 성취감도 느끼고 하는 것 같더라고요. (F학부모)

> 영상제 한 거 너무 좋았다고. 주변의 중학교에서도 이제 많이 보러 오셨어요. 이번에 처음 시행한 건데 너무 좋았다고. 그리고 아이들에게 이렇게 많은 끼가 있는지 몰랐다고. ○○중의 3학년 학부모들도 많이 오셨고 많이 오셨어요. 그런데 ○○고 보내야겠다고 하시는 분들도 많이 계시고요. 조카가 있어서 보러 오셨다고 하면서 보고 가시면서. (A학부모)

<영상제 관람 모습>

<부천시 축제에 영상제 수상작 전시>

한편, F교사는 지역연계 고사리 프로젝트의 일환으로 제작된 영상이 지역을 홍보하면서 학생들이나 주민들이 고향과 지역사회에 대한 자부심을 갖게 하는 계기가 될 수 있다고 생각하고 있으며, 자신의 교과에서 제작하여 출품된 UCC가 상영된 것에 대해서는 수업시간에 학생들만 보았던 것을 지역주민들까지 볼 수 있어서 보람이 있었다는 소회를 밝히고 있다. 그리고 D교사는 학생들의 열성적이고 창의적인 소질을 펼칠 수 있는 장으로 영상제가 마련된 것과 과학문화 한마당과 같은 과학축전을 인근의 초등학교, 중학교 학생들이 참여할 수 있도록 지역과 함께한 것이 매우 좋았다고 말한다. 특히 배움의 깊이가 더 깊은 고등학교 학생들이 고사리 같은 초등학교 학생들에게 배움을 나눠 주는 모습들이나 학부모들이 아이들 손을 잡고 와서 참여하는 모습들이 너무 좋았다고 생각한다. 이와 같이 **지역과 연계한 영상제나 다른 행사들은 지역사회에 학교를 홍보하는 효과가 있으며 이러한 것들로 인해 학생들과 교사들, 학부모들은 자부심과 성취감 등을 갖게 되었음을 알 수 있다.**

> 66
>
> (영상제는) 고사리 프로젝트. 대부분의 학생은 여기 지역사회에 거주하잖아요. 여기가 좀 낙후된 지역인데 이 지역을 홍보하면서 고향에 대한 자부심. 시인 영상예술 동아리? 학생들이나 주민들이 이 지역사회에 대한 자부심을 갖게 하는 데 계기가 되지 않았을까 하는. … (본인이 했던 UCC가 상영되니까 어땠어요?) 제가 사실은 가끔씩 창체 때 틀어 주는 경우도 있거든요. 학생들만 보잖아요. 지역주민들이 보고서 어, 이런 것도 있구나. 한 편만 상영되었는데 더 잘 만든 것도 있거든요. 하나만 틀었다고 했는데도 보람찼던 것 같아요. (F교사)
>
> 99

> (영상제 관련해서) 저희 아이들이 나름 창의적이고 열성이 있는 아이들이죠. 그런데 그것을 펼칠 수 있는 장이 마련이 된 게 참 좋았던 것 같아요. 과학 축전 같은 경우도, 과학한마당이 지역과 함께 한다는 것이 참 좋은 것 같아요. 특히 여기 초등학교, 중학교가 가까이 있으니까, 이 아이들에게, 어쩌면 배움의 깊이라는 게 고등학교에 더 많이 있는 거니까. 이 고등학교에서 배움을 나눠 주는 게 초등학교의 고사리 같은 아이들이 와서 하는 모습들, 또 학부모님들이 아이들 손잡고 오셔서 하시는 모습들이 너무 좋았어요. (D교사)

○○고의 학부모들은 **학교 변화를 위해 교사, 학생, 학부모 모두의 노력이 필요**하다고 이야기하고 있다. A학부모는 학교 변화에 대해 학생들의 의식 변화와 교사들의 노력이 있었음을 언급하고 있다. 그는 전에는 밖으로 튕겨 나갔던 학생들에게 무엇인가 해 보려고 하는 의지와 학교에 대한 주인의식이 생기는 변화가 있었으며 교사들도 학생들이 다가오게 하기 위해 많은 노력을 한 것으로 생각하고 있다. 또한 그는 학교가 많이 변화했고 학교에 대한 인지도도 너무 좋아졌다고 말하면서 이러한 변화는 **교사, 학부모, 학생이 삼위일체가 되었기에 가능한 것**이라고 말한다. C학부모도 예전보다 학부모들이 참여할 수 있는 부분이 늘었기 때문에 학부모의 참여율이 늘어났으며, 아이들에 대한 학부모들의 관심도 좀 더 많아졌다고 말한다. 그리고 이러한 학부모의 역할도 중요하지만, 교사들도 학생이 공부를 조금 못한다 하더라도 지도를 잘하면 공부도 할 수 있고 인성도 바뀔 수 있다는 믿음을 가져 주기를 바라며, 학생, 학부모, 교사들이 함께 전체적으로 마음을 모아 노력해서 명품 고등학교를 만들기를 희망하고 있다. 무엇보다도 그는 명품 고등학교가 되기 위해 구성원 각자의 마인드가 매우 중요하며 **교사, 학생, 학부모가 합심**이 되어야 한다는 것을 강조하고 있다.

> " 아이들도 좀 변한 거 같고요. 전에는 밖으로 튕겨 나갔던 아이들이 이제는 나도 뭐라도 해 볼까 학교에 대한 **주인의식도** 생긴 것 같고요. 선생님들도 아이들이 다 가오고, 아이들이 다가오게끔 했을 때는 **많은 노력을 하신 것 같아요. 선생님, 학부모, 아이들이 삼위일체가 되어야** 하지 않을까? 너무 많이 변했거든요. 인지도도 너무 좋고요. (A학부모) "

> " 엄마들의 학교에 참여율이, 예전보다는 자발적으로 참여할 수 있는 부분이 많이 는 것 같고. 예전보다 아이들이 관심이 더 많아졌다고 해야 하나? 우리 아이들에 대한 **학부모들의 관심이** 좀 많아진 것 같아요. 정말 명품 ○○고가 되기 위해서는 각자의 마인드도 굉장히 중요하고요, 우리 학부모님들의 그런 역할도 중요한 것 같고, 선생님들도 이 아이가 공부를 조금 못하지만, 이 아이를 잘 케어를 하면 얼마든지 공부를 할 수가 있고 인성이 바뀔 수가 있거든요. 그러니까 이제 본인(학생), 학부모, 선생님들의 **마음가짐이 이렇게 합심이 되면** 전체적으로 충분히 명품고가 될 수 있다고 생각을 합니다. (C학부모) "

지금까지 살펴본 바와 같이, 학교와 학부모, 학교와 지역사회의 협력은 교육 변화를 위해 매우 중요한 것으로 ○○고는 협력체계를 만들고 학부모와 지역공동체와의 소통과 참여의 기회를 확대하고 있다. 서로가 서로를 알아야 하고 무조건적인 비판, 즉 학교가 잘못하고 있다거나 학부모가 관심이 없다는 등의 이야기로 외면하지 않도록 학부모와 지역사회와의 소통과 참여가 매우 중요하다. 이에 더하여 위의 학부모들이 이야기하고 있는 것처럼, 학교 변화를 위해 그 무엇보다도 필요하고 중요한 것은 교사, 학생, 학부모 모두의 노력과 합심이다. 교사가 학생들 및 동료 교사들과 긴밀한 관계 속에서 효과적으로 협력하는 것, 학생들이 서로 배우고 돕는 것, 이 모든 교육 주체들이 학부모 및 지역사회와 함께 공동의 목적을 도출하고 그에 대해 함께 고민하는 것이 필요하다. 협력과 파트너십의 가치란 무엇으로도 대체될 수 없는 것으로(Hargreaves 외, 2015a:176), 교육의 진정한 변화는 교육공동체 구성원 모두가 공유된 가치를 추구하기 위해 진정성을 가지고 함께 노력할 때 가능하다. '함께 꿈꾸고 협업으로 성장하는 ○○교육공동체'가 되기 위해 노력하고 있는 ○○고처럼, 많은 학교들이 지역사회와 함께 소통하며 마을교육공동체의 기반을 마련하려는 노력을 통해 변화해 나가기를 기대해 본다.

V. 미래의 학교는?

V. 미래의 학교는?

❶ 미래학교에 대한 비전

'미래'는 현재 우리 사회를 관통하는 아주 뜨거운 키워드다. 4차 산업혁명과 인공지능의 시대, 교육계에서도 '미래'교육과 '미래'학교에 대한 목소리가 더욱 커지고 있다. 최첨단 스마트 기기 도입, 디지털 교육환경 구축, 교육공간의 혁신, 이런 것들이 미래학교의 핵심이자 전부인 것처럼 생각되기도 한다. 그렇다면 기존의 학교를 모두 바꾸어 다시 만들어야 미래학교가 되는 것일까? 새롭게 만들어진 학교가 미래학교라면 해 오던 것을 열심히 하고 있는 지금의 우리 학교는 과거학교인가? 무엇인가를 다시 만들어 새로운 이름을 붙이고, 기존의 것은 무조건 낙후된 것인 양 비판하는 것에서 이제는 벗어나야 한다. 그것이 미래학교이든 다른 어떤 학교이든 간에, 우리 학교는 계속 변화하고 있고 지금도 열심히 노력하고 있으니, 새롭게 등장하는 뉴 이미지(new image)로 인해 스스로 노력하지 않았다고 자책하지 말자. 이 학교는 미래학교, 저 학교는 아닌 학교가 아니라 그냥 모든 학교가 미래를 지향하는 교육으로 나아가면 되는 것이다. 미래교육은 현재와 완전히 동떨어진 그런 교육이 아니다. 과거 우리가 해 왔던 교육이 과거에서 보면 현재이고, 현재도 과거에서 보면 미래이듯, **미래교육은 현재 우리가 하고 있는 교육을 좀 더 발전시켜 나가는 과정 중에 있다.**

📖 학생들의 미래역량을 기를 수 있는 학교

이제 첨단기술의 발달로 인해 과거에 중요했던 능력이 중요하지 않은 시대가 되었다. 불과 얼마 전까지만 하더라도 다가올 글로벌 시대에 영어 회화가 필수라 생각해 영어교육에 막대한 예산을 쏟아붓고 원어민 교사를 고용하여 영어회화 교육에 열을 올렸다. 하지만 지금은 거의 완벽한 수준으로 번역해 주는 자동번역기가 나타나 조만간 외국어를 가르치는 일이 없어질지도 모른다. 사실 수능에서도 영어가 절대평가로 변해 변별력이 낮은 교과가 되어 버렸으니, 오히려 외국어 교육은 언어보다는 그 나라의 문화를 이해하는 수단으로 배워야 하는 것이 아닐까. 미래교육에 대한 관심이 매우 높은 요즘, 학생들을 어떻게 교육해야 할까? 얼마 전 경기도교육연수원에서 주최한 미래교육 포럼에 참석한 적이 있었는데 그때 들었던 한 학자(우치다 타츠루)의 이야기에 무척 공감했던 기억이 있다.

"미래는 우리가 알지 못하는 시대이다. 언제 어떤 일이 있을지 예측할 수 없지만 그럼에도 불구하고 언제 무엇을 해야 하는지를 아는 능력이 중요하다. 있어야 할 곳에서, 있어야 할 시기에, 해야 할 일을 할 수 있도록 스스로 체득해 나가는 능력. 이것을 학교에서 가르쳐야 하는 것이다. 언제 어디서 무엇을 해야 하는가를 스스로 알 수 있도록 가르치는 것이 중요하다. 그러므로 미래교육은 디자인할 수 없다. 이것이 결론으로, 스스로 해 보도록 해 주는 것밖에 없다."

우리가 가 보지 않은 미래를 예상할 수 없지만, **학생들이 그 시대에 잘 살아 나갈 수 있도록 스스로의 역량을 키워 주는 것이 필요하다**는 이야기로 나는 받아들였다. 이는 요즈음 많은 나라에서 역량교육에 중점을 두고 교육변화를 시도하고 있는 것과 맥을 같이 한다. 우리나라에서도 역량에 대한 중요성을 인식하여 2015 개정 교육과정에 역량 요소를 넣었지만, 실상 많은 학교에서 보편적으로 역량중심 교육을 실행하고 있지는 못하다. 나름 중학교까지는 역량을 기르기 위해 다양한 학생 활동중심 교육이 진행되고 있지만 고등학교는 입시대비 교육으로 인해 그러한 교육활동을 꺼려하는 경향이 있다. 많은 사람들이 역량중심 교육이라 하면 활동만 하고 지적 학습은 하지 않는 것으로 생각하여 반대하지만, 역량교육은 교과 지식을 베이스로한 학생 활동중심 교육이기 때문에 오히려 지적 학습의 깊이를 깊게 할 수 있는 것이다. 앞서 '매직 1. 다양한 교육과정' 부분에서도 이야기했던 것처럼, 학력과 역량은 상반된 개념이 아니라 함께 길러져야 하는 것으로 **학교에서는 학력과 역량이 조화롭게 성장할 수 있는 방향으로 교육해야 한다.**

'교육은 살아 있는 신체를 갖고 있는 학생을 대상으로 하기에 리셋(reset) 되지 않는다. 즉 다시 원상태로 되돌릴 수 없다. 자동차를 타고 다니면서 수리하듯이 할 수밖에 없다. 조금씩, 조금씩. 시스템을 바꾸어야 하지만 완전한 시스템 변화가 어려우니 조금씩 바꾸어 나가야 한다. 이것은 늘 생활을 같이하는 교사만이 알고 있는 것으로 교사 개인이 갖고 있는 재량으로 조금씩 바꾸어 나가야 한다(우치다 타츠루의 이야기 중에서).' 교육은 기계나 물건을 만들어 내는 분야와는 다르다. 성장해 가는 학생들을 대상으로 하기에 즉각적인 효과를 검증할 수도 없고 해 오던 것을 없었던 것으로 하고 다시 시작할 수도 없다. 변화는 학생들과 늘 생활을 같이하는 교사들을 통해 조금씩 조금씩 이루어질 수밖에 없는 것이다. 점진적인 개개인 교사의 변화, 개별 학교들의 변화만이 우리 교육의 변화를 가져다줄 수 있다.

미래교육의 방향에 대해 OECD 교육부문 책임자이자 'OECD 교육 2030 프로젝트'의 주관자인 안드레아스 슐라이어도 같은 맥락의 이야기를 했다. 그는 과거에 교육은 사람들에게 무엇인가를 가르치는 것이었지만, 지금의 교육은 불확실하고 급변하며 모호한 세계 속에서 **자신의 길을 헤쳐 나가는 데 필요한 믿을 수 있는 나침반과 길을 찾는 스킬을 개발하는 것**이어야 한다고 강조하였다(Fadel, C., 2015). 이 또한 학생들이 **미래를 살아갈 수 있도록 미래역량을 길러 줄 수 있는 교육**이 필요하다는 의미로, 미래사회에 적응을 할 수 있도록 학생들이 학습하는 학교, 미래역량을 기를 수 있도록 교육과정을 운영하는 학교가 필요한 것이다. 최첨단 IT시설을 완비하고 학생주도적 활동을 할 수 있는 공간을 구성하는 것도 미래학교로의 변화에 중요한 요소일 수 있지만, 무엇보다도 학생들이 **무엇을 어떻게 배우는가** 그리고 교사들이 그러한 기기와 공간을 활용하여 **무엇을 어떻게 가르치느냐**가 더욱 중요할 것이다. 학생들이 학습을 통해 지식을 내면화하고 그 지식을 바탕으로 역량을 기를 수 있는 교육, 현대사회의 고질적인 유행병 '외로움'을 안고 살아가야 하는 현실 속에서 더불어 살며 협력하는 법을 배울 수 있는 학교, 그것이 우리에게 필요한 미래학교의 모습이다.

📖 좋은 학교의 기준, 미래학교의 모습

○○고 학생, 학부모, 교사들에게 어떤 학교를 좋은 학교라 생각하는지 그리고 앞으로 어떤 학교가 되었으면 좋겠는지에 대한 질문을 했다. 그들은 좋은 교육 프로그램을 학생들에게 지원해서 '꿈을 찾을 수 있는 학교', 공부를 잘하는 학생이나 못하는 학생이나 '평등하게 대해 주고 지원해 주는 학교', 대입 준비와 입시지도 등의 '교육 서비스를 잘해 주는 학교', 교사에 대한 '신뢰가 있는 학교', '학생들은 즐겁고, 교사들은 화합이 되며, 변화하려고 하는 학교', 아이들이 와서 더 '행복하게 지내는 학교'라고 답했다. 그들의 이야기들을 종합해 보면, 그들이 그 어떤 학교보다도 앞으로도 다니고 싶은 좋은 학교는 **자신의 꿈을 찾아 성장할 수 있는 '즐겁고 행복한 학교'**라는 것을 알 수 있다.

• 누구나 자신의 꿈을 찾을 수 있도록 도와주는 학교

A학생은 대부분의 학생들이 학교 생활에서 꿈을 찾기 어렵기 때문에 방황을 하게 되는데, 진로탐색 활동을 많이 해서 자신의 흥미와 적성을 알고 꿈을 찾는 활동을 하면 좋을 것 같다고 말한다. 그리고 B학생은 자신의 꿈을 찾지 못했던 학생들이 학교에서 지원한 좋은 프로그램을 통해 흥미가 생기고 자신이 소질과 재능이 있다는 것을 알게 되었으며, 학교에서 지금처럼 계속 좋은 교육 프로그램을 학생들에게 지원해 주기를 바라고 있다. A학부모의 경우에도 학교에서 다양한 프로그램을 제공하는 것에 대해 만족해하고 있다. 다른 학교의 경우 면접 준비나 음악, 무용, 메이크업 등 학생 전공과 관련된 준비를 위해 거의 모든 경우 학원을 가야 하는데, ○○고의 경우에는 학교에서 그 모든 것이 학교 프로그램으로 지원되어 학생들이 선택만 잘한다면 학교 내에서 충분히 자신의 적성과 전공을 살려서 대학 진학이 가능하다고 말한다. 이처럼 학생과 학부모들은 학교에서 학생들이 자신들의 끼와 적성을 발견할 수 있도록 **다양하고 좋은 교육 프로그램을 운영하고 지원하여 각자의 진로와 꿈을 찾을 수 있는 학교**를 좋은 학교로 생각하고 있다.

> "
>
> 저는 지금 이 추세로 계속 좋은 사업 같은 좋은 프로그램을 학생들에게 많이 지원해 주셨으면 좋겠어요. 이제 뭐 할지 모르는 친구들도 그걸 따라가다 보면 꿈을 찾게 되는 경우가 많았기 때문에... 소질이 있었는지 몰랐는데 하다 보니까 흥미가 생기고 재능을 알게 되고 그랬어요. (B학생)
>
> "

> "
>
> 저는 개인적으로 **진로 탐색 활동**을 많이 했으면 좋겠다고 생각해요. 대부분의 친구들이 다 거의 학교 생활에서는 꿈을 찾기 어렵고. 어렵기 때문에 그냥 열심히 무조건 내가 뭘 할지 모르니까. 공부나 열심히 하자, 아니면 할 것도 없고 공부도 안하고 놀기나 해야지 이런 식으로 ... 자신이 **흥미와 적성을 알고 꿈을 찾는 활동들을** 하면 좋을 것 같아요. (A학생)
>
> "

> "
>
> 아이들이 요즘에 전공을 살려서 하려고 하면 뭐든지 다 밖으로 가야만 했었어요. 학원을 간다든지, 면접을 준비한다든지. 학원을 가고. 음악을 한다든지, 춤을 해야 한다든지, 메이크업을 해야 한다든지, 과학 쪽으로 한다든지. 다양한 수업을 한다고 하면 학원을 가야했지만 지금은 학교에 모든 것들이 다 되어 있잖아요. 학교에서 본인들이 잘만 선택하면 학교에서도 충분이 끼와 전공을 살려서 원하는 대학을 갈 수 있는 것 같아요. (A학부모)
>
> "

아래 B학부모는 고등학교에서 제일 중요한 것이 대학 진학인데 ○○고의 학생들이 공부를 많이 하지 않는 편이어서 걱정을 하고 있다. 그러나 교사들이 공부를 많이 하지 않는 아이들이지만, 학생들이 자신들의 꿈을 찾고 희망을 가지고 학교생활을 할 수 있도록 잘 보살펴 주고, 공부를 잘하거나 못하거나와 관계없이 **교사들이 평등하게 대해 주는 것**에 대해 좋다고 생각하고 있다. A학생 역시 **학업성적이 떨어지는 학생들이 교육에서 소외되지 않기**를 바라고 있다. 그는 학교에서 성적이 좋지 않은 학생들에 대해서도 공부에 대한 흥미를 갖게 하고 기초 학습을 할 수 있는 교육활동을 더 많이 제공했으면 하는 바람을 갖고 있다. 일반적으로 학교에서 성적이 좋은 학생들에게 지원을 더 많이 해 준다고 생각하는 것이 현실이지만, **학부모나 학생들은 성적이 좋지 않은 학생들도 차별받지 않고 교육 프로그램에 참여해 희망을 가지고 성장하기를** 바라고 있다.

> 진학에 있어서, 사실 고등학교는 대학 진학이 제일 문제잖아요. 그런데 사실 우리 학교 아이들이 공부를 많이 하는 편은 아닌데, 공부를 많이 하지 않아도 **무언가에 희망을 가지고 할 수 있게끔, 자기 꿈을 찾아서 할 수 있게끔 이끌어 주시는 걸** 선생님들이 잘 케어를 해 주시는 것 같아요. 아이들을 대할 때도 평등하게 해 주시고. 공부를 잘하는 아이나 못하는 아이나 다르지 않게 **평등하게 대해 주시는 것**(이 좋았어요). (B학부모)

> 공부를 잘하는 학생보다 **못하는 학생들이** 있잖아요. 그래서 저는 좀 이런 **학생들을 지원해 주는 것들이** 많았으면. 공부에 더 흥미를 붙이고, 좀 기초 교육과정을 배울 수 있는 활동을 해서 같이 이끌어 가고, 같이 성장해 가는 방과후 활동이라든지 그런 게 많이 있었으면 좋겠어요. (A학생)

• 교사에 대한 신뢰가 있는 학교

B학부모는 다른 학교 학부모들이 ○○고 교사들이 학생들의 입시 준비와 지도에 세심하게 신경을 쓰고 도와주는 것에 대해 매우 부러워한다고 말하며 만족해하고 있으며, A학부모도 교사들이 입시 준비를 잘해 준 것에 대해 감사해하며 교사에 대한 신뢰도가 높아졌다고 이야기한다. 이처럼 학부모들이 진정으로 원하는 것은 내 아이의 학습 그리고 내 아이의 진로로, 그들은 교사들이 전문성을 갖고 아이의 진로와 관련하여 생활기록부를 작성해 주거나 대입 원서 작성을 지도해 주는 것에서 교사를 신뢰하게 되고 감사함을 느끼는 것이다.

> 우리 학교를 되게 부러워하는 건 있어요. **선생님들이 애들한테 자세하게 신경 써 주시고. 다른 학교는 그런 게 없대요.** 원서를 쓰거나 할 때도 다 본인이 알아서 해야 하고. 그런데 우리는 선생님들이 다 나서서 직접 찾아 주시고 도와주시고 이걸 끝까지 해 주시니까, **발표날 때까지도.** 그런데 다른 학교는 그런 게 없거든요. 그래서 그거를 너무 부러워하더라고요. (B학부모)

> **생기부 작성을 너무 잘해 주셔서요.** 도서관에서 나의 전공을 살리면서 동물에 관한 책들을 찾아보고 거기에 대한 자료를 찾으면서 그거를 자료로 만들어서 PPT로 만들어서 발표를 하면서 자기의 전공을 살렸다고 이렇게 생활기록부를 써 주셨어요. 또한 임원활동을 한 게 대학 진학을 할 때 어떻게 플러스가 될까... (궁금했었어요.) 전혀 무관한 거잖아요. 따지고 보면. 저희 인식에는 굉장히 무관한 건데 선생님들께서 그걸 그렇게 연결시켜 줄 거라는 건 더욱 생각해 보지 않았기 때문에 신뢰도가 더욱 상승(하였어요.) (A학부모)

○○고는 특목고나 자사고에 비해 학업성취 수준이 다소 낮고 우수한 졸업생을 많이 배출하지 못하는 다른 일반계 고등학교와 마찬가지로 겉으로 보이는 성과는 다소 미흡하지만, 교사들은 학생들에 대해 애정을 갖고 교육적 신념으로 똘똘 뭉쳐 교육을 하고 있다. 내 아이의 학습, 내 아이의 진로를 가장 걱정하는 학부모들과 마찬가지로, 교사들도 우리 아이들이 무사히 학교를 졸업하고 자신의 진로에 따라 성장해서 사회의 한 구성원으로 잘 살아갈 수 있기를 바라는 것이다. 매스컴이나 주변에서 대학 입시를 목적으로 한 과도한 사교육 폐해나 치열하고도 삭막한 경쟁적 분위기의 학교에 대해 이야기하지만, 대부분의 아이들은 ○○고와 같은 일반 고등학교에서 친구들과 함께 자신의 청소년기를 보내며 성장한다. 아이들은 미래에 자신의 인생을 펼쳐 나가기 위해 필요한 다양한 경험들과 지적 도야, 친구관계나 단체생활 등을 통한 사회생활을 위한 준비 교육 등을 학교에서 받게 되는 것이다.

우리는 학생들이 고등학교 생활 중에 다양한 경험을 하고 그러한 경험을 통해 자신이 무엇에 관심이 있으며 무엇을 잘하는가를 알게 되어 자신의 진로를 결정하기를 기대한다. 그리고 학교생활을 통해 규율과 규칙을 따라야 하고 협력을 해야 한다는, 사회 구성원의 일부로 살아가기 위해 필요한 사회성을 기를 수 있기를 기대한다. 그리고 하고 싶지 않지만 공부해야만 한다는 인내심과 절제심을 길러 자신을 제어하고 조절하게 해야 하며, 사회 구성원으로서 살아갈 수 있는 최소한의 지식을 쌓고 더 나아가 자신의 분야에서 지속적인 성장을 할 수 있는 지적 도야, 계속 학습의 능력을 기를 수 있기를 희망한다.

〈 진로교육에 대한 나의 생각! 〉

꿈과 끼를 찾는 교육이 강조되면서 학생들의 진로와 적성에 대한 관심이 커지고 있다. 진로에 따라 교육 방향을 선택해야 하기 때문에 우리 어른들은 너무나 조바심 내며 '너의 진로는 무엇이니?'라고 묻는다. 대부분의 부모들은 우리 아이가 꿈이 없고, 무엇을 해야 하는지에 대해 생각이 없다고 속상해 하신다. 꿈이 있어야 진로가 정해지고 그래야 공부를 할 텐데, 진로가 보이지 않는다고 아이들을 채근한다.

과거 우리들도 그렇지 않았던가? 우리가 하지 못했던 것을 우리 아이들에게 요구하지 말아야 한다. 어른들이 보기에 더디게 보이지만 그들은 최선을 다하고 있는 것이다. 아이들이라고 꿈을 정하고 싶지 않을까? 진로를 결정한 아이들이 보다 열심히 노력하는 것은 사실이다. 하지만 그러한 아이들의 숫자는 너무나 적다. 구체적인 진로는 고등학교 3학년 때, 그리고 보다 실제적인 진로는 대학 졸업반 때에나 정해지는 것이 아닐까? 꿈을 정하지 못했다고 답답하다고 몰아붙이면 더욱 그들은 막막해한다. Super(1963)의 진로발달단계에 따르면 중·고등학교 시기는 진로 탐색기(15~21세)에 해당되는 것으로 학교생활, 여가활동을 통하여 자기 검증, 역할 수행, 직업적 역할을 하며 점차 현실적 요인을 증가시키는 시기이며, 이후 시행기(22~24세)가 되면 자신에게 적합해 보이는 직업을 선택해서 최초로 직업을 가지게 되는 것이다(오찬숙, 2002).

나도 고등학교 시절에 나의 미래가 뿌연 안개 속에 있는 것 같아 낙담했었고, 나의 아들도 대학을 졸업할 때까지 자신의 진로를 정하지 못해 아이 아버지가 답답해하며 불만을 토로했었다. 100세 시대, 직업을 적어도 3번은 바꾸게 될 시대에 지금 당장 아이의 진로가 결정되지 않았다고 아이를 탓하지 말자. **세상의 모든 꽃들이 저마다 피어나는 시기가 다르듯 우리의 아이들도 각기 다른 시기에 피어날 것**이다. 단지 지금 때가 되지 않았을 뿐. 햇빛과 거름과 물을 주고 기다리면 강요하지 않아도 저절로 피어날 것이다. 우리의 **아이들을 믿어 주고 기다려 주는 마음이 필요**하다. 나는 이런 이야기를 아이 걱정으로 내게 오시는 우리 학부모님들에게 해드린다.

아이들은 자신의 모든 생활 속에서 진로를 탐색할 수 있다. 친구와의 대화, 가정에서의 활동들, 그들을 둘러싼 모든 것에서 보고 느끼고 성장하고 있다. 진로교육의 중요함이 강조되어 중학교에서 자유학년제가 운영되고 있고, 각 학교에 진로교사가 있으며, 학교 밖에는 다양한 진로체험센터들이 운영되고 있다. 과거에 비해 다양하게 마련된 이러한 활동들도 유익하지만 학생들이 가장 많이 생활하는 **학교 안에서 학생들과 매일 만나는 교과 교사와 담임 교사를 통해 일상적으로 진로교육이 이루어진다면 더욱 효과적일 것**이다.

○○고에서 운영하고 있는 다양한 교육과정이나 진로 적성에 맞춘 동아리 활동, 다양한 체험활동들은 학생들이 다양하게 경험하며 자신들이 좋아하는 것을 찾을 수 있도록 마련된 것들이다. 학교에서 여러 교과를 배우고 다양한 활동을 하고 그래서 내가 좋아하는 것과 내가 싫어하는 것을 알아가는 경험을 가져야 한다. 오랫동안 앉아서 수업도 듣고 친구들과 함께 체험활동도 해 보고, 그리고 친구와 싸워서 선생님께 야단도 맞아 보고 해야 진정으로 내가 무엇을 좋아하고 성향이 어떠한지를 알게 된다. 그러한 토대 없이 무작정 좋아하는 것을 발견할 수는 없다. 그래서 학교가 필요하고, 그리고 학교가 다양한 경험을 할 수 있는 곳으로 변화해야 하는 것이다.

그러니 중학교 때 많은 것을 보고 느낄 수 있게 해 주고, 고등학교 단계에서 보다 구체적으로 경험하고 심도 있게 학습하게 하여, 그 어느 때에 자신의 꿈을 정하게 되면, 그때 그 길을 갈 수 있도록 도와주어야 할 것이다.

• 아이들이 즐겁고, 교사가 화합하여 함께 변화하는 학교

F학부모는 학생들이 **오고 싶어 하는 희망의 고등학교**가 되어야 한다고 했으며, G교사도 학생들이 **즐거워하고** 학생들이 학교에 대해 **좋다는 인식**을 갖게 되어야 한다고 말한다. G교사는 학교가 학생들에게 교육 프로그램을 통해 자신의 특기와 능력을 발휘할 수 있는 많은 기회를 주게 되면 학생들이 좋아하고 즐거워하고 학교에 대한 자부심을 갖게 될 것으로 생각한다. A교사 역시 **아이들이 즐겁게 지내고 교사들 간에 화합이 되고 변화하려는 학교**를 좋은 학교로 생각한다. 그는 그런 관점에서 볼 때 ○○고는 외부의 시각과는 달리 내부적으로 변화가 보이는 좋은 학교로 학교 시설이 좋고 생활지도도 신경 쓸 것이 없으며 학생들은 긍정적 성향으로 학교를 좋아하고 있다. 또한 교사들 간에 화합이 잘되고 수업을 통해 변화를 이루어 냈으며 지역의 이미지도 좋아지고 있으니 앞으로도 학생들이 와서 더 행복하게 지내는 학교가 되기를 바라고 있다.

> 아이들이 오고 싶어 하는 학교가 되어야 할 것 같아요. 주변이든 아니든 조금 더 먼 아이들도 ○○고등학교 가고 싶다라는 생각을 하는 희망의 고등학교가 되어야 하지 않을까. (F학부모)

> 큰 획기적인 변화보다는, 애들이 학교를 좀 즐거워하고 학교에 대해서 '우리 학교 좋다'라는 인식을 갖게 되고. 아이들이 즐거워하고 자기의 특기, 능력을 발휘할 수 있는 수많은 기회들을 주니까 교육 프로그램을 통해서. 그러니까 애들이 좋아할 것이고. (G교사)

> 외부에서 어떻게 볼지는 모르지만, 내부적으로만 봐도 변화가 보이고 해서 좋은 학교라고 생각해요. 이 정도면은 정말 좋은 학교인 것 같아요. 왜냐하면 시설도 그렇고, 애들 말마따나 생활지도에 저희가 신경 쓸 것이 없고... (좋은 학교에 대해서 저도 다시 생각을 했는데) 아이들도 즐겁게 잘 지내고, 선생님들 간에도 화합이 되고, 변화하려고 하는 학교가 좋은 학교가 아닐까. 어떻게 생각해 보면은, 애들은 좋대요, 그런데 선생님들끼리 화합이 안 맞아서 서로 업무 떠넘기고 그런 것보다는. 서로 선생님들 간에 화합 잘하고 애들이 긍정적이고. 선생님들끼리 해 낸 길 보면, 다 수업에서 나온 거잖아요. 지역 이미지가 지금 좋아지고 있으니까, 이 기세를 몰아서. 학업은 어쨌든 힘들 것 같긴 해요. 아이들이 와서 더 행복하게 지내는 곳, 그런 학교였으면 좋겠어요. (A교사)

학생, 학부모, 교사들이 원하는 좋은 학교는 자신의 꿈을 찾아 성장할 수 있는 '즐겁고 행복한 학교'로, 많은 사람들이 이야기 하고 생각하는 ICT시설이 최첨단인 학교도 아니고 성적이 뛰어난 학생들이 모여 경쟁하는 학교도 아니다. 우리 교육이 예전부터 강조해 온 **학생들이 즐겁게 공부하고 교사들이 함께 협력해서 가르치는, 모든 학생들이 자신들의 꿈을 찾을 수 있는 학교이다. 이러한 학교는 현재의 학교이면서 또한 미래학교**가 되어야 한다. 즐겁고 행복한 학교가 되기 위해 필요한 수업의 변화, 공부하는 교사, 학생을 위한 노력, 협력하는 문화는 교육이 가야 할 본질적인 방향으로 교육구성원 모두가 그러한 방향으로 힘을 모아야 할 것이다.

❷ 미래학교로 가는 지름길

📖 유익하고 합리적인 부분으로 접근하고, 조정하여 받아들일 수 있는 여지를 주자

새로운 교육개혁을 시도하거나 어떤 정책의 확산을 도모하고자 할 때에도 단위 학교 사례와 같은 방법이 적용될 수 있다. 나는 경기도교육청이 혁신학교 정책을 처음 시작했던 시기에 혁신학교 예비지정교이면서 교육혁신지구를 처음 시도하는 지역의 중학교에서 교감 생활을 시작하였다. 2011년 당시를 회상해 보면, 경기도교육청에서 혁신학교를 시작하기는 했지만 많은 학교가 무관심했고 일부는 냉담한 반응을 보이기까지 했다. 내가 재직했던 ○○중학교는 2015년 9월 당시 혁신교육지구와 혁신학교 예비지정교를 함께 운영해야 했었는데, 혁신학교를 주도적으로 하고자 했던 일부 교사들을 제외하고 거의 대부분의 교사들은 부정적인 시각을 갖고 서로 반목하고 있는 상태였다.

다른 정책을 시도하는 방식과 마찬가지로 혁신학교 정책 또한 몇몇 선도적인 학교의 사례를 보여 주고 혁신학교에 대한 안내 연수를 시행했다. 어느 정도 시간이 흐르자, 우리 학교가 있던 지역에서는 학생 수가 줄어드는 소규모 학교와 재정이 열악한 사립학교, 그리고 혁신정책을 선호하는 교사집단이 많이 있는 학교들을 중심으로 그 숫자가 늘어나기 시작했다. 즉, 학교차원에서 유익한 이점들이 긍정적으로 작용해 개혁을 받아들인 것이다. 일반학교의 학급당 학생 수가 30명 이상이었던 것에 비해 혁신학교의 학급당 학생수를 25명으로 줄일 수 있어 소규모 학교에서는 학급 수를 증가시킬 수 있었고, 혁신학교 운영비로 추가 재정적 지원을 받을 수 있는 것이 많은 학교들이 혁신학교를 신청하게 된 원인으로 작용했다. 교사들의 경우에도 혁신학교 정책에서 **자신들이 합리적이라고 인식하는 부분부터 받아들이면서 서서히 혁신학교에 적응**해 나갔다. 우리학교의 예를 보면 수업을 변화시키는 것에서부터 시작되었는데, 수업혁신은 어떤 교사라도 수업을 잘하고 싶어 하고, 기회가 된다면 수업 변화를 해야 한다고 생각하기 때문에 거부감 없이 접근할 수 있는 부분이었다.

이처럼 교육정책 확산의 초기단계에서는 교사나 학교들이 합리적이라고 생각하거나 그들에게 유익한 부분부터 접근해야 하고, 개혁을 받아들이는 과정에서도 자신들에게 맞게 조정되어 받아들일 수 있는 여지(wiggle room)를 주어야 확산이 원활하게 이루어질 수 있다. 혁신학교 도입 초기에 다소 이러한 점이 부족해 빠르게 확산되지 못했으나, 시간이 흐르면서 혁신공감학교를 운영하고 학교별·지역별 특성을 고려하여 성장단계별로 혁신학교를 운영하게 하는 혁신학교 일반화와 다양화를 꾀함으로써 10년이 지난 지금은 혁신학교라고 하면 공교육의 획일적인 교육 커리큘럼에서 벗어나 창의적이고 주도적인 학습능력을 배양하기 위해 시도되고 있는 새로운 학교(네이버 지식백과, 2020.7.1.)로 자리매김하고 있다.

외국의 사례(정책)를 그대로 들여오지 말자

우리나라의 교육은 지속적으로 발전해 가고 있음에도 불구하고 많은 경우 외국의 사례를 그대로 따라가려는 경향이 있다. 발전하기 위해 다른 사람, 다른 학교, 다른 나라의 사례를 살펴보는 것은 매우 필요한 것이다. 하지만 그러한 사례를 받아들임에 있어 우리에게 맞는 형태로 변형시키고 조정하여 받아들이는 것이 정책을 보다 더 잘 실행할 수 있는 방법이다. 이것은 '매직의 과정 3. 조정 단계'나 '매직 5. 다양한 모습의 리더십'에서 이야기했던 것과 같은 맥락으로, 개혁을 받아들임에 있어 재발명, 즉 변형을 허용해야 개혁의 채택률을 높일 수 있고, 기존의 문화를 존중하는 태도를 지니고 개혁을 추진해야 구성원들의 공감을 얻어 현장에 안착될 수 있는 것이다. **외국에서 성공한 어떤 바람직한 정책도 우리의 실정과 특성에 맞는가를 검토하여 도입해야 하고, 그리고 들여온다 하더라도 우리의 상황에 맞게 조정하여 적용함으로써 교육 현장의 참여를 이끌어 낼 수 있어야 한다.**

교육 선진국인 핀란드가 성공한 핵심은 세계를 향해 열린 마음과 실용적 자세를 겸비한 것으로 다른 나라의 정책이 과연 자국의 상황에 적합할 것인가를 면밀히 검토하고, 그런 뒤에야 비로소 이를 변형해 수용한 것이며(Hargreaves 외, 2012:147), 캐나다 앨버타 학교개선 계획(Alberta Initiative for School Improvement, AISI)이 성공한 것도 학교들의 자율권을 회복시켰기 때문이다. AISI는 방향을 제시하지만 일률적으로 지휘하고 통제하는 식이 아니었으며, 주의 우선순위 사업을 학교에 강요하지 않고 학교와 사업들이 서로 정보를 교환할 수 있도록 유도하였다(Hargreaves 외, 2012:211).

개혁의 재발명 정도가 높을수록 다시 말해 개혁이 확산됨에 따라 조직 내에서 수정되는 정도가 높을수록 개혁은 그 집단 혹은 조직에서 지속될 가능성이 높다.

그리고 조직 구성원이 그들이 채택한 개혁을 직접 변화시킬 수 있을 때, 초기의 지원이나 개혁지지 세력의 지원이 중단될지라도 구성원들이 자체적으로 개혁을 지속하려는 경향을 보이며, 개혁을 그들 자신의 일로 간주하기 시작하는 것이다. 과도한 경직성은 우리가 새로운 정보를 수용하고 기존의 목표를 재검토할 수 있는 가능성을 가로막을 수 있기 때문에(Langer, 1997) 개혁을 추진하고자 하는 행정기관이나 학교에서는 지나치게 엄격하여 개인이나 조직이 완강하게 반대하도록 만드는 대신, 어느 정도의 재량권을 부여하여 자신들의 상황에 맞게 받아들이도록 해야 한다. **통제하고 강요하는 개혁이 아니라 각각의 상황에 맞게 재발명될 수 있도록 유연하면서도 탄력적으로**(flexible & resilient) **적용하는 태도가 필요하다.**

우리 교육이 지금까지 많은 발전을 해 왔지만 외국의 우수 교육정책을 도입함에 있어 현장에 대한 실태분석이나 의견수렴이 미비하여 시도되었다가 중단된 정책이 여럿 있고, 지금도 시도하고 있지만 과도한 경직성으로 인해 정책이 의도하고 있는 좋은 장점을 살리지 못하는 경우들도 있다. 예를 들면, 제7차 교육과정에서 도입된 수준별 교육과정과 특별보충과정, 2009 개정 교육과정에서 실시되었던 교과 집중이수제 등의 정책들은 도입 취지는 좋았지만, 학교 현장의 의견이 반영되지 못하고 우리 상황에 적합하지 않아 폐지된 정책들이며, STEAM 교육이나 교과교실제와 같이 지금도 실시되고 있지만 투자한 예산에 비해 현장에서 큰 효과를 거두지 못하고 있는 정책들도 있다.

이러한 여러 번의 실패가 있었음에도 불구하고 **지금도 유사한 사례들이 진행되고 있음에 안타까운 마음이 크다.** 현재 몇몇 시·도교육청에서 우리나라 일부 국제학교나 특목고에서 적용하고 있는 IB 교육과정(International Baccalaureate)[33]을 공교육에 도입하고자 노력 중에 있다. 창의적이고 새로운 미래교육을 지향하고자 하는 의도는 이해할 수 있지만, 교육 현장의 한 일원으로서 또다시 학생과 교사들 그리고 학부모들에게 큰 혼란과 어려움을 초래하게 될까 봐 심히 우려되고 걱정된다. 과연 전 세계 153개국 5,000여 학교에서만 적용하고 있는 과정을 매

---

33 IB는 스위스에 본부를 둔 비영리교육재단 IBO(International Baccalaureate Organization)가 개발, 운영하는 국제 표준 교육과정이다.

년 IBO 측에 로열티를 지불해 가면서까지 도입하는 것이 타당한 것인지, 그리고 지금까지 여러 학자나 연구자들이 노력하면서 개발해 온 우리의 교육과정이 전면 외국의 것으로 교체될 만큼 형편없는 것인지에 대한 의문이 든다. 어떤 교육과정을 시행한다 하더라도 그 시행 주체는 지금의 교사이고 지금의 학교인데, IB 교육과정을 한국어로 번역하는 것보다 오히려 우리의 교육과정을 논술과 토론형으로 개발하는 것이 현장 적용에 더 안정적이지 않을까 하는 생각이다. 교육을 장기적 관점에서 바라보지 못하고 그저 눈에 띄는 정책을 성급히 시도하려는 움직임에 큰 우려를 표한다.

다음 F교사의 이야기에서도 정책을 현장 상황에 맞게 적용하는 것이 우리 아이들에게 더 바람직하다는 것을 볼 수 있다. 그는 모든 교과에 대해 전면적 시행된 교과교실제 실행 중에 학생들이 자신들의 학급반이 없어 청소나 정리정돈 습관을 기를 수 없었고 정서적 안정이 되지 않았으며 중앙에 있는 사물함이 관리가 잘되지 못해 서로를 의심하는 도난 사건들이 있었던 것을 안타까워하고 있다. 그러나 과목 특성에 맞추어 필요한 교과나 필요한 경우 교과교실을 활용하는 방안으로 조정한 이후 학생들에게 학급에 대한 소속감과 애정이 생겼고 안정되었으며 학습 태도가 차분해지면서 더 좋아졌다고 말한다. 이것은 선진형 교과교실제 운영 학교의 실정을 말해 주는 것으로, **외국의 우수 교육정책 도입이 잘못되었다는 것이 아니라 외국과 똑같은 방식으로 전면적 도입을 하는 것보다 우리의 정서와 상황에 맞게 수정 보완하여 받아들이는 것이 현실적으로 더욱 유익하고 필요하다는 것**을 보여 준다.

> 66
>
> 전면적인 것도 좋지만 현실적인 것도 중요하거든요. 그래서 '과목 특성에 맞게 교과교실제를 하자'라고 하다 보니까 학생들이 교실에 앉아 있고. 기술이나 음악이나 미술 같은 거를 하게 되지만 그렇지 않은 과목도 있었거든요. 사실 필요한 과목도 있었지만 그렇지 않은 과목도 있었거든요. 그런데 이제 학급에 대한 애정도 생기고 옮기면서 사물함도, 제 개인적인 생각으로는 사물함이 중앙에 있다 보니까 절도도 많고 교과서나 학습지 없어지니까 애들이 속상해했거든요. 칠판 같은 것도 안 지워 놓거나 청소도 안 되어 있고 그랬는데 이제 학생들이 안정화된 것 같아요. '아, 우리 반이다.' 그러니까 책도 마음대로 할 수 있고 복습도 할 수 있고 차분해진 것 같거든요. (F교사)
>
> 99

고교학점제,[34] 미래교육의 문을 여는 황금열쇠로 주목받고 있는 교육계 최대 핫이슈이다. 고교학점제는 미국이나 핀란드 등 여러 다른 나라에서도 적용하고 있는 제도로서, 우리나라에서는 2022년에는 특성화고·일반고 등에 학점제 제도를 부분 도입하고, 2025년에 전체 고교에 전면 시행될 계획이다. 이것은 학생들의 진로에 따른 교과 선택권을 보장해 주기 위한 것으로 고등학교에서 마치 대학처럼 자신이 원하는 교과를 선택해서 수강하는 방식이다. 현재 고교학점제 선도학교나 연구학교가 운영 중에 있고, 다수의 사람들이 고교학점제의 취지나 목적에 대해서 크게 공감하고 있지만 그 구체적인 시행 방안에 대해서는 우려의 목소리가 큰 것이 사실이다. 고교학점제 도입 초기부터 지금까지 일선 현장에서 그 과정을 지켜보아 온 교사로서, 우리 현실에 딱 맞는 고교학점제의 모습은 무엇일까에 대해 깊은 고민을 하지 않을 수 없다.

고교학점제에 대한 이야기가 나오기 전까지 교과중점 교육과정(교과특성화 교육과정으로 명칭 변경됨)이 학교마다 이과, 문과 이외에 특색 있는 나름의 교육과정을 운영하는 방법이었다. 나는 개인적으로 그것이 일반고의 문제점을 개선할 수 있는 좋은 방법 중 하나라 생각하고 열심히 추진했었다. 그런데 갑자기 고교학점제와 자유수강제가 이슈화되어 '어떻게 하지? 다시 바꾸어야 하나?'라는 고민을 했었는데, 현재는 고교학점제와 교과특성화 교육과정, 그 두 가지를 잘 혼합한다면 좋은 해결 방안이 될 수도 있을 것이라는 결론에 도달했다. 그래서 현재 재직 중인 교육지원청에서 다수의 고등학교를 교과특성화 교육과정 운영교로 변화시키고자 노력하고 있다.

나는 이 두 가지가 매우 밀접하게 연계될 수 있다고 본다. 개별 학교가 모든 학생들이 원하는 각각의 교과를 모두 개설해 준다는 것은 교사수급이나 시설부족 등의 이유로 사실상 불가능하다. 하지만 **가까이 있는 학교들끼리 하나의 그룹으로 묶어서 그룹 내의 각 학교가 특성화된 교육과정을 다양하게 구성하여 운영한다면**, 그 지역의 중학생들은 자연스럽게 자신이 관심 있어 하는 교육과정이 마

---

34 고교학점제는 학생들이 진로에 따라 다양한 과목을 선택·이수하고, 누적학점이 기준에 도달할 경우 졸업을 인정받는 제도이다(교육부, 2019).

련된 고등학교를 선택하여 진학하게 될 것이라 본다. 그렇게 되면 각 학교에서는 특성화된 교과를 중심으로 보다 집중해서 개설하여 학생들의 요구와 학교의 실정에 맞게 조절할 수 있을 것이며, **그 지역 안에서 여러 학교 간 연계 운영을 한다면 지역 내 학생들에게 다양한 교과를 선택할 수 있는 기회를 주어, 보다 내실 있는 고교학점제를 운영할 수 있을 것**이라 생각한다.

그냥 일반계 고등학교이니까 규정에 제시된 교과를 개설하고 모든 학교가 똑같이 의대, 법대 등의 진학만을 중심으로 운영한다면 고교학점제 운영의 소기의 목적을 달성할 수 없을 것이다. 그러니 각 일반계 고등학교에서 자신의 지역과 자신의 학교 학생들의 성향 등을 잘 살펴보고 그것에 가장 합당한 특성화된 교육과정을 마련하여 학생들을 교육하는 것이 현재 우리가 나아갈 방향이 아닐까 생각한다. 단, 이때 고교평준화 제도하에서 고교학점제를 잘 펼칠 수 있도록 다소의 조정이 필요할 것이다.

지금까지 이야기해 온 것과 같이, 외국에서 바람직하고 좋은 정책들이 실행되고 있고, 지식과 견문을 갖춘 분들이 그런 정책들을 들여와 많은 발전을 이루었다는 것은 인정하지만 외국에서 성공한 것이 반드시 우리에게도 잘 맞아 성공적 실행이 될 수 있는 것은 아닐 것이다. 모든 정책은 그것이 나오게 된 사회적 맥락이나 어떤 타당한 이유가 있기 때문에 그 나라에서 실행되고 있는 것이다. 우리도 좋은 교육 정책을 만들기 위해 우리만의 방식으로 접근하는 것이 필요하다. 최종 목표는 동일하지만 목표를 이루기 위한 방법은 다양할 수 있다는 이인동과성(equifinality) 이론과도 같이 개혁을 위해 단 하나의 방법만이 존재하는 것은 아니다. 각자 다른 지점에서 시작하여 다른 과정으로 진행된다 하더라도 동일한 결과에 도달할 수 있기에, **이것만이 유일한 방법이라는 편협한 생각을 버리고 개혁 추진에 유연함을 가져야 할 것**이다.

📖 교육 공동체의 공감을 바탕으로 실행하자

위에서 이야기한 내용과 맥을 같이 해서, 교육 공동체의 공감을 바탕으로 개혁을 추진해야 할 것이다. 아무리 좋은 교육정책을 만든다 하더라도 그러한 정책이 학교에서 실행되지 않는다면 아무런 소용이 없는 것이다. 교육 변화나 개혁적 정책의 필요성에 대한 교육현장의 문제 인식이 매우 중요하고 **교사의 공감, 교장의 공감, 학부모의 공감이 있어야** 진정한 의미의 변화가 이루어질 수 있기 때문에 새로운 개혁적 정책이 실제로 실행되기 위해서는 **처음부터 현장의 의견이 반영된 정책을 입안**해야 한다.

일반적으로 정책을 입안하여 실행하기 전에 의견수렴단계를 거치고 있지만 많은 경우 그러한 현장의 요구확인 과정이 번거롭고 비효율적이며 시간에 쫓기기 때문에 일부 사람들만 참여하는 공청회 개최와 같은 요식적인 행사로 대체되거나 요구확인의 절차가 누락되어 교육 현장과 정책과의 괴리가 고착화되는 경향이 발생하게 된다. 잘못된 정책은 소통의 부재에서 나오는 경우가 많기 때문에, 모든 사람들의 의견을 대변하는 것이 어렵거나 대표성이 의심된다 할지라도 다양한 그룹들이 함께 인식을 공유하고 같이 이야기하는 場(장)이 마련되어야 한다. 그러므로 공청회에는 현장의 다양한 사람들이 동등하게 참여하는 기회가 있어야 하며 보다 많은 계층의 다양한 사람들의 의견을 수렴하여 보완하는 것이 필요하다.

그러나 정책을 도입해서 실행시키려는 사람들은 공청회를 열거나 여러 방법으로 의견수렴을 시도하지만 실제로 현장의 의견을 쉽게 받아들이지 않는 경향이 있다. 예컨대 어떤 정책을 펴기 위해 일반적으로 대학교수나 몇몇 교사들의 의견을 들어 보는 공청회를 여는 경우가 많다. 특히, 일부 연구자나 정책 주도자의 제한된 경험으로 현장에 대한 이해 없이 이론으로 또는 외국사례를 통해 가능할 것이라고 생각하고, 주장하는 바를 **현장의 검증 없이 정책화시켰을 때 문제점이 발생**할 수 있다. 물론 현장에 대한 깊은 이해가 있는 연구자들도 많이 있지만, 그들의 의견만을 따르는 것이 아니라 **교육 현장의 최일선에 있는 교사들**

의 의견을 보다 신중하게 고려해 보아야 한다. 현장의 요구를 확인하는 시간과 기회를 마련하는 것도 필요하지만, **더욱 중요한 것은 진정으로 그들의 이야기를 들어야 하는 것이다.** 공청회에서 열심히 현장의 이야기를 전했건만, 그것을 반영하지 않고 이미 계획된 대로 진행되는 개혁적 정책들은 개혁에 대한 교사들의 형식적 열정, 방관자적 태도, '이 또한 지나가리라'로 함축된 냉소적 반응을 가져오게 하는 것이다.

좋은 정책을 수립하여 확산시키고자 할 때, 교육 현장의 이야기를 외면한 채 소수의 의견을 토대로 무리하게 추진하는 것보다 교육 현장에서 진행되고 있는 것들을 잘 살펴보고 그중에서 많은 사람들의 합의를 거쳐 성공적으로 진행되고 있는 것을 인정하여 널리 시행해 보면 어떨까? '이것은 일부 교사들이 실행해 온 좋은 교육 방법인데, 여럿이 같이 해 보고자 교육정책으로 채택하려고 한다. 처음에는 어렵고 힘들겠지만 우리 같이 한번 해 보자'라고 제안하는 것이다. 그러니까 정책의 수립은 상향식이지만 확산에 있어서는 다소 하향식으로 진행되는 것으로, 그 한 예가 학교혁신정책이다. 경기도교육청의 학교혁신정책은 교사들의 자발성을 바탕으로 아래로부터의 요구를 교육청이 지원하고 성공 사례를 제도화하는 방식으로 실행되어 정책 수립 및 실행에 참고할 만한 가치가 있다. 정책의 처음 수립은 일부 교사들이 했지만 그 정책이 행정부로 가면서 하향식으로 실행된, 즉 일부에게는 상향식이지만 다른 일부에게는 하향식으로 느껴질 수 있는 정책이지만, 정책 수립의 시발점이 중앙관료가 아니라 현장의 교사들로 현장의 의견이 반영되고 교사들의 공감을 얻을 수 있었다는 점에서 여타의 정책과 차별성이 있다고 볼 수 있다.

내가 혁신학교를 운영해야만 했을 때, 그리고 ○○고를 변화시켜야 했을 때를 상기해 보면 교사들에게 어필할 수 있는 부분부터 시작했던 것 같다. 교사들은 수업을 제일 중요하게 여기니, 교사들에게 '수업을 잘해 보자', 위기의 고등학교에 부임하게 되었을 때는 '학교를 올바르게 만들어 보자' 뭐 그런 방식이었다. 이러한 부분에 대한 교육 공동체의 공감이 이루어지게 되면 다소 하향식으로 이루어지는 정책에 있어서도 상향식 정책과 같은 자발성 참여가 이루어질 수 있다. 조직에서 개혁의 지속 여부를 설명하는 중요한 요인 중 하나가 조직 구성원이 개혁 과정에 직접 참여하는지의 여부, 즉 참여(participation)의 정도이며, 조직 구성원 다수가 개혁의 설계, 토의, 이행에 참여한다면 그 개혁의 지속성은 매우 높아지게 된다(Rogers, 2003:457). 그러므로 처음에 다소 변화에 대해 부정적 태도를 보인다 하더라도, 구성원들의 공감을 얻을 수 있도록 노력하고, 그 공감을 바탕으로 동참해야 할 필요성을 찾을 수 있도록 이야기와 요구를 적극 수용함으로써, 그들이 개혁의 주체로서 자발성을 발휘할 수 있게 해야 한다.

🕐 2019. 6. 25. 교사들이 원하는 것은?

무늬만 개혁이고 내부까지 철저하게 개혁되지 않는 이유는 무엇일까? 실제로 교사들이, 담당자들이 그렇게 하는 것이 필요하고 그런 것이 좋다고 느껴야 개혁이 된다. 교사들은 지침이나 당위성을 주장하는 문건에는 관심이 별로 없다. **실제로 어떻게 하면 변화될 수 있는가에 대한 매뉴얼과 실제 했던 사람의 경험담, 그리고 그런 사례를 자신들의 눈으로 직접 보기를 원한다.** 사실 우리가 생활해 오면서 실제로가 아니라 겉으로만 꾸며진 사례를 너무나 많이 보아 왔다. 이것도 또 그런 것이 아닌가 하는 의심의 시선은 자꾸 실제를 보고 싶게 한다. 개혁이나 혁신이 무엇인지는 모르지만 교사들은 자신들이 성장하고 있고 자신들의 노력으로 **학생들이 변화하는 보람**을 느끼기를 원한다.

-------------------------------------●

일반적으로 정책은 그것을 시행하고자 하는 측에서 보았을 때는 매우 필요한 것으로 상향식 의견수렴을 통해 집행하고 있다고 생각한다. 하지만 **모든 것은 상대적인 것으로 정책을 집행하고자 하는 측의 반대에 있는 이들에게는 언제나 하향식으로 느껴진다.** 이것은 어느 정권의 어느 정책만이 아니라 모든 정권의 모든 정책에 해당될 것이다. 왜냐하면 자신들의 정책을 펴고자 하는 사람들은 그것만이 발전할 수 있는 방향이라는 신념을 갖고 있고, 정책을 잘 실행함으로써 정책

입안의 당위성이나 성과를 인정받고 싶기 때문이다. 융합교육을 세게 밀고 있는 나 또한 융합교육이 미래교육으로 가는 가장 올바른 방향이라고 굳게 믿고 있기에 다소 반대가 있다 하더라도 융합교육 정책을 잘 펼치고 싶은 마음을 갖고 있는 것과 마찬가지인 것이다. 그러므로 자신들의 정책은 여러 구성원들의 의견을 수렴했고 공감을 얻어 상향식으로 구성된 것이라는 다소 편협한 생각은 버려야 한다. 어떤 정책이든 실행하고자 할 때는 하향식이 될 수밖에 없다. 이 정책은 하향식이라 나쁜 것이고 저 정책은 상향식이라 좋다는 이야기가 아니라, 정책을 하고자 하는 사람들은 보다 넓게 양측 모두의 입장을 고려해야 한다는 것이다.

지금까지 좋은 학교, 미래학교의 모습에 대한 이야기와 더불어 개혁 정책을 확산시키는 데 필요한 몇 가지 제언을 했다. 이제 마지막으로 우리에겐 많은 좋은 자산이 있으니 우리의 미래를 긍정적으로 생각하고 노력하자는 이야기로 마무리하려고 한다.

외부에서는 우리의 교육을 높이 평가하고 있는 것에 반해 우리들 스스로는 우리 교육에 대해 매우 비판적으로 여겨 많은 문제점과 부족함을 지니고 있으니 늘상 고치고 개혁해야 한다고 생각하는 것 같다. 하나의 정책이 채 안착되기도 전에 또다시 바뀌고 너무나 자주 바뀌어 혼란스러운 경향마저 있다. 알고 보면 같은 것들인데, **내용은 같지만 제목만 바뀐 것들이 너무 많아 이것을 또 해야 하나 하는 개혁 피로감을 느끼게 된다.** 물론 부족한 부분도 있겠지만 '칭찬은 고래도 춤추게 한다'는 이야기처럼, 이제 우리 교육과 교사들에게 칭찬으로 격려하여 더 잘하고 싶은 생각을 갖게 할 수는 없는 것일까? 잘 안 되고 있으니 더 잘하라는 이야기들이겠지만, 현장의 교사들은 늘상 학생들의 작은 변화에도 보람을 느끼고 더욱 열심히 교육하고자 하는 마음을 갖고 있다.

교육 선진국 사례로 식상할 정도로 많이 언급되지만 그래도 배울 점이 많은 핀란드에서 교육개혁이 가능했던 것은 '사회 전체가 교직과 학교를 존중하고 평생교육을 최우선 가치로 여기는 학습사회 풍토가 형성'되어 있기 때문이다. 그리고 교육개혁도 교수방식을 기술적으로 변형한다거나 끊임없이 개정하는 데에서 시작되는 것이 아니라 교사들의 협업패턴, 학교가 조직되는 사회적 방식, 그리고 다양한 교과목이 포함된 교육과정 속에서 어떻게 창의적인 능력을 개발할 것인지와 같은 문제에 초점을 맞추어 진행된다(Hargreaves 외, 2012:124). 그들은 엘리트 학교와 열등한 학교가 있다고 생각하지 않고, 교사 스스로의 문제해결 능력이 있다고 보아 도움과 지원을 제공하면 학교의 자율조정 능력이 발휘될 것을 믿고 맡긴다(Hargreaves 외, 2012:142). 이제 우리도 교사들 스스로 협업을 통해 창의성을 키울 수 있는 교육과정 개발을 할 수 있도록 학교와 교사를 믿고 맡겨 보는 것이 필요하다.

우리나라의 상황은 공적투자, 교사의 질, 교직의 안정성의 토대를 갖추고 개혁에 성공한 핀란드, 캐나다 앨버타주와 온타리오주의 상황과 매우 유사하다. 우리가 성공할 수 있는 요인으로는 **동질화된 수준 높은 교사와 그들의 교육에 대한 열정**이 있다. 그리고 **단단한 공교육 체제가 구축되어 있고 무엇보다도 학부모의 열렬한 교육열이 밑받침**되고 있다. 이것을 조금만 톡톡 건드리면 엄청난 교육의 변화가 가능할 것이다. 즉, 탄탄한 기반 위에 우리가 부족한 부분만 채우면 되는데, 그것에 대해서는 이미 학교를 변화시키는 매직들에서 이야기하였다.

우리의 학생, 학부모, 교사들이 생각하는 좋은 학교, **미래학교의 모습은 자신의 꿈을 찾아 성장할 수 있는 '즐겁고 행복한 학교'**이다. 이것은 첨단 기술의 발전이나 사회의 급속한 변화, 교육 제도와 정책 등이 바뀌는 것과 관계없이 그 옛날부터 우리가 학교에서 그리고 교육에서 지향해 온 것으로, 교육의 본질은 변하지 않는다는 것을 보여 준다. 교사들은 학생들의 성장에서 보람을 느끼고 학생들은 교사들에 대한 신뢰와 애정을 갖고 생활하고 있으며, 학부모들은 자신의 아이들이 잘 자라기를 바라고 있다. 이처럼 교육현장에서는 늘 같은 마음으로 교육이 이루어지고 있는 것이다. 지금까지 꾸준히 교육을 발전시키고자 묵묵히 노력해 온 사람들의 성과를 인정해 주고 우리들 스스로 교육에 대한 자존감을 가져야 한다.

이 글을 작성하는 동안 코로나19가 발생했고 학교는 최초의 온라인 개학과 함께 쌍방향 원격수업을 진행하게 되었다. 너무나 급작스런 변화에 완벽하게 대처했다고는 말할 수 없지만, 교사들은 빠른 시간 내에 원격 수업안을 만들고 온라인 수업과 대면 수업을 병행하면서 방역에도 힘쓰고 있다. 모두가 불가능할 것이라 생각했지만, 학부모님들의 이해와 지지에 힘입어 교사들은 변화에 적응하고자 노력하고 있는 것이다. 이러한 것들이 바로 우리의 큰 장점으로, **이미 변화의 준비는 모두 되어 있다.** 성장하고자 하는 우리의 노력과 변화를 위한 시도들을 널리 퍼트려 나가는 것, 그것이 바로 개혁확산의 시작일 것이다. 이제 우리는 개혁의 시동을 걸기만 하면 된다.

　금방 끝날 줄 알았던 코로나19가 오랜 기간 지속됨으로 인해, 우리 생활의 모든 것이 바뀌어 버렸다. 만남과 모임을 좋아했던 사람들은 이제 각자의 집에서, 비대면으로 연락을 주고받으며 팬데믹 상황이 끝나기를 간절히 바라고 있고, 이제나 저제나 등교 개학을 기다렸던 학교와 학부모 모두 지금은 언택트(untack) 상황에서 더 잘할 수 있는 방법을 모색 중이다. 이 책을 시작했을 때만 하더라도 또 다른 변화 상황이 이렇게 빨리 올 것이라고는 생각하지 못했었는데, 글을 느리게 쓴 것인지 세상이 빨리 변화한 것인지, 아마 내가 게을렀던 것 같다.

　연일 코로나19로 인해 다시는 그 이전 세상으로 돌아가지 못할 것이라고 더욱 빨리 변화해야 한다고 하는데, 안 그래도 많은 것들이 어려운데 그러한 말들은 더욱 우울감에 빠지게 한다. '코로나 블루', 단어는 예쁜데 그 의미는 매우 답답하다. 나와 같은 불안감과 답답함을 느끼는 사람들이 많으리라. 매일 전철을 타고 출퇴근하면서 옆사람의 기침 소리에도 깜짝 놀라고, 마스크를 벗은 사람만 봐도 빨리 다른 곳으로 가고 싶다는 생각을 한다. 하물며 성인인 내가 이럴진대, 아이들은 오죽할까. 친구들과 함께 마음을 나누어야 할 아이들이 서로를 멀리해야 하고, 타인에 대한 이해와 배려심을 가져야 하나 의심과 두려움을 갖게 되니 미래 시대에 필요한 능력이 협업과 공동체 역량이라는 말이 무색해진다.

　모든 것이 비대면으로 이루어지는 현재, 캠퍼스 없이 온라인 위주의 영상토론으로 교육이 이루어지는 미네르바 스쿨이 포스트코로나 시대의 새로운 대학 교육의 대안으로 떠오르고 있고, 초·중등교육에 있어서도 비대면 수업과 대면 수업을 병행하는 블렌디드 수업 체제를 지속하며 교사들에게 더욱 발전된 에듀테크를 적용하기를 바라고 있다. 이런 상태가 조금 더 지속되면 조만간 학교 무용론이 나올 정도로 코로나19로 인한 변화는 교사들에게 위기이다. 학교의 정상적인 운영이 불가한 현 상황에서 학생은 학생대로, 교사는 교사대로 너무나 어렵지만, 그래도 우리가 지향해야 하는 교육의 방향은 언제나 같아야 한다고 생각한다. 앞에서도 이야기했듯이, 학생, 학부모, 교사들이 원하는 좋은 학교는 학생들이 즐겁게 공부하고 교사들이 함께 협력해서 가르치는, 모든 학생들이 자신들의 꿈을 찾을 수 있는 학교이다.

우리는 변화와 개혁에 너무 급진적으로 반응하는 경향이 있다. 다소 위협적으로 들리는, 미래시대가 정말 더 빠르게 올 수도 있고, 변화하지 않으면 안 된다는 많은 사람들의 이야기가 모두 사실일 것이다. 변화와 개혁을 강요하는 시대. 하지만 조금 천천히 주변을 둘러보고 기술발전이나 사회변화로 인해 혹시 우리가 놓친 것은 없는지 우리의 마음과 정서를 돌아보아야 한다. 개혁의 확산을 이야기하는 사람이 이렇게 말하는 것이 아이러니하고, 나 또한 개혁을 추진할 때 급한 마음을 지녔었지만 조금 천천히 그리고 마음 다치지 않게 하는 것이 필요하다고 생각한다. 내가 집필한 이 책은 학교개혁을 어떻게 잘할 수 있는가에 대한 것이다. 하지만 그 내면을 잘 들여다보면 조직 안에 있는 구성원들에게 그 포커스가 맞추어져 있음을 알 수 있다. 개혁을 시도하지만 구성원들의 마음을 다치지 않고 그들이 자발적인 동기를 가지고 변화하고자 하는 마음을 갖게 하는 것. 그것이 핵심인 것이다.

코로나19로 인해 우리는 또다시 변화의 기로에 서 있다. AI와 빅데이터, 가상현실, 증강현실 등의 IT기술이 교육에 접목되는 에듀테크 시대에 학교는 마땅히 미래사회로의 빠른 변화에 맞추어 학생들에게 에듀테크 교육과 스마트 학교 환경을 제공해야 한다. 그리고 동시에 우리가 지금까지 높은 가치로 생각해 왔던 더불어 함께 살아갈 수 있는 역량과 공동체 의식, 존중하고 배려하는 마음 등을 지닐 수 있도록 교육도 해야 할 것이다. 부디 코로나19가 끝나고 또 다른 변화의 계기가 온다 하더라도 교육에 있어서 가장 중요한 것은 인지적 역량에 더해 그 옛날부터 교육의 본질이었던 학생들의 인성교육, 즉 함께 어울려 살아갈 수 있도록 가르치는 것이 간과되지 않아야 하고, 그러한 변화의 중심에는 언제나 교사들이 있다는 것을 잊지 말아야 한다. 이 모든 것을 헤쳐 나가야 하는 것은 바로 현장의 학교이며 교사들이다. 지금까지 잘해 온 것처럼, 앞으로도 끊임없이 다가오는 새로운 개혁요구에 멋지게 응대하리라 생각하며, 이 책을 통해 이야기했던 변화의 매직이 모든 학교에 이루어지기를 바란다.

2020년 여름

참고문헌

경기도교육연구원(2015). 경기도학생자치 실태 및 활성화를 위한 연구.

경기도교육청(2009). 혁신학교 추진 계획.

경기도교육청(2020). 2020 학교 안 전문적 학습공동체 운영 계획.

교육부(2015). 초·중등학교 교육과정 총론. 교육부 고시 제2015-80호[별책 1].

김성수·이형빈(2016). 중학교 교육과정 통합운영에서의 난점과 해결과정에 대한 실행연구. 통합교육과정연구. 10(4), 71-99.

박치환(2019). 세대론의 르네상스와 '디지털 원주민 세대'의 이해. 문화콘텐츠연구. 16, 7-43.

백병부 외(2018). 미래형 학교혁신 모델 개발. 경기도교육청.

여성가족부(2018). 자기주도적 청소년활동 활성화 방안 연구.

오찬숙(2014). 교사학습공동체의 개혁확산 과정에 관한 사례연구. 박사학위논문. 고려대학교.

오찬숙(2015a). 교사 사기의 지향점. 교원교육학회 The News Letter. 77호, 7-10.

오찬숙(2015b). 중등학교에서 융합교육 실행의 쟁점과 과제. 교육학연구. 53(3), 229-264.

오찬숙(2016). 교사학습공동체 특성에 따른 공유와 정착과정 연구. 한국교원교육연구, 33(1), 297-328.

오찬숙(2018). 제4차 산업혁명 시대를 대비하는 교육방안으로서 융합교육프로그램 효과 분석. 교육연구. 32(2), 26.

오찬숙(2019). 융·복합시대를 대비하는 학교차원의 융합교육 실행 방안 탐구. 교육학연구. 57(1), 331-364.

유병규(2014). 혁신 중학교에서의 융복합 교육 운영에 관한 질적 사례 연구. 박사학위논문. 한양대학교.

윤정일 외(2011). 교육행정학 원론. 서울: 학지사.

조윤정 외(2015). 협력적 거버넌스 형성에 관한 질적 사례 연구 : A고등학교 사례를 중심으로. 교육행정학연구. 33(4), 329-358.

중앙자살예방센터(2019). 국내외 자살 현황 분석. 2019년 3호.

뉴시스(2019.12.5.). "4차산업혁명시대에도 국민들은 지식보다 시민교육 원한다". https://newsis.com/view/

중앙일보(2007.9.20.). "평등·획일화 … 한국교육 미래와 정반대로 가". https://news.joins.com

Amanda R.(2014). 무엇이 이 나라 학생들을 똑똑하게 만드는가[The Smartest Kids in the World]. (김희정 역). 서울: 부키. (원전은 2013에 출판)

Carnegie, D.(2004). 카네기 인간관계론[How to Win Friends & Influence People]. (최염순 역). 서울: 씨앗을뿌리는사람.

Cooper, R. B., & Zmud, R. W.(1990). Information technology implementation research: A technological diffusion approach. Management Science, 36(2). 123-139.

Davis, F., Bagozzi, R., & Warshaw, R.(1989). User acceptance of computer technology: A comparison of two theoretical models. Management Science, 35, 982-1003.

DuFour, R., & Eaker, R.(1998). Professional learning communities at work : Best practices for enhancing student achievement. Bloomington, IN.: National Education Service: Alexandria, Va.

Fullan, M.(2007). The new meaning of educational change. New York: Teachers College Press.

Fullan, M.(2017). 학교개혁은 왜 실패하는가[The new meaning of educational change]. (이찬승·은수진 역). 서울: 21세기교육연구소. (원전은 2015에 출판)

Fullan, M., & Hargreaves, A.(2006). 학교를 개선하는 교사[What's Worth Fighting for in Your School?]. (최의창 역). 서울: 레인보우북스. (원전은

1996에 출판)

Goldhagen, S.W.(2019). 공간 혁명[Welcome to Your World: How the Built Environment Shapes Our Lives]. 파주:다산사이언스. (원정은 2017에 출판)

Greenberg,R.A., & Baron, J.(1997). Behavior in organizations(6th ed.). Upper Saddle River, NJ: Pretice-Hall.

Hall, G. E., & Hord, S. M.(2006). Implementing change: Patterns, principle, and potholes 2nd ed. Boston: Pearson/Allyn and Bacon.

Hargreaves, A., & Fullan, M.(2014). 교직과 교사의 전문적 자본(학교를 바꾸는 힘)[Professional Capital: Transforming Teaching in Every School]. (진동섭 역). 파주: 교육과학사. (원전은 2012에 출판)

Hargreaves, A., & Shirley, D.L.(2015a). 학교교육 제4의 길 1(학교교육 변화의 역사와 미래방향)[The Fourth Way: The Inspiring Future for Educational Change]. (이찬승·김은영 역). 서울: 21세기교육연구소. (원전은 2009에 출판)

Hargreaves, A., & Shirley, D.L.(2015b). 학교교육 제4의 길 2(학교교육 변화의 글로벌 성공사례)[The Global Fourth Way: The Quest for Educational Excellence]. (이찬승·홍완기 역). 서울: 21세기교육연구소. (원전은 2012에 출판)

Hord, S. M.(1997). Professional learning communities: Communities of continuous inquiry and improvement. Austin, TX: Southwest Educational Development Laboratory.

Reinhartz, J., & Beach, D.M.(2005). 교육혁신 리더십[Educational leadership : changing schools, changing roles]. (김정일·최은수·기영화 역). 서울: 아카데미프레스. (원전은 2004에 출판)

Robertson, T. S.(1971). Innovative behavior and communication. New York: Holt, Rinehart and Winston.

Robinson, K., & Aronica, L.(2016). 학교혁명[Creative Schools]. (정미나 역). 파주: 21세기북스. (원전은 2015에 출판)

Rogers, E. M., & Kincaid, D. L.(1981). Communication networks: Toward a new paradigm for research. New York: The Free Press.

Schwab, K.(2016). 클라우스 슈밥의 제4차 산업혁명[The Fourth Industrial

Revolution]. (송경진 역). 서울: 메가스터디. (원전은 2016에 출판)

Scott, W. R.(2003). Organizations: Rational, natural, and open systems(5nd ed.). Upper Saddle River, N.J.: Prentice Hall.

Sergiovanni, T. J.(1992). Moral leadership. San Francisco, CA: Jossey-Bass Publishers.

Sergiovanni, T. J.(1994). Building community in schools. San Francisco, CA: Jossey-Bass Publishers.

Swan, J., Newell, S., Scarborough, H., & Hislop, D.(1999). Knowledge management and innovation: Networks and networking. Journal of Knowledge Management, 3(4), 262-275.

Thaler, R.H., & Sunstein, C.R.(2009). 넛지(똑똑한 선택을 이끄는 힘)[Nudge: improving decisions about health, wealth, and happiness]. (안진환 역). 서울: 리더스북. (원전은 2008에 출판)

Zaltman, G., Duncan, R., & Holbek J.(1973). Innovations and organizations. NY: Wiley.

Zhu, K., & Kraemer, K. L.(2005). Post-adoption variations in usage and value of E-business by organizations: Cross-country evidence from the retail industry. Information Systems Research, 16(1), 61-84.

ISLLC(1996). The interstate school leaders licensure consortium standards. (https://ccsso.org/)

NPBEA(2015). Professional standards for educational leaders. (https://www.npbea.org/)

저자소개

오찬숙

　18년간 고등학교 영어교사로 재직 후 장학사, 교감, 교장으로 근무했으며 현재 경기도평택교육지원청 장학관으로 생활하고 있다. 교사 시절 학생에 대한 보다 넓고 깊은 이해를 하고 싶어 상담교육을 공부하였고, 장학사를 하면서 교육행정과 교육정책에 대해 지식이 부족함을 느껴 고려대학교 일반대학원에서 교육행정학 및 고등교육학을 공부하여 박사학위를 받았다. 현장 교육실천가이면서 교육학 전공자의 지식과 경험은 지난 5년간 고려대학교 교육대학원에서 교육행정과 리더십 관련 강의를 통해 대학원 학생들과 나누었으며, 교사로서 갖게 되는 교수학습방법에 대한 관심으로 10여 년 전 교사들과 함께 교사학습공동체를 구성하여 '창의융합교육'에 대한 탐구와 실천을 지금까지 이어가고 있다.

　주요 연구 관심사는 교사 역량개발, 교사학습공동체, 융합교육, 미래핵심역량, 개혁확산 과정, 미래교육 등에 대한 것으로 이와 관련된 논문과 다수의 학술지를 게재하였으며, '(학생, 학부모, 교사가 함께 하는) 중등 융합교육 레시피'라는 책을 출판하였고, '야! 나도 이제 융합교육 할 수 있다! (교사와 학생에게 희망을 주는 융합교육)'라는 티처빌 원격교육연수원의 콘텐츠를 제작한 바 있다.

학교를 변화시키는 마법

초판발행   2020년 10월 21일

지은이   오찬숙
펴낸이   노 현

편 집   황정원
기획 / 마케팅   노 현
제 작   고철민 · 조영환

펴낸곳   ㈜피와이메이트
               서울특별시 금천구 가산디지털 2로 53 한라시그마밸리 210호(가산동)
               등록 2014. 2. 12. 제 2018-000080호
전 화   02)733-6771
f a x   02)736-4818
e-mail   pys@pybook.co.kr
homepage   www.pybook.co.kr
ISBN   979-11-6519-088-0 93370

copyright©오찬숙, 2020, Printed in Korea

정 가   19,000 원